Leabhar Laghdaithe Bhriathra na Gaeilge

The Abridged Irish Verb Book

Dr. A.J. Hughes MA, MèsL, PhD

Clólann Bheann Mhadagáin, Béal Feirste 2009

Ben Madigan Press, Belfast 2009

Teideal: Title:	*Leabhar Laghdaithe Bhriathra na Gaeilge*
	The Abridged Irish Verb Book

Údar: Author: Dr A.J. Hughes

Foilsitheor: Clólann Bheann Mhadagáin
516 Bóthar Aontroma
Béal Feirste
BT15 5GG

Publisher: Ben Madigan Press
516 Antrim Road
Belfast
BT15 5GG

An chéad eagrán: 2009
First Edition:

Téacs: Text: © A.J. Hughes 2009

ISBN	978-0-9542834-4-5 Hardback / Clúdach crua
EAN	9780954283445

ISBN	978-0-9542834-7-6 Softback / Clúdach bog
EAN	9780954283476

Do mo chairde

Seosamh Watson agus Liam Ó Cuinneagáin

mar mheas agus mar mhórbhuíochas as a bhfuil déanta acu

i ngort na Gaeilge.

Bunaíodh Clólann Bheann Mhadagáin sa bhliain 2001 le leabhair Ghaeilge a sholáthar, go háirithe d'fhoghlaimeoirí fásta agus don oideachas lán-Ghaeilge.

Clólann Bheann Mhadgáin (Ben Madigan Press) was established in 2001 to provide Irish-language books, especially for adult learners and Irish-medium education.

3

Buíochas

Ba mhian liom buíochas a ghabháil leis na daoine a leanas a thug cuidiú agus comhairle domh agus mé ag tabhairt faoin leabhar seo. Leis an Ollamh Cathair Ó Dochartaigh a chuir ar fáil domh liosta de ghasanna na mbriathra as *Foclóir Gaeilge Béarla* le Niall Ó Dónaill. Bhí daoine eile ann a léigh píosaí den obair ag staideanna áirithe: Máirtín Mac Grianna, Máirtín Mac Cathmhaoil agus Peadar Ó Catháin.

Caithfear buíochas a ghabháil le hOifig an Taighde in Ollscoil Uladh as deontas a thabhairt le cuid de na costais a ghlanadh. Ábhar bróid agus atháis domh, aitheantas a thabhairt do Choimisiún Fullbright a bhronn Scoláireacht Shinsearach orm in Áras Glucksman na hÉireann, Ollscoil Nua-Eabraic, don bhliain acadúil 2009-10 – ní a thug deis agus dóigh domh an obair seo a thabhairt chun críche.

Aon locht ná lúb ar lár a fhanann ar an tsaothar seo is liom féin amháin a bhaineas.

Dr A.J. Hughes
Ollscoil Uladh Bhéal Feirste

Acknowledgements

I wish to thank the following who helped and advised me while engaged in the preparation of this project. Professor Cathair Ó Dochartaigh who provided me with a list of the stems of all the verbs in N. Ó Dónaill's *Irish-English Dictionary*. Others read portions of the work at various stages of its preparation: Máirtín Mac Grianna, Máirtín Mac Cathmhaoil and Peter Kane. Thanks are due to The Research Office of the University of Ulster for a subvention to cover parts of the publishing costs. I am particularly pleased to acknowledge the Senior Scholarship which the Fullbright Commission kindly granted me in Glucksman Ireland House, New York University for the academic year 2009/10 –this Fullbright Award afforded me the opportunity to complete this work. Any fault or shortcomings in the work are my own responsibility.

Dr A.J. Hughes
University of Ulster at Belfast

4

Leabhar Laghdaithe
Bhriathra na Gaeilge
The Abridged Irish Verb Book

Clár

Contents

ABBREVIATIONS

NODA

C	Connaught	**Cúige Chonnacht**
M	Munster	**Cúige Mumhan**
U	Ulster	**Cúige Uladh**
aut.	autonomous	**saorbhriathar**
dep.	dependent form	**foirm spleách**
dial.	dialect	**canúint**
indep.	independent form	**foirm neamhspleách**
pl	plural	**uimhir iolra**
rel.	relative form in the independent	**foirm choibhneasta neamhspleách**
sg	singular	**uimhir uatha**

Na hEochairbhriathra

1	**abair**	say	31	**díol**	sell
2	**aithin**	recognise	32	**dírigh**	straighten
3	**aithris**	imitate	33	**dóigh**	burn
4	**amharc**	look	34	**druid**	close, shut
5	**at**	swell	35	**dúisigh**	wake up
6	**athraigh**	change	36	**dún**	close, shut
7	**báigh**	drown	37	**eagraigh**	organise
8	**bailigh**	gather	38	**éirigh**	get up
9	**bain**	cut, win	39	**éist**	listen
10	**beannaigh**	bless	40	**fág**	leave
11	**beir**	bear	41	**faigh**	get
12	**bí**	be	42	**fan**	wait
13	**is**	the copula	43	**fás**	grow
14	**bog**	move	44	**feic**	see
15	**bris**	break	45	**feoigh**	rot, decay
16	**brúigh**	press, push	46	**fiafraigh**	ask, enquire
17	**caill**	lose	47	**fill = pill** *U*	return
18	**caith**	spend, wear	48	**fliuch**	wet, soak
19	**cas**	twist, turn	49	**foghlaim**	learn, teach
20	**ceangail**	tie	50	**foilsigh**	publish
21	**ceannaigh**	buy	51	**freagair**	answer
22	**cloígh**	defeat	52	**freastail**	attend
23	**clois = cluin** *U*	hear	53	**géill**	yield
24	**codail**	sleep	54	**glan**	clean
25	**coinnigh**	keep	55	**goirtigh**	salt, pickle
26	**cruaigh**	harden	56	**gortaigh**	hurt, injure
27	**cruinnigh**	collect	57	**iarr**	ask, request
28	**cuir**	put	58	**imigh**	leave, go off
29	**dathaigh**	colour	59	**imir**	play (game)
30	**déan**	do, make	60	**inis**	tell

The Key Verbs

61	**iompair**	carry	91	**sín**	stretch
62	**ionsaigh**	attack	92	**sínigh**	sign
63	**ith**	eat	93	**siúil**	walk
64	**labhair**	speak	94	**smaoinigh**	think
65	**las**	light	95	**socraigh**	arrange
66	**léigh**	read	96	**stampáil**	stamp
67	**lig**	let, permit	97	**suigh**	sit
68	**maraigh**	kill marbh	98	**tabhair**	give
69	**meath**	wither, rot	99	**tagair**	refer
70	**mill**	destroy, ruin	100	**taispeáin**	show
71	**mínigh**	explain	101	**taistil**	travel
72	**mionnaigh**	swear	102	**taitin**	shine
73	**mol**	praise	103	**tar**	come
74	**múscail**	wake up	104	**tarraing**	pull, draw
75	**neartaigh**	strengthen	105	**teann**	tighten
76	**nigh**	wash	106	**téigh**	go
77	**oil**	train, rear	107	**tiomáin**	drive
78	**ól**	drink	108	**tit**	fall
79	**ordaigh**	order	109	**tóg**	lift
80	**oscail=foscail** *U*	open	110	**tosaigh**	begin
81	**pacáil**	pack	111	**trácht**	mention
82	**pós**	marry	112	**triomaigh**	dry
83	**rith**	run	113	**tuig**	understand
84	**roinn = rann**	divide	114	**tuirsigh**	tire, exhaust
85	**sábháil**	save	115	**ullmhaigh**	prepare
86	**scanraigh**	frighten			
87	**scaoil**	shoot, loosen			
88	**scríobh**	write			
89	**seachain**	avoid			
90	**seas**	stand			

Réamhrá

Bunaidhmeanna an tsaothair seo:
Cuireann an leabhar seo roimhe rogha de 115 de phríomhbhriathra na Gaeilge (idir rialta agus mhírialta) a chur ar fáil i bhfoirm táblaí. Tugtar foirmeacha an Chaighdeáin Oifigiúil sna táblaí - mar aon le roinnt seachfhoirmeacha a chluintear sna canúintí mar nótaí do na táblaí. Do chur síos ar ghréasán níos leithne don bhriathar sna canúintí moltar don léitheoir tabhairt faoi *Leabhar Mór Bhriathra na Gaeilge* le A.J. Hughes (2008).
Réimnítear na briathra sna haimsirí agus sna modhanna a leanas:

- an aimsir chaite
- an aimsir láithreach
- an aimsir fháistineach
- an modh coinníollach
- an aimsir ghnáthchaite
- an modh ordaitheach
- an modh foshuiteach, aimsir láithreach

Ag tús gach briathair agus ar bharr gach leathanaigh sna táblaí tugtar:

- an gas nó an fhréamh (.i. an dara pearsa uatha den mhodh ordaitheach)
- an t-ainm briathartha
- an aidiacht bhriathartha

Tugtar samplaí de na briathra i ndiaidh na míreanna **níor, ar, gur, nár** nó **ní, an, go, nach** srl. San Innéacs, beidh teacht ag an léitheoir ar thagairt do gach briathar atá ar fáil in *Foclóir Gaeilge-Béarla* le Niall Ó Dónaill (*FGB*).
Táthar ag súil gur uirlis achomair, úsáideach thagartha a bheas sa leabhar seo ag daltaí scoile (agus foghlaimeoirí eile Gaeilge nach iad).

Na hEochairbhriathra agus na Táblaí
Tugtar liosta de na heochairbhriathra (115 san iomlán) ar lgh 6-7 agus ansin réimnítear na heochairbhriathra céanna ina n-iomláine sna Táblaí (lgh 12-243).

Introduction

Broad aims of this work:

This book aims to provide fully conjugated tables for a selection of 115 of the main types of Irish verb (both regular and irregular). The forms cited in the tables are for the Official Standard with accompanying notes on the principal dialect variants. Those seeking a more detailed treatment of dialect forms are advised to consult *The Great Irish Verb Book* by A.J. Hughes (2008).

The verbs are conjugated in the following main tenses and moods:

- the past tense
- the present tense
- the future tense
- the conditional mood
- the imperfect tense
- the imperative mood
- the subjunctive mood, present tense

At the start of each verb and the top of each page the following information is also provided:

- the stem (= 2nd singular of the imperative mood)
- the verbal noun
- the verbal adjective

Examples are also provided of the verbs following the particles **níor, ar, gur, nár** or **ní, an, go, nach** etc. In the Index, the reader will have access to a reference for every verb contained in Niall Ó Dónaill's *Irish-English Dictionary/Foclóir Gaeilge-Béarla (FGB)*.

It is hoped that this book will serve as a concise, useful reference tool for the school pupil (and, of course, other learners of Irish).

The Key Verbs and the Tables

A list of the key verbs (115 in total) is provided on pp 6-7 and these same listed verbs are then conjugated in full in the Tables (pp 12-242).

Treoir don Bhriathar agus don Innéacs

Cuirfear síos anseo (lgh 248-73) ar leagan amach an Innéacs agus tabharfar cuntas measartha iomlán ar réimniú na mbriathra sa chuid seo den leabhar.

An tInnéacs

Sa phríomhinnéacs liostáiltear gach briathar atá ar fáil in *Folóir Gaeilge-Béarla* le Niall Ó Dónaill. Más eochairbhriathar atá ann gheofar uimhir an bhriathair sa cholún dheireanach den Innéacs agus ansin réimneofar an briathar sna Táblaí. Sa chuid is mó de na cásanna tabharfar tagairt, i gcolún 8 do bhriathar atá réimnithe sna Táblaí ar aon dul leis an bhriathar atá liostáilte i gcolún 1: msh. *glan* (colún 8) do *giob* 'pick, pluck, *gíog* 'cheep, chirp', *giolc* 'beat, cane' – nó *gortaigh* (colún 8) do *glóraigh* 'voice, vocalize', *glórmharaigh* 'glorify', *glóthaigh* 'gel' srl.

Aguisín A

In Aguisín A sa leabhar seo (lgh 244-247) gheofar aistriúchán Béarla ar an chiall atá le gach foirm a chuirtear ar fáil sna Táblaí.

Dr A.J. Hughes MA, MèsL, PhD

10

Guide to the Verb and to the Index

The layout of the Index is discussed on pages 248-73 and a fairly comprehensive account of the conjugation of the verb is also provided.

The Index

The main index lists every verb which occurs in Niall Ó Dónaill's Irish-English Dictionary. If a verb in the Index is a key verb the reference to the Table it occurs in is given as a number in the sixth column. In most other cases a reference will be provided to a verb (in column 8 of the Index) which is conjugated similarly to the verb in question glan (column 8) for *giob* 'pick, pluck, *gíog* 'cheep, chirp', *giolc* 'beat, cane' – or *gortaigh* (column 8) for *glóraigh* 'voice, vocalize', *glórmharaigh* 'glorify', *glóthaigh* 'gel' etc.

Appendix A

In Appendix A of this book (pp 244-247) an English translation will be provided for the meaning of every form which is provided in the Tables.

Dr A.J. Hughes MA, MèsL, PhD

1 abair say rá ráite

an aimsir chaite
dúirt mé
dúirt tú
dúirt sé/sí
dúramar
dúirt sibh
dúirt siad
dúradh /húradh

the past tense
ní dúirt
an ndúirt?
go ndúirt
nach ndúirt
ní dúradh /níor húradh
an ndúradh?
go/nach ndúradh

1sg dúrt/dúras, *2sg* dúrais, *2pl* dúrabhair **M** *1pl* dúirt muid **CU** *3pl* dúradar **MC** d'úirt, níor úirt, ar/gur/nár úirt *etc.*, *aut.* húradh: níor, ar gur, nár húradh; **CU**

an aimsir láithreach
deirim
deir tú
deir sé/sí
deirimid
deir sibh
deir siad
deirtear

the present tense
ní deir
an ndeir?
go ndeir
nach ndeir

1pl deir muid **CU** *3pl* deirid (siad) **M** *rel.* a deir; deireann sé *dial.* *var. dep.* ní abrann, an abrann? *etc* U

an aimsir fháistineach
déarfaidh mé
déarfaidh tú
déarfaidh sé/sí
déarfaimid
déarfaidh sibh
déarfaidh siad
déarfar

the future tense
ní déarfaidh
an ndéarfaidh?
go ndéarfaidh
nach ndéarfaidh

1sg déarfad, *2sg* déarfair **M** déarfaidh muid **CU** *rel.* a déarfas. *Dep.* ní abróchaidh, go n-abróchaidh (*var.* abóraidh) U

1 **abair** say rá ráite

an modh coinníollach
the conditional mood

déarfainn	ní déarfadh
déarfá	an ndéarfadh?
déarfadh sé/sí	go ndéarfadh
déarfaimis	nach ndéarfadh
déarfadh sibh	
déarfaidís	
déarfaí	

1pl déarfadh muid **C** *3pl* déarfadh siad **U** *dep.* ní abróchainn (ní abórainn), ní abróchadh, go n-abróchadh (*var.* abóradh) **U**

an aimsir ghnáthchaite
the imperfect tense

deirinn	ní deireadh
deirteá	an ndeireadh?
deireadh sé/sí	go ndeireadh
deirimis	nach ndeireadh
deireadh sibh	
deiridís	
deirtí	

1pl deireadh muid **C** *3pl* deireadh siad **U** Ba ghnách liom a rá *etc.* **U** *dep.* ní abrainn, ní abradh sé, go n-abradh *etc.* **U**

an modh ordaitheach
the imperative mood

an foshuiteach láithreach
the present subjunctive

abraim	go ndeire mé
abair	go ndeire tú
abradh sé/sí	go ndeire sé/sí
abraimis	go ndeirimid
abraigí	go ndeire sibh
abraidís	go ndeire siad
abairtear	go ndeirtear
ná habair	nár deire

3pl abradh siad **U**

1pl go ndeire muid, go n-abra *etc* **CU**

13

2   aithin recognise   aithint   aitheanta

an aimsir chaite
d'aithin mé
d'aithin tú
d'aithin sé/sí
d'aithníomar
d'aithin sibh
d'aithin siad
aithníodh / haithníodh

the past tense
níor aithin
ar aithin?
gur aithin
nár aithin
níor aithníodh / níor haithníodh
ar aithníodh?
gur/nár aithníodh

1sg d(h)'aithníos, *2sg* d(h)'aithnís, *2pl* d(h)'aithníobhair **M**
1pl d'aithin muid **UC** *3pl* d'aithníodar **MC** *aut.* haithníodh **MCU**

an aimsir láithreach
aithním
aithníonn tú
aithníonn sé/sí
aithnímid
aithníonn sibh
aithníonn siad
aithnítear

the present tense
ní aithníonn
an aithníonn?
go n-aithníonn
nach n-aithníonn

1pl aithníonn muid **C** *3pl* aithníd (siad) **M**
aithnim, aithneann sé, muid *etc.* **U** *rel.* a aithníos /a aithneas

an aimsir fháistineach
aithneoidh mé
aithneoidh tú
aithneoidh sé/sí
aithneoimid
aithneoidh sibh
aithneoidh siad
aithneofar

the future tense
ní aithneoidh
an aithneoidh?
go n-aithneoidh
nach n-aithneoidh

aithneochaidh **U**

1sg aithneod, *2sg* aithneoir **M** *1pl* aithneoidh muid **C**
aithneochaidh mé, muid *etc.* **U** *rel.* a aithneos/ a aithneochas

2   **aithin** recognise   **aithint**   **aitheanta**

an modh coinníollach

d'aithneoinn
d'aithneofá
d'aithneodh sé/sí
d'aithneoimis
d'aithneodh sibh
d'aithneoidís
d'aithneofaí

the conditional mood

ní aithneodh
an aithneodh?
go n-aithneodh
nach n-aithneodh

d'aithneochadh **U**

1sg d'aithneochainn, *3sg* d'aithneochadh sé, siad *etc.* **U**
1pl d'aithneodh muid **C**

an aimsir ghnáthchaite

d'aithnínn
d'aithníteá
d'aithníodh sé/sí
d'aithnímis
d'aithníodh sibh
d'aithnídís
d'aithnítí

the imperfect tense

ní aithníodh
an aithníodh?
go n-aithníodh
nach n-aithníodh

1pl d'aithníodh muid **C** *3pl* d'aithníodh siad **U**
Ba ghnách liom aithint *etc.* **U**

an modh ordaitheach
the imperative mood

aithním
aithin
aithníodh sé/sí
aithnímis
aithnígí
aithnídís
aithnítear
  ná haithin

3pl aithníodh siad **U**

an foshuiteach láithreach
the present subjunctive

go n-aithní mé
go n-aithní tú
go n-aithní sé/sí
go n-aithnímid
go n-aithní sibh
go n-aithní siad
go n-aithnítear
  nár aithní

1pl go n-aithní muid **CU**

3 aithris imitate   aithris   aithriste

an aimsir chaite
d'aithris mé
d'aithris tú
d'aithris sé/sí
d'aithrisíomar
d'aithris sibh
d'aithris siad
aithrisíodh haithrisíodh **MCU**

the past tense
níor aithris
ar aithris?
gur aithris
nár aithris
níor aithrisíodh /níor haithrisíodh
ar aithrisíodh?
gur/nár aithrisíodh

1sg d(h)'aithrisíos, *2sg* d(h)'aithrisís, *2pl* d(h)'aithrisíobhair **M**
1pl d'aithris muid **UC** *3pl* d'aithrisíodar **MC** *aut.* haithrisíodh

an aimsir láithreach
aithrisím
aithrisíonn tú
aithrisíonn sé/sí
aithrisímid
aithrisíonn sibh
aithrisíonn siad
aithrisítear

the present tense
ní aithrisíonn
an aithrisíonn?
go n-aithrisíonn
nach n-aithrisíonn

1pl aithrisíonn muid **C** *3pl* aithrisíd (siad) **M**
aithrisim, aithriseann sé, muid *etc.* **U** *rel.* a aithrisíos / a aithriseas

an aimsir fháistineach
aithriseoidh mé
aithriseoidh tú
aithriseoidh sé/sí
aithriseoimid
aithriseoidh sibh
aithriseoidh siad
aithriseofar

the future tense
ní aithriseoidh
an aithriseoidh?
go n-aithriseoidh
nach n-aithriseoidh

aithriseochaidh **U**

1sg aithriseod, *2sg* aithriseoir **M** aithriseochaidh mé, muid *etc.* **U**
1pl aithriseoidh muid **C** *rel.* a aithriseos / a aithriseochas

3   **aithris** imitate   **aithris**   **aithriste**

an modh coinníollach

d'aithriseoinn
d'aithriseofá
d'aithriseodh sé/sí
d'aithriseoimis
d'aithriseodh sibh
d'aithriseoidís
d'aithriseofaí

the conditional mood

ní aithriseodh
an aithriseodh?
go n-aithriseodh
nach n-aithriseodh

d'aithriseochadh **U**

1sg d'aithriseochainn, *3sg* d'aithriseochadh sé, siad *etc.* **U**
1pl d'aithriseodh muid **C**

an aimsir ghnáthchaite

d'aithrisínn
d'aithrisíteá
d'aithrisíodh sé/sí
d'aithrisímis
d'aithrisíodh sibh
d'aithrisídís
d'aithrisítí

the imperfect tense

ní aithrisíodh
an aithrisíodh?
go n-aithrisíodh
nach n-aithrisíodh

1pl d'aithrisíodh muid **C** *3pl* d'aithrisíodh siad **U**
Ba ghnách liom aithris *etc.* **U**

an modh ordaitheach
the imperative mood

aithrisím
aithris
aithrisíodh sé/sí
aithrisímis
aithrisígí
aithrisídís
aithrisítear
  ná haithris

3pl aithrisíodh siad **U**

an foshuiteach láithreach
the present subjunctive

go n-aithrisí mé
go n-aithrisí tú
go n-aithrisí sé/sí
go n-aithrisímid
go n-aithrisí sibh
go n-aithrisí siad
go n-aithrisítear
  nár aithrisí

1pl go n-aithrisí muid **CU**

4   amharc look   amharc   amharctha

an aimsir chaite
d'amharc mé
d'amharc tú
d'amharc sé/sí
d'amharcamar
d'amharc sibh
d'amharc siad
amharcadh / hamharcadh

the past tense
níor amharc
ar amharc?
gur amharc
nár amharc
níor amharcadh /níor hamharcadh
ar amharcadh?
gur/nár amharcadh

1sg d(h)'amharcas, *2sg* d(h)'amharcais, *2pl* d(h)'amharcabhair **M**
1pl d'amharc muid **CU** *3pl* d'amharcadar **MC** *aut.* hamharcadh **MCU** *var.* amhanc **U**

an aimsir láithreach
amharcaim
amharcann tú
amharcann sé/sí
amharcaimid
amharcann sibh
amharcann siad
amharctar

the present tense
ní amharcann
an amharcann?
go n-amharcann
nach n-amharcann

1pl amharcann muid **CU** *3pl* amharcaid (siad) **M** *rel.* a amharcas

an aimsir fháistineach
amharcfaidh mé
amharcfaidh tú
amharcfaidh sé/sí
amharcfaimid
amharcfaidh sibh
amharcfaidh siad
amharcfar

the future tense
ní amharcfaidh
an amharcfaidh?
go n-amharcfaidh
nach n-amharcfaidh

amharcóchaidh **U**

1sg amharcfad, *2sg* amharcfair **M** amharcfaidh muid **C**
amhracóchaidh mé/muid **U**. *rel.* a amharcfas / a amharcóchas

4   amharc look   amharc   amharctha

an modh coinníollach
d'amharcfainn
d'amharcfá
d'amharcfadh sé/sí
d'amharcfaimis
d'amharcfadh sibh
d'amharcfaidís
d'amharcfaí

the conditional mood
ní amharcfadh
an amharcfadh?
go n-amharcfadh
nach n-amharcfadh

d'amharcóchadh **U**

1pl d'amharcfadh muid **C** *3pl*
d'amharcóchainn, d'amharcóchadh sé, siad **U**

an aimsir ghnáthchaite
d'amharcainn
d'amharctá
d'amharcadh sé/sí
d'amharcaimis
d'amharcadh sibh
d'amharcaidís
d'amharctaí

the imperfect tense
ní amharcadh
an amharcadh?
go n-amharcadh
nach n-amharcadh

1pl d'amharcadh muid **C** *3pl* d'amharcadh siad **U**
Ba ghnách liom amharc *etc.* **U**

an modh ordaitheach
the imperative mood
amharcaim
amharc
amharcadh sé/sí
amharcaimis
amharcaigí
amharcaidís
amharctar
   ná hamharc

3pl amharcadh siad **U**

an foshuiteach láithreach
the present subjunctive
go n-amharca mé
go n-amharca tú
go n-amharca sé/sí
go n-amharcaimid
go n-amharca sibh
go n-amharca siad
go n-amharctar
   nár amharca

1pl go n-amharca muid **CU**

19

5   at swell   at   ata

an aimsir chaite
d'at mé
d'at tú
d'at sé/sí
d'atamar
d'at sibh
d'at siad
atadh / hatadh

the past tense
níor at
ar at?
gur at
nár at
níor atadh / níor hatadh
ar atadh?
gur/nár atadh

1sg d(h)'atas, *2sg* d(h)'atais, *2pl* d(h)'atabhair **M**
1pl d'at muid **CU** *3pl* d'atadar **MC** *aut.* hatadh **MCU**

an aimsir láithreach
ataim
atann tú
atann sé/sí
ataimid
atann sibh
atann siad
atar

the present tense
ní atann
an atann?
go n-atann
nach n-atann

1pl atann muid **CU** *3pl* ataid (siad) **M** *rel.* a atas

an aimsir fháistineach
atfaidh mé
atfaidh tú
atfaidh sé/sí
atfaimid
atfaidh sibh
atfaidh siad
atfar

the future tense
ní atfaidh
an atfaidh?
go n-atfaidh
nach n-atfaidh

1sg atfad, *2sg* atfair **M** atfaidh muid **C** atóchaidh mé/muid *etc.* **U** *rel.* a atfas /
a atóchas

5   **at** swell   **at**   **ata**

an modh coinníollach
d'atfainn
d'atfá
d'atfadh sé/sí
d'atfaimis
d'atfadh sibh
d'atfaidís
d'atfaí

the conditional mood
ní atfadh
an atfadh?
go n-atfadh
nach n-atfadh

1pl d'atfadh muid **C** d'atóchainn, d'atóchadh sé/siad *etc.* **U**

an aimsir ghnáthchaite
d'atainn
d'atá
d'atadh sé/sí
d'ataimis
d'atadh sibh
d'ataidís
d'ataí

the imperfect tense
ní atadh
an atadh?
go n-atadh
nach n-atadh

1pl d'atadh muid **C** *3pl* d'atadh siad, Ba ghnách liom at *etc.* **U**

an modh ordaitheach
the imperative mood
ataim
at
atadh sé/sí
ataimis
ataigí
ataidís
atar
  ná hat

an foshuiteach láithreach
the present subjunctive
go n-ata mé
go n-ata tú
go n-ata sé/sí
go n-ataimid
go n-ata sibh
go n-ata siad
go n-atar
  nár ata

3pl atadh siad **U**

1pl go n-ata muid **CU**

6   **athraigh** change   **athrú**   **athraithe**

an aimsir chaite
d'athraigh mé
d'athraigh tú
d'athraigh sé/sí
d'athraíomar
d'athraigh sibh
d'athraigh siad
athraíodh / hathraíodh

the past tense
níor athraigh
ar athraigh?
gur athraigh
nár athraigh
níor athraíodh / níor hathraíodh
ar athraíodh?
gur/nár athraíodh

1sg d(h)'athraíos, *2sg* d(h)'athraís, *2pl* d(h)'athraíobhair **M**
1pl d'athraigh muid **UC** *3pl* d'athraíodar **MC** *aut.* hathraíodh **MCU**

an aimsir láithreach
athraím
athraíonn tú
athraíonn sé/sí
athraímid
athraíonn sibh
athraíonn siad
athraítear

the present tense
ní athraíonn
an athraíonn?
go n-athraíonn
nach n-athraíonn

1pl athraíonn muid **C** *3pl* athraíd (siad) **M**
athraim, athrann sé/muid *etc.* **U** *rel.* a athraíos

an aimsir fháistineach
athróidh mé
athróidh tú
athróidh sé/sí
athróimid
athróidh sibh
athróidh siad
athrófar

the future tense
ní athróidh
an athróidh?
go n-athróidh
nach n-athróidh

athróchaidh **U**

1sg athród, *2sg* athróir **M** *1pl* athróidh muid **C**
athróchaidh mé/muid *etc.* **U** *rel.* a athrós / a athróchas

6 **athraigh** change **athrú** **athraithe**

an modh coinníollach

d'athróinn
d'athrófá
d'athródh sé/sí
d'athróimis
d'athródh sibh
d'athróidís
d'athrófaí

the conditional mood

ní athródh
an athródh?
go n-athródh
nach n-athródh

d'athróchadh **U**

1sg d'athróchainn, *3sg* d'athróchadh sé/siad *etc.* **U**
1pl d'athródh muid **C**

an aimsir ghnáthchaite

d'athraínn
d'athraíteá
d'athraíodh sé/sí
d'athraímis
d'athraíodh sibh
d'athraídís
d'athraítí

the imperfect tense

ní athraíodh
an athraíodh?
go n-athraíodh
nach n-athraíodh

1pl d'athraíodh muid **C** *3pl* d'athraíodh siad **U**
Ba ghnách liom athrú *etc.* **U**

an modh ordaitheach
the imperative mood

athraím
athraigh
athraíodh sé/sí
athraímis
athraígí
athraídís
athraítear
 ná hathraigh

3pl athraíodh siad **U**

an foshuiteach láithreach
the present subjunctive

go n-athraí mé
go n-athraí tú
go n-athraí sé/sí
go n-athraímid
go n-athraí sibh
go n-athraí siad
go n-athraítear
 nár athraí

1pl go n-athraí muid **CU**

7   **báigh** drown   **bá**   **báite**

an aimsir chaite
bháigh mé
bháigh tú
bháigh sé/sí
bhámar
bháigh sibh
bháigh siad
bádh

the past tense
níor bháigh
ar bháigh?
gur bháigh
nár bháigh
níor bádh
ar bádh?
gur/nár bádh

1sg (do) bhás, *2sg* (do) bháis, *2pl* (do) bhábhair **M**
1pl bháigh muid **CU** *3pl* (do) bhádar **MC** bháith = bháigh **U**

an aimsir láithreach
báim
bánn tú
bánn sé/sí
báimid
bánn sibh
bánn siad
báitear

the present tense
ní bhánn
an mbánn?
go mbánn
nach mbánn

1pl bánn muid **CU** *3pl* báid (siad) **M**
báithim, báitheann *etc.* **U** *rel.* a bhás / a bháitheas

an aimsir fháistineach
báfaidh mé
báfaidh tú
báfaidh sé/sí
báfaimid
báfaidh sibh
báfaidh siad
báfar

the future tense
ní bháfaidh
an mbáfaidh?
go mbáfaidh
nach mbáfaidh

1sg báfad, *2sg* báfair **M** báfaidh muid **CU** báithfidh **U**
rel. a bháfas

7   **báigh** drown   **bá**   **báite**

an modh coinníollach

bháfainn
bháfá
bháfadh sé/sí
bháfaimis
bháfadh sibh
bháfaidís
bháfaí

the conditional mood

ní bháfadh
an mbáfadh?
go mbáfadh
nach mbáfadh

1pl bháfadh muid **C** *3pl* bháfadh siad *var.* bháithfeadh siad *etc.* **U**

an aimsir ghnáthchaite

bháinn
bháiteá
bhádh sé/sí
bháimis
bhádh sibh
bháidís
bháití

the imperfect tense

ní bhádh
an mbádh?
go mbádh
nach mbádh

1pl bhádh muid **C**, *3pl* bhádh siad **U**
Ba ghnách liom bá *etc.* **U**

an modh ordaitheach
the imperative mood

báim
báigh
bádh sé/sí
báimis
báigí
báidís
báitear
   ná báigh

3pl bádh siad **U**

an foshuiteach láithreach
the present subjunctive

go mbá mé
go mbá tú
go mbá sé/sí
go mbáimid
go mbá sibh
go mbá siad
go mbáitear
   nár bhá

1pl go mbá muid **CU**

8   **bailigh** gather   **bailiú**   **bailithe**

an aimsir chaite
bhailigh mé
bhailigh tú
bhailigh sé/sí
bhailíomar
bhailigh sibh
bhailigh siad
bailíodh

the past tense
níor bhailigh
ar bhailigh?
gur bhailigh
nár bhailigh
níor bailíodh
ar bailíodh?
gur/nár bailíodh

1sg (do) bhailíos, *2sg* (do) bhailís, *2pl* (do) bhailíobhair **M**
1pl bhailigh muid **UC** *3pl* bhailíodar **MC**

an aimsir láithreach
bailím
bailíonn tú
bailíonn sé/sí
bailímid
bailíonn sibh
bailíonn siad
bailítear

the present tense
ní bhailíonn
an mbailíonn?
go mbailíonn
nach mbailíonn

1pl bailíonn muid **C** *3pl* bailíd (siad) **M**
bailim, baileann sé/muid **U** *rel.* a bhailíos

an aimsir fháistineach
baileoidh mé
baileoidh tú
baileoidh sé/sí
baileoimid
baileoidh sibh
baileoidh siad
baileofar

the future tense
ní bhaileoidh
an mbaileoidh?
go mbaileoidh
nach mbaileoidh

1sg baileod, *2sg* baileoir **M** *1pl* baileoidh muid **C**
baileochaidh mé/muid *etc.* **U** *rel.* a bhaileos / a bhaileochas

8   **bailigh** gather   **bailiú**   **bailithe**

an modh coinníollach

bhaileoinn
bhaileofá
bhaileodh sé/sí
bhaileoimis
bhaileodh sibh
bhaileoidís
bhaileofaí

the conditional mood

ní bhaileodh
an mbaileodh?
go mbaileodh
nach mbaileodh

1sg bhaileochainn, *3sg* bhaileochadh sé, siad *etc.* **U**
1pl bhaileodh muid **C**

an aimsir ghnáthchaite

bhailínn
bhailíteá
bhailíodh sé/sí
bhailímis
bhailíodh sibh
bhailídís
bhailítí

the imperfect tense

ní bhailíodh
an mbailíodh?
go mbailíodh
nach mbailíodh

1pl bhailíodh muid **C**, *3pl* bhailíodh siad **U**
Ba ghnách liom bailiú *etc.* **U**

an modh ordaitheach
the imperative mood

bailím
bailigh
bailíodh sé/sí
bailímis
bailígí
bailídís
bailítear
  ná bailigh

3pl bailíodh siad **U**

an foshuiteach láithreach
the present subjunctive

go mbailí mé
go mbailí tú
go mbailí sé/sí
go mbailímid
go mbailí sibh
go mbailí siad
go mbailítear
  nár bhailí

1pl go mbailí muid **CU**

9   **bain** cut, win   **baint**   **bainte**

an aimsir chaite

bhain mé
bhain tú
bhain sé/sí
bhaineamar
bhain sibh
bhain siad
baineadh

the past tense

níor bhain
ar bhain?
gur bhain
nár bhain
níor baineadh
ar baineadh?
gur/nár baineadh

1sg (do) bhaineas, *2sg* (do) bhainis, *2pl* (do) bhaineabhair **M**
1pl bhain muid **CU** *3pl* (do) bhaineadar **MC**

an aimsir láithreach

bainim
baineann tú
baineann sé/sí
bainimid
baineann sibh
baineann siad
baintear

the present tense

ní bhaineann
an mbaineann?
go mbaineann
nach mbaineann

1pl baineann muid **CU** *3pl* bainid (siad) **M** *rel.* a bhaineas

an aimsir fháistineach

bainfidh mé
bainfidh tú
bainfidh sé/sí
bainfimid
bainfidh sibh
bainfidh siad
bainfear

the future tense

ní bhainfidh
an mbainfidh?
go mbainfidh
nach mbainfidh

1sg bainfead, *2sg* bainfir **M** bainfidh muid **CU** *rel.* a bhainfeas

9   **bain** cut, win   **baint**   **bainte**

an modh coinníollach
bhainfinn
bhainfeá
bhainfeadh sé/sí
bhainfimis
bhainfeadh sibh
bhainfidís

bhainfí

the conditional mood
ní bhainfeadh
an mbainfeadh?
go mbainfeadh
nach mbainfeadh

1pl bhainfeadh muid **C** *3pl* bhainfeadh siad **U**

an aimsir ghnáthchaite
bhaininn
bhainteá
bhaineadh sé/sí
bhainimis
bhaineadh sibh
bhainidís

bhaintí

the imperfect tense
ní bhaineadh
an mbaineadh?
go mbaineadh
nach mbaineadh

1pl bhaineadh muid **C**, *3pl* bhaineadh siad **U**
Ba ghnách liom baint *etc.* **U**

an modh ordaitheach
the imperative mood
bainim
bain
baineadh sé/sí
bainimis
bainigí
bainidís

baintear
  ná bain

3pl baineadh siad **U**

an foshuiteach láithreach
the present subjunctive
go mbaine mé
go mbaine tú
go mbaine sé/sí
go mbainimid
go mbaine sibh
go mbaine siad

go mbaintear
  nár bhaine

1pl go mbaine muid **CU**

10 **beannaigh** bless **beannú beannaithe**

an aimsir chaite
bheannaigh mé
bheannaigh tú
bheannaigh sé/sí
bheannaíomar
bheannaigh sibh
bheannaigh siad
beannaíodh

the past tense
níor bheannaigh
ar bheannaigh?
gur bheannaigh
nár bheannaigh
níor beannaíodh
ar beannaíodh?
gur/nár beannaíodh

1sg (do) bheannaíos, *2sg* (do) bheannaís, *2pl* (do) bheannaíobhair **M**
1pl bheannaigh muid **UC** *3pl* bheannaíodar **MC**

an aimsir láithreach
beannaím
beannaíonn tú
beannaíonn sé/sí
beannaímid
beannaíonn sibh
beannaíonn siad
beannaítear

the present tense
ní bheannaíonn
an mbeannaíonn?
go mbeannaíonn
nach mbeannaíonn

1pl beannaíonn muid **C** *3pl* beannaíd (siad) **M**
beannaim, beannann sé/muid **U** *rel.* a bheannaíos

an aimsir fháistineach
beannóidh mé
beannóidh tú
beannóidh sé/sí
beannóimid
beannóidh sibh
beannóidh siad
beannófar

the future tense
ní bheannóidh
an mbeannóidh?
go mbeannóidh
nach mbeannóidh

beannóchaidh **U**

1sg beannód, *2sg* beannóir **M** *1pl* beannóidh muid **C**
beannóchaidh mé/muid *etc.* **U** *rel.* a bheannós / a bheannóchas

30

10 beannaigh bless   beannú   beannaithe

an modh coinníollach

bheannóinn
bheannófá
bheannódh sé/sí
bheannóimis
bheannódh sibh
bheannóidís
bheannófaí

the conditional mood

ní bheannódh
an mbeannódh?
go mbeannódh
nach mbeannódh

bheannóchadh **U**

1sg bheannóchainn, *3sg* bheannóchadh sé/siad *etc.* **U**
1pl bheannódh muid **C**

an aimsir ghnáthchaite

bheannaínn
bheannaíteá
bheannaíodh sé/sí
bheannaímis
bheannaíodh sibh
bheannaídís
bheannaítí

the imperfect tense

ní bheannaíodh
an mbeannaíodh?
go mbeannaíodh
nach mbeannaíodh

1pl bheannaíodh muid **C** *3pl* bheannaíodh siad **U**
Ba ghnách liom beannú *etc.* **U**

an modh ordaitheach
the imperative mood

beannaím
beannaigh
beannaíodh sé/sí
beannaímis
beannaígí
beannaídís
beannaítear
  ná beannaigh

3pl beannaíodh siad **U**

an foshuiteach láithreach
the present subjunctive

go mbeannaí mé
go mbeannaí tú
go mbeannaí sé/sí
go mbeannaímid
go mbeannaí sibh
go mbeannaí siad
go mbeannaítear
  nár bheannaí

1pl go mbeannaí muid **CU**

11   **beir** bear   **breith**   **beirthe**

an aimsir chaite   the past tense

rug mé	níor rug
rug tú	ar rug?
rug sé/sí	gur rug
rugamar	nár rug
rug sibh	níor rugadh
rug siad	ar rugadh?
rugadh	gur/nár rugadh

1sg (do) rugas, *2sg* (do) rugais, *2pl* (do) rugabhair **M**
1pl rug muid **CU** *3pl* (do) rugadar **MC** bheir = rug *dial.*, riug **M**

an aimsir láithreach   the present tense

beirim	ní bheireann
beireann tú	an mbeireann?
beireann sé/sí	go mbeireann
beirimid	nach mbeireann
beireann sibh	
beireann siad	
beirtear	

1pl beireann muid **CU** *3pl* beirid (siad) **M** *rel.* a bheireas

an aimsir fháistineach   the future tense

béarfaidh mé	ní bhéarfaidh
béarfaidh tú	an mbéarfaidh?
béarfaidh sé/sí	go mbéarfaidh
béarfaimid	nach mbéarfaidh
béarfaidh sibh	
béarfaidh siad	
béarfar	

1sg béarfad, *2sg* béarfair **M** béarfaidh muid **CU** *rel.* a bhéarfas

11 **beir** bear **breith** **beirthe**

an modh coinníollach
bhéarfainn
bhéarfá
bhéarfadh sé/sí
bhéarfaimis
bhéarfadh sibh
bhéarfaidís
bhéarfaí

the conditional mood
ní bhéarfadh
an mbéarfadh?
go mbéarfadh
nach mbéarfadh

1pl bhéarfadh muid **C** *3pl* bhéarfadh siad **U**

an aimsir ghnáthchaite
bheirinn
bheirteá
bheireadh sé/sí
bheirimis
bheireadh sibh
bheiridís
bheirtí

the imperfect tense
ní bheireadh
an mbeireadh?
go mbeireadh
nach mbeireadh

1pl bheireadh muid **C** bheireadh siad, Ba ghnách liom breith **U**

an modh ordaitheach
the imperative mood
beirim
beir
beireadh sé/sí
beirimis
beirigí
beiridís
beirtear
  ná beir

an foshuiteach láithreach
the present subjunctive
go mbeire mé
go mbeire tú
go mbeire sé/sí
go mbeirimid
go mbeire sibh
go mbeire siad
go mbeirtear
  nár bheire

3pl beireadh siad **U**

1pl go mbeire muid **CU**

12 **bí** be   **bheith**

an aimsir chaite	**the past tense**
bhí mé	ní raibh
bhí tú	an raibh?
bhí sé/sí	go raibh
bhíomar	nach raibh
bhí sibh	ní rabhthas
bhí siad	an rabhthas?
bhíothas	go/nach rabhthas

1sg (do) bhíos, *2sg* (do) bhís, *2pl* (do) bhíobhair **M**
1pl bhí muid **CU** *3pl* (do) bhíodar **MC** *aut.* bhíthear/rabhthar **U**

an aimsir láithreach	**the present tense**
tá mé / táim	atá mé / atáim
tá tú	atá tú
tá sé/sí	atá sé/sí
táimid	atáimid
tá sibh	atá sibh
tá siad	atá siad
táthar	atáthar

1pl (a)tá muid **CU** *3pl* (a)táid (siad) **M**
rel. athá, *also indep.* thá **M** *2sg* (a)taoi *var.* tánn tú, tánn sé *etc.* **M**

níl mé/nílim	go bhfuil mé/go bhfuilim	nach bhfuil mé/nach bhfuilim
níl tú	go bhfuil tú	nach bhfuil tú
níl sé/sí	go bhfuil sé/sí	nach bhfuil sé/sí
nílimid	go bhfuilimid	nach bhfuilimid
níl sibh	go bhfuil sibh	nach bhfuil sibh
níl siad	go bhfuil siad	nach bhfuil siad
níltear	go bhfuiltear	nach bhfuiltear

1pl níl muid, go/nach bhfuil muid **UC** *aut.* nílthear, bhfuilthear **U**

12   **bí** be   **bheith**

an aimsir ghnáthláithreach	**the habitual present tense**
bím	ní bhíonn
bíonn tú	an mbíonn?
bíonn sé/sí	go mbíonn
bímid	nach mbíonn
bíonn sibh	
bíonn siad	
bítear	

1pl bíonn muid **CU** *3pl* bíd (siad) **M** *rel.* a bhíos - a bíos **U**, a bhíonns **C**

an aimsir fháistineach	**the future tense**
beidh mé	ní bheidh
beidh tú	an mbeidh?
beidh sé/sí	go mbeidh
beimid	nach mbeidh
beidh sibh	
beidh siad	
beifear	

1sg bead, *2sg* beir, beifir **M** beidh muid **CU** *rel.* a bheas

an modh coinníollach	**the conditional mood**
bheinn	ní bheadh
bheifeá	an mbeadh?
bheadh sé/sí	go mbeadh
bheimis	nach mbeadh
bheadh sibh	
bheidís	
bheifí	

1pl bheadh muid **C** *3pl* bheadh siad **U**

12   bí be   bheith

<table>
<tr><td>

an aimsir ghnáthchaite
bhínn
bhíteá
bhíodh sé/sí
bhímis
bhíodh sibh
bhídís
bhítí

</td><td>

the imperfect tense
ní bhíodh
an mbíodh?
go mbíodh
nach mbíodh

</td></tr>
</table>

1pl bhíodh muid **C** *3pl* bhíodh siad, Ba ghnách liom (a) bheith **U**

<table>
<tr>
<td colspan="1">

an modh ordaitheach
the imperative mood
bím
bí
bíodh sé/sí
bímis
bígí
bídís
bítear
  ná bí

</td>
<td colspan="2">

an foshuiteach láithreach
the present subjunctive

</td>
</tr>
</table>

go raibh mé	go mbí mé
go raibh tú	go mbí tú
go raibh sé/sí	go mbí sé/sí
go rabhaimid	go mbímid
go raibh sibh	go mbí sibh
go raibh siad	go mbí siad
go rabhthar	go mbítear
ná raibh	nár bhítear

3pl bíodh siad **U**   *1pl* go raibh muid   go mbí muid **CU**

13 is   *an chopail*   *the copula*

An struchtúr: *Is bádóir é.* 'He is a boatman.'

an aimsir láithreach   the present tense

Is bádóir mé.	Ní bádóir é.
Is bádóir thú.	(Chan bádóir é. **U**)
Is bádóir é.	An bádóir é? Is ea.
Is bádóir í.	Ní hea.
Is bádóirí sinn.	Deir sé gur bádóir é.
Is bádóirí sibh.	Deir sé nach bádóir é.
Is bádóirí iad.	

Ní hé, ní hí, ní hea, ní hiad. Ní hailtire é *or* Ní ailtire é.
Deir sé gurb é/í/ea/iad. *1pl* Is bádóirí muid **UC**

an aimsir chaite = an modh coinníollach
the past tense = the conditional mood

an aimsir chaite   the past tense

Ba bhádóir mé.	Níor bhádóir é.
Ba bhádóir thú.	(Char bhádóir é. **U**)
Ba bhádóir é.	Ar bhádóir é? B'ea.
Ba bhádóir í.	Níorbh ea.
Ba bhádóirí sinn.	Deir sé gur bhádóir é.
Ba bhádóirí sibh.	Deir sé nár bhádóir é.
Ba bhádóirí iad.	

1pl Ba bhádóirí muid **UC** Ba dhochtúir, shagart, thógálaí é. *CO* = Ba
dochtúir/sagart/tógálaí é. **CU** Aspirate *bcfgmp* but not *dts*

an aimsir chaite   the past tense

B'ailtire mé.	Níorbh ailtire é.
B'ailtire thú.	(Charbh ailtire é. **U**)
B'ailtire é.	Arbh ailtire é? B'ea.
B'ailtire í.	Níorbh ea.
B'ailtirí sinn. … muid.	Deir sé gurbh ailtire é.
B'ailtirí sibh.	Deir sé nárbh ailtire é.
B'ailtirí iad.	B'fhealsamh é. *etc.*

37

13 is   *an chopail*   *the copula*

Bádóir atá ann. 'He is a boatman.'

an aimsir láithreach	the present tense
Bádóir atá ionam.	Ní bádóir atá ann.
Bádóir atá ionat.	(Chan bádóir atá ann. **U**)
Bádóir atá ann.	An bádóir atá ann?
Bádóir atá inti.	Is ea./Ní hea.
Bádóirí atá ionainn.	Deir sé gur bádóir atá ann
Bádóirí atá ionaibh.	Deir sé nach b. atá ann.
Bádóirí atá iontu.	

Bádóir is ea é. 'He is a boatman.'

an aimsir láithreach	the present tense
Bádóir is ea mé.	Ní bádóir is ea é.
Bádóir is ea thú.	An bádóir is ea é?
Bádóir is ea é.	Is ea./Ní hea.
Bádóir is ea í.	Deir sé gur bádóir is ea é.
Bádóirí is ea sinn.	Deir sé nach bádóir is ea é.
Bádóirí is ea sibh.	
Bádóirí is ea iad.	

Tá sé ina bhádóir. 'He is a boatman.'

an aimsir láithreach	the present tense
Tá mé i mo bhádóir.	Níl sé ina bhádóir.
Tá tú i do bhádóir.	Chan fhuil sé ina bhádóir. **U**
Tá sé ina bhádóir.	An bhfuil sé ina bhádóir?
Tá sí ina bádóir.	Tá. / Níl.
Táimid inár mbádóirí.	Deir sé go bhfuil sé ina bhádóir
Tá sibh in bhur mbádóirí.	Deir sé nach bhfuil sé ina bhádóir
Tá siad ina mbádóirí.	

13   is   *an chopail   the copula*

Bádóir a bhí ann. 'He was a boatman.'

an aimsir chaite	**the past tense**
Bádóir a bhí ionam.	Ní bádóir a bhí ann.
Bádóir a bhí ionat.	(Chan bádóir a bhí ann. **U**)
Bádóir a bhí ann.	An bádóir a bhí ann?
Bádóir a bhí inti.	Is ea./Ní hea.
Bádóirí a bhí ionainn.	Deir sé gur bádóir a bhí ann.
Bádóirí a bhí ionaibh.	Deir sé nach b. a bhí ann.
Bádóirí a bhí iontu.	*Alt.* Níor bhádóir a bhí ann. *etc.*

Bádóir ab ea é. 'He was a boatman.'

an aimsir láithreach	**the present tense**
Bádóir ab ea mé.	Ní bádóir ab ea é.
Bádóir ab ea thú.	An bádóir ab ea é?
Bádóir ab ea é.	Is ea./Ní hea.
Bádóir ab ea í.	Deir sé gur bádóir ab ea é.
Bádóirí ab ea sinn.	Deir sé nach bádóir ab ea é.
Bádóirí ab ea sibh.	
Bádóirí ab ea iad.	*Alt.* Níor bhádóir ab ea é. *etc.*

Bhí sé ina bhádóir. 'He was a boatman.'

an aimsir láithreach	**the present tense**
Bhí mé i mo bhádóir.	Ní raibh sé ina bhádóir.
Bhí tú i do bhádóir.	(Cha raibh sé ina bh. **U**)
Bhí sé ina bhádóir.	An raibh sé ina bhádóir?
Bhí sí ina bádóir.	Bhí. / Ní raibh.
Bhíomar/Bhí muid inár mbádóirí.	Deir sé go raibh sé ina bhádóir
Bhí sibh in bhur mbádóirí.	Deir sé nach raibh sé ina bhádóir
Bhí siad ina mbádóirí.	

14 **bog** move   **bogadh**   **bogtha**

an aimsir chaite
bhog mé
bhog tú
bhog sé/sí
bhogamar
bhog sibh
bhog siad
bogadh

the past tense
níor bhog
ar bhog?
gur bhog
nár bhog
níor bogadh
ar bogadh?
gur/nár bogadh

1sg (do) bhogas, *2sg* (do) bhogais, *2pl* (do) bhogabhair **M**
1pl bhog muid **CU** *3pl* (do) bhogadar **MC**

an aimsir láithreach
bogaim
bogann tú
bogann sé/sí
bogaimid
bogann sibh
bogann siad
bogtar

the present tense
ní bhogann
an mbogann?
go mbogann
nach mbogann

1pl bogann muid **CU** *3pl* bogaid (siad) **M** *rel.* a bhogas

an aimsir fháistineach
bogfaidh mé
bogfaidh tú
bogfaidh sé/sí
bogfaimid
bogfaidh sibh
bogfaidh siad
bogfar

the future tense
ní bhogfaidh
an mbogfaidh?
go mbogfaidh
nach mbogfaidh

1sg bogfad, *2sg* bogfair **M** bogfaidh muid **CU** *rel.* a bhogfas

14 **bog** move   **bogadh**   **bogtha**

an modh coinníollach
bhogfainn
bhogfá
bhogfadh sé/sí
bhogfaimis
bhogfadh sibh
bhogfaidís
_____
bhogfaí

the conditional mood
ní bhogfadh
an mbogfadh?
go mbogfadh
nach mbogfadh

1pl bhogfadh muid **C** *3pl* bhogfadh siad **U**

an aimsir ghnáthchaite
bhogainn
bhogtá
bhogadh sé/sí
bhogaimis
bhogadh sibh
bhogaidís
_____
bhogtaí

the imperfect tense
ní bhogadh
an mbogadh?
go mbogadh
nach mbogadh

1pl bhogadh muid **C** *3pl* bhogadh siad **U**
Ba ghnách liom bogadh *etc.* **U**

an modh ordaitheach
the imperative mood
bogaim
bog
bogadh sé/sí
bogaimis
bogaigí
bogaidís
_____
bogtar
  ná bog

3pl bogadh siad **U**

an foshuiteach láithreach
the present subjunctive
go mboga mé
go mboga tú
go mboga sé/sí
go mbogaimid
go mboga sibh
go mboga siad
_____
go mbogtar
  nár bhoga

1pl go mboga muid **CU**

41

15   **bris** break   **briseadh**   **briste**

an aimsir chaite	**the past tense**
bhris mé	níor bhris
bhris tú	ar bhris?
bhris sé/sí	gur bhris
bhriseamar	nár bhris
bhris sibh	níor briseadh
bhris siad	ar briseadh?
briseadh	gur/nár briseadh

1sg (do) bhriseas, *2sg* (do) bhrisis, *2pl* (do) bhriseabhair **M**
1pl bhris muid **CU** *3pl* (do) bhriseadar **MC**

an aimsir láithreach	**the present tense**
brisim	ní bhriseann
briseann tú	an mbriseann?
briseann sé/sí	go mbriseann
brisimid	nach mbriseann
briseann sibh	
briseann siad	
bristear	

1pl briseann muid **CU** *3pl* brisid (siad) **M** *rel.* a bhriseas

an aimsir fháistineach	**the future tense**
brisfidh mé	ní bhrisfidh
brisfidh tú	an mbrisfidh?
brisfidh sé/sí	go mbrisfidh
brisfimid	nach mbrisfidh
brisfidh sibh	
brisfidh siad	
brisfear	

1sg brisfead, *2sg* brisfir **M** brisfidh muid **CU** *rel.* a bhrisfeas

42

15   **bris** break   **briseadh**   **briste**

an modh coinníollach

bhrisfinn
bhrisfeá
bhrisfeadh sé
bhrisfimis
bhrisfeadh sibh
bhrisfidís
bhrisfí

the conditional mood

ní bhrisfeadh
an mbrisfeadh?
go mbrisfeadh
nach mbrisfeadh

1pl bhrisfeadh muid **C** *3pl* bhrisfeadh siad **U**

an aimsir ghnáthchaite

bhrisinn
bhristeá
bhriseadh sé/sí
bhrisimis
bhriseadh sibh
bhrisidís
bhristí

the imperfect tense

ní bhriseadh
an mbriseadh?
go mbriseadh
nach mbriseadh

1pl bhriseadh muid **C** *3pl* bhriseadh siad **U**
Ba ghnách liom briseadh **U**

an modh ordaitheach
the imperative mood

brisim
bris
briseadh sé/sí
brisimis
brisigí
brisidís
bristear
  ná bris

an foshuiteach láithreach
the present subjunctive

go mbrise mé
go mbrise tú
go mbrise sé/sí
go mbrisimid
go mbrise sibh
go mbrise siad
go mbristear
  nár bhrise

3pl briseadh siad **U**

1pl go mbrise muid **CU**

43

16   **brúigh** pressure   **brú**   **brúite**

an aimsir chaite
bhrúigh mé
bhrúigh tú
bhrúigh sé/sí
bhrúmar
bhrúigh sibh
bhrúigh siad
brúdh

the past tense
níor bhrúigh
ar bhrúigh?
gur bhrúigh
nár bhrúigh
níor brúdh
ar brúdh?
gur/nár brúdh

1sg (do) bhrús, *2sg* (do) bhrúis, *2pl* (do) bhrúbhair **M**
1pl bhrúigh muid **CU** *3pl* (do) bhrúdar **MC**

an aimsir láithreach
brúim
brúnn tú
brúnn sé/sí
brúimid
brúnn sibh
brúnn siad
brúitear

the present tense
ní bhrúnn
an mbrúnn?
go mbrúnn
nach mbrúnn

1pl brúnn muid **CU** *3pl* brúid (siad) **M** *rel.* a bhrús

an aimsir fháistineach
brúfaidh mé
brúfaidh tú
brúfaidh sé/sí
brúfaimid
brúfaidh sibh
brúfaidh siad
brúfar

the future tense
ní bhrúfaidh
an mbrúfaidh?
go mbrúfaidh
nach mbrúfaidh

1sg brúfad, *2sg* brúfair **M** brúfaidh muid **CU** *rel.* a bhrúfas

16 **brúigh** pressure **brú** **brúite**

an modh coinníollach
bhrúfainn
bhrúfá
bhrúfadh sé/sí
bhrúfaimis
bhrúfadh sibh
bhrúfaidís
bhrúfaí

the conditional mood
ní bhrúfadh
an mbrúfadh?
go mbrúfadh
nach mbrúfadh

1pl bhrúfadh muid **C** *3pl* bhrúfadh siad **U**

an aimsir ghnáthchaite
bhrúinn
bhrúiteá
bhrúdh sé/sí
bhrúimis
bhrúdh sibh
bhrúidís
bhrúití

the imperfect tense
ní bhrúdh
an mbrúdh?
go mbrúdh
nach mbrúdh

1pl bhrúdh muid **C**, *3pl* bhrúdh siad **U**
Ba ghnách liom brú *etc.* **U**

an modh ordaitheach
the imperative mood
brúim
brúigh
brúdh sé/sí
brúimis
brúigí
brúidís
brúitear
  ná brúigh

3pl brúdh siad **U**

an foshuiteach láithreach
the present subjunctive
go mbrú mé
go mbrú tú
go mbrú sé/sí
go mbrúimid
go mbrú sibh
go mbrú siad
go mbrúitear
  nár bhrú

1pl go mbrú muid **CU**

17   caill lose   cailleadh   caillte

an aimsir chaite
chaill mé
chaill tú
chaill sé/sí
chailleamar
chaill sibh
chaill siad
cailleadh

the past tense
níor chaill
ar chaill?
gur chaill
nár chaill
níor cailleadh
ar cailleadh?
gur/nár cailleadh

1sg (do) chailleas, *2sg* (do) chaillis, *2pl* (do) chailleabhair **M**
1pl chaill muid **CU** *3pl* (do) chailleadar **MC**

an aimsir láithreach
caillim
cailleann tú
cailleann sé/sí
caillimid
cailleann sibh
cailleann siad
cailltear

the present tense
ní chailleann
an gcailleann?
go gcailleann
nach gcailleann

1pl cailleann muid **CU** *3pl* caillid (siad) **M** *rel.* a chailleas

an aimsir fháistineach
caillfidh mé
caillfidh tú
caillfidh sé/sí
caillfimid
caillfidh sibh
caillfidh siad
caillfear

the future tense
ní chaillfidh
an gcaillfidh?
go gcaillfidh
nach gcaillfidh

1sg caillfead, *2sg* caillfir **M** caillfidh muid **CU** *rel.* a chaillfeas

17 caill lose   cailleadh   caillte

an modh coinníollach

chaillfinn
chaillfeá
chaillfeadh sé/sí
chaillfimis
chaillfeadh sibh
chaillfidís
chaillfí

the conditional mood

ní chaillfeadh
an gcaillfeadh?
go gcaillfeadh
nach gcaillfeadh

1pl chaillfeadh muid **C** *3pl* chaillfeadh siad **U**

an aimsir ghnáthchaite

chaillinn
chaillteá
chailleadh sé/sí
chaillimis
chailleadh sibh
chaillidís
chailltí

the imperfect tense

ní chailleadh
an gcailleadh?
go gcailleadh
nach gcailleadh

1pl chailleadh muid **C** *3pl* chailleadh siad **U**
Ba ghnách liom cailleadh/cailliúint. **U**

an modh ordaitheach
the imperative mood

caillim
caill
cailleadh sé/sí
caillimis
cailligí
caillidís
cailltear
  ná caill

an foshuiteach láithreach
the present subjunctive

go gcaille mé
go gcaille tú
go gcaille sé/sí
go gcaillimid
go gcaille sibh
go gcaille siad
go gcailltear
  nár chaille

3pl cailleadh siad **U**

1pl go gcaille muid **CU**

18 caith spend, wear caitheamh caite

an aimsir chaite
chaith mé
chaith tú
chaith sé/sí
chaitheamar
chaith sibh
chaith siad
caitheadh

the past tense
níor chaith
ar chaith?
gur chaith
nár chaith
níor caitheadh
ar caitheadh?
gur/nár caitheadh

1sg (do) chaitheas, *2sg* (do) chaithis, *2pl* (do) chaitheabhair **M**
1pl chaith muid **CU** *3pl* (do) chaitheadar **MC**

an aimsir láithreach
caithim
caitheann tú
caitheann sé/sí
caithimid
caitheann sibh
caitheann siad
caitear

the present tense
ní chaitheann
an gcaitheann?
go gcaitheann
nach gcaitheann

1pl caitheann muid **CU** *3pl* caithid (siad) **M** *rel.* a chaitheas

an aimsir fháistineach
caithfidh mé
caithfidh tú
caithfidh sé/sí
caithfimid
caithfidh sibh
caithfidh siad
caithfear

the future tense
ní chaithfidh
an gcaithfidh?
go gcaithfidh
nach gcaithfidh

1sg caithfead, *2sg* caithfir **M** caithfidh muid **CU** *rel.* a chaithfeas

18   **caith** spend, wear   **caitheamh**   **caite**

an modh coinníollach

chaithfinn
chaithfeá
chaithfeadh sé/sí
chaithfimis
chaithfeadh sibh
chaithfidís
chaithfí

the conditional mood

ní chaithfeadh
an gcaithfeadh?
go gcaithfeadh
nach gcaithfeadh

1pl chaithfeadh muid **C** *3pl* chaithfeadh siad **U**

an aimsir ghnáthchaite

chaithinn
chaiteá
chaitheadh sé/sí
chaithimis
chaitheadh sibh
chaithidís
chaití

the imperfect tense

ní chaitheadh
an gcaitheadh?
go gcaitheadh
nach gcaitheadh

1pl chaitheadh muid **C** *3pl* chaitheadh siad **U**
Ba ghnách liom caitheamh **U**

an modh ordaitheach
the imperative mood

caithim
caith
caitheadh sé/sí
caithimis
caithigí
caithidís
caitear
 ná caith

an foshuiteach láithreach
the present subjunctive

go gcaithe mé
go gcaithe tú
go gcaithe sé/sí
go gcaithimid
go gcaithe sibh
go gcaithe siad
go gcaitear
 nár chaithe

3pl caitheadh siad **U**

1pl go gcaithe muid **CU**

19 cas twist　　casadh　　casta

an aimsir chaite
chas mé
chas tú
chas sé/sí
chasamar
chas sibh
chas siad
casadh

the past tense
níor chas
ar chas?
gur chas
nár chas
níor casadh
ar casadh?
gur/nár casadh

1sg (do) chasas, *2sg* (do) chasais, *2pl* (do) chasabhair **M**
1pl chas muid **CU** *3pl* (do) chasadar **MC**

an aimsir láithreach
casaim
casann tú
casann sé/sí
casaimid
casann sibh
casann siad
castar

the present tense
ní chasann
an gcasann?
go gcasann
nach gcasann

1pl casann muid **CU** *3pl* casaid (siad) **M** *rel.* a chasas

an aimsir fháistineach
casfaidh mé
casfaidh tú
casfaidh sé/sí
casfaimid
casfaidh sibh
casfaidh siad
casfar

the future tense
ní chasfaidh
an gcasfaidh?
go gcasfaidh
nach gcasfaidh

1sg casfad, *2sg* casfair **M** casfaidh muid **CU** *rel.* a chasfas

19   cas twist   casadh   casta

an modh coinníollach
chasfainn
chasfá
chasfadh sé/sí
chasfaimis
chasfadh sibh
chasfaidís
chasfaí

the conditional mood
ní chasfadh
an gcasfadh?
go gcasfadh
nach gcasfadh

1pl chasfadh muid **C** *3pl* chasfadh siad **U**

an aimsir ghnáthchaite
chasainn
chastá
chasadh sé/sí
chasaimis
chasadh sibh
chasaidís
chastaí

the imperfect tense
ní chasadh
an gcasadh?
go gcasadh
nach gcasadh

1pl chasadh muid **C** *3pl* chasadh siad **U**
Ba ghnách liom casadh *etc.* **U**

an modh ordaitheach
the imperative mood
casaim
cas
casadh sé/sí
casaimis
casaigí
casaidís
castar
  ná cas

an foshuiteach láithreach
the present subjunctive
go gcasa mé
go gcasa tú
go gcasa sé/sí
go gcasaimid
go gcasa sibh
go gcasa siad
go gcastar
  nár chasa

3pl casadh siad **U**

1pl go gcasa muid **CU**

51

20 ceangail tie ceangal ceangailte

an aimsir chaite
cheangail mé
cheangail tú
cheangail sé/sí
cheanglaíomar
cheangail sibh
cheangail siad
ceanglaíodh

the past tense
níor cheangail
ar cheangail?
gur cheangail
nár cheangail
níor ceanglaíodh
ar ceanglaíodh?
gur/nár ceanglaíodh

1sg (do) cheanglaíos, *2sg* (do) cheanglaís, *2pl* (do) cheanglaíobhair **M**
1pl cheangail muid **UC** *3pl* cheanglaíodar **MC**

an aimsir láithreach
ceanglaím
ceanglaíonn tú
ceanglaíonn sé/sí
ceanglaímid
ceanglaíonn sibh
ceanglaíonn siad
ceanglaítear

the present tense
ní cheanglaíonn
an gceanglaíonn?
go gceanglaíonn
nach gceanglaíonn

1pl ceanglaíonn muid **C** *3pl* ceanglaíd (siad) **M** ceanglaim, ceanglann sé, muid *etc.*
U *rel.* a cheanglaíos / a cheanglas

an aimsir fháistineach
ceanglóidh mé
ceanglóidh tú
ceanglóidh sé/sí
ceanglóimid
ceanglóidh sibh
ceanglóidh siad
ceanglófar

the future tense
ní cheanglóidh
an gceanglóidh?
go gceanglóidh
nach gceanglóidh

ceanglóchaidh **U**

1sg ceanglód, *2sg* ceanglóir **M** ceanglóchaidh mé/muid *etc.* **U**
1pl ceanglóidh muid **C** *rel.* a cheanglós / a cheanglóchas

20   ceangail tie   ceangal   ceangailte

an modh coinníollach
cheanglóinn
cheanglófá
cheanglódh sé/sí
cheanglóimis
cheanglódh sibh
cheanglóidís
cheanglófaí

the conditional mood
ní cheanglódh
an gceanglódh?
go gceanglódh
nach gceanglódh

cheanglóchadh **U**

1sg cheanglóchainn, *3sg* cheanglóchadh sé, siad *etc.* **U**
1pl cheanglódh muid **C**

an aimsir ghnáthchaite
cheanglaínn
cheanglaíteá
cheanglaíodh sé/sí
cheanglaímis
cheanglaíodh sibh
cheanglaídís
cheanglaítí

the imperfect tense
ní cheanglaíodh
an gceanglaíodh?
go gceanglaíodh
nach gceanglaíodh

1pl cheanglaíodh muid **C** *3pl* cheanglaíodh siad **U**
Ba ghnách liom ceangal *etc.* **U**

an modh ordaitheach
the imperative mood
ceanglaím
ceangail
ceanglaíodh sé/sí
ceanglaímis
ceanglaígí
ceanglaídís
ceanglaítear
 ná ceangail

3pl ceanglaíodh siad **U**

an foshuiteach láithreach
the present subjunctive
go gceanglaí mé
go gceanglaí tú
go gceanglaí sé/sí
go gceanglaímid
go gceanglaí sibh
go gceanglaí siad
go gceanglaítear
 nár cheanglaí

1pl go gceanglaí muid **CU**

21 ceannaigh buy ceannach ceannaithe

an aimsir chaite
cheannaigh mé
cheannaigh tú
cheannaigh sé/sí
cheannaíomar
cheannaigh sibh
cheannaigh siad
ceannaíodh

the past tense
níor cheannaigh
ar cheannaigh?
gur cheannaigh
nár cheannaigh
níor ceannaíodh
ar ceannaíodh?
gur/nár ceannaíodh

1sg (do) cheannaíos, *2sg* (do) cheannaís, *2pl* (do) cheannaíobhair **M**
1pl cheannaigh muid **UC** *3pl* cheannaíodar **MC**

an aimsir láithreach
ceannaím
ceannaíonn tú
ceannaíonn sé/sí
ceannaímid
ceannaíonn sibh
ceannaíonn siad
ceannaítear

the present tense
ní cheannaíonn
an gceannaíonn?
go gceannaíonn
nach gceannaíonn

1pl ceannaíonn muid **C** *3pl* ceannaíd (siad) **M**
ceannaim, ceannann sé/muid **U** *rel.* a cheannaíos

an aimsir fháistineach
ceannóidh mé
ceannóidh tú
ceannóidh sé/sí
ceannóimid
ceannóidh sibh
ceannóidh siad
ceannófar

the future tense
ní cheannóidh
an gceannóidh?
go gceannóidh
nach gceannóidh

ceannóchaidh **U**

1sg ceannód, *2sg* ceannóir **M** *1pl* ceannóidh muid **C**
ceannóchaidh mé/muid *etc.* **U** *rel.* a cheannós / a cheannóchas

21 ceannaigh buy ceannach ceannaithe

an modh coinníollach
cheannóinn
cheannófá
cheannódh sé/sí
cheannóimis
cheannódh sibh
cheannóidís
cheannófaí

the conditional mood
ní cheannódh
an gceannódh?
go gceannódh
nach gceannódh

cheannóchadh **U**

1sg cheannóchainn, *3sg* cheannóchadh sé/siad *etc.* **U**
1pl cheannódh muid **C**

an aimsir ghnáthchaite
cheannaínn
cheannaíteá
cheannaíodh sé/sí
cheannaímis
cheannaíodh sibh
cheannaídís
cheannaítí

the imperfect tense
ní cheannaíodh
an gceannaíodh?
go gceannaíodh
nach gceannaíodh

1pl cheannaíodh muid **C** *3pl* cheannaíodh siad **U**
Ba ghnách liom ceannacht *etc.* **U**

an modh ordaitheach
the imperative mood
ceannaím
ceannaigh
ceannaíodh sé/sí
ceannaímis
ceannaígí
ceannaídís
ceannaítear
  ná ceannaigh

an foshuiteach láithreach
the present subjunctive
go gceannaí mé
go gceannaí tú
go gceannaí sé/sí
go gceannaímid
go gceannaí sibh
go gceannaí siad
go gceannaítear
  nár cheannaí

3pl ceannaíodh siad **U**

1pl go gceannaí muid **CU**

22 cloígh defeat   cloí   cloíte

an aimsir chaite
chloígh mé
chloígh tú
chloígh sé/sí
chloíomar
chloígh sibh
chloígh siad
cloíodh

the past tense
níor chloígh
ar chloígh?
gur chloígh
nár chloígh
níor cloíodh
ar cloíodh ?
gur/nár cloíodh

1sg (do) chloíos, *2sg* (do) chloís, *2pl* (do) chloíobhair **M**
1pl chloígh muid **CU** *3pl* (do) chloíodar **MC**

an aimsir láithreach
cloím
cloíonn tú
cloíonn sé/sí
cloímid
cloíonn sibh
cloíonn siad
cloítear

the present tense
ní chloíonn
an gcloíonn?
go gcloíonn
nach gcloíonn

1pl cloíonn muid **CU** *3pl* cloíd (siad) **M** *rel.* a chloíos

an aimsir fháistineach
cloífidh mé
cloífidh tú
cloífidh sé/sí
cloífimid
cloífidh sibh
cloífidh siad
cloífear

the future tense
ní chloífidh
an gcloífidh?
go gcloífidh
nach gcloífidh

1sg cloífead, *2sg* cloífir **M** cloífidh muid **CU** *rel.* a chloífeas

22 cloígh defeat   cloí   cloíte

an modh coinníollach

chloífinn
chloífeá
chloífeadh sé/sí
chloífimis
chloífeadh sibh
chloífidís
chloífí

the conditional mood

ní chloífeadh
an gcloífeadh?
go gcloífeadh
nach gcloífeadh

1pl chloífeadh muid **C** *3pl* chloífeadh siad **U**

an aimsir ghnáthchaite

chloínn
chloíteá
chloíodh sé/sí
chloímis
chloíodh sibh
chloídís
chloítí

the imperfect tense

ní chloíodh
an gcloíodh?
go gcloíodh
nach gcloíodh

1pl chloíodh muid **C** *3pl* chloíodh siad **U**
Ba ghnách liom cloí *etc.* **U**

an modh ordaitheach
the imperative mood

cloím
cloígh
cloíodh sé/sí
cloímis
cloígí
cloídís
cloítear
  ná cloígh

3pl cloíodh siad **U**

an foshuiteach láithreach
the present subjunctive

go gcloí mé
go gcloí tú
go gcloí sé/sí
go gcloímid
go gcloí sibh
go gcloí siad
go gcloítear
  nár chloí

1pl go gcloí muid **CU**

23 clois hear *CM* cloisteáil cloiste

an aimsir chaite

chuala mé
chuala tú
chuala sé/sí
chualamar
chuala sibh
chuala siad
chualathas

the past tense

níor chuala
ar chuala?
gur chuala
nár chuala
níor chualathas
ar chualathas?
gur/nár chualathas

1sg (do) chuala(s), *2sg* (do) chualais, *2pl* (do) chualabhair **M**
1pl chuala muid **CU** *3pl* (do) chualadar **MC**
ní chuala an/go/nach gcuala **U** d'airigh & mhothaigh 'heard' *dial*

an aimsir láithreach

cluinim = cloisim
cluineann tú
cluineann sé/sí
cluinimid
cluineann sibh
cluineann siad
cluintear

the present tense

ní chluineann
an gcluineann?
go gcluineann
nach gcluineann

cloiseann **MC**
= cluineann **U**

1pl cloiseann/cluineann muid **CU**; *3pl* cloisid (siad) **M**
rel. a chluineas / a chloiseas

an aimsir fháistineach

cluinfidh mé
cluinfidh tú
cluinfidh sé
cluinfimid
cluinfidh sibh
cluinfidh siad
cluinfear

the future tense

ní chluinfidh
an gcluinfidh?
go gcluinfidh
nach gcluinfidh

cloisfidh **MC**
= cluinfidh **U**

1sg cloisfead, *2sg* cloisfir **M**
cloisfidh /cluinfidh muid **CU** *rel.* a chloisfeas / a chluinfeas

23 cluin hear *U*   cluinstin   cluinte

an modh coinníollach
chluinfinn
chluinfeá
chluinfeadh sé/sí
chluinfimis
chluinfeadh sibh
chluinfidís
chluinfí

the conditional mood
ní chluinfeadh
an gcluinfeadh?
go gcluinfeadh
nach gcluinfeadh

chloisfeadh **MC**
= chluinfeadh **U**

1pl chloisfeadh muid **C**, *3pl* chluinfeadh siad **U**

an aimsir ghnáthchaite
chluininn
chluinteá
chluineadh sé/sí
chluinimis
chluineadh sibh
chluinidís
chluintí

the imperfect tense
ní chluineadh
an gcluineadh?
go gcluineadh
nach gcluineadh

chloiseadh **MC**
= chluineadh **U**

1pl chloiseadh muid **C**
3pl chluineadh siad, Ba ghnách liom cluinstean. **U**

an modh ordaitheach
the imperative mood
cluinim = cloisim
cluin = clois
cluineadh sé/sí = cloiseadh
cluinimis = cloisimis
cluinigí = cloisigí
cluineadh siad = cloisidís
cluintear = cloistear
  ná cluin = ná clois

3pl cluineadh siad **U**

an foshuiteach láithreach
the present subjunctive
go gcluine mé = gcloise
go gcluine tú
go gcluine sé/sí
go gcluinimid
go gcluine sibh
go gcluine siad
go gcluintear = gcloistear
  nár chluine = nár chloise

1pl go gcloise/gcluine muid **CU**

24   codail sleep   codladh   codalta

an aimsir chaite
chodail mé
chodail tú
chodail sé/sí
chodlaíomar
chodail sibh
chodail siad
codlaíodh

the past tense
níor chodail
ar chodail?
gur chodail
nár chodail
níor codlaíodh
ar codlaíodh?
gur/nár codlaíodh

1sg (do) chodlaíos, *2sg* (do) chodlaís, *2pl* (do) chodlaíobhair **M**
1pl chodail muid **UC** *3pl* chodlaíodar **MC** *var* chodlaigh **U**

an aimsir láithreach
codlaím
codlaíonn tú
codlaíonn sé/sí
codlaímid
codlaíonn sibh
codlaíonn siad
codlaítear

the present tense
ní chodlaíonn
an gcodlaíonn?
go gcodlaíonn
nach gcodlaíonn

1pl codlaíonn muid **C** *3pl* codlaíd (siad) **M**
codlaim, codlann sé, muid *etc.* **U** *rel.* a chodlaíos / a chodlas

an aimsir fháistineach
codlóidh mé
codlóidh tú
codlóidh sé/sí
codlóimid
codlóidh sibh
codlóidh siad
codlófar

the future tense
ní chodlóidh
an gcodlóidh?
go gcodlóidh
nach gcodlóidh

codlóchaidh **U**

1sg codlód, *2sg* codlóir **M** codlóchaidh mé/muid *etc.* **U**
1pl codlóidh muid **C** *rel.* a chodlós / a chodlóchas

24 codail sleep codladh codalta

an modh coinníollach

chodlóinn
chodlófá
chodlódh sé/sí
chodlóimis
chodlódh sibh
chodlóidís
___
chodlófaí

the conditional mood

ní chodlódh
an gcodlódh?
go gcodlódh
nach gcodlódh

chodlóchadh **U**

1sg chodlóchainn, *3sg* chodlóchadh sé, siad *etc.* **U**
1pl chodlódh muid **C**

an aimsir ghnáthchaite

chodlainn
chodlaíteá
chodlaíodh sé/sí
chodlaímis
chodlaíodh sibh
chodlaídís
___
chodlaítí

the imperfect tense

ní chodlaíodh
an gcodlaíodh?
go gcodlaíodh
nach gcodlaíodh

1pl chodlaíodh muid **C** *3pl* chodlaíodh siad **U**
Ba ghnách liom codladh *etc.* **U**

an modh ordaitheach
the imperative mood

codlaím
codail
codlaíodh sé/sí
codlaímis
codlaígí
codlaídís
___
codlaítear
  ná codail

3pl codlaíodh siad **U**

an foshuiteach láithreach
the present subjunctive

go gcodlaí mé
go gcodlaí tú
go gcodlaí sé/sí
go gcodlaímid
go gcodlaí sibh
go gcodlaí siad
___
go gcodlaítear
  nár chodlaí

1pl go gcodlaí muid **CU**

25 coinnigh keep coinneáil coinnithe

an aimsir chaite
choinnigh mé
choinnigh tú
choinnigh sé/sí
choinníomar
choinnigh sibh
choinnigh siad
coinníodh

the past tense
níor choinnigh
ar choinnigh?
gur choinnigh
nár choinnigh
níor coinníodh
ar coinníodh?
gur/nár coinníodh

1sg (do) choinníos, *2sg* (do) choinnís, *2pl* (do) choinníobhair **M**
1pl choinnigh muid **UC** *3pl* choinníodar **MC**

coinním
coinníonn tú
coinníonn sé/sí
coinnímid
coinníonn sibh
coinníonn siad
coinnítear

ní choinníonn
an gcoinníonn?
go gcoinníonn
nach gcoinníonn

1pl coinníonn muid **C** *3pl* coinníd (siad) **M**
coinnim, coinneann sé/muid **U** *rel.* a choinníos

an aimsir fháistineach
coinneoidh mé
coinneoidh tú
coinneoidh sé/sí
coinneoimid
coinneoidh sibh
coinneoidh siad
coinneofar

the future tense
ní choinneoidh
an gcoinneoidh?
go gcoinneoidh
nach gcoinneoidh

coinneochaidh **U**

1sg coinneod, *2sg* coinneoir **M** *1pl* coinneoidh muid **C**
coinneochaidh mé/muid *etc.* **U** *rel.* a choinneos / a choinneochas

62

25 coinnigh keep coinneáil coinnithe

an modh coinníollach

choinneoinn
choinneofá
choinneodh sé/sí
choinneoimis
choinneodh sibh
choinneoidís
choinneofaí

the conditional mood

ní choinneodh
an gcoinneodh?
go gcoinneodh
nach gcoinneodh

choinneochadh **U**

1sg choinneochainn, *3sg* choinneochadh sé, siad *etc.* **U**
1pl choinneodh muid **C**

an aimsir ghnáthchaite

choinnínn
choinníteá
choinníodh sé/sí
choinnímis
choinníodh sibh
choinnídís
choinníti

the imperfect tense

ní choinníodh
an gcoinníodh?
go gcoinníodh
nach gcoinníodh

1pl choinníodh muid **C**, *3pl* choinníodh siad **U**
Ba ghnách liom coinneáil(t) *etc.* **U**

an modh ordaitheach
the imperative mood

coinním
coinnigh
coinníodh sé/sí
coinnímis
coinnígí
coinnídís
coinnítear
  ná coinnigh

3pl coinníodh siad **U**

an foshuiteach láithreach
the present subjunctive

go gcoinní mé
go gcoinní tú
go gcoinní sé/sí
go gcoinnímid
go gcoinní sibh
go gcoinní siad
go gcoinnítear
  nár choinní

1pl go gcoinní muid **CU**

26   **cruaigh** harden   **cruachan   cruaite**

an aimsir chaite
chruaigh mé
chruaigh tú
chruaigh sé/sí
chruamar
chruaigh sibh
chruaigh siad
cruadh

the past tense
níor chruaigh
ar chruaigh?
gur chruaigh
nár chruaigh
níor cruadh
ar cruadh?
gur/nár cruadh

1sg (do) chruas, *2sg* (do) chruais, *2pl* (do) chruabhair **M**
1pl chruaigh muid **CU** *3pl* (do) chruadar **MC**

an aimsir láithreach
cruaim
cruann tú
cruann sé/sí
cruaimid
cruann sibh
cruann siad
cruaitear

the present tense
ní chruann
an gcruann?
go gcruann
nach gcruann

1pl cruann muid **CU** *3pl* cruaid (siad) **M** *dial.* cruaidheann
rel. a chruas

an aimsir fháistineach
cruafaidh mé
cruafaidh tú
cruafaidh sé/sí
cruafaimid
cruafaidh sibh
cruafaidh siad
cruafar

the future tense
ní chruafaidh
an gcruafaidh?
go gcruafaidh
nach gcruafaidh

1sg cruafad, *2sg* cruafair **M** cruafaidh muid **CU** *dial.* cruaidhfidh
rel. a chruafas

26   **cruaigh** harden   **cruachan   cruaite**

an modh coinníollach
chruafainn
chruafá
chruafadh sé/sí
chruafaimis
chruafadh sibh
chruafaidís
chruafaí

the conditional mood
ní chruafadh
an gcruafadh?
go gcruafadh
nach gcruafadh

1pl chruafadh muid **C** *3pl* chruafadh siad **U** *dial.* chruaidhfeadh

an aimsir ghnáthchaite
chruainn
chruaiteá
chruadh sé/sí
chruaimis
chruadh sibh
chruaidís
chruaití

the imperfect tense
ní chruadh
an gcruadh?
go gcruadh
nach gcruadh

1pl chruadh muid **C**, *3pl* chruadh siad **U**
Ba ghnách liom cruaidheadh *etc.* **U**

an modh ordaitheach
the imperative mood
cruaim
cruaigh
cruadh sé/sí
cruaimis
cruaigí
cruaidís
cruaitear
  ná cruaigh

an foshuiteach láithreach
the present subjunctive
go gcrua mé
go gcrua tú
go gcrua sé/sí
go gcruaimid
go gcrua sibh
go gcrua siad
go gcruaitear
  nár chrua

3pl cruadh siad **U**

1pl go gcrua muid **CU**

27   cruinnigh gather   cruinniú cruinnithe

an aimsir chaite

chruinnigh mé
chruinnigh tú
chruinnigh sé/sí
chruinníomar
chruinnigh sibh
chruinnigh siad
cruinníodh

the past tense

níor chruinnigh
ar chruinnigh?
gur chruinnigh
nár chruinnigh
níor cruinníodh
ar cruinníodh?
gur/nár cruinníodh

1sg (do) chruinníos, *2sg* (do) chruinnís, *2pl* (do) chruinníobhair **M**
1pl chruinnigh muid **UC** *3pl* chruinníodar **MC**

an aimsir láithreach

cruinním
cruinníonn tú
cruinníonn sé/sí
cruinnímid
cruinníonn sibh
cruinníonn siad
cruinnítear

the present tense

ní chruinníonn
an gcruinníonn?
go gcruinníonn
nach gcruinníonn

1pl cruinníonn muid **C** *3pl* cruinníd (siad) **M**
cruinnim, cruinneann sé/muid **U** *rel.* a chruinníos

an aimsir fháistineach

cruinneoidh mé
cruinneoidh tú
cruinneoidh sé/sí
cruinneoimid
cruinneoidh sibh
cruinneoidh siad
cruinneofar

the future tense

ní chruinneoidh
an gcruinneoidh?
go gcruinneoidh
nach gcruinneoidh

cruinneochaidh **U**

1sg cruinneod, *2sg* cruinneoir **M** *1pl* cruinneoidh muid **C**
cruinneochaidh mé/muid *etc.* **U** *rel.* a chruinneos / a chruinneochas

66

27 cruinnigh gather   cruinniú cruinnithe

an modh coinníollach

chruinneoinn
chruinneofá
chruinneodh sé/sí
chruinneoimis
chruinneodh sibh
chruinneoidís
chruinneofaí

the conditional mood

ní chruinneodh
an gcruinneodh?
go gcruinneodh
nach gcruinneodh

chruinneochadh **U**

1sg chruinneochainn, *3sg* chruinneochadh sé, siad *etc.* **U**
1pl chruinneodh muid **C**

an aimsir ghnáthchaite

chruinnínn
chruinníteá
chruinníodh sé/sí
chruinnímis
chruinníodh sibh
chruinnídís
chruinnítí

the imperfect tense

ní chruinníodh
an gcruinníodh?
go gcruinníodh
nach gcruinníodh

1pl chruinníodh muid **C**, *3pl* chruinníodh siad **U**
Ba ghnách liom cruinniú *etc.* **U**

an modh ordaitheach
the imperative mood

cruinním
cruinnigh
cruinníodh sé/sí
cruinnímis
cruinnígí
cruinnídís
cruinnítear
  ná cruinnigh

3pl cruinníodh siad **U**

an foshuiteach láithreach
the present subjunctive

go gcruinní mé
go gcruinní tú
go gcruinní sé/sí
go gcruinnímid
go gcruinní sibh
go gcruinní siad
go gcruinnítear
  nár chruinní

1pl go gcruinní muid **CU**

28 cuir say   cur   curtha

an aimsir chaite
chuir mé
chuir tú
chuir sé/sí
chuireamar
chuir sibh
chuir siad
cuireadh

the past tense
níor chuir
ar chuir?
gur chuir
nár chuir
níor cuireadh
ar cuireadh?
gur/nár cuireadh

1sg (do) chuireas, *2sg* (do) chuiris, *2pl* (do) chuireabhair **M**
1pl chuir muid **CU** *3pl* (do) chuireadar **MC**

an aimsir láithreach
cuirim
cuireann tú
cuireann sé/sí
cuirimid
cuireann sibh
cuireann siad
cuirtear

the present tense
ní chuireann
an gcuireann?
go gcuireann
nach gcuireann

1pl cuireann muid **CU** *3pl* cuirid (siad) **M** *rel.* a chuireas

an aimsir fháistineach
cuirfidh mé
cuirfidh tú
cuirfidh sé/sí
cuirfimid
cuirfidh sibh
cuirfidh siad
cuirfear

the future tense
ní chuirfidh
an gcuirfidh?
go gcuirfidh
nach gcuirfidh

1sg cuirfead, *2sg* cuirfir **M** cuirfidh muid **CU** *rel.* a chuirfeas

28   **cuir** say   **cur**   **curtha**

an modh coinníollach   the conditional mood

chuirfinn	ní chuirfeadh
chuirfeá	an gcuirfeadh?
chuirfeadh sé/sí	go gcuirfeadh
chuirfimis	nach gcuirfeadh
chuirfeadh sibh	
chuirfidís	
chuirfí	

1pl chuirfeadh muid **C** *3pl* chuirfeadh siad **U**

an aimsir ghnáthchaite   the imperfect tense

chuirinn	ní chuireadh
chuirteá	an gcuireadh?
chuireadh sé/sí	go gcuireadh
chuirimis	nach gcuireadh
chuireadh sibh	
chuiridís	
chuirtí	

1pl chuireadh muid **C** *3pl* chuireadh siad **U**
Ba ghnách liom cur *etc.* **U**

an modh ordaitheach   an foshuiteach láithreach
the imperative mood   the present subjunctive

cuirim	go gcuire mé
cuir	go gcuire tú
cuireadh sé/sí	go gcuire sé/sí
cuirimis	go gcuirimid
cuirigí	go gcuire sibh
cuiridís	go gcuire siad
cuirtear	go gcuirtear
ná cuir	nár chuire

3pl cuireadh siad **U**   *1pl* go gcuire muid **CU**

69

29 **dathaigh** colour   **dathú**   **daite**

an aimsir chaite
dhathaigh mé
dhathaigh tú
dhathaigh sé/sí
dhathaíomar
dhathaigh sibh
dhathaigh siad
dathaíodh

the past tense
níor dhathaigh
ar dhathaigh?
gur dhathaigh
nár dhathaigh
níor dathaíodh
ar dathaíodh?
gur/nár dathaíodh

1sg (do) dhathaíos, *2sg* (do) dhathaís, *2pl* (do) dhathaíobhair **M**
1pl dhathaigh muid **UC** *3pl* dhathaíodar **MC**

an aimsir láithreach
dathaím
dathaíonn tú
dathaíonn sé/sí
dathaímid
dathaíonn sibh
dathaíonn siad
dathaítear

the present tense
ní dhathaíonn
an ndathaíonn?
go ndathaíonn
nach ndathaíonn

1pl dathaíonn muid **C** *3pl* dathaíd (siad) **M**
dathaim, dathann sé/muid **U** *rel.* a dhathaíos

an aimsir fháistineach
dathóidh mé
dathóidh tú
dathóidh sé/sí
dathóimid
dathóidh sibh
dathóidh siad
dathófar

the future tense
ní dhathóidh
an ndathóidh?
go ndathóidh
nach ndathóidh

dathóchaidh **U**

1sg dathód, *2sg* dathóir **M** *1pl* dathóidh muid **C**
dathóchaidh mé/muid *etc.* **U** *rel.* a dhathós / a dhathóchas

29 **dathaigh** colour   **dathú**   **daite**

an modh coinníollach

dhathóinn
dhathófá
dhathódh sé/sí
dhathóimis
dhathódh sibh
dhathóidís
_____
dhathófaí

the conditional mood

ní dhathódh
an ndathódh?
go ndathódh
nach ndathódh

        dhathóchadh **U**

1sg dhathóchainn, *3sg* dhathóchadh sé/siad *etc.***U**
1pl dhathódh muid **C**

an aimsir ghnáthchaite

dhathaínn
dhathaíteá
dhathaíodh sé/sí
dhathaímis
dhathaíodh sibh
dhathaídís
_____
dhathaítí

the imperfect tense

ní dhathaíodh
an ndathaíodh?
go ndathaíodh
nach ndathaíodh

1pl dhathaíodh muid **C** *3pl* dhathaíodh siad **U**
Ba ghnách liom dathú *etc.* **U**

an modh ordaitheach
the imperative mood

dathaím
dathaigh
dathaíodh sé/sí
dathaímis
dathaígí
dathaídís
_____
dathaítear
  ná dathaigh

3pl dathaíodh siad **U**

an foshuiteach láithreach
the present subjunctive

go ndathaí mé
go ndathaí tú
go ndathaí sé/sí
go ndathaímid
go ndathaí sibh
go ndathaí siad
_____
go ndathaítear
  nár dhathaí

1pl go ndathaí muid **CU**

30 **déan** do, make **déanamh   déanta**

an aimsir chaite
rinne mé
rinne tú
rinne sé
rinneamar
rinne sibh
rinne siad
rinneadh

the past tense
ní dhearna
an ndearna?
go ndearna
nach ndearna
ní dhearnadh
an ndearnadh?
go/nach ndearnadh

1sg (do) dheineas, *2sg* (do) dheinis, *2pl* (do) dheineabhair, *3pl* dheineadar, *var.* dhin-**M**
1pl rinne muid **CU** *3pl* rinneadar **C**
rinn, ní thearn, an/go/nach dtearn **U**

an aimsir láithreach
déanaim
déanann tú
déanann sé/sí
déanaimid
déanann sibh
déanann siad
déantar

the present tense
ní dhéanann
an ndéanann?
go ndéanann
nach ndéanann
   Indep. ghní **U**
      díonann **C**
      deineann **M**

1pl déanann muid **C** *3pl* déanaid (siad) **M** *rel.* a dhéanas;
indep. ghním, ghní tú/sé *var.* ní sé, *rel.* a ghníos; ní theán sé, go ndeán **U**

an aimsir fháistineach
déanfaidh mé
déanfaidh tú
déanfaidh sé/sí
déanfaimid
déanfaidh sibh
déanfaidh siad
déanfar

the future tense
ní dhéanfaidh
an ndéanfaidh?
go ndéanfaidh
nach ndéanfaidh

1sg déanfad, *2sg* déanfair **M** déanfaidh muid **CU** *rel.* a dhéanfas;
indep. ghéanfaidh/dhéanfaidh, ní theánfaidh, go ndeánfaidh **U**

30 **déan** do, make **déanamh   déanta**

an modh coinníollach
dhéanfainn
dhéanfá
dhéanfadh sé/sí
dhéanfaimis
dhéanfadh sibh
dhéanfaidís
dhéanfaí

the conditional mood
ní dhéanfadh
an ndéanfadh?
go ndéanfadh
nach ndéanfadh

1pl dhéanfadh muid **C** *3pl* dhéanfadh siad, *var.* gheánfadh **U**

an aimsir ghnáthchaite
dhéanainn
dhéantá
dhéanadh sé/sí
dhéanaimis
dhéanadh sibh
dhéanaidís
dhéantaí

the imperfect tense
ní dhéanadh
an ndéanadh?
go ndéanadh
nach ndéanadh

1pl dhéanadh muid **C** Ba ghnách liom déanamh *etc.*
Indep. ghnínn, ghníthá, ghníodh sé, siad *etc.*, *var.* níodh **U**

an modh ordaitheach
the imperative mood
déanaim
déan
déanadh sé/sí
déanaimis
déanaigí
déanaidís
déantar
  ná déan

an foshuiteach láithreach
the present subjunctive
go ndéana mé
go ndéana tú
go ndéana sé/sí
go ndéanaimid
go ndéana sibh
go ndéana siad
go ndéantar
  nár dhéana

3pl déanadh siad **U**

1pl go ndéana muid **CU**
go ndéanaidh **U**

31 díol sell   díol   díolta

an aimsir chaite

dhíol mé
dhíol tú
dhíol sé/sí
dhíolamar
dhíol sibh
dhíol siad
díoladh

the past tense

níor dhíol
ar dhíol?
gur dhíol
nár dhíol
níor díoladh
ar díoladh?
gur/nár díoladh

1sg (do) dhíolas, *2sg* (do) dhíolais, *2pl* (do) dhíolabhair **M**
1pl dhíol muid **CU** *3pl* (do) dhíoladar **MC**

an aimsir láithreach

díolaim
díolann tú
díolann sé/sí
díolaimid
díolann sibh
díolann siad
díoltar

the present tense

ní dhíolann
an ndíolann?
go ndíolann
nach ndíolann

1pl díolann muid **CU** *3pl* díolaid (siad) **M** *rel.* a dhíolas

an aimsir fháistineach

díolfaidh mé
díolfaidh tú
díolfaidh sé/sí
díolfaimid
díolfaidh sibh
díolfaidh siad
díolfar

the future tense

ní dhíolfaidh
an ndíolfaidh?
go ndíolfaidh
nach ndíolfaidh

1sg díolfad, *2sg* díolfair **M** díolfaidh muid **CU** *rel.* a dhíolfas

74

31 **díol** sell　　　　**díol**　　**díolta**

an modh coinníollach

dhíolfainn
dhíolfá
dhíolfadh sé/sí
dhíolfaimis
dhíolfadh sibh
dhíolfaidís
dhíolfaí

the conditional mood

ní dhíolfadh
an ndíolfadh?
go ndíolfadh
nach ndíolfadh

1pl dhíolfadh muid **C** *3pl* dhíolfadh siad **U**

an aimsir ghnáthchaite

dhíolainn
dhíoltá
dhíoladh sé/sí
dhíolaimis
dhíoladh sibh
dhíolaidís
dhíoltaí

the imperfect tense

ní dhíoladh
an ndíoladh?
go ndíoladh
nach ndíoladh

1pl dhíoladh muid **C** *3pl* dhíoladh siad **U**
Ba ghnách liom díol *etc.* **U**

an modh ordaitheach
the imperative mood

díolaim
díol
díoladh sé/sí
díolaimis
díolaigí
díolaidís
díoltar
　ná díol

an foshuiteach láithreach
the present subjunctive

go ndíola mé
go ndíola tú
go ndíola sé/sí
go ndíolaimid
go ndíola sibh
go ndíola siad
go ndíoltar
　nár dhíola

3pl díoladh siad **U**

1pl go ndíola muid **CU**

32 **dirigh** straighten **díriú** **dírithe**

an aimsir chaite · the past tense

an aimsir chaite	the past tense
dhírigh mé	níor dhírigh
dhírigh tú	ar dhírigh?
dhírigh sé/sí	gur dhírigh
dhíríomar	nár dhírigh
dhírigh sibh	níor díríodh
dhírigh siad	ar díríodh?
díríodh	gur/nár díríodh

1sg (do) dhírios, *2sg* (do) dhírís, *2pl* (do) dhíríobhair **M**
1pl dhírigh muid **UC** *3pl* dhíríodar **MC**

an aimsir láithreach · the present tense

an aimsir láithreach	the present tense
dírím	ní dhíríonn
díríonn tú	an ndíríonn?
díríonn sé/sí	go ndíríonn
dírímid	nach ndíríonn
díríonn sibh	
díríonn siad	
dírítear	

1pl díríonn muid **C** *3pl* díríd (siad) **M**
dírim, díreann sé/muid **U** *rel.* a dhíríos

an aimsir fháistineach · the future tense

an aimsir fháistineach	the future tense
díreoidh mé	ní dhíreoidh
díreoidh tú	an ndíreoidh?
díreoidh sé/sí	go ndíreoidh
díreoimid	nach ndíreoidh
díreoidh sibh	
díreoidh siad	díreochaidh **U**
díreofar	

1sg díreod, *2sg* díreoir **M** *1pl* díreoidh muid **C**
díreochaidh mé/muid *etc.* **U** *rel.* a dhíreos / a dhíreochas

32   **dirigh** straighten   **díriú**   **dírithe**

an modh coinníollach
dhíreoinn
dhíreofá
dhíreodh sé/sí
dhíreoimis
dhíreodh sibh
dhíreoidís
dhíreofaí

the conditional mood
ní dhíreodh
an ndíreodh?
go ndíreodh
nach ndíreodh

dhíreochadh **U**

1sg dhíreochainn, *3sg* dhíreochadh sé, siad *etc.* **U**
1pl dhíreodh muid **C**

an aimsir ghnáthchaite
dhírínn
dhíríteá
dhíríodh sé/sí
dhírímis
dhíríodh sibh
dhírídís
dhíríti

the imperfect tense
ní dhíríodh
an ndíríodh?
go ndíríodh
nach ndíríodh

1pl dhíríodh muid **C**, *3pl* dhíríodh siad **U**
Ba ghnách liom díriú *etc.* **U**

an modh ordaitheach
the imperative mood
dírím
dírigh
díríodh sé/sí
dírímis
dírígí
dírídís
dírítear
  ná dírigh

an foshuiteach láithreach
the present subjunctive
go ndírí mé
go ndírí tú
go ndírí sé/sí
go ndírímid
go ndírí sibh
go ndírí siad
go ndírítear
  nár dhírí

3pl díríodh siad **U**

1pl go ndírí muid **CU**

33 **dóigh** burn   **dó**   **dóite**

an aimsir chaite

dhóigh mé
dhóigh tú
dhóigh sé/sí
dhómar
dhóigh sibh
dhóigh siad
dódh

the past tense

níor dhóigh
ar dhóigh?
gur dhóigh
nár dhóigh
níor dódh
ar dódh?
gur/nár dódh

1sg (do) dhós, *2sg* (do) dhóis, *2pl* (do) dhóbhair **M**
1pl dhóigh muid **CU** *3pl* (do) dhódar **MC** *vn* dóghadh **U**

an aimsir láithreach

dóim
dónn tú
dónn sé/sí
dóimid
dónn sibh
dónn siad
dóitear

the present tense

ní dhónn
an ndónn?
go ndónn
nach ndónn

1pl dónn muid **CU** *3pl* dóid (siad) **M** *dial.* dóigheann
rel. a dhós

an aimsir fháistineach

dófaidh mé
dófaidh tú
dófaidh sé/sí
dófaimid
dófaidh sibh
dófaidh siad
dófar

the future tense

ní dhófaidh
an ndófaidh?
go ndófaidh
nach ndófaidh

1sg dófad, *2sg* dófair **M** dófaidh muid **CU** *dial.* dóighfidh
rel. a dhófas

78

33 **dóigh** burn   **dó**   **dóite**

an modh coinníollach
dhófainn
dhófá
dhófadh sé/sí
dhófaimis
dhófadh sibh
dhófaidís
dhófaí

the conditional mood
ní dhófadh
an ndófadh?
go ndófadh
nach ndófadh

1pl dhófadh muid **C** *3pl* dhófadh siad **U** *dial.* dhóighfeadh

an aimsir ghnáthchaite
dhóinn
dhóiteá
dhódh sé/sí
dhóimis
dhódh sibh
dhóidís
dhóití

the imperfect tense
ní dhódh
an ndódh?
go ndódh
nach ndódh

1pl dhódh muid **C**, *3pl* dhódh siad **U**
Ba ghnách liom dó/dóghadh *etc.* **U**

an modh ordaitheach
the imperative mood
dóim
dóigh
dódh sé/sí
dóimis
dóigí
dóidís
dóitear
   ná dóigh

an foshuiteach láithreach
the present subjunctive
go ndó mé
go ndó tú
go ndó sé/sí
go ndóimid
go ndó sibh
go ndó siad
go ndóitear
   nár dhó

3pl dódh siad **U**

1pl go ndó muid **CU**

34 **druid** close   **druidim**   **druidte**

an aimsir chaite
dhruid mé
dhruid tú
dhruid sé/sí
dhruideamar
dhruid sibh
dhruid siad
druideadh

the past tense
níor dhruid
ar dhruid?
gur dhruid
nár dhruid
níor druideadh
ar druideadh?
gur/nár druideadh

1sg (do) dhruideas, *2sg* (do) dhruidis, *2pl* (do) dhruideabhair **M**
1pl dhruid muid **CU** *3pl* (do) dhruideadar **MC**

an aimsir láithreach
druidim
druideann tú
druideann sé/sí
druidimid
druideann sibh
druideann siad
druidtear

the present tense
ní dhruideann
an ndruideann?
go ndruideann
nach ndruideann

1pl druideann muid **CU** *3pl* druidid (siad) **M** *rel.* a dhruideas

an aimsir fháistineach
druidfidh mé
druidfidh tú
druidfidh sé/sí
druidfimid
druidfidh sibh
druidfidh siad
druidfear

the future tense
ní dhruidfidh
an ndruidfidh?
go ndruidfidh
nach ndruidfidh

1sg druidfead, *2sg* druidfir **M** druidfidh muid **CU** *rel.* a dhruidfeas

34   druid close   druidim   druidte

an modh coinníollach
dhruidfinn
dhruidfeá
dhruidfeadh sé/sí
dhruidfimis
dhruidfeadh sibh
dhruidfidís
dhruidfí

the conditional mood
ní dhruidfeadh
an ndruidfeadh?
go ndruidfeadh
nach ndruidfeadh

1pl dhruidfeadh muid **C** *3pl* dhruidfeadh siad **U**

an aimsir ghnáthchaite
dhruidinn
dhruidteá
dhruideadh sé/sí
dhruidimis
dhruideadh sibh
dhruididís
dhruidtí

the imperfect tense
ní dhruideadh
an ndruideadh?
go ndruideadh
nach ndruideadh

1pl dhruideadh muid **C** *3pl* dhruideadh siad **U**
Ba ghnách liom druidim *etc.* **U**

an modh ordaitheach
the imperative mood
druidim
druid
druideadh sé/sí
druidimis
druidigí
druididís
druidtear
  ná druid

an foshuiteach láithreach
the present subjunctive
go ndruide mé
go ndruide tú
go ndruide sé
go ndruidimid
go ndruide sibh
go ndruide siad
go ndruidtear
  nár dhruide

3pl druideadh siad **U**

1pl go ndruide muid **CU**

35 dúisigh awaken dúiseacht dúisithe

an aimsir chaite	the past tense
dhúisigh mé	níor dhúisigh
dhúisigh tú	ar dhúisigh?
dhúisigh sé/sí	gur dhúisigh
dhúisíomar	nár dhúisigh
dhúisigh sibh	níor dúisíodh
dhúisigh siad	ar dúisíodh?
dúisíodh	gur/nár dúisíodh

1sg (do) dhúisíos, *2sg* (do) dhúisís, *2pl* (do) dhúisíobhair **M**
1pl dhúisigh muid **UC** *3pl* dhúisíodar **MC**

an aimsir láithreach	the present tense
dúisím	ní dhúisíonn
dúisíonn tú	an ndúisíonn?
dúisíonn sé/sí	go ndúisíonn
dúisímid	nach ndúisíonn
dúisíonn sibh	
dúisíonn siad	
dúisítear	

1pl dúisíonn muid **C** *3pl* dúisíd (siad) **M**
dúisim, dúiseann sé/muid **U** *rel.* a dhúisíos

an aimsir fháistineach	the future tense
dúiseoidh mé	ní dhúiseoidh
dúiseoidh tú	an ndúiseoidh?
dúiseoidh sé/sí	go ndúiseoidh
dúiseoimid	nach ndúiseoidh
dúiseoidh sibh	
dúiseoidh siad	
dúiseofar	

1sg dúiseod, *2sg* dúiseoir **M** *1pl* dúiseoidh muid **C**
dúiseochaidh mé/muid *etc.* **U** *rel.* a dhúiseos / a dhúiseochas

35 dúisigh awaken dúiseacht dúisithe

an modh coinníollach
dhúiseoinn
dhúiseofá
dhúiseodh sé/sí
dhúiseoimis
dhúiseodh sibh
dhúiseoidís
dhúiseofaí

the conditional mood
ní dhúiseodh
an ndúiseodh?
go ndúiseodh
nach ndúiseodh

1sg dhúiseochainn, *3sg* dhúiseochadh sé, siad *etc.* **U**
1pl dhúiseodh muid **C**

an aimsir ghnáthchaite
dhúisínn
dhúisíteá
dhúisíodh sé/sí
dhúisímis
dhúisíodh sibh
dhúisídís
dhúisítí

the imperfect tense
ní dhúisíodh
an ndúisíodh?
go ndúisíodh
nach ndúisíodh

1pl dhúisíodh muid **C**, *3pl* dhúisíodh siad **U**
Ba ghnách liom dúiseacht *etc.* **U**

an modh ordaitheach
the imperative mood
dúisím
dúisigh
dúisíodh sé/sí
dúisímis
dúisígí
dúisídís
dúisítear
 ná dúisigh

an foshuiteach láithreach
the present subjunctive
go ndúisí mé
go ndúisí tú
go ndúisí sé/sí
go ndúisímid
go ndúisí sibh
go ndúisí siad
go ndúisítear
 nár dhúisí

3pl dúisíodh siad **U**

1pl go ndúisí muid **CU**

36 **dún** close   **dúnadh**   **dúnta**

an aimsir chaite
dhún mé
dhún tú
dhún sé/sí
dhúnamar
dhún sibh
dhún siad
dúnadh

the past tense
níor dhún
ar dhún?
gur dhún
nár dhún
níor dúnadh
ar dúnadh?
gur/nár dúnadh

1sg (do) dhúnas, *2sg* (do) dhúnais, *2pl* (do) dhúnabhair **M**
1pl dhún muid **CU** *3pl* (do) dhúnadar **MC**

an aimsir láithreach
dúnaim
dúnann tú
dúnann sé/sí
dúnaimid
dúnann sibh
dúnann siad
dúntar

the present tense
ní dhúnann
an ndúnann?
go ndúnann
nach ndúnann

1pl dúnann muid **CU** *3pl* dúnaid (siad) **M** *rel.* a dhúnas

an aimsir fháistineach
dúnfaidh mé
dúnfaidh tú
dúnfaidh sé/sí
dúnfaimid
dúnfaidh sibh
dúnfaidh siad
dúnfar

the future tense
ní dhúnfaidh
an ndúnfaidh?
go ndúnfaidh
nach ndúnfaidh

1sg dúnfad, *2sg* dúnfair **M** dúnfaidh muid **CU** *rel.* a dhúnfas

36 dún close   dúnadh   dúnta

an modh coinníollach
dhúnfainn
dhúnfá
dhúnfadh sé/sí
dhúnfaimis
dhúnfadh sibh
dhúnfaidís
dhúnfaí

the conditional mood
ní dhúnfadh
an ndúnfadh?
go ndúnfadh
nach ndúnfadh

1pl dhúnfadh muid **C** *3pl* dhúnfadh siad **U**

an aimsir ghnáthchaite
dhúnainn
dhúntá
dhúnadh sé/sí
dhúnaimis
dhúnadh sibh
dhúnaidís
dhúntaí

the imperfect tense
ní dhúnadh
an ndúnadh?
go ndúnadh
nach ndúnadh

1pl dhúnadh muid **C** *3pl* dhúnadh siad **U**
Ba ghnách liom dúnadh *etc.* **U**

an modh ordaitheach
the imperative mood
dúnaim
dún
dúnadh sé/sí
dúnaimis
dúnaigí
dúnaidís
dúntar
  ná dún

an foshuiteach láithreach
the present subjunctive
go ndúna mé
go ndúna tú
go ndúna sé/sí
go ndúnaimid
go ndúna sibh
go ndúna siad
go ndúntar
  nár dhúna

3pl dúnadh siad **U**

1pl go ndúna muid **CU**

37 eagraigh organise eagrú eagraithe

an aimsir chaite
d'eagraigh mé
d'eagraigh tú
d'eagraigh sé/sí
d'eagraíomar
d'eagraigh sibh
d'eagraigh siad
eagraíodh / heagraíodh

the past tense
níor eagraigh
ar eagraigh?
gur eagraigh
nár eagraigh
níor eagraíodh / níor he.
ar eagraíodh?
gur/nár eagraíodh

1sg d(h)'eagraíos, *2sg* d(h)'eagraís, *2pl* d(h)'eagraíobhair **M**
1pl d'eagraigh muid **UC** *3pl* d'eagraíodar **MC** *aut.* heagraíodh **MCU**

an aimsir láithreach
eagraím
eagraíonn tú
eagraíonn sé/sí
eagraímid
eagraíonn sibh
eagraíonn siad
eagraítear

the present tense
ní eagraíonn
an eagraíonn?
go n-eagraíonn
nach n-eagraíonn

1pl eagraíonn muid **C** *3pl* eagraíd (siad) **M**
eagraim, eagrann sé/muid *etc.* **U** *rel.* a eagraíos

an aimsir fháistineach
eagróidh mé
eagróidh tú
eagróidh sé/sí
eagróimid
eagróidh sibh
eagróidh siad
eagrófar

the future tense
ní eagróidh
an eagróidh?
go n-eagróidh
nach n-eagróidh

eagróchaidh **U**

1sg eagród, *2sg* eagróir **M** *1pl* eagróidh muid **C**
eagróchaidh mé/muid *etc.* **U** *rel.* a eagrós / a eagróchas

37 **eagraigh** organise **eagrú** **eagraithe**

an modh coinníollach
d'eagróinn
d'eagrófá
d'eagródh sé/sí
d'eagróimis
d'eagródh sibh
d'eagróidís
d'eagrófaí

the conditional mood
ní eagródh
an eagródh?
go n-eagródh
nach n-eagródh

d'eagróchadh **U**

1sg d'eagróchainn, *3sg* d'eagróchadh sé/siad *etc.* **U**
1pl d'eagródh muid **C**

an aimsir ghnáthchaite
d'eagraínn
d'eagraíteá
d'eagraíodh sé/sí
d'eagraímis
d'eagraíodh sibh
d'eagraídís
d'eagraítí

the imperfect tense
ní eagraíodh
an eagraíodh?
go n-eagraíodh
nach n-eagraíodh

1pl d'eagraíodh muid **C** *3pl* d'eagraíodh siad **U**
Ba ghnách liom eagrú *etc.* **U**

an modh ordaitheach
the imperative mood
eagraím
eagraigh
eagraíodh sé/sí
eagraímis
eagraígí
eagraídís
eagraítear
  ná heagraigh

3pl eagraíodh siad **U**

an foshuiteach láithreach
the present subjunctive
go n-eagraí mé
go n-eagraí tú
go n-eagraí sé/sí
go n-eagraímid
go n-eagraí sibh
go n-eagraí siad
go n-eagraítear
  nár eagraí

1pl go n-eagraí muid **CU**

38   éirigh get up   éirí   éirithe

an aimsir chaite
d'éirigh mé
d'éirigh tú
d'éirigh sé/sí
d'éiríomar
d'éirigh sibh
d'éirigh siad
éiríodh / héiríodh

the past tense
níor éirigh
ar éirigh?
gur éirigh
nár éirigh
níor éiríodh / níor héiríodh
ar éiríodh?
gur/nár éiríodh

1sg d(h)'éiríos, *2sg* d(h)'éirís, *2pl* d(h)'éiríobhair **M**
1pl d'éirigh muid **UC** *3pl* d'éiríodar **MC** *aut.* héiríodh **MCU**

an aimsir láithreach
éirím
éiríonn tú
éiríonn sé/sí
éirímid
éiríonn sibh
éiríonn siad
éirítear

the present tense
ní éiríonn
an éiríonn?
go n-éiríonn
nach n-éiríonn

1pl éiríonn muid **C** *3pl* éiríd (siad) **M**
éirim, éireann sé, muid *etc.* **U** *rel.* a éiríos

an aimsir fháistineach
éireoidh mé
éireoidh tú
éireoidh sé/sí
éireoimid
éireoidh sibh
éireoidh siad
éireofar

the future tense
ní éireoidh
an éireoidh?
go n-éireoidh
nach n-éireoidh

éireochaidh **U**

1sg éireod, *2sg* éireoir **M** éireochaidh mé, muid *etc.* **U**
1pl éireoidh muid **C** *rel.* a éireos / a éireochas

38   **éirigh** get up   **éirí**   **éirithe**

an modh coinníollach   the conditional mood

d'éireoinn   ní éireodh
d'éireofá   an éireodh?
d'éireodh sé/sí   go n-éireodh
d'éireoimis   nach n-éireodh
d'éireodh sibh
d'éireoidís   d'éireochadh **U**
d'éireofaí

1sg d'éireochainn, *3sg* d'éireochadh sé, siad *etc.* **U**
1pl d'éireodh muid **C**

an aimsir ghnáthchaite   the imperfect tense

d'éirínn   ní éiríodh
d'éiríteá   an éiríodh?
d'éiríodh sé/sí   go n-éiríodh
d'éirímis   nach n-éiríodh
d'éiríodh sibh
d'éirídís
d'éirítí

1pl d'éiríodh muid **C** *3pl* d'éiríodh siad **U**
Ba ghnách liom éirí *etc.* **U**

an modh ordaitheach   an foshuiteach láithreach
the imperative mood   the present subjunctive

éirím   go n-éirí mé
éirigh   go n-éirí tú
éiríodh sé/sí   go n-éirí sé/sí
éirímis   go n-éirímid
éirígí   go n-éirí sibh
éirídís   go n-éirí siad
éirítear   go n-éirítear
  ná héirigh   nár éirí

3pl éiríodh siad **U**   *1pl* go n-éirí muid **CU**

89

39 éist listen   éisteacht   éiste

an aimsir chaite   the past tense
d'éist mé   níor éist
d'éist tú   ar éist?
d'éist sé/sí   gur éist
d'éisteamar   nár éist
d'éist sibh   níor éisteadh / níor hé.
d'éist siad   ar éisteadh?
éisteadh / héisteadh   gur/nár éisteadh

1sg d(h)'éisteas, *2sg* d(h)'éistis, *2pl* d(h)'éisteabhair **M**
1pl d'éist muid **CU** *3pl* d'éisteadar **MC** *aut.* héisteadh **MCU**

an aimsir láithreach   the present tense
éistim   ní éisteann
éisteann tú   an éisteann?
éisteann sé/sí   go n-éisteann
éistimid   nach n-éisteann
éisteann sibh
éisteann siad
éistear

1pl éisteann muid **CU** *3pl* éistid (siad) **M** *rel.* a éisteas.

an aimsir fháistineach   the future tense
éistfidh mé   ní éistfidh
éistfidh tú   an éistfidh?
éistfidh sé/sí   go n-éistfidh
éistfimid   nach n-éistfidh
éistfidh sibh
éistfidh siad
éistfear

1sg éistfead, *2sg* éistfir **M** éistfidh muid **CU** *rel.* a éistfeas
var. éisteochaidh **U**

39 éist listen   éisteacht   éiste

an modh coinníollach

d'éistfinn
d'éistfeá
d'éistfeadh sé/sí
d'éistfimis
d'éistfeadh sibh
d'éistfidís
d'éistfí

the conditional mood

ní éistfeadh
an éistfeadh?
go n-éistfeadh
nach n-éistfeadh

1pl d'éistfeadh muid **C** *3pl* d'éistfeadh siad **U**
var. d'éisteochainn, d'éisteochadh sé/siad **U**

an aimsir ghnáthchaite

d'éistinn
d'éisteá
d'éisteadh sé/sí
d'éistimis
d'éisteadh sibh
d'éistidís
d'éistí

the imperfect tense

ní éisteadh
an éisteadh?
go n-éisteadh
nach n-éisteadh

1pl d'éisteadh muid **C** *3pl* d'éisteadh siad **U**
Ba ghnách liom éisteacht *etc.* **U**

an modh ordaitheach
the imperative mood

éistim
éist
éisteadh sé/sí
éistimis
éistigí
éistidís
éistear
  ná héist

an foshuiteach láithreach
the present subjunctive

go n-éiste mé
go n-éiste tú
go n-éiste sé
go n-éistimid
go n-éiste sibh
go n-éiste siad
go n-éistear
  nár éiste

3pl éisteadh siad **U**

1pl go n-éiste muid **CU**

40 fág leave   fágáil   fágtha

an aimsir chaite
d'fhág mé
d'fhág tú
d'fhág sé/sí
d'fhágamar
d'fhág sibh
d'fhág siad
fágadh

the past tense
níor fhág
ar fhág?
gur fhág
nár fhág
níor fágadh
ar fágadh?
gur/nár fágadh

1sg d(h)'fhágas, *2sg* d(h)'fhágais, *2pl* d(h)'fhágabhair **M**
1pl d'fhág muid **CU** *3pl* d(h)'fhágadar **MC**

an aimsir láithreach
fágaim
fágann tú
fágann sé/sí
fágaimid
fágann sibh
fágann siad
fágtar

the present tense
ní fhágann
an bhfágann?
go bhfágann
nach bhfágann

1pl fágann muid **CU** *3pl* fágaid (siad) **M** *rel.* a fhágas

an aimsir fháistineach
fágfaidh mé
fágfaidh tú
fágfaidh sé/sí
fágfaimid
fágfaidh sibh
fágfaidh siad
fágfar

the future tense
ní fhágfaidh
an bhfágfaidh?
go bhfágfaidh
nach bhfágfaidh

1sg fágfad, *2sg* fágfair **M** fágfaidh muid **CU** *var* fuígfidh **U**
rel. a fhágfas / a fhuígfeas

40   fág leave   fágáil   fágtha

an modh coinníollach

d'fhágfainn
d'fhágfá
d'fhágfadh sé/sí
d'fhágfaimis
d'fhágfadh sibh
d'fhágfaidís
d'fhágfaí

the conditional mood

ní fhágfadh
an bhfágfadh?
go bhfágfadh
nach bhfágfadh

1pl d'fhágfadh muid **C** *3pl* d'fhágfadh siad **U** *var* d'fhuígfeadh **U**

an aimsir ghnáthchaite

d'fhágainn
d'fhágtá
d'fhágadh sé/sí
d'fhágaimis
d'fhágadh sibh
d'fhágaidís
d'fhágtaí

the imperfect tense

ní fhágadh
an bhfágadh?
go bhfágadh
nach bhfágadh

1pl d'fhágadh muid **C** *3pl* d'fhágadh siad **U**
Ba ghnách liom fágáil *etc.* **U**

an modh ordaitheach
the imperative mood

fágaim
fág
fágadh sé/sí
fágaimis
fágaigí
fágaidís
fágtar
  ná fág

3pl fágadh siad **U**

an foshuiteach láithreach
the present subjunctive

go bhfága mé
go bhfága tú
go bhfága sé/sí
go bhfágaimid
go bhfága sibh
go bhfága siad
go bhfágtar
  nár fhága

1pl go bhfága muid **CU**

41 **faigh** get   **fáil**   **faigthe**

an aimsir chaite
fuair mé
fuair tú
fuair sé/sí
fuaramar
fuair sibh
fuair siad
fuarthas

the past tense
ní bhfuair
an bhfuair?
go bhfuair
nach bhfuair
ní bhfuarthas
an bhfuarthas?
go/nach bhfuarthas

1sg (do) fuaras, *2sg* (do) fuarais, *2pl* (do) fuarabhair **M**
1pl fuair muid **CU** *3pl* (do) fuaradar **MC** *aut.* frítheadh **C**

an aimsir láithreach
faighim
faigheann tú
faigheann sé/sí
faighimid
faigheann sibh
faigheann siad
faightear

the present tense
ní fhaigheann
an bhfaigheann?
go bhfaigheann
nach bhfaigheann
    gheibh **U**
    dial. faghann

1pl faigheann muid **CU** *3pl* faighid (siad) **M** *rel.* a fhaigheas - a gheibh **U** *indep.*
gheibhim, gheibh tú/sé/muid *etc.*, gheibhthear

an aimsir fháistineach
gheobhaidh mé
gheobhaidh tú
gheobhaidh sé/sí
gheobhaimid
gheobhaidh sibh
gheobhaidh siad
gheofar

the future tense
ní bhfaighidh
an bhfaighidh?
go bhfaighidh
nach bhfaighidh

    dial. dep. bhfuighidh

1sg gheobhad, *2sg* gheobh(f)air **M**
gheobhaidh muid **CU** *rel.* a gheobhas

94

41 **faigh** get   **fáil**   **faigthe**

an modh coinníollach
gheobhainn
gheobhfá
gheobhadh sé/sí
gheobhaimis
gheobhadh sibh
gheobhaidís
gheofaí

the conditional mood
ní bhfaigheadh
an bhfaigheadh?
go bhfaigheadh
nach bhfaigheadh

dial bhfuigheadh

1pl gheobhadh muid **C** *3pl* gheobhadh siad **U**

an aimsir ghnáthchaite
d'fhaighinn
d'fhaighteá
d'fhaigheadh sé/sí
d'fhaighimis
d'fhaigheadh sibh
d'fhaighidís
d'fhaightí

the imperfect tense
ní fhaigheadh
an bhfaigheadh?
go bhfaigheadh
nach bhfaigheadh

1pl d'fhaigheadh muid **C** *indep.* gheibhinn, gheibhtheá, gheibheadh sé/ siad *etc.*
gheibhthí, Ba ghnách liom fáil **U**

an modh ordaitheach
the imperative mood
faighim
faigh
faigheadh sé/sí
faighimis
faighigí
faighidís
faightear
  ná faigh

an foshuiteach láithreach
the present subjunctive
go bhfaighe mé
go bhfaighe tú
go bhfaighe sé/sí
go bhfaighimid
go bhfaighe sibh
go bhfaighe siad
go bhfaightear
  nár fhaighe

3pl faigheadh siad **U**

1pl go bhfaighe muid **CU**

42   **fan** wait   **fanacht**   **fanta**

an aimsir chaite
d'fhan mé
d'fhan tú
d'fhan sé/sí
d'fhanamar
d'fhan sibh
d'fhan siad
fanadh

the past tense
níor fhan
ar fhan?
gur fhan
nár fhan
níor fanadh
ar fanadh?
gur/nár fanadh

1sg d(h)'fhanas, *2sg* d(h)'fhanais, *2pl* d(h)'fhanabhair **M**
1pl d'fhan muid **CU** *3pl* d(h)'fhanadar **MC**

an aimsir láithreach
fanaim
fanann tú
fanann sé/sí
fanaimid
fanann sibh
fanann siad
fantar

the present tense
ní fhanann
an bhfanann?
go bhfanann
nach bhfanann

1pl fanann muid **CU** *3pl* fanaid (siad) **M** *rel.* a fhanas

an aimsir fháistineach
fanfaidh mé
fanfaidh tú
fanfaidh sé/sí
fanfaimid
fanfaidh sibh
fanfaidh siad
fanfar

the future tense
ní fhanfaidh
an bhfanfaidh?
go bhfanfaidh
nach bhfanfaidh

1sg fanfad, *2sg* fanfair **M** fanfaidh muid **CU** *var* fanóchaidh **U**
rel. a fhanóchas

42 fan wait   fanacht   fanta

an modh coinníollach
d'fhanfainn
d'fhanfá
d'fhanfadh sé/sí
d'fhanfaimis
d'fhanfadh sibh
d'fhanfaidís
d'fhanfaí

the conditional mood
ní fhanfadh
an bhfanfadh?
go bhfanfadh
nach bhfanfadh

1pl d'fhanfadh muid **C** d'fhanóchainn, d'fhanóchadh sé/siad **U**

an aimsir ghnáthchaite
d'fhanainn
d'fhantá
d'fhanadh sé/sí
d'fhanaimis
d'fhanadh sibh
d'fhanaidís
d'fhantaí

the imperfect tense
ní fhanadh
an bhfanadh?
go bhfanadh
nach bhfanadh

1pl d'fhanadh muid **C** *3pl* d'fhanadh siad **U**
Ba ghnách liom fanacht **U**

an modh ordaitheach
the imperative mood
fanaim
fan
fanadh sé/sí
fanaimis
fanaigí
fanaidís
fantar
  ná fan

an foshuiteach láithreach
the present subjunctive
go bhfana mé
go bhfana tú
go bhfana sé/sí
go bhfanaimid
go bhfana sibh
go bhfana siad
go bhfantar
  nár fhana

3pl fanadh siad **U**

1pl go bhfana muid **CU**

43 fás grow   fás   fásta

an aimsir chaite   the past tense

d'fhás mé	níor fhás
d'fhás tú	ar fhás?
d'fhás sé/sí	gur fhás
d'fhásamar	nár fhás
d'fhás sibh	níor fásadh
d'fhás siad	ar fásadh?
fásadh	gur/nár fásadh

1sg d(h)'fhásas, *2sg* d(h)'fhásais, *2pl* d(h)'fhásabhair **M**
1pl d'fhás muid **CU** *3pl* d(h)'fhásadar **MC**

an aimsir láithreach   the present tense

fásaim	ní fhásann
fásann tú	an bhfásann?
fásann sé/sí	go bhfásann
fásaimid	nach bhfásann
fásann sibh	
fásann siad	
fástar	

1pl fásann muid **CU** *3pl* fásaid (siad) **M** *rel.* a fhásas

an aimsir fháistineach   the future tense

fásfaidh mé	ní fhásfaidh
fásfaidh tú	an bhfásfaidh?
fásfaidh sé/sí	go bhfásfaidh
fásfaimid	nach bhfásfaidh
fásfaidh sibh	
fásfaidh siad	
fásfar	

1sg fásfad, fásfair **M** fásfaidh muid **CU** *rel.* a fhásfas

43 fás grow   fás   fásta

an modh coinníollach
d'fhásfainn
d'fhásfá
d'fhásfadh sé/sí
d'fhásfaimis
d'fhásfadh sibh
d'fhásfaidís
d'fhásfaí

the conditional mood
ní fhásfadh
an bhfásfadh?
go bhfásfadh
nach bhfásfadh

1pl d'fhásfadh muid **C** *3pl* d'fhásfadh siad **U**

an aimsir ghnáthchaite
d'fhásainn
d'fhástá
d'fhásadh sé/sí
d'fhásaimis
d'fhásadh sibh
d'fhásaidís
d'fhástaí

the imperfect tense
ní fhásadh
an bhfásadh?
go bhfásadh
nach bhfásadh

1pl d'fhásadh muid **C** *3pl* d'fhásadh siad **U**
Ba ghnách liom fás *etc.* **U**

an modh ordaitheach
the imperative mood
fásaim
fás
fásadh sé/sí
fásaimis
fásaigí
fásaidís
fástar
  ná fás

3pl fásadh siad **U**

an foshuiteach láithreach
the present subjunctive
go bhfása mé
go bhfása tú
go bhfása sé/sí
go bhfásaimid
go bhfása sibh
go bhfása siad
go bhfástar
  nár fhása

1pl go bhfása muid **CU**

44   feic see   feiscint/feiceáil   feicthe

an aimsir chaite	the past tense
chonaic mé	ní fhaca
chonaic tú	an bhfaca?
chonaic sé/sí	go bhfaca
chonaiceamar	nach bhfaca
chonaic sibh	ní fhacthas
chonaic siad	an bhfacthas?
chonacthas	go/nach bhfacthas

1sg (do) chonac, *2sg* (do) chonaicís, *2pl* (do) chonaiceabhair; *dep* fheaca **M**
1pl chonaic muid **CU** *3pl* chonaiceadar/chonacadar **MC**

an aimsir láithreach	the present tense
feicim	ní fheiceann
feiceann tú	an bhfeiceann?
feiceann sé/sí	go bhfeiceann
feicimid	nach bhfeiceann
feiceann sibh	
feiceann siad	*Indep.* tchí **U**
feictear	*Indep.* c(h)íonn **M**

Indep. cím, cíonn tú/sé *etc.* chí- **M** tchím, tchí tú/sé/muid (tchíonn), tchíthear **U** *1pl*
feiceann muid **C** *3pl* cíonn/cíd (siad)

an aimsir fháistineach	the future tense
feicfidh mé	ní fheicfidh
feicfidh tú	an bhfeicfidh?
feicfidh sé/sí	go bhfeicfidh
feicfimid	nach bhfeicfidh
feicfidh sibh	
feicfidh siad	*Indep.* tchífidh **U**
feicfear	*Indep.* c(h)ífidh **M**

Indep. cífead, cífir *var.* cífidh tú/sé, cífid (siad), *var.* chífidh **M**
feicfidh muid **C** *indep.* tchífidh mé/tú/sé/muid, *aut.* tchífear **U**

44   feic see   feiscint/feiceáil   feicthe

an modh coinníollach
d'fheicfinn
d'fheicfeá
d'fheicfeadh sé/sí
d'fheicfimis
d'fheicfeadh sibh
d'fheicfidís
d'fheicfí

the conditional mood
ní fheicfeadh
an bhfeicfeadh?
go bhfeicfeadh
nach bhfeicfeadh

Indep. tchífeadh **U**
Indep. chífeadh **M**

Indep. chífinn, chífeá, chífimis, chífidís **M**
1pl d'fheicfeadh muid **C** *indep.* tchífinn, tchífeá, tchífeadh sé/siad *etc.* **U**

an aimsir ghnáthchaite
d'fheicinn
d'fheicteá
d'fheiceadh sé/sí
d'fheicimis
d'fheiceadh sibh
d'fheicidís
d'fheictí

the imperfect tense
ní fheiceadh
an bhfeiceadh?
go bhfeiceadh
nach bhfeiceadh

Indep. tchíodh **U**
Indep. chíodh **M**

Indep. chínn, chíteá, chíodh sé, chímis, chídis **M**
1pl d'fheiceadh muid **C** *indep.* tchínn, tchítheá, tchíodh sé/siad *etc.* Ba ghnách liom feiceáil. **U**

an modh ordaitheach
the imperative mood
feicim
feic
feiceadh sé/sí
feicimis
feicigí
feicidís
feictear
  ná feic

3pl feiceadh siad **U**

an foshuiteach láithreach
the present subjunctive
go bhfeice mé
go bhfeice tú
go bhfeice sé/sí
go bhfeicimid
go bhfeice sibh
go bhfeice siad
go bhfeictear
  nár fheice

1pl go bhfeice muid **CU**

45 feoigh rot   feo   feoite

an aimsir chaite
d'fheoigh mé
d'fheoigh tú
d'fheoigh sé/sí
d'fheomar
d'fheoigh sibh
d'fheoigh siad
feodh

the past tense
níor fheoigh
ar fheoigh?
gur fheoigh
nár fheoigh
níor feodh
ar feodh?
gur/nár feodh

1sg d(h)'fheos, *2sg* d(h)'fheois, *2pl* d(h)'fheobhair **M**
1pl d'fheoigh muid **CU** *3pl* d(h)'fheodar **MC** *vn* feoghadh **U**

an aimsir láithreach
feoim
feonn tú
feonn sé/sí
feoimid
feonn sibh
feonn siad
feoitear

the present tense
ní fheonn
an bhfeonn?
go bhfeonn
nach bhfeonn

1pl feonn muid **CU** *3pl* feoid (siad) **M** *dial.* feoigheann
rel. a fheos

an aimsir fháistineach
feofaidh mé
feofaidh tú
feofaidh sé/sí
feofaimid
feofaidh sibh
feofaidh siad
feofar

the future tense
ní fheofaidh
an bhfeofaidh?
go bhfeofaidh
nach bhfeofaidh

1sg feofad, *2sg* feofair **M** feofaidh muid **CU** *dial.* feoighfidh
rel. a fheofas

45 feoigh rot   feo   feoite

an modh coinníollach
d'fheofainn
d'fheofá
d'fheofadh sé/sí
d'fheofaimis
d'fheofadh sibh
d'fheofaidís
d'fheofaí

the conditional mood
ní fheofadh
an bhfeofadh?
go bhfeofadh
nach bhfeofadh

1pl d'fheofadh muid **C** *3pl* d'fheofadh siad **U** *dial.* d'fheoighfeadh

an aimsir ghnáthchaite
d'fheoinn
d'fheoiteá
d'fheodh sé/sí
d'fheoimis
d'fheodh sibh
d'fheoidís
d'fheoití

the imperfect tense
ní fheodh
an bhfeodh?
go bhfeodh
nach bhfeodh

1pl d'fheodh muid **C**, *3pl* d'fheodh siad **U**
Ba ghnách liom feo/feoghadh *etc.* **U**

an modh ordaitheach
the imperative mood
feoim
feoigh
feodh sé/sí
feoimis
feoigí
feoidís
feoitear
  ná feoigh

an foshuiteach láithreach
the present subjunctive
go bhfeo mé
go bhfeo tú
go bhfeo sé/sí
go bhfeoimid
go bhfeo sibh
go bhfeo siad
go bhfeoitear
  nár fheo

3pl feodh siad **U**

1pl go bhfeo muid **CU**

46 fiafraigh ask   fiafraí   fiafraithe

an aimsir chaite
d'fhiafraigh mé
d'fhiafraigh tú
d'fhiafraigh sé/sí
d'fhiafraíomar
d'fhiafraigh sibh
d'fhiafraigh siad
fiafraíodh

the past tense
níor fhiafraigh
ar fhiafraigh?
gur fhiafraigh
nár fhiafraigh
níor fiafraíodh
ar fiafraíodh?
gur/nár fiafraíodh

1sg d(h)'fhiafraíos, *2sg* d(h)'fhiafraís, *2pl* d(h)'fhiafraíobhair **M**
1pl d'fhiafraigh muid **UC** *3pl* d(h)'fhiafraíodar **MC**

an aimsir láithreach
fiafraím
fiafraíonn tú
fiafraíonn sé/sí
fiafraímid
fiafraíonn sibh
fiafraíonn siad
fiafraítear

the present tense
ní fhiafraíonn
an bhfiafraíonn?
go bhfiafraíonn
nach bhfiafraíonn

1pl fiafraíonn muid **C** *3pl* fiafraíd (siad) **M**
fiafraim, fiafrann sé/muid **U** *rel.* a fhiafraíos

an aimsir fháistineach
fiafróidh mé
fiafróidh tú
fiafróidh sé/sí
fiafróimid
fiafróidh sibh
fiafróidh siad
fiafrófar

the future tense
ní fhiafróidh
an bhfiafróidh?
go bhfiafróidh
nach bhfiafróidh

fiafróchaidh **U**

1sg fiafród, *2sg* fiafróir **M** *1pl* fiafróidh muid **C**
fiafróchaidh mé/muid *etc.* **U** *rel.* a fhiafrós / a fhiafróchas

46 fiafraigh ask   fiafraí   fiafraithe

an modh coinníollach
d'fhiafróinn
d'fhiafrófá
d'fhiafródh sé/sí
d'fhiafróimis
d'fhiafródh sibh
d'fhiafróidís
d'fhiafrófaí

the conditional mood
ní fhiafródh
an bhfiafródh?
go bhfiafródh
nach bhfiafródh

d'fhiafróchadh U

1sg d'fhiafróchainn, *3sg* d'fhiafróchadh sé/siad *etc.* **U**
1pl d'fhiafródh muid **C**

an aimsir ghnáthchaite
d'fhiafrainn
d'fhiafraíteá
d'fhiafraíodh sé/sí
d'fhiafraimis
d'fhiafraíodh sibh
d'fhiafraídís
d'fhiafraítí

the imperfect tense
ní fhiafraíodh
an bhfiafraíodh?
go bhfiafraíodh
nach bhfiafraíodh

1pl d'fhiafraíodh muid **C** *3pl* d'fhiafraíodh siad **U**
Ba ghnách liom fiafraí *etc.* **U**

an modh ordaitheach
the imperative mood
fiafraím
fiafraigh
fiafraíodh sé/sí
fiafraimis
fiafraígí
fiafraídís
fiafraítear
  ná fiafraigh

an foshuiteach láithreach
the present subjunctive
go bhfiafraí mé
go bhfiafraí tú
go bhfiafraí sé/sí
go bhfiafraimid
go bhfiafraí sibh
go bhfiafraí siad
go bhfiafraítear
  nár fhiafraí

3pl fiafraíodh siad **U**

1pl go bhfiafraí muid **CU**

47   fill return   filleadh   fillte

an aimsir chaite
d'fhill mé
d'fhill tú
d'fhill sé/sí
d'fhilleamar
d'fhill sibh
d'fhill siad
filleadh

the past tense
níor fhill
ar fhill?
gur fhill
nár fhill
níor filleadh
ar filleadh?
gur/nár filleadh

1sg d(h)'fhilleas, *2sg* d(h)'fhillis, *2pl* d(h)'fhilleabhair **M**
1pl d'fhill muid **C** phill muid **U** *3pl* d'fhilleadar **MC** pill = fill **U**

an aimsir láithreach
fillim
filleann tú
filleann sé/sí
fillimid
filleann sibh
filleann siad
filltear

the present tense
ní fhilleann
an bhfilleann?
go bhfilleann
nach bhfilleann

pilleann **U**

1pl filleann muid **C** pilleann muid **U** *3pl* fillid (siad) **M**
rel. a fhilleas / a philleas

an aimsir fháistineach
fillfidh mé
fillfidh tú
fillfidh sé/sí
fillfimid
fillfidh sibh
fillfidh siad
fillfear

the future tense
ní fhillfidh
an bhfillfidh?
go bhfillfidh
nach bhfillfidh

pillfidh **U**

1sg fillfead, *2sg* fillfir **M** fillfidh muid **C** pillfidh muid **U**
rel. a fhillfeas / a phillfeas

47 fill return   filleadh   fillte

an modh coinníollach
d'fhillfinn
d'fhillfeá
d'fhillfeadh sé/sí
d'fhillfimis
d'fhillfeadh sibh
d'fhillfidís
d'fhillfí

the conditional mood
ní fhillfeadh
an bhfillfeadh?
go bhfillfeadh
nach bhfillfeadh

phillfeadh **U**

1pl d'fhillfeadh muid **C** *3pl* phillfeadh siad **U**

an aimsir ghnáthchaite
d'fhillinn
d'fhillteá
d'fhilleadh sé/sí
d'fhillimis
d'fhilleadh sibh
d'fhillidís
d'fhilltí

the imperfect tense
ní fhilleadh
an bhfilleadh?
go bhfilleadh
nach bhfilleadh

philleadh **U**

1pl d'fhilleadh muid **C** *3pl* philleadh siad **U**
Ba ghnách liom pilleadh *etc.* **U**

an modh ordaitheach
the imperative mood
fillim
fill
filleadh sé/sí
fillimis
filligí
fillidís
filltear
  ná fill

pill *3pl* pilleadh siad **U**

an foshuiteach láithreach
the present subjunctive
go bhfille mé
go bhfille tú
go bhfille sé/sí
go bhfillimid
go bhfille sibh
go bhfille siad
go bhfilltear
  nár fhille

1pl go bhfille muid **C**
go bpille muid **U**

48 **fliuch** wet **fliuchadh** **fliuchta**

an aimsir chaite
fhliuch mé
fhliuch tú
fhliuch sé/sí
fhliuchamar
fhliuch sibh
fhliuch siad
fliuchadh

the past tense
níor fhliuch
ar fhliuch?
gur fhliuch
nár fhliuch
níor fliuchadh
ar fliuchadh?
gur/nár fliuchadh

1sg (do) fhliuchas, *2sg* (do) fhliuchais, *2pl* (do) fhliuchabhair **M**
1pl fhliuch muid **CU** *3pl* (do) fhliuchadar **MC**

an aimsir láithreach
fliuchaim
fliuchann tú
fliuchann sé/sí
fliuchaimid
fliuchann sibh
fliuchann siad
fliuchtar

the present tense
ní fhliuchann
an bhfliuchann?
go bhfliuchann
nach bhfliuchann

1pl fliuchann muid **CU** *3pl* fliuchaid (siad) **M** *rel.* a fhliuchas

an aimsir fháistineach
fliuchfaidh mé
fliuchfaidh tú
fliuchfaidh sé/sí
fliuchfaimid
fliuchfaidh sibh
fliuchfaidh siad
fliuchfar

the future tense
ní fhliuchfaidh
an bhfliuchfaidh?
go bhfliuchfaidh
nach bhfliuchfaidh

1sg fliuchfad, *2sg* fliuchfair **M** fliuchfaidh muid **CU**
rel. a fhliuchfas

48 fliuch wet   fliuchadh   fliuchta

an modh coinníollach
fhliuchfainn
fhliuchfá
fhliuchfadh sé/sí
fhliuchfaimis
fhliuchfadh sibh
fhliuchfaidís
fhliuchfaí

the conditional mood
ní fhliuchfadh
an bhfliuchfadh?
go bhfliuchfadh
nach bhfliuchfadh

1pl fhliuchfadh muid **C** *3pl* fhliuchfadh siad **U**

an aimsir ghnáthchaite
fhliuchainn
fhliuchtá
fhliuchadh sé/sí
fhliuchaimis
fhliuchadh sibh
fhliuchaidís
fhliuchtaí

the imperfect tense
ní fhliuchadh
an bhfliuchadh?
go bhfliuchadh
nach bhfliuchadh

1pl fhliuchadh muid **C** *3pl* fhliuchadh siad **U**
Ba ghnách liom fliuchadh *etc.* **U**

an modh ordaitheach
the imperative mood
fliuchaim
fliuch
fliuchadh sé/sí
fliuchaimis
fliuchaigí
fliuchaidís
fliuchtar
  ná fliuch

an foshuiteach láithreach
the present subjunctive
go bhfliucha mé
go bhfliucha tú
go bhfliucha sé
go bhfliuchaimid
go bhfliucha sibh
go bhfliucha siad
go bhfliuchtar
  nár fhliucha

3pl fliuchadh siad **U**

1pl go bhfliucha muid **CU**

49 **foghlaim** learn **foghlaim foghlamtha**

an aimsir chaite
d'fhoghlaim mé
d'fhoghlaim tú
d'fhoghlaim sé/sí
d'fhoghlaimíomar
d'fhoghlaim sibh
d'fhoghlaim siad
foghlaimíodh

the past tense
níor fhoghlaim
ar fhoghlaim?
gur fhoghlaim
nár fhoghlaim
níor foghlaimíodh
ar foghlaimíodh?
gur/nár foghlaimíodh

1sg d(h)'fhoghlaimíos, *2sg* d(h)'fhoghlaimís, *2pl* d(h)'fhoghlaimíobhair **M**
1pl d'fhoghlaim muid **UC** *3pl* d'fhoghlaimíodar **MC**

an aimsir láithreach
foghlaimím
foghlaimíonn tú
foghlaimíonn sé/sí
foghlaimímid
foghlaimíonn sibh
foghlaimíonn siad
foghlaimítear

the present tense
ní fhoghlaimíonn
an bhfoghlaimíonn?
go bhfoghlaimíonn
nach bhfoghlaimíonn

1pl foghlaimíonn muid **C** *3pl* foghlaimíd (siad) **M**
foghlaimim, foghlaimeann sé, muid *etc.* **U** *rel.* a fhoghlaimíos / a fhoghlaimeas

an aimsir fháistineach
foghlaimeoidh mé
foghlaimeoidh tú
foghlaimeoidh sé/sí
foghlaimeoimid
foghlaimeoidh sibh
foghlaimeoidh siad
foghlaimeofar

the future tense
ní fhoghlaimeoidh
an bhfoghlaimeoidh?
go bhfoghlaimeoidh
nach bhfoghlaimeoidh

foghlaimeochaidh **U**

1sg foghlaimeod, *2sg* foghlaimeoir **M** foghlaimeochaidh mé *etc.* **U**
1pl foghlaimeoidh muid **C** *rel.* a fhoghlaimeos/fhoghlaimeochas

49 foghlaim learn foghlaim foghlamtha

an modh coinníollach
d'fhoghlaimeoinn
d'fhoghlaimeofá
d'fhoghlaimeodh sé/sí
d'fhoghlaimeoimis
d'fhoghlaimeodh sibh
d'fhoghlaimeoidís
d'fhoghlaimeofaí

the conditional mood
ní fhoghlaimeodh
an bhfoghlaimeodh?
go bhfoghlaimeodh
nach bhfoghlaimeodh

d'fhoghlaimeochadh **U**

1sg d'fhoghlaimeochainn, *3sg* d'fhoghlaimeochadh sé, siad *etc.* **U**
1pl d'fhoghlaimeodh muid **C**

an aimsir ghnáthchaite
d'fhoghlaimínn
d'fhoghlaimíteá
d'fhoghlaimíodh sé/sí
d'fhoghlaimímis
d'fhoghlaimíodh sibh
d'fhoghlaimídís
d'fhoghlaimítí

the imperfect tense
ní fhoghlaimíodh
an bhfoghlaimíodh?
go bhfoghlaimíodh
nach bhfoghlaimíodh

1pl d'fhoghlaimíodh muid **C** *3pl* d'fhoghlaimíodh siad **U**
Ba ghnách liom foghlaim *etc.* **U**

an modh ordaitheach
the imperative mood
foghlaimím
foghlaim
foghlaimíodh sé/sí
foghlaimímis
foghlaimígí
foghlaimídís
foghlaimítear
 ná foghlaim

an foshuiteach láithreach
the present subjunctive
go bhfoghlaimí mé
go bhfoghlaimí tú
go bhfoghlaimí sé/sí
go bhfoghlaimímid
go bhfoghlaimí sibh
go bhfoghlaimí siad
go bhfoghlaimítear
 nár fhoghlaimí

3pl foghlaimíodh siad **U**

1pl go bhfoghlaimí muid **CU**

50 **foilsigh** publish   **foilsiú**   **foilsithe**

an aimsir chaite
d'fhoilsigh mé
d'fhoilsigh tú
d'fhoilsigh sé/sí
d'fhoilsíomar
d'fhoilsigh sibh
d'fhoilsigh siad
foilsíodh

the past tense
níor fhoilsigh
ar fhoilsigh?
gur fhoilsigh
nár fhoilsigh
níor foilsíodh
ar foilsíodh?
gur/nár foilsíodh

1sg d(h)'fhoilsíos, *2sg* d(h)'fhoilsís, *2pl* d(h)'fhoilsíobhair **M**
1pl d'fhoilsigh muid **UC** *3pl* d'fhoilsíodar **MC**

an aimsir láithreach
foilsím
foilsíonn tú
foilsíonn sé/sí
foilsímid
foilsíonn sibh
foilsíonn siad
foilsítear

the present tense
ní fhoilsíonn
an bhfoilsíonn?
go bhfoilsíonn
nach bhfoilsíonn

1pl foilsíonn muid **C** *3pl* foilsíd (siad) **M**
foilsim, foilseann sé, muid **U** *rel.* a fhoilsíos

an aimsir fháistineach
foilseoidh mé
foilseoidh tú
foilseoidh sé/sí
foilseoimid
foilseoidh sibh
foilseoidh siad
foilseofar

the future tense
ní fhoilseoidh
an bhfoilseoidh?
go bhfoilseoidh
nach bhfoilseoidh

foilseochaidh **U**

1sg foilseod, *2 sg* foilseoir **M** *1pl* foilseoidh muid **C**
foilseochaidh mé, muid *etc.* **U** *rel.* a fhoilseos / a fhoilseochas

50   **foilsigh** publish   **foilsiú   foilsithe**

an modh coinníollach

d'fhoilseoinn
d'fhoilseofá
d'fhoilseodh sé/sí
d'fhoilseoimis
d'fhoilseodh sibh
d'fhoilseoidís
d'fhoilseofaí

the conditional mood

ní fhoilseodh
an bhfoilseodh?
go bhfoilseodh
nach bhfoilseodh

d'fhoilseochadh **U**

1sg d'fhoilseochainn, *3sg* d'fhoilseochadh sé, siad *etc.* **U**
1pl d'fhoilseodh muid **C**

an aimsir ghnáthchaite

d'fhoilsínn
d'fhoilsíteá
d'fhoilsíodh sé/sí
d'fhoilsímis
d'fhoilsíodh sibh
d'fhoilsídís
d'fhoilsítí

the imperfect tense

ní fhoilsíodh
an bhfoilsíodh?
go bhfoilsíodh
nach bhfoilsíodh

1pl d'fhoilsíodh muid **C**, *3pl* d'fhoilsíodh siad **U**
Ba ghnách liom foilsiú *etc.* **U**

an modh ordaitheach
the imperative mood

foilsím
foilsigh
foilsíodh sé/sí
foilsímis
foilsígí
foilsídís
foilsítear
   ná foilsigh

3pl foilsíodh siad **U**

an foshuiteach láithreach
the present subjunctive

go bhfoilsí mé
go bhfoilsí tú
go bhfoilsí sé/sí
go bhfoilsímid
go bhfoilsí sibh
go bhfoilsí siad
go bhfoilsítear
   nár fhoilsí

1pl go bhfoilsí muid **CU**

51 **freagair** answer **freagairt freagartha**

an aimsir chaite

d'fhreagair mé
d'fhreagair tú
d'fhreagair sé/sí
d'fhreagraíomar
d'fhreagair sibh
d'fhreagair siad
freagraíodh

the past tense

níor fhreagair
ar fhreagair?
gur fhreagair
nár fhreagair
níor freagraíodh
ar freagraíodh?
gur/nár freagraíodh

1sg d(h)'fhreagraíos, *2sg* d(h)'fhreagraís, *2pl* d(h)'fhreagraíobhair **M**
1pl d'fhreagair muid **UC** *3pl* d'fhreagraíodar **MC**

an aimsir láithreach

freagraím
freagraíonn tú
freagraíonn sé/sí
freagraímid
freagraíonn sibh
freagraíonn siad
freagraítear

the present tense

ní fhreagraíonn
an bhfreagraíonn?
go bhfreagraíonn
nach bhfreagraíonn

1pl freagraíonn muid **C** *3pl* freagraíd (siad) **M**
freagraim, freagrann sé, muid *etc.* **U**

an aimsir fháistineach

freagróidh mé
freagróidh tú
freagróidh sé/sí
freagróimid
freagróidh sibh
freagróidh siad
freagrófar

the future tense

ní fhreagróidh
an bhfreagróidh?
go bhfreagróidh
nach bhfreagróidh

freagróchaidh **U**

1sg freagród, *2sg* freagróir **M**
freagróchaidh mé/muid *etc.* **U** *1pl* freagróidh muid **C**

51   freagair answer   freagairt   freagartha

an modh coinníollach
d'fhreagróinn
d'fhreagrófá
d'fhreagródh sé/sí
d'fhreagróimis
d'fhreagródh sibh
d'fhreagróidís
d'fhreagrófaí

the conditional mood
ní fhreagródh
an bhfreagródh?
go bhfreagródh
nach bhfreagródh

d'fhreagróchadh **U**

1sg d'fhreagróchainn, *3sg* d'fhreagróchadh sé *etc.* **U**
1pl d'fhreagródh muid **C** *3pl* d'fhreagróchadh siad **U**

an aimsir ghnáthchaite
d'fhreagraínn
d'fhreagraíteá
d'fhreagraíodh sé/sí
d'fhreagraímis
d'fhreagraíodh sibh
d'fhreagraídís
d'fhreagraítí

the imperfect tense
ní fhreagraíodh
an bhfreagraíodh?
go bhfreagraíodh
nach bhfreagraíodh

1pl d'fhreagraíodh muid **C** *3pl* d'fhreagraíodh siad **U**
Ba ghnách liom freagairt *etc.* **U**

an modh ordaitheach
the imperative mood
freagraím
freagair
freagraíodh sé/sí
freagraímis
freagraígí
freagraídís
freagraítear
  ná freagair

3pl freagraíodh siad **U**

an foshuiteach láithreach
the present subjunctive
go bhfreagraí mé
go bhfreagraí tú
go bhfreagraí sé/sí
go bhfreagraímid
go bhfreagraí sibh
go bhfreagraí siad
go bhfreagraítear
  nár fhreagraí

1pl go bhfreagraí muid **CU**

52 freastail attend freastal freastalta

an aimsir chaite
d'fhreastail mé
d'fhreastail tú
d'fhreastail sé/sí
d'fhreastalaíomar
d'fhreastail sibh
d'fhreastail siad
freastalaíodh

the past tense
níor fhreastail
ar fhreastail?
gur fhreastail
nár fhreastail
níor freastalaíodh
ar freastalaíodh?
gur/nár freastalaíodh

1sg d(h)'fhreastalaíos, *2sg* d(h)'fhreastalaís, *2pl* d(h)'fhreastalaíobhair **M**
1pl d'fhreastail muid **UC** *3pl* d'fhreastalaíodar **MC**

an aimsir láithreach
freastalaím
freastalaíonn tú
freastalaíonn sé/sí
freastalaímid
freastalaíonn sibh
freastalaíonn siad
freastalaítear

the present tense
ní fhreastalaíonn
an bhfreastalaíonn?
go bhfreastalaíonn
nach bhfreastalaíonn

1pl freastalaíonn muid **UC** *3pl* freastalaíd (siad) **M**
freastalaim, freastalann sé, muid *etc.* **U** *rel.* a fhreastralaíos

an aimsir fháistineach
freastalóidh mé
freastalóidh tú
freastalóidh sé/sí
freastalóimid
freastalóidh sibh
freastalóidh siad
freastalófar

the future tense
ní fhreastalóidh
an bhfreastalóidh?
go bhfreastalóidh
nach bhfreastalóidh

freastalóchaidh **U**

1sg freastalód, *2sg* freastalóir **M** freastalóchaidh mé/muid *etc.* **U**
1pl freastalóidh muid **C** *rel.* a fhreastalós / a fhreastalóchas

52 **freastail** attend **freastal** **freastalta**

an modh coinníollach

d'fhreastalóinn
d'fhreastalófá
d'fhreastalódh sé/sí
d'fhreastalóimis
d'fhreastalódh sibh
d'fhreastalóidís
d'fhreastalófaí

the conditional mood

ní fhreastalódh
an bhfreastalódh?
go bhfreastalódh
nach bhfreastalódh

d'fhreastalóchadh **U**

1sg d'fhreastalóchainn, *3sg* d'fhreastalóchadh sé, siad *etc.* **U**
1pl d'fhreastalódh muid **C**

an aimsir ghnáthchaite

d'fhreastalaínn
d'fhreastalaíteá
d'fhreastalaíodh sé/sí
d'fhreastalaímis
d'fhreastalaíodh sibh
d'fhreastalaídís
d'fhreastalaítí

the imperfect tense

ní fhreastalaíodh
an bhfreastalaíodh?
go bhfreastalaíodh
nach bhfreastalaíodh

1pl d'fhreastalaíodh muid **C** *3pl* d'fhreastalaíodh siad **U**
Ba ghnách liom freastal *etc.* **U**

an modh ordaitheach
the imperative mood

freastalaím
freastail
freastalaíodh sé/sí
freastalaímis
freastalaígí
freastalaídís
freastalaítear
 ná freastail

an foshuiteach láithreach
the present subjunctive

go bhfreastalaí mé
go bhfreastalaí tú
go bhfreastalaí sé/sí
go bhfreastalaímid
go bhfreastalaí sibh
go bhfreastalaí siad
go bhfreastalaítear
 nár fhreastalaí

3pl freastalaíodh siad **U**

1pl go bhfreastalaí muid **C U**

53   **géill** yield   **géilleadh**   **geillte**

an aimsir chaite
ghéill mé
ghéill tú
ghéill sé/sí
ghéilleamar
ghéill sibh
ghéill siad
géilleadh

the past tense
níor ghéill
ar ghéill?
gur ghéill
nár ghéill
níor géilleadh
ar géilleadh?
gur/nár géilleadh

1sg (do) ghéilleas, *2sg* (do) ghéillis, *2pl* (do) ghéilleabhair **M**
1pl ghéill muid **CU** *3pl* (do) ghéilleadar **MC**

an aimsir láithreach
géillim
géilleann tú
géilleann sé/sí
géillimid
géilleann sibh
géilleann siad
géilltear

the present tense
ní ghéilleann
an ngéilleann?
go ngéilleann
nach ngéilleann

1pl géilleann muid **CU** *3pl* géillid (siad) **M** *rel.* a ghéilleas

an aimsir fháistineach
géillfidh mé
géillfidh tú
géillfidh sé/sí
géillfimid
géillfidh sibh
géillfidh siad
géillfear

the future tense
ní ghéillfidh
an ngéillfidh?
go ngéillfidh
nach ngéillfidh

1sg géillfead, *2sg* géillfir **M** géillfidh muid **CU** *rel.* a ghéillfeas

53 géill yield   géilleadh   geillte

an modh coinníollach
ghéillfinn
ghéillfeá
ghéillfeadh sé/sí
ghéillfimis
ghéillfeadh sibh
ghéillfidís
ghéillfí

the conditional mood
ní ghéillfeadh
an ngéillfeadh?
go ngéillfeadh
nach ngéillfeadh

1pl ghéillfeadh muid **C** *3pl* ghéillfeadh siad **U**

an aimsir ghnáthchaite
ghéillinn
ghéillteá
ghéilleadh sé/sí
ghéillimis
ghéilleadh sibh
ghéillidís
ghéilltí

the imperfect tense
ní ghéilleadh
an ngéilleadh?
go ngéilleadh
nach ngéilleadh

1pl ghéilleadh muid **C** *3pl* ghéilleadh siad **U**
Ba ghnách liom géillstean **U**

an modh ordaitheach
the imperative mood
géillim
géill
géilleadh sé/sí
géillimis
géilligí
géillidís
géilltear
   ná géill

3pl géilleadh siad **U**

an foshuiteach láithreach
the present subjunctive
go ngéille mé
go ngéille tú
go ngéille sé/sí
go ngéillimid
go ngéille sibh
go ngéille siad
go ngéilltear
   nár ghéille

1pl go ngéille muid **CU**

54 **glan** clean **glanadh** **glanta**

an aimsir chaite
ghlan mé
ghlan tú
ghlan sé/sí
ghlanamar
ghlan sibh
ghlan siad
glanadh

the past tense
níor ghlan
ar ghlan?
gur ghlan
nár ghlan
níor glanadh
ar glanadh?
gur/nár glanadh

1sg (do) ghlanas, *2sg* (do) ghlanais, *2pl* (do) ghlanabhair **M**
1pl ghlan muid **CU** *3pl* (do) ghlanadar **MC**

an aimsir láithreach
glanaim
glanann tú
glanann sé/sí
glanaimid
glanann sibh
glanann siad
glantar

the present tense
ní ghlanann
an nglanann?
go nglanann
nach nglanann

1pl glanann muid **CU** *3pl* glanaid (siad) **M** *rel.* a ghlanas

an aimsir fháistineach
glanfaidh mé
glanfaidh tú
glanfaidh sé/sí
glanfaimid
glanfaidh sibh
glanfaidh siad
glanfar

the future tense
ní ghlanfaidh
an nglanfaidh?
go nglanfaidh
nach nglanfaidh

1sg glanfad, *2sg* glanfair **M** glanfaidh muid **CU** *rel.* a ghlanfas

54 **glan** clean   **glanadh**   **glanta**

an modh coinníollach

ghlanfainn
ghlanfá
ghlanfadh sé/sí
ghlanfaimis
ghlanfadh sibh
ghlanfaidís
ghlanfaí

the conditional mood

ní ghlanfadh
an nglanfadh?
go nglanfadh
nach nglanfadh

1pl ghlanfadh muid **C** *3pl* ghlanfadh siad **U**

an aimsir ghnáthchaite

ghlanainn
ghlantá
ghlanadh sé/sí
ghlanaimis
ghlanadh sibh
ghlanaidís
ghlantaí

the imperfect tense

ní ghlanadh
an nglanadh?
go nglanadh
nach nglanadh

1pl ghlanadh muid **C** *3pl* ghlanadh siad **U**
Ba ghnách liom glanadh *etc.* **U**

an modh ordaitheach
the imperative mood

glanaim
glan
glanadh sé/sí
glanaimis
glanaigí
glanaidís
glantar
  ná glan

an foshuiteach láithreach
the present subjunctive

go nglana mé
go nglana tú
go nglana sé/sí
go nglanaimid
go nglana sibh
go nglana siad
go nglantar
  nár ghlana

3pl glanadh siad **U**

1pl go nglana muid **CU**

55 goirtigh pickle   goirtiú   goirtithe

an aimsir chaite
ghoirtigh mé
ghoirtigh tú
ghoirtigh sé/sí
ghoirtíomar
ghoirtigh sibh
ghoirtigh siad
goirtíodh

the past tense
níor ghoirtigh
ar ghoirtigh?
gur ghoirtigh
nár ghoirtigh
níor goirtíodh
ar goirtíodh?
gur/nár goirtíodh

1sg (do) ghoirtíos, *2sg* (do) ghoirtís, *2pl* (do) ghoirtíobhair **M**
1pl ghoirtigh muid **UC** *3pl* ghoirtíodar **MC**

an aimsir láithreach
goirtím
goirtíonn tú
goirtíonn sé/sí
goirtímid
goirtíonn sibh
goirtíonn siad
goirtítear

the present tense
ní ghoirtíonn
an ngoirtíonn?
go ngoirtíonn
nach ngoirtíonn

1pl goirtíonn muid **C** *3pl* goirtíd (siad) **M**
goirtim, goirteann sé/muid **U** *rel.* a ghoirtíos

an aimsir fháistineach
goirteoidh mé
goirteoidh tú
goirteoidh sé/sí
goirteoimid
goirteoidh sibh
goirteoidh siad
goirteofar

the future tense
ní ghoirteoidh
an ngoirteoidh?
go ngoirteoidh
nach ngoirteoidh

goirteochaidh **U**

1sg goirteod, *2sg* goirteoir **M** *1pl* goirteoidh muid **C**
goirteochaidh mé/muid *etc.* **U** *rel.* a ghoirteos / a ghoirteochas

122

55 **goirtigh** pickle   **goirtiú**   **goirtithe**

an modh coinníollach

ghoirteoinn
ghoirteofá
ghoirteodh sé/sí
ghoirteoimis
ghoirteodh sibh
ghoirteoidís
ghoirteofaí

the conditional mood

ní ghoirteodh
an ngoirteodh?
go ngoirteodh
nach ngoirteodh

ghoirteochadh **U**

1sg ghoirteochainn, *3sg* ghoirteochadh sé, siad *etc.* **U**
1pl ghoirteodh muid **C**

an aimsir ghnáthchaite

ghoirtínn
ghoirtíteá
ghoirtíodh sé/sí
ghoirtímis
ghoirtíodh sibh
ghoirtídís
ghoirtítí

the imperfect tense

ní ghoirtíodh
an ngoirtíodh?
go ngoirtíodh
nach ngoirtíodh

1pl ghoirtíodh muid **C**, *3pl* ghoirtíodh siad **U**
Ba ghnách liom goirtiú *etc.* **U**

an modh ordaitheach
the imperative mood

goirtím
goirtigh
goirtíodh sé/sí
goirtímis
goirtígí
goirtídís
goirtítear
 ná goirtigh

3pl goirtíodh siad **U**

an foshuiteach láithreach
the present subjunctive

go ngoirtí mé
go ngoirtí tú
go ngoirtí sé/sí
go ngoirtímid
go ngoirtí sibh
go ngoirtí siad
go ngoirtítear
 nár ghoirtí

1pl go ngoirtí muid **CU**

56 gortaigh hurt   gortú   gortaithe

an aimsir chaite
ghortaigh mé
ghortaigh tú
ghortaigh sé/sí
ghortaíomar
ghortaigh sibh
ghortaigh siad
gortaíodh

the past tense
níor ghortaigh
ar ghortaigh?
gur ghortaigh
nár ghortaigh
níor gortaíodh
ar gortaíodh?
gur/nár gortaíodh

1sg (do) ghortaíos, *2sg* (do) ghortaís, *2pl* (do) ghortaíobhair **M**
1pl ghortaigh muid **UC** *3pl* ghortaíodar **MC**

an aimsir láithreach
gortaím
gortaíonn tú
gortaíonn sé/sí
gortaímid
gortaíonn sibh
gortaíonn siad
gortaítear

the present tense
ní ghortaíonn
an ngortaíonn?
go ngortaíonn
nach ngortaíonn

1pl gortaíonn muid **C** *3pl* gortaíd (siad) **M**
gortaim, gortann sé/muid **U** *rel.* a ghortaíos.

an aimsir fháistineach
gortóidh mé
gortóidh tú
gortóidh sé/sí
gortóimid
gortóidh sibh
gortóidh siad
gortófar

the future tense
ní ghortóidh
an ngortóidh?
go ngortóidh
nach ngortóidh

gortóchaidh **U**

1sg gortód, *2sg* gortóir **M** *1pl* gortóidh muid **C**
gortóchaidh mé/muid *etc.* **U** *rel.* a ghortós / a ghortóchas

56 **gortaigh** hurt   **gortú**   **gortaithe**

an modh coinníollach

ghortóinn
ghortófá
ghortódh sé/sí
ghortóimis
ghortódh sibh
ghortóidís
ghortófaí

the conditional mood

ní ghortódh
an ngortódh?
go ngortódh
nach ngortódh

ghortóchadh **U**

1sg ghortóchainn, *3sg* ghortóchadh sé/siad *etc.* **U**
1pl ghortódh muid **C**

an aimsir ghnáthchaite

ghortainn
ghortaíteá
ghortaíodh sé/sí
ghortaímis
ghortaíodh sibh
ghortaídís
ghortaítí

the imperfect tense

ní ghortaíodh
an ngortaíodh?
go ngortaíodh
nach ngortaíodh

1pl ghortaíodh muid **C** *3pl* ghortaíodh siad **U**
Ba ghnách liom gortú *etc.* **U**

an modh ordaitheach
the imperative mood

gortaím
gortaigh
gortaíodh sé/sí
gortaímis
gortaígí
gortaídís
gortaítear
   ná gortaigh

3pl gortaíodh siad **U**

an foshuiteach láithreach
the present subjunctive

go ngortaí mé
go ngortaí tú
go ngortaí sé/sí
go ngortaímid
go ngortaí sibh
go ngortaí siad
go ngortaítear
   nár ghortaí

1pl go ngortaí muid **CU**

57 iarr ask iarraidh iarrtha

an aimsir chaite	the past tense
d'iarr mé	níor iarr
d'iarr tú	ar iarr?
d'iarr sé/sí	gur iarr
d'iarramar	nár iarr
d'iarr sibh	níor iarradh / níor hi.
d'iarr siad	ar iarradh?
iarradh / hiarradh	gur/nár iarradh

1sg d(h)'iarras, *2sg* d(h)'iarrais, *2pl* d(h)'iarrabhair **M**
1pl d'iarr muid **CU** *3pl* d'iarradar **MC** *aut.* hiarradh **MCU**

an aimsir láithreach	the present tense
iarraim	ní iarrann
iarrann tú	an iarrann?
iarrann sé/sí	go n-iarrann
iarraimid	nach n-iarrann
iarrann sibh	
iarrann siad	
iarrtar	

1pl iarrann muid **CU** *3pl* iarraid (siad) **M** *rel.* a iarras

an aimsir fháistineach	the future tense
iarrfaidh mé	ní iarrfaidh
iarrfaidh tú	an iarrfaidh?
iarrfaidh sé/sí	go n-iarrfaidh
iarrfaimid	nach n-iarrfaidh
iarrfaidh sibh	
iarrfaidh siad	
iarrfar	

1sg iarrfad, *2sg* iarrfair **M** iarrfaidh muid **CU** *rel.* a iarrfas

57 iarr ask   iarraidh   iarrtha

an modh coinníollach
d'iarrfainn
d'iarrfá
d'iarrfadh sé/sí
d'iarrfaimis
d'iarrfadh sibh
d'iarrfaidís
d'iarrfaí

the conditional mood
ní iarrfadh
an iarrfadh?
go n-iarrfadh
nach n-iarrfadh

1pl d'iarrfadh muid **C** *3pl* d'iarrfadh siad **U**

an aimsir ghnáthchaite
d'iarrainn
d'iarrtá
d'iarradh sé/sí
d'iarraimis
d'iarradh sibh
d'iarraidís
d'iarrtaí

the imperfect tense
ní iarradh
an iarradh?
go n-iarradh
nach n-iarradh

1pl d'iarradh muid **C** *3pl* d'iarradh siad **U**
Ba ghnách liom iarraidh *etc.* **U**

an modh ordaitheach
the imperative mood
iarraim
iarr
iarradh sé/sí
iarraimis
iarraigí
iarraidís
iarrtar
  ná hiarr

an foshuiteach láithreach
the present subjunctive
go n-iarra mé
go n-iarra tú
go n-iarra sé/sí
go n-iarraimid
go n-iarra sibh
go n-iarra siad
go n-iarrtar
  nár iarra

3pl iarradh siad **U**

1pl go n-iarra muid **CU**

127

58 imigh leave, go off imeacht imithe

an aimsir chaite

d'imigh mé
d'imigh tú
d'imigh sé/sí
d'imíomar
d'imigh sibh
d'imigh siad
imíodh / himíodh

the past tense

níor imigh
ar imigh?
gur imigh
nár imigh
níor imíodh / níor himíodh
ar imíodh?
gur/nár imíodh

1sg d(h)'imíos, *2sg* d(h)'imís, *2pl* d(h)'imíobhair **M**
1pl d'imigh muid **UC** *3pl* d'imíodar **MC** *aut.* himíodh **MCU**

an aimsir láithreach

imím
imíonn tú
imíonn sé/sí
imímid
imíonn sibh
imíonn siad
imítear

the present tense

ní imíonn
an imíonn?
go n-imíonn
nach n-imíonn

1pl imíonn muid **C** *3pl* imíd (siad) **M**
imim, imeann sé, muid *etc.* **U** *rel.* a imíos

an aimsir fháistineach

imeoidh mé
imeoidh tú
imeoidh sé/sí
imeoimid
imeoidh sibh
imeoidh siad
imeofar

the future tense

ní imeoidh
an imeoidh?
go n-imeoidh
nach n-imeoidh

imeochaidh **U**

1sg imeod, *2sg* imeoir **M** imeochaidh mé, muid *etc.* **U**
1pl imeoidh muid **C** *rel.* a imeos / a imeochas

58 imigh leave, go off imeacht imithe

an modh coinníollach
d'imeoinn
d'imeofá
d'imeodh sé/sí
d'imeoimis
d'imeodh sibh
d'imeoidís
d'imeofaí

the conditional mood
ní imeodh
an imeodh?
go n-imeodh
nach n-imeodh

d'imeochadh **U**

1sg d'imeochainn, *3sg* d'imeochadh sé, siad *etc.* **U**
1pl d'imeodh muid **C**

an aimsir ghnáthchaite
d'imínn
d'imíteá
d'imíodh sé/sí
d'imímis
d'imíodh sibh
d'imídís
d'imítí

the imperfect tense
ní imíodh
an imíodh?
go n-imíodh
nach n-imíodh

1pl d'imíodh muid **C** *3pl* d'imíodh siad **U**
Ba ghnách liom imeacht *etc.* **U**

an modh ordaitheach
the imperative mood
imím
imigh
imíodh sé/sí
imímis
imígí
imídís
imítear
  ná himigh

an foshuiteach láithreach
the present subjunctive
go n-imí mé
go n-imí tú
go n-imí sé/sí
go n-imímid
go n-imí sibh
go n-imí siad
go n-imítear
  nár imí

3pl imíodh siad **U**

1pl go n-imí muid **CU**

129

59   imir play   imirt   imeartha

an aimsir chaite
d'imir mé
d'imir tú
d'imir sé/sí
d'imríomar
d'imir sibh
d'imir siad
imríodh / himríodh

the past tense
níor imir
ar imir?
gur imir
nár imir
níor imríodh /níor himríodh
ar imríodh?
gur/nár imríodh

1sg d(h)'imríos, *2sg* d(h)'imrís, *2pl* d(h)'imríobhair **M**
1pl d'imir muid **UC** *3pl* d'imríodar **MC** *aut.* himríodh **MCU**

an aimsir láithreach
imrím
imríonn tú
imríonn sé/sí
imrímid
imríonn sibh
imríonn siad
imrítear

the present tense
ní imríonn
an imríonn?
go n-imríonn
nach n-imríonn

1pl imríonn muid **C** *3pl* imríd (siad) **M**
imrim, imreann sé, muid *etc.* **U** *rel.* a imríos / a imreas

an aimsir fháistineach
imreoidh mé
imreoidh tú
imreoidh sé/sí
imreoimid
imreoidh sibh
imreoidh siad
imreofar

the future tense
ní imreoidh
an imreoidh?
go n-imreoidh
nach n-imreoidh

imreochaidh/imeoraidh **U**

1sg imreod, *2sg* imreoir **M** *1pl* imreoidh muid **C**
imreochaidh mé, muid *etc.* (*var.* imeoraidh) **U** *rel.* a imreos / a imreochas

59 imir play   imirt   imeartha

an modh coinníollach — the conditional mood

d'imreoinn

d'imreofá

d'imreodh sé/sí

d'imreoimis

d'imreodh sibh

d'imreoidís

d'imreofaí

ní imreodh

an imreodh?

go n-imreodh

nach n-imreodh

d'imreochadh/d'imeoradh **U**

1sg d'imreochainn, *3sg* d'imreochadh sé, siad *etc.*
(*var.* d'imeorainn, d'imreoradh) **U** *1pl* d'imreodh muid **C**

an aimsir ghnáthchaite — the imperfect tense

d'imrínn

d'imríteá

d'imríodh sé/sí

d'imrímis

d'imríodh sibh

d'imrídís

d'imrítí

ní imríodh

an imríodh?

go n-imríodh

nach n-imríodh

1pl d'imríodh muid **C** *3pl* d'imríodh siad **U**
Ba ghnách liom imirt *etc.* **U**

an modh ordaitheach / the imperative mood

imrím

imir

imríodh sé/sí

imrímis

imrígí

imrídís

imrítear

  ná himir

3pl imríodh siad **U**

an foshuiteach láithreach / the present subjunctive

go n-imrí mé

go n-imrí tú

go n-imrí sé/sí

go n-imrímid

go n-imrí sibh

go n-imrí siad

go n-imrítear

  nár imrí

1pl go n-imrí muid **CU**

131

60 inis tell   insint/inse   inste

an aimsir chaite

d'inis mé
d'inis tú
d'inis sé/sí
d'insíomar
d'inis sibh
d'inis siad
insíodh / hinsíodh

the past tense

níor inis
ar inis?
gur inis
nár inis
níor insíodh / níor hinsíodh
ar insíodh?
gur/nár insíodh

1sg (do) niseas, *2sg* (do) nisis, *3* (do) nis sé *etc.* *2pl* (do) niseabhair, *3pl* (do) niseadar **M**
1pl d'inis muid **UC** *3pl* d'insíodar, *aut* hinsíodh **C**; d'ins mé *etc.*, *aut.* hinseadh **U**

an aimsir láithreach

insím
insíonn tú
insíonn sé/sí
insímid
insíonn sibh
insíonn siad
insítear

the present tense

ní insíonn
an insíonn?
go n-insíonn
nach n-insíonn

        niseann **M**

1pl insíonn muid **C** nisim, niseann tú/sé, nisimid, nisid (siad) **M** insim, inseann sé, muid *etc.* **U** *rel.* a insíos / a inseas

an aimsir fháistineach

inseoidh mé
inseoidh tú
inseoidh sé/sí
inseoimid
inseoidh sibh
inseoidh siad
inseofar

the future tense

ní inseoidh
an inseoidh?
go n-inseoidh
nach n-inseoidh
        inseochaidh **U**
        neosaidh **M**

1sg neosad, neosfair, neosaidh sé, neosaimid *etc.* **M** inseochaidh mé, muid *etc.* **U**
1pl inseoidh muid **C** *rel.* a inseos /a inseochas

60   **inis** tell   **insint/inse**   **inste**

an modh coinníollach

d'inseoinn
d'inseofá
d'inseodh sé/sí
d'inseoimis
d'inseodh sibh
d'inseoidís
d'inseofaí

the conditional mood

ní inseodh
an inseodh?
go n-inseodh
nach n-inseodh
        d'inseochadh **U**
        neosadh **M**

neosainn, neosfá, neosadh sé, neosaimis *etc.* **M**
1sg d'inseochainn, d'inseochadh sé/siad *etc.* **U** *1pl* d'inseodh muid **C**

an aimsir ghnáthchaite

d'insínn
d'insíteá
d'insíodh sé/sí
d'insímis
d'insíodh sibh
d'insídís
d'insítí

the imperfect tense

ní insíodh
an insíodh?
go n-insíodh
nach n-insíodh

        niseadh **M**

nisinn, nisteá, niseadh sé, nisimis, nisidís **M** *1pl* d'insíodh muid **C**
3pl d'insíodh siad **U** Ba ghnách liom inse *etc.* **U**

an modh ordaitheach
the imperative mood

insím
inis
insíodh sé/sí
insímis
insígí
insídís
insítear
  ná hinis

an foshuiteach láithreach
the present subjunctive

go n-insí mé
go n-insí tú
go n-insí sé/sí
go n-insímid
go n-insí sibh
go n-insí siad
go n-insítear
  nár insí

nisim, nis **M** *3pl* insíodh siad **U**

1pl go n-insí muid **CU** go nise **M**

61 iompair carry   iompar   iompartha

an aimsir chaite
d'iompair mé
d'iompair tú
d'iompair sé/sí
d'iompraíomar
d'iompair sibh
d'iompair siad
iompraíodh / hiompraíodh

the past tense
níor iompair
ar iompair?
gur iompair
nár iompair
níor iompraíodh / níor hi.
ar iompraíodh?
gur/nár iompraíodh

> *1sg* d(h)'iompraíos, *2sg* d(h)'iompraís, *2pl* d(h)'iompraíobhair **M**
> *1pl* d'iompair muid **UC** *3pl* d'iompraíodar **MC** *aut.* hiompraíodh **MCU**

an aimsir láithreach
iompraím
iompraíonn tú
iompraíonn sé/sí
iompraímid
iompraíonn sibh
iompraíonn siad
iompraítear

the present tense
ní iompraíonn
an iompraíonn?
go n-iompraíonn
nach n-iompraíonn

> *1pl* iompraíonn muid **C** *3pl* iompraíd (siad) **M**
> iompraim, iomprann sé, muid *etc.* **U** *rel.* a iompraíos / a iompras

an aimsir fháistineach
iompróidh mé
iompróidh tú
iompróidh sé/sí
iompróimid
iompróidh sibh
iompróidh siad
iomprófar

the future tense
ní iompróidh
an iompróidh?
go n-iompróidh
nach n-iompróidh

iompróchaidh **U**

> *1sg* iompród, *2sg* iompróir **M** *1pl* iompróidh muid **C** iompróchaidh mé/muid *etc.* **U**
> *rel.* a iomprós / a iompróchas

134

61 iompair carry iompar iompartha

an modh coinníollach
d'iompróinn
d'iomprófá
d'iompródh sé/sí
d'iompróimis
d'iompródh sibh
d'iompróidís
d'iomprófaí

the conditional mood
ní iompródh
an iompródh?
go n-iompródh
nach n-iompródh

d'iompróchadh **U**

1sg d'iompróchainn, *3sg* d'iompróchadh sé, siad *etc.* **U**
1pl d'iompródh muid **C**

an aimsir ghnáthchaite
d'iompraínn
d'iompraíteá
d'iompraíodh sé/sí
d'iompraímis
d'iompraíodh sibh
d'iompraídís
d'iompraítí

the imperfect tense
ní iompraíodh
an iompraíodh?
go n-iompraíodh
nach n-iompraíodh

1pl d'iompraíodh muid **C** *3pl* d'iompraíodh siad **U**
Ba ghnách liom iompar *etc.* **U**

an modh ordaitheachthe the imperative mood
iompraím
iompair
iompraíodh sé/sí
iompraímis
iompraígí
iompraídís
iompraítear
  ná hiompair

an foshuiteach láithreach the present subjunctive
go n-iompraí mé
go n-iompraí tú
go n-iompraí sé/sí
go n-iompraímid
go n-iompraí sibh
go n-iompraí siad
go n-iompraítear
  nár iompraí

3pl iompraíodh siad **U**

1pl go n-iompraí muid **CU**

62 ionsaigh attack   ionsaí   ionsaithe

an aimsir chaite
d'ionsaigh mé
d'ionsaigh tú
d'ionsaigh sé/sí
d'ionsaíomar
d'ionsaigh sibh
d'ionsaigh siad
ionsaíodh / hionsaíodh

the past tense
níor ionsaigh
ar ionsaigh?
gur ionsaigh
nár ionsaigh
níor ionsaíodh / níor hi.
ar ionsaíodh?
gur/nár ionsaíodh

1sg d(h)'ionsaíos, *2sg* d(h)'ionsaís, *2pl* d(h)'ionsaíobhair **M**
1pl d'ionsaigh muid **UC** *3pl* d'ionsaíodar **MC** *aut.* hionsaíodh **MCU**

an aimsir láithreach
ionsaím
ionsaíonn tú
ionsaíonn sé/sí
ionsaímid
ionsaíonn sibh
ionsaíonn siad
ionsaítear

the present tense
ní ionsaíonn
an ionsaíonn?
go n-ionsaíonn
nach n-ionsaíonn

1pl ionsaíonn muid **C** *3pl* ionsaíd (siad) **M**
ionsaim, ionsann sé/muid *etc.***U** *rel.* a ionsaíos

an aimsir fháistineach
ionsóidh mé
ionsóidh tú
ionsóidh sé/sí
ionsóimid
ionsóidh sibh
ionsóidh siad
ionsófar

the future tense
ní ionsóidh
an ionsóidh?
go n-ionsóidh
nach n-ionsóidh

ionsóchaidh **U**

1sg ionsód, *2sg* ionsóir **M** *1pl* ionsóidh muid **C**
ionsóchaidh mé/muid *etc.* **U** *rel.* a ionsós / a ionsóchas

62   ionsaigh attack   ionsaí   ionsaithe

an modh coinníollach
d'ionsóinn
d'ionsófá
d'ionsódh sé/sí
d'ionsóimis
d'ionsódh sibh
d'ionsóidís
d'ionsófaí

the conditional mood
ní ionsódh
an ionsódh?
go n-ionsódh
nach n-ionsódh

d'ionsóchadh **U**

1sg d'ionsóchainn, *3sg* d'ionsóchadh sé/siad *etc.* **U**
1pl d'ionsódh muid **C**

an aimsir ghnáthchaite
d'ionsaínn
d'ionsaíteá
d'ionsaíodh sé/sí
d'ionsaímis
d'ionsaíodh sibh
d'ionsaídís
d'ionsaítí

the imperfect tense
ní ionsaíodh
an ionsaíodh?
go n-ionsaíodh
nach n-ionsaíodh

1pl d'ionsaíodh muid **C** *3pl* d'ionsaíodh siad **U**
Ba ghnách liom ionsaí *etc.* **U**

an modh ordaitheach
the imperative mood
ionsaím
ionsaigh
ionsaíodh sé/sí
ionsaímis
ionsaígí
ionsaídís
ionsaítear
  ná hionsaigh

an foshuiteach láithreach
the present subjunctive
go n-ionsaí mé
go n-ionsaí tú
go n-ionsaí sé/sí
go n-ionsaímid
go n-ionsaí sibh
go n-ionsaí siad
go n-ionsaítear
  nár ionsaí

3pl ionsaíodh siad **U**

1pl go n-ionsaí muid **CU**

63 ith say   ithe   ite

an aimsir chaite
d'ith mé
d'ith tú
d'ith sé/sí
d'itheamar
d'ith sibh
d'ith siad
itheadh / hitheadh

the past tense
níor ith
ar ith?
gur ith
nár ith
níor itheadh /níor hitheadh
ar itheadh?
gur/nár itheadh

1sg d(h)'itheas, *2sg* d(h)'ithis, *2pl* d(h)'itheabhair **M** *var.* d'uaigh
1pl d'ith muid **CU** *3pl* d'itheadar **MC** *aut.* hitheadh **MCU**

an aimsir láithreach
ithim
itheann tú
itheann sé/sí
ithimid
itheann sibh
itheann siad
itear

the present tense
ní itheann
an itheann?
go n-itheann
nach n-itheann

1pl itheann muid **CU** *3pl* ithid (siad) **M** *dial.* íosann, *rel.* a itheas

an aimsir fháistineach
íosfaidh mé
íosfaidh tú
íosfaidh sé/sí
íosfaimid
íosfaidh sibh
íosfaidh siad
íosfar

the future tense
ní íosfaidh
an íosfaidh?
go n-íosfaidh
nach n-íosfaidh

1sg íosfad, *2sg* íosfair **M** íosfaidh muid **CU** *rel.* a íosfas

63 **ith** say   **ithe**   **ite**

an modh coinníollach

d'íosfainn
d'íosfá
d'íosfadh sé/sí
d'íosfaimis
d'íosfadh sibh
d'íosfaidís
d'íosfaí

the conditional mood

ní íosfadh
an íosfadh?
go n-íosfadh
nach n-íosfadh

1pl d'íosfadh muid **C** *3pl* d'íosfadh siad **U**

an aimsir ghnáthchaite

d'ithinn
d'iteá
d'itheadh sé/sí
d'ithimis
d'itheadh sibh
d'ithidís
d'ití

the imperfect tense

ní itheadh
an itheadh?
go n-itheadh
nach n-itheadh

1pl d'itheadh muid **C** *3pl* d'itheadh siad, Ba ghnách liom ithe **U**

an modh ordaitheach
the imperative mood

ithim
ith
itheadh sé/sí
ithimis
ithigí
ithidís
itear
  ná hith

an foshuiteach láithreach
the present subjunctive

go n-ithe mé
go n-ithe tú
go n-ithe sé/sí
go n-ithimid
go n-ithe sibh
go n-ithe siad
go n-itear
  nár ithe

3pl itheadh siad **U**

1pl go n-ithe muid **CU**

64 labhair speak labhairt labhartha

an aimsir chaite
labhair mé
labhair tú
labhair sé/sí
labhraíomar
labhair sibh
labhair siad
labhraíodh

the past tense
níor labhair
ar labhair?
gur labhair
nár labhair
níor labhraíodh/*var.* labhradh **MU**
ar labhraíodh?
gur/nár labhraíodh

1sg (do) labhras, *2sg* (do) labhrais, *2pl* (do) labhrabhair **M**
1pl labhair muid **UC** *3pl* do labhradar **M** labhraíodar **C**

an aimsir láithreach
labhraím
labhraíonn tú
labhraíonn sé/sí
labhraímid
labhraíonn sibh
labhraíonn siad
labhraítear

the present tense
ní labhraíonn
an labhraíonn?
go labhraíonn
nach labhraíonn

labhrann **U**

1pl labhraíonn muid **C** *3pl* labhraíd (siad) **M**
labhraim, labhrann sé, muid *etc.* **U** *rel.* a labhraíos / a labhras

an aimsir fháistineach
labhróidh mé
labhróidh tú
labhróidh sé/sí
labhróimid
labhróidh sibh
labhróidh siad
labhrófar

the future tense
ní labhróidh
an labhróidh?
go labhróidh
nach labhróidh

labharfaidh **U**

1sg labhród, *2sg* labhróir **M** labharfaidh mé/muid *etc.* **U**
1pl labhróidh muid **C** *rel.* a labhrós / a labharfas

64 labhair speak   labhairt   labhartha

an modh coinníollach

labhróinn
labhrófá
labhródh sé/sí
labhróimis
labhródh sibh
labhróidís
labhrófaí

the conditional mood

ní labhródh
an labhródh?
go labhródh
nach labhródh

labharfadh **U**

1sg labharfainn, *2sg* labharfá, *3sg* labharfadh sé, siad *etc.* **U**
1pl labhródh muid **C**

an aimsir ghnáthchaite

labhraínn
labhraíteá
labhraíodh sé/sí
labhraímis
labhraíodh sibh
labhraídís
labhraítí

the imperfect tense

ní labhraíodh
an labhraíodh?
go labhraíodh
nach labhraíodh

labhradh **U**

1pl labhraíodh muid **C** *3pl* labhradh siad **U**
Ba ghnách liom labhairt *etc.* **U**

an modh ordaitheach
the imperative mood

labhraím
labhair
labhraíodh sé/sí
labhraímis
labhraígí
labhraídís
labhraítear
  ná labhair

3pl labhradh siad **U**

an foshuiteach láithreach
the present subjunctive

go labhraí mé
go labhraí tú
go labhraí sé/sí
go labhraímid
go labhraí sibh
go labhraí siad
go labhraítear
  nár labhraí

1pl go labhraí muid **CU**

141

65 las light   lasadh   lasta

an aimsir chaite

las mé
las tú
las sé/sí
lasamar
las sibh
las siad
lasadh

the past tense

níor las
ar las?
gur las
nár las
níor lasadh
ar lasadh?
gur/nár lasadh

1sg (do) lasas, *2sg* (do) lasais, *2pl* (do) lasabhair **M**
1pl las muid **CU** *3pl* (do) lasadar **MC**

an aimsir láithreach

lasaim
lasann tú
lasann sé/sí
lasaimid
lasann sibh
lasann siad
lastar

the present tense

ní lasann
an lasann?
go lasann
nach lasann

1pl lasann muid **CU** *3pl* lasaid (siad) **M** *rel.* a lasas

an aimsir fháistineach

lasfaidh mé
lasfaidh tú
lasfaidh sé/sí
lasfaimid
lasfaidh sibh
lasfaidh siad
lasfar

the future tense

ní lasfaidh
an lasfaidh?
go lasfaidh
nach lasfaidh

1sg lasfad, *2sg* lasfair **M** lasfaidh muid **CU** *rel.* a lasfas

65 las light   lasadh   lasta

an modh coinníollach
lasfainn
lasfá
lasfadh sé/sí
lasfaimis
lasfadh sibh
lasfaidís
lasfaí

the conditional mood
ní lasfadh
an lasfadh?
go lasfadh
nach lasfadh

1pl lasfadh muid **C** *3pl* lasfadh siad **U**

an aimsir ghnáthchaite
lasainn
lastá
lasadh sé/sí
lasaimis
lasadh sibh
lasaidís
lastaí

the imperfect tense
ní lasadh
an lasadh?
go lasadh
nach lasadh

1pl lasadh muid **C** *3pl* lasadh siad **U**
Ba ghnách liom lasadh *etc.* **U**

an modh ordaitheach
the imperative mood
lasaim
las
lasadh sé/sí
lasaimis
lasaigí
lasaidís
lastar
  ná las

3pl lasadh siad **U**

an foshuiteach láithreach
the present subjunctive
go lasa mé
go lasa tú
go lasa sé/sí
go lasaimid
go lasa sibh
go lasa siad
go lastar
  nár lasa

1pl go lasa muid **CU**

66 léigh read   léamh   léite

an aimsir chaite
léigh mé
léigh tú
léigh sé/sí
léamar
léigh sibh
léigh siad
léadh

the past tense
níor léigh
ar léigh?
gur léigh
nár léigh
níor léadh
ar léadh ?
gur/nár léadh

1sg (do) léas, *2sg* (do) léis, *2pl* (do) léabhair **M**
1pl léigh muid **CU** *3pl* (do) léadar **MC**

an aimsir láithreach
léim
léann tú
léann sé/sí
léimid
léann sibh
léann siad
léitear

the present tense
ní léann
an léann?
go léann
nach léann

1pl léann muid **CU** *3pl* léid (siad) **M** *rel.* a léas

an aimsir fháistineach
léifidh mé
léifidh tú
léifidh sé/sí
léifimid
léifidh sibh
léifidh siad
léifear

the future tense
ní léifidh
an léifidh?
go léifidh
nach léifidh

1sg léifead, *2sg* léifir **M** léifidh muid **CU** *rel.* a léifeas

66   léigh read   léamh   léite

an modh coinníollach
léifinn
léifeá
léifeadh sé/sí
léifimis
léifeadh sibh
léifidís
léifí

the conditional mood
ní léifeadh
an léifeadh?
go léifeadh
nach léifeadh

1pl léifeadh muid **C** *3pl* léifeadh siad **U**

an aimsir ghnáthchaite
léinn
léiteá
léadh sé/sí
léimis
léadh sibh
léidís
léití

the imperfect tense
ní léadh
an léadh?
go léadh
nach léadh

1pl léadh muid **C** *3pl* léadh siad **U**
Ba ghnách liom léamh *etc.* **U**

an modh ordaitheach
the imperative mood
léim
léigh
léadh sé/sí
léimis
léigí
léidís
léitear
   ná léigh

3pl léadh siad **U**

an foshuiteach láithreach
the present subjunctive
go lé mé
go lé tú
go lé sé/sí
go léimid
go lé sibh
go lé siad
go léitear
   nár lé

1pl go lé muid **CU**

67 lig let ligean/ligint *U* ligthe

an aimsir chaite
lig mé
lig tú
lig sé/sí
ligeamar
lig sibh
lig siad
ligeadh

the past tense
níor lig
ar lig?
gur lig
nár lig
níor ligeadh
ar ligeadh?
gur/nár ligeadh

1sg (do) ligeas, *2sg* (do) ligis, *2pl* (do) ligeabhair **M**
1pl lig muid **CU** *3pl* (do) ligeadar **MC**

an aimsir láithreach
ligim
ligeann tú
ligeann sé/sí
ligimid
ligeann sibh
ligeann siad
ligtear

the present tense
ní ligeann
an ligeann?
go ligeann
nach ligeann

1pl ligeann muid **CU** *3pl* ligid (siad) **M** *rel.* a ligeas

an aimsir fháistineach
ligfidh mé
ligfidh tú
ligfidh sé/sí
ligfimid
ligfidh sibh
ligfidh siad
ligfear

the future tense
ní ligfidh
an ligfidh?
go ligfidh
nach ligfidh

1sg ligfead, *2sg* ligfir **M** ligfidh muid **CU** *rel.* a ligfeas

67   lig let   ligean/ligint *U*   ligthe

an modh coinníollach
ligfinn
ligfeá
ligfeadh sé/sí
ligfimis
ligfeadh sibh
ligfidís
ligfí

the conditional mood
ní ligfeadh
an ligfeadh?
go ligfeadh
nach ligfeadh

1pl ligfeadh muid **C** *3pl* ligfeadh siad **U**

an aimsir ghnáthchaite
liginn
ligteá
ligeadh sé/sí
ligimis
ligeadh sibh
ligidís
ligtí

the imperfect tense
ní ligeadh
an ligeadh?
go ligeadh
nach ligeadh

1pl ligeadh muid **C**, *3pl* ligeadh siad **U**
Ba ghnách liom ligint *etc.* **U**

an modh ordaitheach
the imperative mood
ligim
lig
ligeadh sé/sí
ligimis
ligigí
ligidís
ligtear
  ná lig

3pl ligeadh siad **U**

an foshuiteach láithreach
the present subjunctive
go lige mé
go lige tú
go lige sé/sí
go ligimid
go lige sibh
go lige siad
go ligtear
  nár lige

1pl go lige muid **CU**

68   maraigh kill   marú   maraithe

an aimsir chaite
mharaigh mé
mharaigh tú
mharaigh sé/sí
mharaíomar
mharaigh sibh
mharaigh siad
maraíodh

the past tense
níor mharaigh
ar mharaigh?
gur mharaigh
nár mharaigh
níor maraíodh
ar maraíodh?
gur/nár maraíodh

1sg (do) mharaíos, *2sg* (do) mharaís, *2pl* (do) mharaíobhair **M**
1pl mharaigh muid **C** *3pl* mharaíodar **MC** mharbh mé, muid *etc.* **U**

an aimsir láithreach
maraím
maraíonn tú
maraíonn sé/sí
maraímid
maraíonn sibh
maraíonn siad
maraítear

the present tense
ní mharaíonn
an maraíonn?
go maraíonn
nach maraíonn

marbhann **U**

1pl maraíonn muid **C** *3pl* maraíd (siad) **M**
marbhaim, marbhann sé/muid **U** *rel.* a mharaíos / a mharbhas

an aimsir fháistineach
maróidh mé
maróidh tú
maróidh sé/sí
maróimid
maróidh sibh
maróidh siad
marófar

the future tense
ní mharóidh
an maróidh?
go maróidh
nach maróidh

muirbhfidh/muirfidh **U**

1sg maród, *2sg* maróir **M** *1pl* maróidh muid **C**
muirbhfidh mé/muid *etc.* **U** *rel.* a mharós / a mhuir(bh)feas

68 maraigh kill   marú   maraithe

an modh coinníollach
mharóinn
mharófá
mharódh sé/sí
mharóimis
mharódh sibh
mharóidís
mharófaí

the conditional mood
ní mharódh
an maródh?
go maródh
nach maródh

mhuirbhfeadh/mhuirfeadh **U**

1sg mhuirbhfinn, *3sg* mhuirbhfeadh sé/siad *etc.* **U**
1pl mharódh muid **C**

an aimsir ghnáthchaite
mharainn
mharaiteá
mharaíodh sé/sí
mharaímis
mharaíodh sibh
mharaídís
mharaítí

the imperfect tense
ní mharaíodh
an maraíodh?
go maraíodh
nach maraíodh

mharbhadh **U**

1pl mharaíodh muid **C** *3pl* mharbhadh siad **U**
Ba ghnách liom marbhadh *etc.* **U**

an modh ordaitheach
the imperative mood
maraím
maraigh
maraíodh sé/sí
maraímis
maraígí
maraídís
maraítear
  ná maraigh

marbh, marbhadh sé, siad *etc.* **U**

an foshuiteach láithreach
the present subjunctive
go maraí mé
go maraí tú
go maraí sé/sí
go maraímid
go maraí sibh
go maraí siad
go maraítear
  nár mharaí

go maraí muid **C** go marbha **U**

69 **meath** wither **meath** **meata**

an aimsir chaite
mheath mé
mheath tú
mheath sé/sí
mheathamar
mheath sibh
mheath siad
meathadh

the past tense
níor mheath
ar mheath?
gur mheath
nár mheath
níor meathadh
ar meathadh?
gur/nár meathadh

1sg (do) mheathas, *2sg* (do) mheathais, *2pl* (do) mheathabhair **M**
1pl mheath muid **CU** *3pl* (do) mheathadar **MC**

an aimsir láithreach
meathaim
meathann tú
meathann sé/sí
meathaimid
meathann sibh
meathann siad
meatar

the present tense
ní mheathann
an meathann?
go meathann
nach meathann

1pl meathann muid **CU** *3pl* meathaid (siad) **M** *rel.* a mheathas

an aimsir fháistineach
meathfaidh mé
meathfaidh tú
meathfaidh sé/sí
meathfaimid
meathfaidh sibh
meathfaidh siad
meathfar

the future tense
ní mheathfaidh
an meathfaidh?
go meathfaidh
nach meathfaidh

1sg meathfad, *2sg* meathfair **M** meathfaidh muid **CU**
rel. a mheathfas

69   **meath** wither   **meath**   **meata**

an modh coinníollach
mheathfainn
mheathfá
mheathfadh sé/sí
mheathfaimis
mheathfadh sibh
mheathfaidís
mheathfaí

the conditional mood
ní mheathfadh
an meathfadh?
go meathfadh
nach meathfadh

1pl mheathfadh muid **C** *3pl* mheathfadh siad **U**

an aimsir ghnáthchaite
mheathainn
mheatá
mheathadh sé/sí
mheathaimis
mheathadh sibh
mheathaidís
mheataí

the imperfect tense
ní mheathadh
an meathadh?
go meathadh
nach meathadh

1pl mheathadh muid **C** *3pl* mheathadh siad **U**
Ba ghnách liom meath *etc.* **U**

an modh ordaitheach
the imperative mood
meathaim
meath
meathadh sé/sí
meathaimis
meathaigí
meathaidís
meatar
  ná meath

3pl meathadh siad **U**

an foshuiteach láithreach
the present subjunctive
go meatha mé
go meatha tú
go meatha sé/sí
go meathaimid
go meatha sibh
go meatha siad
go meatar
  nár mheatha

1pl go meatha muid **CU**

151

70 **mill** destroy   **milleadh**   **millte**

an aimsir chaite
mhill mé
mhill tú
mhill sé/sí
mhilleamar
mhill sibh
mhill siad
milleadh

the past tense
níor mhill
ar mhill?
gur mhill
nár mhill
níor milleadh
ar milleadh?
gur/nár milleadh

1sg (do) mhilleas, *2sg* (do) mhillis, *2pl* (do) mhilleabhair **M**
1pl mhill muid **CU** *3pl* (do) mhilleadar **MC**

an aimsir láithreach
millim
milleann tú
milleann sé/sí
millimid
milleann sibh
milleann siad
milltear

the present tense
ní mhilleann
an milleann?
go milleann
nach milleann

1pl milleann muid **CU** *3pl* millid (siad) **M** *rel.* a mhilleas

an aimsir fháistineach
millfidh mé
millfidh tú
millfidh sé/sí
millfimid
millfidh sibh
millfidh siad
millfear

the future tense
ní mhillfidh
an millfidh?
go millfidh
nach millfidh

1sg millfead, *2sg* millfir **M** millfidh muid **CU** *rel.* a mhillfeas

70 **mill** destroy **milleadh** **millte**

an modh coinníollach

mhillfinn
mhillfeá
mhillfeadh sé/sí
mhillfimis
mhillfeadh sibh
mhillfidís
mhillfí

the conditional mood

ní mhillfeadh
an millfeadh?
go millfeadh
nach millfeadh

1pl mhillfeadh muid **C** *3pl* mhillfeadh siad **U**

an aimsir ghnáthchaite

mhillinn
mhillteá
mhilleadh sé/sí
mhillimis
mhilleadh sibh
mhillidís
mhilltí

the imperfect tense

ní mhilleadh
an milleadh?
go milleadh
nach milleadh

1pl mhilleadh muid **C**, *3pl* mhilleadh siad **U**
Ba ghnách liom milleadh **U**

an modh ordaitheach
the imperative mood

millim
mill
milleadh sé/sí
millimis
milligí
millidís
milltear
  ná mill

an foshuiteach láithreach
the present subjunctive

go mille mé
go mille tú
go mille sé/sí
go millimid
go mille sibh
go mille siad
go milltear
  nár mhille

3pl milleadh siad **U**

1pl go mille muid **CU**

153

71 mínigh explain   míniú   mínithe

an aimsir chaite
mhínigh mé
mhínigh tú
mhínigh sé/sí
mhíníomar
mhínigh sibh
mhínigh siad
míníodh

the past tense
níor mhínigh
ar mhínigh?
gur mhínigh
nár mhínigh
níor míníodh
ar míníodh?
gur/nár míníodh

1sg (do) mhíníos, *2sg* (do) mhínís, *2pl* (do) mhíníobhair **M**
1pl mhínigh muid **UC** *3pl* mhíníodar **MC**

an aimsir láithreach
mínim
míníonn tú
míníonn sé/sí
mínímid
míníonn sibh
míníonn siad
mínítear

the present tense
ní mhíníonn
an míníonn?
go míníonn
nach míníonn

1pl míníonn muid **C** *3pl* mínid (siad) **M**
mínim, míneann sé/muid **U** *rel.* a mhíníos

an aimsir fháistineach
míneoidh mé
míneoidh tú
míneoidh sé/sí
míneoimid
míneoidh sibh
míneoidh siad
míneofar

the future tense
ní mhíneoidh
an míneoidh?
go míneoidh
nach míneoidh

míneochaidh **U**

1sg míneod, *2sg* míneoir **M** *1pl* míneoidh muid **C**
míneochaidh mé/muid *etc.* **U** *rel.* a mhíneos / a mhíneochas

71 **mínigh** explain   **míniú**   **mínithe**

an modh coinníollach

mhíneoinn
mhíneofá
mhíneodh sé/sí
mhíneoimis
mhíneodh sibh
mhíneoidís
mhíneofaí

the conditional mood

ní mhíneodh
an míneodh?
go míneodh
nach míneodh

mhíneochadh **U**

1sg mhíneochainn, *3sg* mhíneochadh sé, siad *etc.* **U**
1pl mhíneodh muid **C**

an aimsir ghnáthchaite

mhínínn
mhíníteá
mhíníodh sé/sí
mhínímis
mhíníodh sibh
mhínídís
mhínítí

the imperfect tense

ní mhíníodh
an míníodh?
go míníodh
nach míníodh

1pl mhíníodh muid **C** *3pl* mhíníodh siad **U**
Ba ghnách liom míniú *etc.* **U**

an modh ordaitheach
the imperative mood

mínim
mínigh
míníodh sé/sí
mínímis
mínígí
mínídís
mínítear
  ná mínigh

3pl míníodh siad **U**

an foshuiteach láithreach
the present subjunctive

go míní mé
go míní tú
go míní sé/sí
go mínímid
go míní sibh
go míní siad
go mínítear
  nár mhíní

1pl go míní muid **CU**

72   **mionnaigh** swear   **mionnú mionnaithe**

an aimsir chaite
mhionnaigh mé
mhionnaigh tú
mhionnaigh sé/sí
mhionnaíomar
mhionnaigh sibh
mhionnaigh siad
mionnaíodh

the past tense
níor mhionnaigh
ar mhionnaigh?
gur mhionnaigh
nár mhionnaigh
níor mionnaíodh
ar mionnaíodh?
gur/nár mionnaíodh

1sg (do) mhionnaíos, *2sg* (do) mhionnaís, *2pl* (do) mhionnaíobhair **M**
1pl mhionnaigh muid **UC** *3pl* mhionnaíodar **MC**

an aimsir láithreach
mionnaím
mionnaíonn tú
mionnaíonn sé/sí
mionnaímid
mionnaíonn sibh
mionnaíonn siad
mionnaítear

the present tense
ní mhionnaíonn
an mionnaíonn?
go mionnaíonn
nach mionnaíonn

1pl mionnaíonn muid **C** *3pl* mionnaíd (siad) **M**
mionnaim, mionnann sé/muid **U** *rel.* a mhionnaíos

an aimsir fháistineach
mionnóidh mé
mionnóidh tú
mionnóidh sé/sí
mionnóimid
mionnóidh sibh
mionnóidh siad
mionnófar

the future tense
ní mhionnóidh
an mionnóidh?
go mionnóidh
nach mionnóidh

mionnóchaidh **U**

1sg mionnód, *2sg* mionnóir **M** *1pl* mionnóidh muid **C**
mionnóchaidh mé/muid *etc.* **U** *rel.* a mhionnós / a mhionnóchas

156

72 mionnaigh swear mionnú mionnaithe

an modh coinníollach
mhionnóinn
mhionnófá
mhionnódh sé/sí
mhionnóimis
mhionnódh sibh
mhionnóidís
mhionnófaí

the conditional mood
ní mhionnódh
an mionnódh?
go mionnódh
nach mionnódh

mhionnóchadh **U**

1sg mhionnóchainn, *3sg* mhionnóchadh sé/siad *etc.* **U**
1pl mhionnódh muid **C**

an aimsir ghnáthchaite
mhionnainn
mhionnaíteá
mhionnaíodh sé/sí
mhionnaímis
mhionnaíodh sibh
mhionnaídís
mhionnaítí

the imperfect tense
ní mhionnaíodh
an mionnaíodh?
go mionnaíodh
nach mionnaíodh

1pl mhionnaíodh muid **C** *3pl* mhionnaíodh siad **U**
Ba ghnách liom mionnú *etc.* **U**

an modh ordaitheach
the imperative mood
mionnaím
mionnaigh
mionnaíodh sé/sí
mionnaímis
mionnaígí
mionnaídís
mionnaítear
  ná mionnaigh

3pl mionnaíodh siad **U**

an foshuiteach láithreach
the present subjunctive
go mionnaí mé
go mionnaí tú
go mionnaí sé/sí
go mionnaímid
go mionnaí sibh
go mionnaí siad
go mionnaítear
  nár mhionnaí

1pl go mionnaí muid **CU**

73 **mol** praise **moladh** **molta**

an aimsir chaite
mhol mé
mhol tú
mhol sé/sí
mholamar
mhol sibh
mhol siad
moladh

the past tense
níor mhol
ar mhol?
gur mhol
nár mhol
níor moladh
ar moladh?
gur/nár moladh

1sg (do) mholas, *2sg* (do) mholais, *2pl* (do) mholabhair **M**
1pl mhol muid **CU** *3pl* (do) mholadar **MC**

an aimsir láithreach
molaim
molann tú
molann sé/sí
molaimid
molann sibh
molann siad
moltar

the present tense
ní mholann
an molann?
go molann
nach molann

1pl molann muid **CU** *3pl* molaid (siad) **M** *rel.* a mholas

an aimsir fháistineach
molfaidh mé
molfaidh tú
molfaidh sé/sí
molfaimid
molfaidh sibh
molfaidh siad
molfar

the future tense
ní mholfaidh
an molfaidh?
go molfaidh
nach molfaidh

1sg molfad, *2sg* molfair **M** molfaidh muid **CU** *rel.* a mholfas

73 **mol** praise   **moladh**   **molta**

an modh coinníollach
mholfainn
mholfá
mholfadh sé/sí
mholfaimis
mholfadh sibh
mholfaidís
mholfaí

the conditional mood
ní mholfadh
an molfadh?
go molfadh
nach molfadh

1pl mholfadh muid **C** *3pl* mholfadh siad **U**

an aimsir ghnáthchaite
mholainn
mholtá
mholadh sé/sí
mholaimis
mholadh sibh
mholaidís
mholtaí

the imperfect tense
ní mholadh
an moladh?
go moladh
nach moladh

1pl mholadh muid **C** *3pl* mholadh siad **U**
Ba ghnách liom moladh *etc.* **U**

an modh ordaitheach
the imperative mood
molaim
mol
moladh sé/sí
molaimis
molaigí
molaidís
moltar
  ná mol

an foshuiteach láithreach
the present subjunctive
go mola mé
go mola tú
go mola sé
go molaimid
go mola sibh
go mola siad
go moltar
  nár mhola

3pl moladh siad **U**

1pl go mola muid **CU**

74 múscail awaken múscailt múscailte

an aimsir chaite

mhúscail mé
mhúscail tú
mhúscail sé/sí
mhúsclaíomar
mhúscail sibh
mhúscail siad
músclaíodh

the past tense

níor mhúscail
ar mhúscail?
gur mhúscail
nár mhúscail
níor músclaíodh
ar músclaíodh?
gur/nár músclaíodh

1sg (do) mhúsclaíos, *2sg* (do) mhúsclaís, *2pl* (do) mhúsclaíobhair **M**
1pl mhúscail muid **UC** *3pl* mhúsclaíodar **MC**; **NB** múscail = muscail **U**

an aimsir láithreach

músclaím
músclaíonn tú
músclaíonn sé/sí
músclaímid
músclaíonn sibh
músclaíonn siad
músclaítear

the present tense

ní mhúsclaíonn
an músclaíonn?
go músclaíonn
nach músclaíonn

1pl músclaíonn muid **C** *3pl* músclaíd (siad) **M** músclaim, músclann sé, muid *etc.* **U**
rel. a mhúsclaíos / a mhúsclas

an aimsir fháistineach

músclóidh mé
músclóidh tú
músclóidh sé/sí
músclóimid
músclóidh sibh
músclóidh siad
músclófar

the future tense

ní mhúsclóidh
an músclóidh?
go músclóidh
nach músclóidh

musclóchaidh **U**

1sg músclód, *2sg* músclóir **M** musclóchaidh mé/muid *etc.* **U**
1pl músclóidh muid **C** *rel.* a mhúsclós / a mhusclóchas

160

74   múscail awaken   múscailt   múscailte

an modh coinníollach

mhúsclóinn
mhúsclófá
mhúsclódh sé/sí
mhúsclóimis
mhúsclódh sibh
mhúsclóidís
mhúsclófaí

the conditional mood

ní mhúsclódh
an músclódh?
go músclódh
nach músclódh

mhusclóchadh **U**

1sg mhusclóchainn, *3sg* mhusclóchadh sé, siad *etc.* **U**
1pl mhúsclódh muid **C**

an aimsir ghnáthchaite

mhúsclainn
mhúsclaíteá
mhúsclaíodh sé/sí
mhúsclaímis
mhúsclaíodh sibh
mhúsclaídís
mhúsclaítí

the imperfect tense

ní mhúsclaíodh
an músclaíodh?
go músclaíodh
nach músclaíodh

1pl mhúsclaíodh muid **C** *3pl* mhusclaíodh siad **U**
Ba ghnách liom muscailt *etc.* **U**

an modh ordaitheach
the imperative mood

músclaím
múscail
músclaíodh sé/sí
músclaímis
músclaígí
músclaídís
músclaítear
 ná múscail

3pl musclaíodh siad **U**

an foshuiteach láithreach
the present subjunctive

go músclaí mé
go músclaí tú
go músclaí sé/sí
go músclaímid
go músclaí sibh
go músclaí siad
go músclaítear
 nár mhúsclaí

1pl go musclaí muid **CU**

75 **neartaigh** strengthen **neartú neartaithe**

an aimsir chaite
neartaigh mé
neartaigh tú
neartaigh sé/sí
neartaíomar
neartaigh sibh
neartaigh siad
neartaíodh

the past tense
níor neartaigh
ar neartaigh?
gur neartaigh
nár neartaigh
níor neartaíodh
ar neartaíodh?
gur/nár neartaíodh

1sg (do) neartaíos, *2sg* (do) neartaís, *2pl* (do) neartaíobhair **M**
1pl neartaigh muid **UC** *3pl* neartaíodar **MC**

an aimsir láithreach
neartaím
neartaíonn tú
neartaíonn sé/sí
neartaímid
neartaíonn sibh
neartaíonn siad
neartaítear

the present tense
ní neartaíonn
an neartaíonn?
go neartaíonn
nach neartaíonn

1pl neartaíonn muid **C** *3pl* neartaíd (siad) **M**
neartaim, neartann sé/muid **U** *rel.* a neartaíos

an aimsir fháistineach
neartóidh mé
neartóidh tú
neartóidh sé/sí
neartóimid
neartóidh sibh
neartóidh siad
neartófar

the future tense
ní neartóidh
an neartóidh?
go neartóidh
nach neartóidh

neartóchaidh **U**

1sg neartód, *2sg* neartóir **M** *1pl* neartóidh muid **C**
neartóchaidh mé/muid *etc.* **U** *rel.* a neartós / a neartóchas

75 **neartaigh** strengthen **neartú neartaithe**

an modh coinníollach
neartóinn
neartófá
neartódh sé/sí
neartóimis
neartódh sibh
neartóidís
neartófaí

the conditional mood
ní neartódh
an neartódh?
go neartódh
nach neartódh

neartóchadh **U**

1sg neartóchainn, *3sg* neartóchadh sé/siad *etc.* **U**
1pl neartódh muid **C**

an aimsir ghnáthchaite
neartainn
neartaíteá
neartaíodh sé/sí
neartaímis
neartaíodh sibh
neartaídís
neartaítí

the imperfect tense
ní neartaíodh
an neartaíodh?
go neartaíodh
nach neartaíodh

1pl neartaíodh muid **C** *3pl* neartaíodh siad **U**
Ba ghnách liom neartú *etc.* **U**

an modh ordaitheach
the imperative mood
neartaím
neartaigh
neartaíodh sé/sí
neartaímis
neartaígí
neartaídís
neartaítear
  ná neartaigh

an foshuiteach láithreach
the present subjunctive
go neartaí mé
go neartaí tú
go neartaí sé/sí
go neartaímid
go neartaí sibh
go neartaí siad
go neartaítear
  nár neartaí

3pl neartaíodh siad **U**

1pl go neartaí muid **CU**

76 nigh wash   ní   nite

an aimsir chaite
nigh mé
nigh tú
nigh sé/sí
níomar
nigh sibh
nigh siad
níodh

the past tense
níor nigh
ar nigh?
gur nigh
nár nigh
níor níodh
ar níodh?
gur/nár níodh

1sg (do) níos, *2sg* (do) nís, *2pl* (do) níobhair **M**
1pl nigh muid **CU** *3pl* (do) níodar **MC**

an aimsir láithreach
ním
níonn tú
níonn sé/sí
nímid
níonn sibh
níonn siad
nitear

the present tense
ní níonn
an níonn?
go níonn
nach níonn

1pl níonn muid **CU** *3pl* níd (siad) **M** *rel.* a níos

an aimsir fháistineach
nífidh mé
nífidh tú
nífidh sé
nífimid
nífidh sibh
nífidh siad
nífear

the future tense
ní nífidh
an nífidh?
go nífidh
nach nífidh

1sg nífead, *2sg* nífir **M** nífidh muid **CU** *rel.* a nífeas

76 **nigh** wash   **ní**   **nite**

an modh coinníollach
nífinn
nífeá
nífeadh sé
nífimis
nífeadh sibh
nífidís
nífí

the conditional mood
ní nífeadh
an nífeadh?
go nífeadh
nach nífeadh

1pl nífeadh muid **C** *3pl* nífeadh siad **U**

an aimsir ghnáthchaite
nínn
niteá
níodh sé
nímis
níodh sibh
nídís
nití

the imperfect tense
ní níodh
an níodh?
go níodh
nach níodh

1pl níodh muid **C** *3pl* níodh siad, Ba ghnách liom ní *etc.* **U**

an modh ordaitheach
the imperative mood
ním
nigh
níodh sé
nímis
nígí
nídís
nitear
  ná nigh

an foshuiteach láithreach
the present subjunctive
go ní mé
go ní tú
go ní sé
go nímid
go ní sibh
go ní siad
go nitear
  nár ní

3pl níodh siad **U**

1pl go ní muid **CU**

77 **oil** educate   **oiliúint**   **oilte**

an aimsir chaite
d'oil mé
d'oil tú
d'oil sé/sí
d'oileamar
d'oil sibh
d'oil siad
oileadh / hoileadh

the past tense
níor oil
ar oil?
gur oil
nár oil
níor oileadh / níor hoileadh
ar oileadh?
gur/nár oileadh

1sg d(h)'oileas, *2sg* d(h)'oilis, *2pl* d(h)'oileabhair **M**
1pl d'oil muid **CU** *3pl* d(h)'oileadar **MC** *aut.* hoileadh **MCU**

an aimsir láithreach
oilim
oileann tú
oileann sé/sí
oilimid
oileann sibh
oileann siad
oiltear

the present tense
ní oileann
an oileann?
go n-oileann
nach n-oileann

1pl oileann muid **CU** *3pl* oilid (siad) **M** *rel.* a oileas

an aimsir fháistineach
oilfidh mé
oilfidh tú
oilfidh sé/sí
oilfimid
oilfidh sibh
oilfidh siad
oilfear

the future tense
ní oilfidh
an oilfidh?
go n-oilfidh
nach n-oilfidh

1sg oilfead, *2sg* oilfir **M** oilfidh muid **CU** *rel.* a oilfeas

77   **oil** educate   **oiliúint**   **oilte**

an modh coinníollach
d'oilfinn
d'oilfeá
d'oilfeadh sé/sí
d'oilfimis
d'oilfeadh sibh
d'oilfidís
d'oilfí

the conditional mood
ní oilfeadh
an oilfeadh?
go n-oilfeadh
nach n-oilfeadh

1pl d'oilfeadh muid **C** *3pl* d'oilfeadh siad **U**

an aimsir ghnáthchaite
d'oilinn
d'oilteá
d'oileadh sé/sí
d'oilimis
d'oileadh sibh
d'oilidís
d'oiltí

the imperfect tense
ní oileadh
an oileadh?
go n-oileadh
nach n-oileadh

1pl d'oileadh muid **C** *3pl* d'oileadh siad **U**
Ba ghnách liom oiliúint *etc.* **U**

an modh ordaitheach
the imperative mood
oilim
oil
oileadh sé/sí
oilimis
oiligí
oilidís
oiltear
  ná hoil

an foshuiteach láithreach
the present subjunctive
go n-oile mé
go n-oile tú
go n-oile sé/sí
go n-oilimid
go n-oile sibh
go n-oile siad
go n-oiltear
  nár oile

3pl oileadh siad **U**

1pl go n-oile muid **CU**

167

78 ól drink   ól   ólta

an aimsir chaite
d'ól mé
d'ól tú
d'ól sé/sí
d'ólamar
d'ól sibh
d'ól siad
óladh / hóladh

the past tense
níor ól
ar ól?
gur ól
nár ól
níor óladh / níor hóladh
ar óladh?
gur/nár óladh

1sg d(h)'ólas, *2sg* d(h)'ólais, *2pl* d(h)'ólabhair **M**
1pl d'ól muid **CU** *3pl* d'óladar **MC** *aut.* hóladh **MCU**

an aimsir láithreach
ólaim
ólann tú
ólann sé/sí
ólaimid
ólann sibh
ólann siad
óltar

the present tense
ní ólann
an ólann?
go n-ólann
nach n-ólann

1pl ólann muid **CU** *3pl* ólaid (siad) **M** *rel.* a ólas

an aimsir fháistineach
ólfaidh mé
ólfaidh tú
ólfaidh sé/sí
ólfaimid
ólfaidh sibh
ólfaidh siad
ólfar

the future tense
ní ólfaidh
an ólfaidh?
go n-ólfaidh
nach n-ólfaidh

1sg ólfad, *2sg* ólfair **M** ólfaidh muid **CU** *rel.* a ólfas

78 ól drink   ól   ólta

an modh coinníollach
d'ólfainn
d'ólfá
d'ólfadh sé/sí
d'ólfaimis
d'ólfadh sibh
d'ólfaidís
d'ólfaí

the conditional mood
ní ólfadh
an ólfadh?
go n-ólfadh
nach n-ólfadh

1pl d'ólfadh muid **C** *3pl* d'ólfadh siad **U**

an aimsir ghnáthchaite
d'ólainn
d'óltá
d'óladh sé/sí
d'ólaimis
d'óladh sibh
d'ólaidís
d'óltaí

the imperfect tense
ní óladh
an óladh?
go n-óladh
nach n-óladh

1pl d'óladh muid **C** *3pl* d'óladh siad, Ba ghnách liom ól **U**

an modh ordaitheach
the imperative mood
ólaim
ól
óladh sé/sí
ólaimis
ólaigí
ólaidís
óltar
  ná hól

an foshuiteach láithreach
the present subjunctive
go n-óla mé
go n-óla tú
go n-óla sé
go n-ólaimid
go n-óla sibh
go n-óla siad
go n-óltar
  nár óla

3pl óladh siad **U**

1pl go n-óla muid **CU**

79 ordaigh order   ordú   ordaithe

an aimsir chaite

d'ordaigh mé
d'ordaigh tú
d'ordaigh sé/sí
d'ordaíomar
d'ordaigh sibh
d'ordaigh siad
ordaíodh / hordaíodh

the past tense

níor ordaigh
ar ordaigh?
gur ordaigh
nár ordaigh
níor ordaíodh / níor ho.
ar ordaíodh?
gur/nár ordaíodh

1sg d(h)'ordaíos, *2sg* d(h)'ordaís, *2pl* d(h)'ordaíobhair **M**
1pl d'ordaigh muid **UC** *3pl* d'ordaíodar **MC** *aut.* hordaíodh **MCU**

an aimsir láithreach

ordaím
ordaíonn tú
ordaíonn sé/sí
ordaímid
ordaíonn sibh
ordaíonn siad
ordaítear

the present tense

ní ordaíonn
an ordaíonn?
go n-ordaíonn
nach n-ordaíonn

1pl ordaíonn muid **C** *3pl* ordaíd (siad) **M**
ordaim, ordann sé/muid *etc.* **U** *rel.* a ordaíos

an aimsir fháistineach

ordóidh mé
ordóidh tú
ordóidh sé/sí
ordóimid
ordóidh sibh
ordóidh siad
ordófar

the future tense

ní ordóidh
an ordóidh?
go n-ordóidh
nach n-ordóidh

ordóchaidh **U**

1sg ordód, *2sg* ordóir **M** *1pl* ordóidh muid **C**
ordóchaidh mé/muid *etc.* **U** *rel.* a ordós / a ordóchas

79 ordaigh order ordú ordaithe

an modh coinníollach
d'ordóinn
d'ordófá
d'ordódh sé/sí
d'ordóimis
d'ordódh sibh
d'ordóidís
d'ordófaí

the conditional mood
ní ordódh
an ordódh?
go n-ordódh
nach n-ordódh

d'ordóchadh **U**

1sg d'ordóchainn, *3sg* d'ordóchadh sé/siad *etc.* **U**
1pl d'ordódh muid **C**

an aimsir ghnáthchaite
d'ordaínn
d'ordaíteá
d'ordaíodh sé/sí
d'ordaímis
d'ordaíodh sibh
d'ordaídís
d'ordaítí

the imperfect tense
ní ordaíodh
an ordaíodh?
go n-ordaíodh
nach n-ordaíodh

1pl d'ordaíodh muid **C** *3pl* d'ordaíodh siad **U**
Ba ghnách liom ordú *etc.* **U**

an modh ordaitheach
the imperative mood
ordaím
ordaigh
ordaíodh sé/sí
ordaímis
ordaígí
ordaídís
ordaítear
  ná hordaigh

3pl ordaíodh siad **U**

an foshuiteach láithreach
the present subjunctive
go n-ordaí mé
go n-ordaí tú
go n-ordaí sé/sí
go n-ordaímid
go n-ordaí sibh
go n-ordaí siad
go n-ordaítear
  nár ordaí

1pl go n-ordaí muid **CU**

171

80 oscail, foscail U open oscailt oscailte

an aimsir chaite
d'oscail mé
d'oscail tú
d'oscail sé/sí
d'osclaíomar
d'oscail sibh
d'oscail siad
osclaíodh / hosclaíodh

the past tense
níor oscail
ar oscail?
gur oscail
nár oscail
níor osclaíodh / níor ho.
ar osclaíodh?
gur/nár osclaíodh

1sg d(h)'osclaíos, *2sg* d(h)'osclaís, *2pl* d(h)'osclaíobhair **M**
1pl d'oscail muid **C** *3pl* d'osclaíodar **MC** *aut.* hosclaíodh **MC**
d'fhoscail mé/muid *etc.*, *aut.* foscladh **U**

an aimsir láithreach
osclaím
osclaíonn tú
osclaíonn sé/sí
osclaímid
osclaíonn sibh
osclaíonn siad
osclaítear

the present tense
ní osclaíonn
an osclaíonn?
go n-osclaíonn
nach n-osclaíonn

fosclann **U**

1pl osclaíonn muid **C** *3pl* osclaíd (siad) **M**
fosclaim, fosclann sé, muid *etc.* **U** *rel.* a osclaíos / a fhosclas

an aimsir fháistineach
osclóidh mé
osclóidh tú
osclóidh sé/sí
osclóimid
osclóidh sibh
osclóidh siad
osclófar

the future tense
ní osclóidh
an osclóidh?
go n-osclóidh
nach n-osclóidh

fosclóchaidh **U**

1sg osclód, *2sg* osclóir **M** *1pl* osclóidh muid **C**
fosclóchaidh mé/muid *etc.* **U** *rel.* a osclós / a fhosclóchas

172

80 oscail, foscail *U* open   oscailt   oscailte

an modh coinníollach

d'osclóinn
d'osclófá
d'osclódh sé/sí
d'osclóimis
d'osclódh sibh
d'osclóidís
d'osclófaí

the conditional mood

ní osclódh
an osclódh?
go n-osclódh
nach n-osclódh

d'fhosclóchadh **U**

1sg d'fhosclóchainn, *3sg* d'fhosclóchadh sé, siad *etc.* **U**
1pl d'osclódh muid **C**

an aimsir ghnáthchaite

d'osclainn
d'osclaíteá
d'osclaíodh sé/sí
d'osclaímis
d'osclaíodh sibh
d'osclaídís
d'osclaítí

the imperfect tense

ní osclaíodh
an osclaíodh?
go n-osclaíodh
nach n-osclaíodh

d'fhoscladh **U**

1pl d'osclaíodh muid **C** *3pl* d'fhoscla(ío)dh siad **U**
Ba ghnách liom foscailt/foscladh *etc.* **U**

an modh ordaitheach
the imperative mood

osclaím
oscail   foscail **U**
osclaíodh sé/sí
osclaímis
osclaígí
osclaídís
osclaítear
  ná hoscail   ná foscail **U**

3pl foscla(ío)dh siad **U**

an foshuiteach láithreach
the present subjunctive

go n-osclaí mé
go n-osclaí tú
go n-osclaí sé/sí
go n-osclaímid
go n-osclaí sibh
go n-osclaí siad
go n-osclaítear
  nár osclaí

1pl go n-osclaí muid **C**
go bhfosclaí **U**

81   pacáil pack   pacáil   pacáilte

an aimsir chaite
phacáil mé
phacáil tú
phacáil sé/sí
phacálamar
phacáil sibh
phacáil siad
pacáladh

the past tense
níor phacáil
ar phacáil?
gur phacáil
nár phacáil
níor pacáladh
ar pacáladh?
gur/nár pacáladh

1sg (do) phacálas, *2sg* (do) phacálais, *2pl* (do) phacálabhair **M**
1pl phacáil muid **CU** *3pl* (do) phacáladar **MC**

an aimsir láithreach
pacálaim
pacálann tú
pacálann sé/sí
pacálaimid
pacálann sibh
pacálann siad
pacáiltear

the present tense
ní phacálann
an bpacálann?
go bpacálann
nach bpacálann

1pl pacálann muid **CU** *3pl* pacálaid (siad) **M** *rel.* a phacálas

an aimsir fháistineach
pacálfaidh mé
pacálfaidh tú
pacálfaidh sé/sí
pacálfaimid
pacálfaidh sibh
pacálfaidh siad
pacálfar

the future tense
ní phacálfaidh
an bpacálfaidh?
go bpacálfaidh
nach bpacálfaidh

1sg pacálfad, *2sg* pacálfair **M** pacálfaidh muid **CU**
rel. a phacálfas

81 pacáil pack   pacáil   pacáilte

an modh coinníollach
phacálfainn
phacálfá
phacálfadh sé/sí
phacálfaimis
phacálfadh sibh
phacálfaidís
phacálfaí

the conditional mood
ní phacálfadh
an bpacálfadh?
go bpacálfadh
nach bpacálfadh

1pl phacálfadh muid **C** *3pl* phacálfadh siad **U**

an aimsir ghnáthchaite
phacálainn
phacáilteá
phacáladh sé/sí
phacálaimis
phacáladh sibh
phacálaidís
phacáiltí

the imperfect tense
ní phacáladh
an bpacáladh?
go bpacáladh
nach bpacáladh

1pl phacáladh muid **C** *3pl* phacáladh siad **U**
Ba ghnách liom pacáil *etc.* **U**

an modh ordaitheach
the imperative mood
pacálaim
pacáil
pacáladh sé/sí
pacálaimis
pacálaigí
pacálaidís
pacáiltear
  ná pacáil

an foshuiteach láithreach
the present subjunctive
go bpacála mé
go bpacála tú
go bpacála sé/sí
go bpacálaimid
go bpacála sibh
go bpacála siad
go bpacáiltear
  nár phacála

3pl pacáladh siad **U**

1pl go bpacála muid **CU**

82 **pós** marry   **pósadh**   **pósta**

<table>
<tr><td>

an aimsir chaite
phós mé
phós tú
phós sé/sí
phósamar
phós sibh
phós siad
pósadh

</td><td>

the past tense
níor phós
ar phós?
gur phós
nár phós
níor pósadh
ar pósadh?
gur/nár pósadh

</td></tr>
</table>

1sg (do) phósas, *2sg* (do) phósais, *2pl* (do) phósabhair **M**
1pl phós muid **CU** *3pl* (do) phósadar **MC**

<table>
<tr><td>

an aimsir láithreach
pósaim
pósann tú
pósann sé/sí
pósaimid
pósann sibh
pósann siad
póstar

</td><td>

the present tense
ní phósann
an bpósann?
go bpósann
nach bpósann

</td></tr>
</table>

1pl pósann muid **CU** *3pl* pósaid (siad) **M** *rel.* a phósas

<table>
<tr><td>

an aimsir fháistineach
pósfaidh mé
pósfaidh tú
pósfaidh sé/sí
pósfaimid
pósfaidh sibh
pósfaidh siad
pósfar

</td><td>

the future tense
ní phósfaidh
an bpósfaidh?
go bpósfaidh
nach bpósfaidh

</td></tr>
</table>

1sg pósfad, *2sg* pósfair **M** pósfaidh muid **CU** *rel.* a phósfas

82 pós marry   pósadh   pósta

an modh coinníollach   the conditional mood

phósfainn
phósfá
phósfadh sé/sí
phósfaimis
phósfadh sibh
phósfaidís
phósfaí

ní phósfadh
an bpósfadh?
go bpósfadh
nach bpósfadh

1pl phósfadh muid **C** *3pl* phósfadh siad **U**

an aimsir ghnáthchaite   the imperfect tense

phósainn
phóstá
phósadh sé/sí
phósaimis
phósadh sibh
phósaidís
phóstaí

ní phósadh
an bpósadh?
go bpósadh
nach bpósadh

1pl phósadh muid **C** *3pl* phósadh siad **U**
Ba ghnách liom pósadh *etc.* **U**

an modh ordaitheach
the imperative mood

pósaim
pós
pósadh sé/sí
pósaimis
pósaigí
pósaidís
póstar
  ná pós

an foshuiteach láithreach
the present subjunctive

go bpósa mé
go bpósa tú
go bpósa sé/sí
go bpósaimid
go bpósa sibh
go bpósa siad
go bpóstar
  nár phósa

3pl pósadh siad **U**

1pl go bpósa muid **CU**

83   **rith** run   **rith**   **rite**

an aimsir chaite

rith mé
rith tú
rith sé/sí
ritheamar
rith sibh
rith siad
ritheadh

the past tense

níor rith
ar rith?
gur rith
nár rith
níor ritheadh
ar ritheadh?
gur/nár ritheadh

1sg (do) ritheas, *2sg* (do) rithis, *2pl* (do) ritheabhair **M**
1pl rith muid **CU** *3pl* (do) ritheadar **MC**

an aimsir láithreach

rithim
ritheann tú
ritheann sé/sí
rithimid
ritheann sibh
ritheann siad
ritear

the present tense

ní ritheann
an ritheann?
go ritheann
nach ritheann

1pl ritheann muid **CU** *3pl* rithid (siad) **M** *rel.* a ritheas

an aimsir fháistineach

rithfidh mé
rithfidh tú
rithfidh sé/sí
rithfimid
rithfidh sibh
rithfidh siad
rithfear

the future tense

ní rithfidh
an rithfidh?
go rithfidh
nach rithfidh

1sg rithfead, *2sg* rithfir **M** rithfidh muid **CU** *rel.* a rithfeas

178

83   **rith** run   **rith**   **rite**

an modh coinníollach
rithfinn
rithfeá
rithfeadh sé/sí
rithfimis
rithfeadh sibh
rithfidís
rithfí

the conditional mood
ní rithfeadh
an rithfeadh?
go rithfeadh
nach rithfeadh

1pl rithfeadh muid **C** *3pl* rithfeadh siad **U**

an aimsir ghnáthchaite
rithinn
riteá
ritheadh sé/sí
rithimis
ritheadh sibh
rithidís
rití

the imperfect tense
ní ritheadh
an ritheadh?
go ritheadh
nach ritheadh

1pl ritheadh muid **C** *3pl* ritheadh siad **U**
Ba ghnách liom rith/reáchtáil *etc.* **U**

an modh ordaitheach
the imperative mood
rithim
rith
ritheadh sé/sí
rithimis
rithigí
rithidís
ritear
  ná rith

3pl ritheadh siad **U**

an foshuiteach láithreach
the present subjunctive
go rithe mé
go rithe tú
go rithe sé/sí
go rithimid
go rithe sibh
go rithe siad
go ritear
  nár rithe

1pl go rithe muid **CU**

84   **roinn** divide, **rann** *U*   **roinnt   roinnte**

an aimsir chaite
roinn mé
roinn tú
roinn sé/sí
roinneamar
roinn sibh
roinn siad
roinneadh

the past tense
níor roinn
ar roinn?
gur roinn
nár roinn
níor roinneadh
ar roinneadh?
gur/nár roinneadh

1sg (do) roinneas, *2sg* (do) roinnis, *2pl* (do) roinneabhair **M**
1pl roinn muid **C** rann muid (roinn = rann) **U** *3pl* (do) roinneadar **MC**

an aimsir láithreach
roinnim
roinneann tú
roinneann sé/sí
roinnimid
roinneann sibh
roinneann siad
roinntear

the present tense
ní roinneann
an roinneann?
go roinneann
nach roinneann

ranann **U**

1pl roinneann muid **C** rannaim, rannann tú, muid *etc.* **U**
3pl roinnid (siad) **M** *rel.* a roinneas / a rannas

an aimsir fháistineach
roinnfidh mé
roinnfidh tú
roinnfidh sé/sí
roinnfimid
roinnfidh sibh
roinnfidh siad
roinnfear

the future tense
ní roinnfidh
an roinnfidh?
go roinnfidh
nach roinnfidh

rannfaidh **U**

1sg roinnfead, *2sg* roinnfir **M** roinnfidh muid **C**
rannfaidh mé, muid *etc.* **U** *rel.* a roinnfeas / a rannfas

84 **roinn** divide, **rann** *U*   **roinnt   roinnte**

an modh coinníollach
roinnfinn
roinnfeá
roinnfeadh sé/sí
roinnfimis
roinnfeadh sibh
roinnfidís
roinnfí

the conditional mood
ní roinnfeadh
an roinnfeadh?
go roinnfeadh
nach roinnfeadh

rannfadh **U**

1pl roinnfeadh muid **C** *3pl* rannfadh siad **U**

an aimsir ghnáthchaite
roinninn
roinnteá
roinneadh sé/sí
roinnimis
roinneadh sibh
roinnidís
roinntí

the imperfect tense
ní roinneadh
an roinneadh?
go roinneadh
nach roinneadh

rannadh **U**

1pl roinneadh muid **C** *3pl* rannadh siad **U**
Ba ghnách liom rann *etc.* **U**

an modh ordaitheach
the imperative mood
roinnim
roinn   rann **U**
roinneadh sé/sí
roinnimis
roinnigí
roinnidís
roinntear
  ná roinn

an foshuiteach láithreach
the present subjunctive
go roinne mé
go roinne tú
go roinne sé/sí
go roinnimid
go roinne sibh
go roinne siad
go roinntear
  nár roinne

3pl rannadh siad *etc.***U** *1pl*

go roinne muid **C**
go ranna mé/muid **U**

85 sábháil save   sábháil   sábháilte

an aimsir chaite
shábháil mé
shábháil tú
shábháil sé/sí
shábhálamar
shábháil sibh
shábháil siad
sábháladh

the past tense
níor shábháil
ar shábháil?
gur shábháil
nár shábháil
níor sábháladh
ar sábháladh?
gur/nár sábháladh

1sg (do) shábhálas, *2sg* (do) shábhálais, *2pl* (do) shábhálabhair **M**
1pl shábháil muid **CU** *3pl* (do) shábháladar **MC**

an aimsir láithreach
sábhálaim
sábhálann tú
sábhálann sé/sí
sábhálaimid
sábhálann sibh
sábhálann siad
sábháiltear

the present tense
ní shábhálann
an sábhálann?
go sábhálann
nach sábhálann

1pl sábhálann muid **CU** *3pl* sábhálaid (siad) **M** *rel.* a shábhálas

an aimsir fháistineach
sábhálfaidh mé
sábhálfaidh tú
sábhálfaidh sé/sí
sábhálfaimid
sábhálfaidh sibh
sábhálfaidh siad
sábhálfar

the future tense
ní shábhálfaidh
an sábhálfaidh?
go sábhálfaidh
nach sábhálfaidh

1sg sábhálfad, *2sg* sábhálfair **M** sábhálfaidh muid **CU**
rel. a shábhálfas

85 sábháil save   sábháil   sábháilte

an modh coinníollach
shábhálfainn
shábhálfá
shábhálfadh sé/sí
shábhálfaimis
shábhálfadh sibh
shábhálfaidís
shábhálfaí

the conditional mood
ní shábhálfadh
an sábhálfadh?
go sábhálfadh
nach sábhálfadh

1pl shábhálfadh muid **C** *3pl* shábhálfadh siad **U**

an aimsir ghnáthchaite
shábhálainn
shábháilteá
shábháladh sé/sí
shábhálaimis
shábháladh sibh
shábhálaidís
shábháiltí

the imperfect tense
ní shábháladh
an sábháladh?
go sábháladh
nach sábháladh

1pl shábháladh muid **C** *3pl* shábháladh siad **U**
Ba ghnách liom sábháil *etc.* **U**

an modh ordaitheach
the imperative mood
sábhálaim
sábháil
sábháladh sé/sí
sábhálaimis
sábhálaigí
sábhálaidís
sábháiltear
  ná sábháil

an foshuiteach láithreach
the present subjunctive
go sábhála mé
go sábhála tú
go sábhála sé/sí
go sábhálaimid
go sábhála sibh
go sábhála siad
go sábháiltear
  nár shábhála

3pl sábháladh siad **U**

1pl go sábhála muid **CU**

86 scanraigh frighten scanrú scanraithe

an aimsir chaite
scanraigh mé
scanraigh tú
scanraigh sé/sí
scanraíomar
scanraigh sibh
scanraigh siad
scanraíodh

the past tense
níor scanraigh
ar scanraigh?
gur scanraigh
nár scanraigh
níor scanraíodh
ar scanraíodh?
gur/nár scanraíodh

1sg (do) scanraíos, *2sg* (do) scanraís, *2pl* (do) scanraíobhair **M**
1pl scanraigh muid **UC** *3pl* scanraíodar **MC**

an aimsir láithreach
scanraím
scanraíonn tú
scanraíonn sé/sí
scanraímid
scanraíonn sibh
scanraíonn siad
scanraítear

the present tense
ní scanraíonn
an scanraíonn?
go scanraíonn
nach scanraíonn

1pl scanraíonn muid **C** *3pl* scanraíd (siad) **M**
scanraim, scanrann sé/muid **U** *rel.* a scanraíos

an aimsir fháistineach
scanróidh mé
scanróidh tú
scanróidh sé/sí
scanróimid
scanróidh sibh
scanróidh siad
scanrófar

the future tense
ní scanróidh
an scanróidh?
go scanróidh
nach scanróidh

scanróchaidh **U**

1sg scanród, *2sg* scanróir **M** *1pl* scanróidh muid **C**
scanróchaidh mé/muid *etc.* **U** *rel.* a scanrós / a scanróchas

86 **scanraigh** frighten **scanrú scanraithe**

an modh coinníollach

scanróinn
scanrófá
scanródh sé/sí
scanróimis
scanródh sibh
scanróidís
scanrófaí

the conditional mood

ní scanródh
an scanródh?
go scanródh
nach scanródh

scanróchadh **U**

1sg scanróchainn, *3sg* scanróchadh sé/siad *etc.* **U**
1pl scanródh muid **C**

an aimsir ghnáthchaite

scanraínn
scanraíteá
scanraíodh sé/sí
scanraímis
scanraíodh sibh
scanraídís
scanraítí

the imperfect tense

ní scanraíodh
an scanraíodh?
go scanraíodh
nach scanraíodh

1pl scanraíodh muid **C** *3pl* scanraíodh siad **U**
Ba ghnách liom scanrú *etc.* **U**

an modh ordaitheach
the imperative mood

scanraím
scanraigh
scanraíodh sé/sí
scanraímis
scanraígí
scanraídís
scanraítear
 ná scanraigh

an foshuiteach láithreach
the present subjunctive

go scanraí mé
go scanraí tú
go scanraí sé/sí
go scanraímid
go scanraí sibh
go scanraí siad
go scanraítear
 nár scanraí

3pl scanraíodh siad **U**

1pl go scanraí muid **CU**

87   **scaoil** loosen   **scaoileadh   scaoilte**

an aimsir chaite
scaoil mé
scaoil tú
scaoil sé/sí
scaoileamar
scaoil sibh
scaoil siad
scaoileadh

the past tense
níor scaoil
ar scaoil?
gur scaoil
nár scaoil
níor scaoileadh
ar scaoileadh?
gur/nár scaoileadh

1sg (do) scaoileas, *2sg* (do) scaoilis, *2pl* (do) scaoileabhair **M**
1pl scaoil muid **CU** *3pl* (do) scaoileadar **MC**

an aimsir láithreach
scaoilim
scaoileann tú
scaoileann sé/sí
scaoilimid
scaoileann sibh
scaoileann siad
scaoiltear

the present tense
ní scaoileann
an scaoileann?
go scaoileann
nach scaoileann

1pl scaoileann muid **CU** *3pl* scaoilid (siad) **M** *rel.* a scaoileas

an aimsir fháistineach
scaoilfidh mé
scaoilfidh tú
scaoilfidh sé/sí
scaoilfimid
scaoilfidh sibh
scaoilfidh siad
scaoilfear

the future tense
ní scaoilfidh
an scaoilfidh?
go scaoilfidh
nach scaoilfidh

1sg scaoilfead, *2sg* scaoilfir **M** scaoilfidh muid **CU**
rel. a scaoilfeas

87 scaoil loosen   scaoileadh   scaoilte

an modh coinníollach

scaoilfinn
scaoilfeá
scaoilfeadh sé/sí
scaoilfimis
scaoilfeadh sibh
scaoilfidís
scaoilfí

the conditional mood

ní scaoilfeadh
an scaoilfeadh?
go scaoilfeadh
nach scaoilfeadh

1pl scaoilfeadh muid **C** *3pl* scaoilfeadh siad **U**

an aimsir ghnáthchaite

scaoilinn
scaoilteá
scaoileadh sé/sí
scaoilimis
scaoileadh sibh
scaoilidís
scaoiltí

the imperfect tense

ní scaoileadh
an scaoileadh?
go scaoileadh
nach scaoileadh

1pl scaoileadh muid **C** *3pl* scaoileadh siad **U**
Ba ghnách liom scaoileadh *etc.* **U**

an modh ordaitheach
the imperative mood

scaoilim
scaoil
scaoileadh sé/sí
scaoilimis
scaoiligí
scaoilidís
scaoiltear
  ná scaoil

3pl scaoileadh siad **U**

an foshuiteach láithreach
the present subjunctive

go scaoile mé
go scaoile tú
go scaoile sé/sí
go scaoilimid
go scaoile sibh
go scaoile siad
go scaoiltear
  nár scaoile

1pl go scaoile muid **CU**

88 **scríobh** write   **scríobh**   **scríofa**

an aimsir chaite
scríobh mé
scríobh tú
scríobh sé/sí
scríobhamar
scríobh sibh
scríobh siad
scríobhadh

the past tense
níor scríobh
ar scríobh?
gur scríobh
nár scríobh
níor scríobhadh
ar scríobhadh?
gur/nár scríobhadh

1sg (do) scríobhas, *2sg* (do) scríobhais, *2pl* (do) scríobhabhair **M**
1pl scríobh muid **CU** *3pl* (do) scríobhadar **MC**

an aimsir láithreach
scríobhaim
scríobhann tú
scríobhann sé/sí
scríobhaimid
scríobhann sibh
scríobhann siad
scríobhtar

the present tense
ní scríobhann
an scríobhann?
go scríobhann
nach scríobhann

1pl scríobhann muid **CU** *3pl* scríobhaid (siad) **M** *rel.* a scríobhas

an aimsir fháistineach
scríobhfaidh mé
scríobhfaidh tú
scríobhfaidh sé/sí
scríobhfaimid
scríobhfaidh sibh
scríobhfaidh siad
scríobhfar

the future tense
ní scríobhfaidh
an scríobhfaidh?
go scríobhfaidh
nach scríobhfaidh

1sg scríobhfad, *2sg* scríobhfair **M** scríobhfaidh muid **CU**
rel. a scríobhfas

88   scríobh write   scríobh   scríofa

an modh coinníollach
scríobhfainn
scríobhfá
scríobhfadh sé/sí
scríobhfaimis
scríobhfadh sibh
scríobhfaidís
scríobhfaí

the conditional mood
ní scríobhfadh
an scríobhfadh?
go scríobhfadh
nach scríobhfadh

1pl scríobhfadh muid **C** *3pl* scríobhfadh siad **U**

an aimsir ghnáthchaite
scríobhainn
scríobhtá
scríobhadh sé/sí
scríobhaimis
scríobhadh sibh
scríobhaidís
scríobhtaí

the imperfect tense
ní scríobhadh
an scríobhadh?
go scríobhadh
nach scríobhadh

1pl scríobhadh muid **C** *3pl* scríobhadh siad **U**
Ba ghnách liom scríobh **U**

an modh ordaitheach
the imperative mood
scríobhaim
scríobh
scríobhadh sé/sí
scríobhaimis
scríobhaigí
scríobhaidís
scríobhtar
  ná scríobh

an foshuiteach láithreach
the present subjunctive
go scríobha mé
go scríobha tú
go scríobha sé
go scríobhaimid
go scríobha sibh
go scríobha siad
go scríobhtar
  nár scríobha

3pl scríobhadh siad **U**

1pl go scríobha muid **CU**

89 seachain avoid seachaint seachanta

an aimsir chaite	the past tense
sheachain mé	níor sheachain
sheachain tú	ar sheachain?
sheachain sé/sí	gur sheachain
sheachnaíomar	nár sheachain
sheachain sibh	níor seachnaíodh
sheachain siad	ar seachnaíodh?
seachnaíodh	gur/nár seachnaíodh

1sg (do) sheachnaíos, *2sg* (do) sheachnaís, *2pl* (do) sheachnaíobhair **M**
1pl sheachain muid **UC** *3pl* sheachnaíodar **MC**

an aimsir láithreach	the present tense
seachnaím	ní sheachnaíonn
seachnaíonn tú	an seachnaíonn?
seachnaíonn sé/sí	go seachnaíonn
seachnaímid	nach seachnaíonn
seachnaíonn sibh	
seachnaíonn siad	
seachnaítear	

1pl seachnaíonn muid **C** *3pl* seachnaíd (siad) **M** seachnaim, seachnann sé, muid
etc. **U** *rel.* a sheachnaíos / a sheachnas

an aimsir fháistineach	the future tense
seachnóidh mé	ní sheachnóidh
seachnóidh tú	an seachnóidh?
seachnóidh sé/sí	go seachnóidh
seachnóimid	nach seachnóidh
seachnóidh sibh	
seachnóidh siad	seachnóchaidh **U**
seachnófar	

1sg seachnód, *2sg* seachnóir **M** seachnóchaidh mé/muid *etc.* **U**
1pl seachnóidh muid **C** *rel.* a sheachnós / a sheachnóchas

89 seachain avoid seachaint seachanta

an modh coinníollach
sheachnóinn
sheachnófá
sheachnódh sé/sí
sheachnóimis
sheachnódh sibh
sheachnóidís
sheachnófaí

the conditional mood
ní sheachnódh
an seachnódh?
go seachnódh
nach seachnódh

sheachnóchadh **U**

1sg sheachnóchainn, *3sg* sheachnóchadh sé, siad *etc.* **U**
1pl sheachnódh muid **C**

an aimsir ghnáthchaite
sheachnaínn
sheachnaíteá
sheachnaíodh sé/sí
sheachnaímis
sheachnaíodh sibh
sheachnaídís
sheachnaítí

the imperfect tense
ní sheachnaíodh
an seachnaíodh?
go seachnaíodh
nach seachnaíodh

1pl sheachnaíodh muid **C** *3pl* sheachnaíodh siad **U**
Ba ghnách liom seachaint *etc.* **U**

an modh ordaitheach
the imperative mood
seachnaím
seachain
seachnaíodh sé/sí
seachnaímis
seachnaígí
seachnaídís
seachnaítear
  ná seachain

3pl seachnaíodh siad **U**

an foshuiteach láithreach
the present subjunctive
go seachnaí mé
go seachnaí tú
go seachnaí sé/sí
go seachnaímid
go seachnaí sibh
go seachnaí siad
go seachnaítear
  nár sheachnaí

1pl go seachnaí muid **CU**

90 seas stand   seasamh   seasta

an aimsir chaite

sheas mé
sheas tú
sheas sé/sí
sheasamar
sheas sibh
sheas siad
seasadh

the past tense

níor sheas
ar sheas?
gur sheas
nár sheas
níor seasadh
ar seasadh?
gur/nár seasadh

1sg (do) sheasas, *2sg* (do) sheasais, *2pl* (do) sheasabhair **M**
1pl sheas muid **CU** *3pl* (do) sheasadar **MC** seas = seasaigh **U**

an aimsir láithreach

seasaim
seasann tú
seasann sé/sí
seasaimid
seasann sibh
seasann siad
seastar

the present tense

ní sheasann
an seasann?
go seasann
nach seasann

1pl seasann muid **CU** *3pl* seasaid (siad) **M** *rel.* a sheasas

an aimsir fháistineach

seasfaidh mé
seasfaidh tú
seasfaidh sé/sí
seasfaimid
seasfaidh sibh
seasfaidh siad
seasfar

the future tense

ní sheasfaidh
an seasfaidh?
go seasfaidh
nach seasfaidh

1sg seasfad, *2sg* seasfair **M** seasfaidh muid **C**
seasóchaidh mé/muid *etc.* **U** *rel.* a sheasfas / a sheasóchas

90 **seas** stand   **seasamh**   **seasta**

an modh coinníollach
sheasfainn
sheasfá
sheasfadh sé/sí
sheasfaimis
sheasfadh sibh
sheasfaidís
sheasfaí

the conditional mood
ní sheasfadh
an seasfadh?
go seasfadh
nach seasfadh

1pl sheasfadh muid **C** *3pl* sheasóchadh sé/siad *etc.* **U**

an aimsir ghnáthchaite
sheasainn
sheastá
sheasadh sé/sí
sheasaimis
sheasadh sibh
sheasaidís
sheastaí

the imperfect tense
ní sheasadh
an seasadh?
go seasadh
nach seasadh

1pl sheasadh muid **C** *3pl* sheasadh siad **U**
Ba ghnách liom seasamh *etc.* **U**

an modh ordaitheach
the imperative mood
seasaim
seas
seasadh sé/sí
seasaimis
seasaigí
seasaidís
seastar
  ná seas

3pl seasadh siad **U**

an foshuiteach láithreach
the present subjunctive
go seasa mé
go seasa tú
go seasa sé/sí
go seasaimid
go seasa sibh
go seasa siad
go seastar
  nár sheasa

1pl go seasa muid **CU**

91   **sín** stretch   **síneadh**   **sínte**

an aimsir chaite
shín mé
shín tú
shín sé/sí
shíneamar
shín sibh
shín siad
síneadh

the past tense
níor shín
ar shín?
gur shín
nár shín
níor síneadh
ar síneadh?
gur/nár síneadh

1sg (do) shíneas, *2sg* (do) shínis, *2pl* (do) shíneabhair **M**
1pl shín muid **CU** *3pl* (do) shíneadar **MC**

an aimsir láithreach
sínim
síneann tú
síneann sé/sí
sínimid
síneann sibh
síneann siad
síntear

the present tense
ní shíneann
an síneann?
go síneann
nach síneann

1pl síneann muid **CU** *3pl* sínid (siad) **M** *rel.* a shíneas

an aimsir fháistineach
sínfidh mé
sínfidh tú
sínfidh sé/sí
sínfimid
sínfidh sibh
sínfidh siad
sínfear

the future tense
ní shínfidh
an sínfidh?
go sínfidh
nach sínfidh

1sg sínfead, *2sg* sínfir **M** sínfidh muid **CU** *rel.* a shínfeas

194

91 **sín** stretch   **síneadh**   **sínte**

an modh coinníollach
shínfinn
shínfeá
shínfeadh sé/sí
shínfimis
shínfeadh sibh
shínfidís
shínfí

the conditional mood
ní shínfeadh
an sínfeadh?
go sínfeadh
nach sínfeadh

1pl shínfeadh muid **C** *3pl* shínfeadh siad **U**

an aimsir ghnáthchaite
shíninn
shínteá
shíneadh sé/sí
shínimis
shíneadh sibh
shínidís
shíntí

the imperfect tense
ní shíneadh
an síneadh?
go síneadh
nach síneadh

1pl shíneadh muid **C** *3pl* shíneadh siad **U**
Ba ghnách liom síneadh **U**

an modh ordaitheach
the imperative mood
sínim
sín
síneadh sé/sí
sínimis
sínigí
sínidís
síntear
  ná sín

3pl síneadh siad **U**

an foshuiteach láithreach
the present subjunctive
go síne mé
go síne tú
go síne sé/sí
go sínimid
go síne sibh
go síne siad
go síntear
  nár shíne

1pl go síne muid **CU**

92 sínigh sign　　síniú　　sínithe

an aimsir chaite
shínigh mé
shínigh tú
shínigh sé/sí
shíníomar
shínigh sibh
shínigh siad
síníodh

the past tense
níor shínigh
ar shínigh?
gur shínigh
nár shínigh
níor síníodh
ar síníodh?
gur/nár síníodh

1sg (do) shíníos, *2sg* (do) shínís, *2pl* (do) shíníobhair **M**
1pl shínigh muid **UC** *3pl* shíníodar **MC**

an aimsir láithreach
sínim
síníonn tú
síníonn sé/sí
sínímid
síníonn sibh
síníonn siad
sínítear

the present tense
ní shíníonn
an síníonn?
go síníonn
nach síníonn

1pl síníonn muid **C** *3pl* síníd (siad) **M**
sínim, síneann sé/muid **U** *rel.* a shíníos

an aimsir fháistineach
síneoidh mé
síneoidh tú
síneoidh sé/sí
síneoimid
síneoidh sibh
síneoidh siad
síneofar

the future tense
ní shíneoidh
an síneoidh?
go síneoidh
nach síneoidh

síneochaidh **U**

1sg síneod, *2sg* síneoir **M** *1pl* síneoidh muid **C**
síneochaidh mé/muid *etc.* **U** *rel.* a shíneos / a shíneochas

92   sínigh sign   síniú   sínithe

an modh coinníollach
shíneoinn
shíneofá
shíneodh sé/sí
shíneoimis
shíneodh sibh
shíneoidís
shíneofaí

the conditional mood
ní shíneodh
an síneodh?
go síneodh
nach síneodh

shíneochadh U

1sg shíneochainn, *3sg* shíneochadh sé, siad *etc.* **U**
1pl shíneodh muid **C**

an aimsir ghnáthchaite
shínínn
shíniteá
shíníodh sé/sí
shínímis
shíníodh sibh
shínídís
shínítí

the imperfect tense
ní shíníodh
an síníodh?
go síníodh
nach síníodh

1pl shíníodh muid **C**, *3pl* shíníodh siad **U**
Ba ghnách liom síniú *etc.* **U**

an modh ordaitheach
the imperative mood
síním
sínigh
síníodh sé/sí
sínímis
sínígí
sínídís
sínítear
  ná sínigh

an foshuiteach láithreach
the present subjunctive
go síní mé
go síní tú
go síní sé/sí
go sínímid
go síní sibh
go síní siad
go sínítear
  nár shíní

3pl síníodh siad **U**

1pl go síní muid **CU**

93 **siúil** walk   **siúl**   **siúlta**

an aimsir chaite	**the past tense**
shiúil mé	níor shiúil
shiúil tú	ar shiúil?
shiúil sé/sí	gur shiúil
shiúlamar	nár shiúil
shiúil sibh	níor siúladh
shiúil siad	ar siúladh?
siúladh	gur/nár siúladh

1sg (do) shiúlas, *2sg* (do) shiúlais, *2pl* (do) shiúlabhair **M**
1pl shiúil muid **CU** *3pl* (do) shiúladar **MC**

an aimsir láithreach	**the present tense**
siúlaim	ní shiúlann
siúlann tú	an siúlann?
siúlann sé/sí	go siúlann
siúlaimid	nach siúlann
siúlann sibh	
siúlann siad	
siúltar	

1pl siúlann muid **CU** *3pl* siúlaid (siad) **M** *rel.* a shiúlas

an aimsir fháistineach	**the future tense**
siúlfaidh mé	ní shiúlfaidh
siúlfaidh tú	an siúlfaidh?
siúlfaidh sé/sí	go siúlfaidh
siúlfaimid	nach siúlfaidh
siúlfaidh sibh	
siúlfaidh siad	
siúlfar	

1sg siúlfad, *2sg* siúlfair **M** siúlfaidh muid **CU** *rel.* a shiúlfas

93   siúil walk   siúl   siúlta

an modh coinníollach
shiúlfainn
shiúlfá
shiúlfadh sé/sí
shiúlfaimis
shiúlfadh sibh
shiúlfaidís
shiúlfaí

the conditional mood
ní shiúlfadh
an siúlfadh?
go siúlfadh
nach siúlfadh

1pl shiúlfadh muid **C** *3pl* shiúlfadh siad **U**

an aimsir ghnáthchaite
shiúlainn
shiúltá
shiúladh sé/sí
shiúlaimis
shiúladh sibh
shiúlaidís
shiúltaí

the imperfect tense
ní shiúladh
an siúladh?
go siúladh
nach siúladh

1pl shiúladh muid **C** *3pl* shiúladh siad **U**
Ba ghnách liom siúl *etc.* **U**

an modh ordaitheach
the imperative mood
siúlaim
siúil
siúladh sé/sí
siúlaimis
siúlaigí
siúlaidís
siúltar
  ná siúil

an foshuiteach láithreach
the present subjunctive
go siúla mé
go siúla tú
go siúla sé
go siúlaimid
go siúla sibh
go siúla siad
go siúltar
  nár shiúla

3pl siúladh siad **U**

1pl go siúla muid **CU**

94 smaoinigh think smaoineamh smaoinithe

an aimsir chaite	the past tense
smaoinigh mé	níor smaoinigh
smaoinigh tú	ar smaoinigh?
smaoinigh sé/sí	gur smaoinigh
smaoiníomar	nár smaoinigh
smaoinigh sibh	níor smaoiníodh
smaoinigh siad	ar smaoiníodh?
smaoiníodh	gur/nár smaoiníodh

1sg (do) smaoiníos, *2sg* (do) smaoinís, *2pl* (do) smaoiníobhair **M**
1pl smaoinigh muid **UC** *3pl* smaoiníodar **MC** smaoitigh **U**

an aimsir láithreach	the present tense
smaoiním	ní smaoiníonn
smaoiníonn tú	an smaoiníonn?
smaoiníonn sé/sí	go smaoiníonn
smaoinímid	nach smaoiníonn
smaoiníonn sibh	
smaoiníonn siad	smaoiteann **U**
smaoinítear	

1pl smaoiníonn muid **C** *3pl* smaoiníd (siad) **M**
smaoitim, smaoiteann sé/muid **U** *rel.* a smaoiníos

an aimsir fháistineach	the future tense
smaoineoidh mé	ní smaoineoidh
smaoineoidh tú	an smaoineoidh?
smaoineoidh sé/sí	go smaoineoidh
smaoineoimid	nach smaoineoidh
smaoineoidh sibh	
smaoineoidh siad	smaoiteochaidh **U**
smaoineofar	

1sg smaoineod, *2sg* smaoineoir **M** *1pl* smaoineoidh muid **C**
smaoiteochaidh mé/muid *etc.* **U** *rel.* a smaoineos / a smaoiteochas

94   **smaoinigh** think **smaoineamh**   **smaoinithe**

an modh coinníollach

smaoineoinn
smaoineofá
smaoineodh sé/sí
smaoineoimis
smaoineodh sibh
smaoineoidís
smaoineofaí

the conditional mood

ní smaoineodh
an smaoineodh?
go smaoineodh
nach smaoineodh

smaoiteochadh **U**

1sg smaoiteochainn, *3sg* smaoiteochadh sé, siad *etc.* **U**
1pl smaoineodh muid **C**

an aimsir ghnáthchaite

smaoinínn
smaoiníteá
smaoiníodh sé/sí
smaoinímis
smaoiníodh sibh
smaoinídís
smaoinítí

the imperfect tense

ní smaoiníodh
an smaoiníodh?
go smaoiníodh
nach smaoiníodh

1pl smaoiníodh muid **C**, *3pl* smaoitíodh siad **U**
Ba ghnách liom smaoitiú *etc.* **U**

an modh ordaitheach
the imperative mood

smaoiním
smaoinigh
smaoiníodh sé/sí
smaoinímis
smaoinígí
smaoinídís
smaoinítear
  ná smaoinigh

3pl smaoitíodh siad **U**

an foshuiteach láithreach
the present subjunctive

go smaoiní mé
go smaoiní tú
go smaoiní sé/sí
go smaoinímid
go smaoiní sibh
go smaoiní siad
go smaoinítear
  nár smaoiní

1pl go smaoiní muid **CU**

95 socraigh settle socrú socraithe

an aimsir chaite
shocraigh mé
shocraigh tú
shocraigh sé/sí
shocraíomar
shocraigh sibh
shocraigh siad
socraíodh

the past tense
níor shocraigh
ar shocraigh?
gur shocraigh
nár shocraigh
níor socraíodh
ar socraíodh?
gur/nár socraíodh

1sg (do) shocraíos, *2sg* (do) shocraís, *2pl* (do) shocraíobhair **M**
1pl shocraigh muid **UC** *3pl* shocraíodar **MC**

an aimsir láithreach
socraím
socraíonn tú
socraíonn sé/sí
socraímid
socraíonn sibh
socraíonn siad
socraítear

the present tense
ní shocraíonn
an socraíonn?
go socraíonn
nach socraíonn

1pl socraíonn muid **C** *3pl* socraíd (siad) **M**
socraim, socrann sé/muid **U** *rel.* a shocraíos

an aimsir fháistineach
socróidh mé
socróidh tú
socróidh sé/sí
socróimid
socróidh sibh
socróidh siad
socrófar

the future tense
ní shocróidh
an socróidh?
go socróidh
nach socróidh

socróchaidh **U**

1sg socród, *2sg* socróir **M** *1pl* socróidh muid **C**
socróchaidh mé/muid *etc.* **U** *rel.* a shocrós / a shocróchas

95 socraigh arrange socrú socraithe

an modh coinníollach
shocróinn
shocrófá
shocródh sé/sí
shocróimis
shocródh sibh
shocróidís
shocrófaí

the conditional mood
ní shocródh
an socródh?
go socródh
nach socródh

shocróchadh **U**

1sg shocróchainn, *3sg* shocróchadh sé/siad *etc.* **U**
1pl shocródh muid **C**

an aimsir ghnáthchaite
shocraínn
shocraíteá
shocraíodh sé/sí
shocraímis
shocraíodh sibh
shocraídís
shocraítí

the imperfect tense
ní shocraíodh
an socraíodh?
go socraíodh
nach socraíodh

1pl shocraíodh muid **C** *3pl* shocraíodh siad **U**
Ba ghnách liom socrú *etc.* **U**

an modh ordaitheach
the imperative mood
socraím
socraigh
socraíodh sé/sí
socraímis
socraígí
socraídís
socraítear
  ná socraigh

3pl socraíodh siad **U**

an foshuiteach láithreach
the present subjunctive
go socraí mé
go socraí tú
go socraí sé/sí
go socraímid
go socraí sibh
go socraí siad
go socraítear
  nár shocraí

1pl go socraí muid **CU**

96 stampáil stamp stampáil stampáilte

an aimsir chaite	the past tense
stampáil mé	níor stampáil
stampáil tú	ar stampáil?
stampáil sé/sí	gur stampáil
stampálamar	nár stampáil
stampáil sibh	níor stampáladh
stampáil siad	ar stampáladh?
stampáladh	gur/nár stampáladh

1sg (do) stampálas, *2sg* (do) stampálais, *2pl* (do) stampálabhair **M**
1pl stampáil muid **CU** *3pl* (do) stampáladar **MC**

an aimsir láithreach	the present tense
stampálaim	ní stampálann
stampálann tú	an stampálann?
stampálann sé/sí	go stampálann
stampálaimid	nach stampálann
stampálann sibh	
stampálann siad	
stampáiltear	

1pl stampálann muid **CU** *3pl* stampálaid (siad) **M**
rel. a stampálas

an aimsir fháistineach	the future tense
stampálfaidh mé	ní stampálfaidh
stampálfaidh tú	an stampálfaidh?
stampálfaidh sé/sí	go stampálfaidh
stampálfaimid	nach stampálfaidh
stampálfaidh sibh	
stampálfaidh siad	
stampálfar	

1sg stampálfad, *2sg* stampálfair **M** stampálfaidh muid **CU**
rel. a stampálfas

96 **stampáil** stamp **stampáil stampáilte**

an modh coinníollach
stampálfainn
stampálfá
stampálfadh sé/sí
stampálfaimis
stampálfadh sibh
stampálfaidís
stampálfaí

the conditional mood
ní stampálfadh
an stampálfadh?
go stampálfadh
nach stampálfadh

1pl stampálfadh muid **C** *3pl* stampálfadh siad **U**

an aimsir ghnáthchaite
stampálainn
stampáilteá
stampáladh sé/sí
stampálaimis
stampáladh sibh
stampálaidís
stampáiltí

the imperfect tense
ní stampáladh
an stampáladh?
go stampáladh
nach stampáladh

1pl stampáladh muid **C** *3pl* stampáladh siad **U**
Ba ghnách liom stampáil *etc.* **U**

an modh ordaitheach
the imperative mood
stampálaim
stampáil
stampáladh sé/sí
stampálaimis
stampálaigí
stampálaidís
stampáiltear
   ná stampáil

an foshuiteach láithreach
the present subjunctive
go stampála mé
go stampála tú
go stampála sé/sí
go stampálaimid
go stampála sibh
go stampála siad
go stampáiltear
   nár stampála

3pl stampáladh siad **U**

1pl go stampála muid **CU**

97   suigh sit   suí   suite

an aimsir chaite
shuigh mé
shuigh tú
shuigh sé/sí
shuíomar
shuigh sibh
shuigh siad
suíodh

the past tense
níor shuigh
ar shuigh?
gur shuigh
nár shuigh
suíor suíodh
ar suíodh?
gur/nár suíodh

1sg (do) shuíos, *2sg* (do) shuís, *2pl* (do) shuíobhair **M**
1pl shuigh muid **CU** *3pl* (do) shuíodar **MC**

an aimsir láithreach
suím
suíonn tú
suíonn sé/sí
suímid
suíonn sibh
suíonn siad
suitear

the present tense
ní shuíonn
an suíonn?
go suíonn
nach suíonn

1pl suíonn muid **CU** *3pl* suíd (siad) **M** *rel.* a shuíos

an aimsir fháistineach
suífidh mé
suífidh tú
suífidh sé/sí
suífimid
suífidh sibh
suífidh siad
suífear

the future tense
ní shuífidh
an suífidh?
go suífidh
nach suífidh

1sg suífead, *2sg* suífir **M** suífidh muid **CU** *rel.* a shuífeas

97 suigh sit   suí   suite

an modh coinníollach
shuífinn
shuífeá
shuífeadh sé/sí
shuífimis
shuífeadh sibh
shuífidís
shuífí

the conditional mood
ní shuífeadh
an suífeadh?
go suífeadh
nach suífeadh

1pl shuífeadh muid **C** *3pl* shuífeadh siad **U**

an aimsir ghnáthchaite
shuínn
shuiteá
shuíodh sé/sí
shuímis
shuíodh sibh
shuídís
shuití

the imperfect tense
ní shuíodh
an suíodh?
go suíodh
nach suíodh

1pl shuíodh muid **C** *3pl* shuíodh siad **U**
Ba ghnách liom suí *etc.* **U**

an modh ordaitheach
the imperative mood
suím
suigh
suíodh sé/sí
suímis
suígí
suídís
suitear
   ná suigh

an foshuiteach láithreach
the present subjunctive
go suí mé
go suí tú
go suí sé/sí
go suímid
go suí sibh
go suí siad
go suitear
   nár shuí

3pl suíodh siad **U**

1pl go suí muid **CU**

207

98   **tabhair** give   **tabhairt**   **tugtha**

an aimsir chaite
thug mé
thug tú
thug sé/sí
thugamar
thug sibh
thug siad
tugadh

the past tense
níor thug
ar thug?
gur thug
nár thug
níor tugadh
ar tugadh?
gur/nár tugadh

1sg (do) thugas, *2sg* (do) thugais, *2pl* (do) thugabhair **M** *1pl* thug muid **CU**
3pl (do) thugadar **MC** ní thug, an/go/nach dtug **CU**

an aimsir láithreach
tugaim
tugann tú
tugann sé/sí
tugaimid
tugann sibh
tugann siad
tugtar

the present tense
ní thugann
an dtugann?
go dtugann
nach dtugann

bheir **U**

1pl tugann muid **CU** *3pl* tugaid (siad) **M** *rel.* a thugas - a bheir **U** *Indep.* bheirim,
bheir tú/sé/muid, bheirtear *etc.* **U** *var.* tabhrann

an aimsir fháistineach
tabharfaidh mé
tabharfaidh tú
tabharfaidh sé/sí
tabharfaimid
tabharfaidh sibh
tabharfaidh siad
tabharfar

the future tense
ní thabharfaidh
an dtabharfaidh?
go dtabharfaidh
nach dtabharfaidh
bhéarfaidh **U**
tiubharfaidh **MC**

1sg tabharfad, *2sg* tabharfair **M**
tabharfaidh muid, *rel.* a thabharfas **C**
indep. bhéarfaidh mé, tú, sé muid, bhéarfar *etc.*, *rel.* - a bhéarfas **U**

98   **tabhair** give   **tabhairt**   **tugtha**

an modh coinníollach

thabharfainn
thabharfá
thabharfadh sé/sí
thabharfaimis
thabharfadh sibh
thabharfaidís
thabharfaí

the conditional mood

ní thabharfadh
an dtabharfadh?
go dtabharfadh
nach dtabharfadh
    bhéarfadh **U**
    thiubharfadh **MC**

1pl thabharfadh muid **C**
indep. bhéarfainn, bhéarfá, bhéarfadh sé/siad, bhéarfaimis, bhéarfaí **U**

an aimsir ghnáthchaite

thugainn
thugtá
thugadh sé/sí
thugaimis
thugadh sibh
thugaidís
thugtaí

the imperfect tense

ní thugadh
an dtugadh?
go dtugadh
nach dtugadh

1pl thugadh muid **C**
indep. bheirinn, bheirtheá, bheireadh sé/siad, bheirimis, bheirtí **U**
Ba ghnách liom tabhairt **U** *var. dep.* tabhradh

an modh ordaitheach
the imperative mood

tugaim
tabhair *dial.* tug
tugadh sé/sí
tugaimis
tugaigí
tugaidís
tugtar
  ná tabhair

3pl tugadh siad **U**

an foshuiteach láithreach
the present subjunctive

go dtuga mé
go dtuga tú
go dtuga sé/sí
go dtugaimid
go dtuga sibh
go dtuga siad
go dtugtar
  nár thuga

1pl go dtuga muid **CU**

99   **tagair** refer   **tagairt**   **tagartha**

an aimsir chaite
thagair mé
thagair tú
thagair sé/sí
thagraíomar
thagair sibh
thagair siad
tagraíodh

the past tense
níor thagair
ar thagair?
gur thagair
nár thagair
níor tagraíodh
ar tagraíodh?
gur/nár tagraíodh

1sg (do) thagraíos, *2sg* (do) thagraís, *2pl* (do) thagraíobhair **M**
1pl thagair muid **UC** *3pl* (do) thagraíodar **MC**

an aimsir láithreach
tagraím
tagraíonn tú
tagraíonn sé/sí
tagraímid
tagraíonn sibh
tagraíonn siad
tagraítear

the present tense
ní thagraíonn
an dtagraíonn?
go dtagraíonn
nach dtagraíonn

1pl tagraíonn muid **C** *3pl* tagraíd (siad) **M**
tagraim, tagrann sé, muid *etc.* **U** *rel.* a thagraíos / a thagras

an aimsir fháistineach
tagróidh mé
tagróidh tú
tagróidh sé/sí
tagróimid
tagróidh sibh
tagróidh siad
tagrófar

the future tense
ní thagróidh
an dtagróidh?
go dtagróidh
nach dtagróidh

tagróchaidh **U**

1sg tagród, *2sg* tagróir **M** tagróchaidh mé/muid *etc.* **U**
1pl tagróidh muid **C** *rel.* a thagrós / a thagróchas

99 **tagair** refer   **tagairt**   **tagartha**

an modh coinníollach

thagróinn
thagrófá
thagródh sé/sí
thagróimis
thagródh sibh
thagróidís
thagrófaí

the conditional mood

ní thagródh
an dtagródh?
go dtagródh
nach dtagródh

thagróchadh **U**

1sg thagróchainn, *3sg* thagróchadh sé, siad *etc.* **U**
1pl thagródh muid **C**

an aimsir ghnáthchaite

thagraínn
thagraíteá
thagraíodh sé/sí
thagraímis
thagraíodh sibh
thagraídís
thagraítí

the imperfect tense

ní thagraíodh
an dtagraíodh?
go dtagraíodh
nach dtagraíodh

1pl thagraíodh muid **C** *3pl* thagraíodh siad **U**
Ba ghnách liom tagairt *etc.* **U**

an modh ordaitheach
the imperative mood

tagraím
tagair
tagraíodh sé/sí
tagraímis
tagraígí
tagraídís
tagraítear
  ná tagair

3pl tagraíodh siad **U**

an foshuiteach láithreach
the present subjunctive

go dtagraí mé
go dtagraí tú
go dtagraí sé/sí
go dtagraímid
go dtagraí sibh
go dtagraí siad
go dtagraítear
  nár thagraí

1pl go dtagraí muid **CU**

100 taispeáin show taispeáint taispeánta

an aimsir chaite
thaispeáin mé
thaispeáin tú
thaispeáin sé/sí
thaispeánamar
thaispeáin sibh
thaispeáin siad
taispeánadh

the past tense
níor thaispeáin
ar thaispeáin?
gur thaispeáin
nár thaispeáin
níor taispeánadh
ar taispeánadh?
gur/nár taispeánadh

1sg (do) thaispeánas, *2sg* (do) thaispeánais, *2pl* (do) thaispeánabhair **M**
1pl thaispeáin muid **CU** *3pl* (do) thaispeánadar **MC** *dial.* spáin sé *etc.*

an aimsir láithreach
taispeánaim
taispeánann tú
taispeánann sé/sí
taispeánaimid
taispeánann sibh
taispeánann siad
taispeántar

the present tense
ní thaispeánann
an dtaispeánann?
go dtaispeánann
nach dtaispeánann

dial. spáineann
taiseánann

1pl taispeánann muid **CU** *3pl* taispeánaid (siad) **M**
rel. a thaispeánas

an aimsir fháistineach
taispeánfaidh mé
taispeánfaidh tú
taispeánfaidh sé/sí
taispeánfaimid
taispeánfaidh sibh
taispeánfaidh siad
taispeánfar

the future tense
ní thaispeánfaidh
an dtaispeánfaidh?
go dtaispeánfaidh
nach dtaispeánfaidh

dial. spáinfidh
taiseánfaidh

1sg taispeánfad, *2sg* taispeánfair **M**
taispeánfaidh muid **CU** *rel.* a thaispeánfas

212

100 taispeáin show taispeáint taispeánta

an modh coinníollach
thaispeánfainn
thaispeánfá
thaispeánfadh sé/sí
thaispeánfaimis
thaispeánfadh sibh
thaispeánfaidís
thaispeánfaí

the conditional mood
ní thaispeánfadh
an dtaispeánfadh?
go dtaispeánfadh
nach dtaispeánfadh

dial. spáinfeadh
thaiseánfadh

1pl thaispeánfadh muid **C**, *3pl* thaispeánfadh siad **U**

an aimsir ghnáthchaite
thaispeánainn
thaispeántá
thaispeánadh sé/sí
thaispeánaimis
thaispeánadh sibh
thaispeánaidís
thaispeántaí

the imperfect tense
ní thaispeánadh
an dtaispeánadh?
go dtaispeánadh
nach dtaispeánadh

dial. spáineadh
thaiseánadh

1pl thaispeánadh muid **C** *3pl* thaispeánadh siad **U**
Ba ghnách liom taispeáint *etc.* **U**

an modh ordaitheach
the imperative mood
taispeánaim
taispeáin *dial.* spáin
taispeánadh sé/sí
taispeánaimis
taispeánaigí
taispeánaidís
taispeántar
  ná taispeáin

3pl taispeánadh siad **U**

an foshuiteach láithreach
the present subjunctive
go dtaispeána mé
go dtaispeána tú
go dtaispeána sé/sí
go dtaispeánaimid
go dtaispeána sibh
go dtaispeána siad
go dtaispeántar
  nár thaispeána

1pl go dtaispeána muid **CU**

101 taistil travel taisteal taistealta

an aimsir chaite
thaistil mé
thaistil tú
thaistil sé/sí
thaistealaíomar
thaistil sibh
thaistil siad
taistealaíodh

the past tense
níor thaistil
ar thaistil?
gur thaistil
nár thaistil
níor taistealaíodh
ar taistealaíodh?
gur/nár taistealaíodh

1sg (do) thaistealaíos, *2sg* (do) thaistealaís, *2pl* (do) thaistealaíobhair **M**
1pl thaistil muid **UC** *3pl* thaistealaíodar **MC**

an aimsir láithreach
taistealaím
taistealaíonn tú
taistealaíonn sé/sí
taistealaímid
taistealaíonn sibh
taistealaíonn siad
taistealaítear

the present tense
ní thaistealaíonn
an dtaistealaíonn?
go dtaistealaíonn
nach dtaistealaíonn

1pl taistealaíonn muid **C** *3pl* taistealaíd (siad) **M** taistealaim, taistealann sé/muid
etc. **U** *rel.* a thaistealaíos / a thaistealas

an aimsir fháistineach
taistealóidh mé
taistealóidh tú
taistealóidh sé/sí
taistealóimid
taistealóidh sibh
taistealóidh siad
taistealófar

the future tense
ní thaistealóidh
an dtaistealóidh?
go dtaistealóidh
nach dtaistealóidh

taistealóchaidh **U**

1sg taistealód, *2sg* taistealóir **M** taistealóchaidh mé/muid *etc.* **U** *1pl* taistealóidh
muid **C** *rel.* a thaistealós / a thaistealóchas

101 taistil travel   taisteal   taistealta

an modh coinníollach
thaistealóinn
thaistealófá
thaistealódh sé/sí
thaistealóimis
thaistealódh sibh
thaistealóidís
thaistealófaí

the conditional mood
ní thaistealódh
an dtaistealódh?
go dtaistealódh
nach dtaistealódh

thaistealóchadh **U**

1sg thaistealóchainn, *3sg* thaistealóchadh sé/siad *etc.* **U**
1pl thaistealódh muid **C**

an aimsir ghnáthchaite
thaistealainn
thaistealaíteá
thaistealaíodh sé/sí
thaistealaímis
thaistealaíodh sibh
thaistealaídís
thaistealaítí

the imperfect tense
ní thaistealaíodh
an dtaistealaíodh?
go dtaistealaíodh
nach dtaistealaíodh

1pl thaistealaíodh muid **C** thaistealainn, thaistealadh sé/siad **U**
Ba ghnách liom taisteal *etc.* **U**

an modh ordaitheach
the imperative mood
taistealaím
taistil
taistealaíodh sé/sí
taistealaímis
taistealaígí
taistealaídís
taistealaítear
  ná taistil

an foshuiteach láithreach
the present subjunctive
go dtaistealaí mé
go dtaistealaí tú
go dtaistealaí sé/sí
go dtaistealaímid
go dtaistealaí sibh
go dtaistealaí siad
go dtaistealaítear
  nár thaistealaí

3pl taistealadh sé/siad **U**

1pl go dtaistealaí muid **CU**

102 taitin shine   taitneamh   taitnithe

an aimsir chaite
thaitin mé
thaitin tú
thaitin sé/sí
thaitníomar
thaitin sibh
thaitin siad
taitníodh

the past tense
níor thaitin
ar thaitin?
gur thaitin
nár thaitin
níor taitníodh
ar taitníodh?
gur/nár taitníodh

1sg (do) thaitníos, *2sg* (do) thaitnís, *2pl* (do) thaitníobhair **M**
1pl thaitin muid **UC** *3pl* thaitníodar **MC** thaitin le = 'enjoyed' **U**

an aimsir láithreach
taitním
taitníonn tú
taitníonn sé/sí
taitnímid
taitníonn sibh
taitníonn siad
taitnítear

the present tense
ní thaitníonn
an dtaitníonn?
go dtaitníonn
nach dtaitníonn

1pl taitníonn muid **C** *3pl* taitníd (siad) **M**
taitnim, taitneann sé, muid *etc.* **U** *rel.* a thaitníos / a thaitneas

an aimsir fháistineach
taitneoidh mé
taitneoidh tú
taitneoidh sé/sí
taitneoimid
taitneoidh sibh
taitneoidh siad
taitneofar

the future tense
ní thaitneoidh
an dtaitneoidh?
go dtaitneoidh
nach dtaitneoidh

taitneochaidh **U**

1sg taitneod, *2sg* taitneoir **M** *1pl* taitneoidh muid **C**
taitneochaidh mé, muid *etc.* **U** *rel.* a thaitneos / a thaitneochas

216

102 **taitin** shine **taitneamh** **taitnithe**

an modh coinníollach
thaitneoinn
thaitneofá
thaitneodh sé/sí
thaitneoimis
thaitneodh sibh
thaitneoidís
thaitneofaí

the conditional mood
ní thaitneodh
an dtaitneodh?
go dtaitneodh
nach dtaitneodh

thaitneochadh **U**

1sg thaitneochainn, *3sg* thaitneochadh sé, siad *etc.* **U**
1pl thaitneodh muid **C**

an aimsir ghnáthchaite
thaitnínn
thaitníteá
thaitníodh sé/sí
thaitnímis
thaitníodh sibh
thaitnídís
thaitnítí

the imperfect tense
ní thaitníodh
an dtaitníodh?
go dtaitníodh
nach dtaitníodh

1pl thaitníodh muid **C** *3pl* thaitníodh siad **U**
Ba ghnách liom taitneamh *etc.* **U**

an modh ordaitheach
the imperative mood
taitním
taitin
taitníodh sé/sí
taitnímis
taitnígí
taitnídís
taitnítear
  ná taitin

an foshuiteach láithreach
the present subjunctive
go dtaitní mé
go dtaitní tú
go dtaitní sé/sí
go dtaitnímid
go dtaitní sibh
go dtaitní siad
go dtaitnítear
  nár thaitní

3pl taitníodh siad **U**

1pl go dtaitní muid **CU**

103 tar come   teacht/theacht   tagtha

an aimsir chaite   the past tense

tháinig mé	níor tháinig
tháinig tú	ar tháinig?
tháinig sé/sí	gur tháinig
thánagamar	nár tháinig
tháinig sibh	níor thángthas
tháinig siad	ar thángthas?
thángthas	gur/nár thángthas

1sg (do) thánag/tháiníos, *2sg* (do) tháinís, *2pl* (do) thánabhair **M**
1pl tháinig muid **CU** *3pl* thángadar **MC**; *vn* tíocht **C**
Dep. ní tháinig, an/go/nach dtáinig **UC**

an aimsir láithreach   the present tense

tagaim	ní thagann
tagann tú	an dtagann?
tagann sé/sí	go dtagann
tagaimid	nach dtagann
tagann sibh	
tagann siad	
tagtar	

1pl tagann muid **C** *3pl* tagaid (siad) **M** tigim, tig tú/sé/muid *etc.* **U** teagann;
vn t(h)íocht **C**

an aimsir fháistineach   the future tense

tiocfaidh mé	ní thiocfaidh
tiocfaidh tú	an dtiocfaidh?
tiocfaidh sé/sí	go dtiocfaidh
tiocfaimid	nach dtiocfaidh
tiocfaidh sibh	
tiocfaidh siad	
tiocfar	

1sg tiocfad, *2sg* tiocfair **M** tiocfaidh muid **CU** tiucf- **MC**

218

103 tar come   teacht/theacht   tagtha

an modh coinníollach
thiocfainn
thiocfá
thiocfadh sé/sí
thiocfaimis
thiocfadh sibh
thiocfaidís
thiocfaí

the conditional mood
ní thiocfadh
an dtiocfadh?
go dtiocfadh
nach dtiocfadh

1pl thiocfadh muid **C** *3pl* thiocfadh siad **U** thiucf- **MC**

an aimsir ghnáthchaite
thagainn
thagtá
thagadh sé/sí
thagaimis
thagadh sibh
thagaidís
thagtaí

the imperfect tense
ní thagadh
an dtagadh?
go dtagadh
nach dtagadh

1pl thagadh muid **C** *3pl* thiginn, thigeadh sé/siad
Ba ghnách liom theacht **U**

an modh ordaitheach
the imperative mood
tagaim
tar   *dial.* gabh, goite **U**
tagadh sé/sí
tagaimis
tagaigí
tagaidís
tagtar
   ná tar

3pl tagadh/taradh siad **U**

an foshuiteach láithreach
the present subjunctive
go dtaga mé
go dtaga tú
go dtaga sé/sí
go dtagaimid
go dtaga sibh
go dtaga siad
go dtagtar
   nár thaga

1pl go dtaga muid **C**
go dtigidh/go dtaraidh **U**

219

104 tarraing pull   tarraingt   tarraingthe

an aimsir chaite
tharraing mé
tharraing tú
tharraing sé/sí
tharraingíomar
tharraing sibh
tharraing siad
tarraingíodh

the past tense
níor tharraing
ar tharraing?
gur tharraing
nár tharraing
níor tarraingíodh
ar tarraingíodh?
gur/nár tarraingíodh

1sg (do) tharraingíos, *2* (do) tharraingís, *2pl* (do) tharraingíobhair (*var.* thairrig sé) **M**
1pl tharraing muid **UC** *3pl* tharraingíodar **MC**

an aimsir láithreach
tarraingím
tarraingíonn tú
tarraingíonn sé/sí
tarraingímid
tarraingíonn sibh
tarraingíonn siad
tarraingítear

the present tense
ní tharraingíonn
an dtarraingíonn?
go dtarraingíonn
nach dtarraingíonn

      tairrigíonn **M**
      tairrngeann **U**

1pl tarraingíonn muid **C**; *3pl* tarraingíd (siad) **M** tarraingim, tarraingeann sé, muid
etc., pron tairrngeann **U**, *rel.* a tharraingíos/a tharraingeann

an aimsir fháistineach
tarraingeoidh mé
tarraingeoidh tú
tarraingeoidh sé/sí
tarraingeoimid
tarraingeoidh sibh
tarraingeoidh siad
tarraingeofar

the future tense
ní tharraingeoidh
an dtarraingeoidh?
go dtarraingeoidh
nach dtarraingeoidh

      tairriceoidh **M**
      tairrngeochaidh **U**

1sg tarraingeod, *2sg* tarraingeoir **M** tarraingeochaidh mé, muid *etc.* **U**
1pl tarraingeoidh muid **C** *rel.* a tharraingeos/tharraingeochas

104 tarraing pull   tarraingt   tarraingthe

an modh coinníollach

tharraingeoinn
tharraingeofá
tharraingeodh sé/sí
tharraingeoimis
tharraingeodh sibh
tharraingeoidís
tharraingeofaí

the conditional mood

ní tharraingeodh
an dtarraingeodh?
go dtarraingeodh
nach dtarraingeodh

thairriceodh **M**
thairrngneochadh **U**

1sg tharraingeochainn, *3sg* tharraingeochadh sé, siad *etc.* **U**
1pl tharraingeodh muid **C**

an aimsir ghnáthchaite

tharraingínn
tharraingíteá
tharraingíodh sé/sí
tharraingímis
tharraingíodh sibh
tharraingídís
tharraingítí

the imperfect tense

ní tharraingíodh
an dtarraingíodh?
go dtarraingíodh
nach dtarraingíodh

thairrigíodh **M**
thairrngneadh **U**

1pl tharraingíodh muid **C** *3pl* tharraingíodh siad **U**
Ba ghnách liom tarraingt *etc.* **U**

an modh ordaitheach
the imperative mood

tarraingím
tarraing
tarraingíodh sé/sí
tarraingímis
tarraingígí
tarraingídís
tarraingítear
  ná tarraing

an foshuiteach láithreach
the present subjunctive

go dtarraingí mé
go dtarraingí tú
go dtarraingí sé/sí
go dtarraingímid
go dtarraingí sibh
go dtarraingí siad
go dtarraingítear
  nár tharraingí

3pl tarraingíodh siad **U**

1pl go dtarraingí muid **CU**

105 teann tighten   teannadh   teannta

an aimsir chaite
theann mé
theann tú
theann sé/sí
theannamar
theann sibh
theann siad
teannadh

the past tense
níor theann
ar theann?
gur theann
nár theann
níor teannadh
ar teannadh?
gur/nár teannadh

1sg (do) theannas, *2sg* (do) theannais, *2pl* (do) theannabhair **M**
1pl theann muid **CU** *3pl* (do) theannadar **MC**

an aimsir láithreach
teannaim
teannann tú
teannann sé/sí
teannaimid
teannann sibh
teannann siad
teanntar

the present tense
ní theannann
an dteannann?
go dteannann
nach dteannann

1pl teannann muid **CU** *3pl* teannaid (siad) **M** *rel.* a theannas

an aimsir fháistineach
teannfaidh mé
teannfaidh tú
teannfaidh sé/sí
teannfaimid
teannfaidh sibh
teannfaidh siad
teannfar

the future tense
ní theannfaidh
an dteannfaidh?
go dteannfaidh
nach dteannfaidh

1sg teannfad, *2sg* teannfair **M** teannfaidh muid **CU**
rel. a theannfas

105 **teann** tighten   **teannadh**   **teannta**

an modh coinníollach

theannfainn
theannfá
theannfadh sé/sí
theannfaimis
theannfadh sibh
theannfaidís
theannfaí

the conditional mood

ní theannfadh
an dteannfadh?
go dteannfadh
nach dteannfadh

1pl theannfadh muid **C** *3pl* theannfadh siad **U**

an aimsir ghnáthchaite

theannainn
theanntá
theannadh sé/sí
theannaimis
theannadh sibh
theannaidís
theanntaí

the imperfect tense

ní theannadh
an dteannadh?
go dteannadh
nach dteannadh

1pl theannadh muid **C** *3pl* theannadh siad **U**
Ba ghnách liom teannadh *etc.* **U**

an modh ordaitheach
the imperative mood

teannaim
teann
teannadh sé/sí
teannaimis
teannaigí
teannaidís
teanntar
  ná teann

3pl teannadh siad **U**

an foshuiteach láithreach
the present subjunctive

go dteanna mé
go dteanna tú
go dteanna sé/sí
go dteannaimid
go dteanna sibh
go dteanna siad
go dteanntar
  nár theanna

1pl go dteanna muid **CU**

223

106 téigh go   dul/dhul   dulta

an aimsir chaite

chuaigh mé
chuaigh tú
chuaigh sé/sí
chuamar
chuaigh sibh
chuaigh siad
chuathas

the past tense

ní dheachaigh
an ndeachaigh?
go ndeachaigh
nach ndeachaigh
ní dheachthas
an ndeachthas?
go/nach ndeachthas

1sg (do) chuas, *2sg* (do) chuais, *2pl* (do) chuabhair **M**
1pl chuaigh muid **CU** *3pl* chuadar **MC** *dep.* ní theachaidh, an dteachaidh? **U**

an aimsir láithreach

téim
téann tú
téann sé/sí
téimid
téann sibh
téann siad
téitear

the present tense

ní théann
an dtéann?
go dtéann
nach dtéann

1pl téann muid **CU** *3pl* téid (siad) **M** *var.* théid *or* théann = téann
rel. a théann

an aimsir fháistineach

rachaidh mé
rachaidh tú
rachaidh sé/sí
rachaimid
rachaidh sibh
rachaidh siad
rachfar

the future tense

ní rachaidh
an rachaidh?
go rachaidh
nach rachaidh

1sg raghad, *2sg* raghair; raghaidh = rachaidh **M**
rachaidh muid **CU** *rel.* a rachas

106 téigh go   dul/dhul   dulta

an modh coinníollach

rachainn
rachfá
rachadh sé/sí
rachaimis
rachadh sibh
rachaidís
rachfaí

the conditional mood

ní rachadh
an rachadh?
go rachadh
nach rachadh

1 sg raghainn; raghadh = rachadh **M**
1pl rachadh muid **C** *3pl* rachadh siad **U**

an aimsir ghnáthchaite

théinn
théiteá
théadh sé/sí
théimis
théadh sibh
théidís
théití

the imperfect tense

ní théadh
an dtéadh?
go dtéadh
nach dtéadh

1pl théadh muid **C** *3pl* théadh siad, Ba ghnách liom dhul **U**

an modh ordaitheach
the imperative mood

téim
téigh   *dial.* gabh
téadh sé/sí
téimis
téigí
téidís
téitear
  ná téigh   *dial.* ná gabh

3pl théadh siad **U**

an foshuiteach láithreach
the present subjunctive

go dté mé
go dté tú
go dté sé/sí
go dtéimid
go dté sibh
go dté siad
go dtéitear
  nár thé

1pl go dté muid **CU**

225

107 tiomáin drive   tiomáint   tiománta

an aimsir chaite
thiomáin mé
thiomáin tú
thiomáin sé/sí
thiomáineamar
thiomáin sibh
thiomáin siad
tiomáineadh

the past tense
níor thiomáin
ar thiomáin?
gur thiomáin
nár thiomáin
níor tiomáineadh
ar tiomáineadh?
gur/nár tiomáineadh

1sg (do) thiomáineas, *2sg* (do) thiomáinis, *2pl* (do) thiomáin-eabhair **M**
1pl thiomáin muid **CU** *3pl* (do) thiomáineadar **MC**

an aimsir láithreach
tiomáinim
tiomáineann tú
tiomáineann sé/sí
tiomáinimid
tiomáineann sibh
tiomáineann siad
tiomáintear

the present tense
ní thiomáineann
an dtiomáineann?
go dtiomáineann
nach dtiomáineann

1pl tiomáineann muid **CU** *3pl* tiomáinid (siad) **M**
rel. a thiomáineas

an aimsir fháistineach
tiomáinfidh mé
tiomáinfidh tú
tiomáinfidh sé/sí
tiomáinfimid
tiomáinfidh sibh
tiomáinfidh siad
tiomáinfear

the future tense
ní thiomáinfidh
an dtiomáinfidh?
go dtiomáinfidh
nach dtiomáinfidh

1sg tiomáinfead, *2sg* tiomáinfir **M** tiomáinfidh muid **CU**
rel. a thiomáinfeas

107 tiomáin drive   tiomáint   tiománta

an modh coinníollach

thiomáinfinn
thiomáinfeá
thiomáinfeadh sé/sí
thiomáinfimis
thiomáinfeadh sibh
thiomáinfidís
thiomáinfí

the conditional mood

ní thiomáinfeadh
an dtiomáinfeadh?
go dtiomáinfeadh
nach dtiomáinfeadh

1pl thiomáinfeadh muid **C** *3pl* thiomáinfeadh siad **U**

an aimsir ghnáthchaite

thiomáininn
thiomáinteá
thiomáineadh sé/sí
thiomáinimis
thiomáineadh sibh
thiomáinidís
thiomáintí

the imperfect tense

ní thiomáineadh
an dtiomáineadh?
go dtiomáineadh
nach dtiomáineadh

1pl thiomáineadh muid **C** *3pl* thiomáineadh siad **U**
Ba ghnách liom tiomáint **U**

an modh ordaitheach
the imperative mood

tiomáinim
tiomáin
tiomáineadh sé/sí
tiomáinimis
tiomáinigí
tiomáinidís
tiomáintear
  ná tiomáin

3pl tiomáineadh siad **U**

an foshuiteach láithreach
the present subjunctive

go dtiomáine mé
go dtiomáine tú
go dtiomáine sé/sí
go dtiomáinimid
go dtiomáine sibh
go dtiomáine siad
go dtiomáintear
  nár thiomáine

1pl go dtiomáine muid **CU**

108 tit fall   titim   tite

an aimsir chaite
thit mé
thit tú
thit sé/sí
thiteamar
thit sibh
thit siad
titeadh

the past tense
níor thit
ar thit?
gur thit
nár thit
níor titeadh
ar titeadh?
gur/nár titeadh

1sg (do) thiteas, *2sg* (do) thitis, *2pl* (do) thiteabhair **M**
1pl thit muid **CU** *3pl* (do) thiteadar **MC**

an aimsir láithreach
titim
titeann tú
titeann sé/sí
titimid
titeann sibh
titeann siad
titear

the present tense
ní thiteann
an dtiteann?
go dtiteann
nach dtiteann

1pl titeann muid **CU** *3pl* titid (siad) **M** *rel.* a thiteas

an aimsir fháistineach
titfidh mé
titfidh tú
titfidh sé/sí
titfimid
titfidh sibh
titfidh siad
titfear

the future tense
ní thitfidh
an dtitfidh?
go dtitfidh
nach dtitfidh

1sg titfead, *2sg* titfir **M** titfidh muid **CU** *rel.* a thitfeas

108 tit fall   titim   tite

an modh coinníollach
thitfinn
thitfeá
thitfeadh sé/sí
thitfimis
thitfeadh sibh
thitfidís
thitfí

the conditional mood
ní thitfeadh
an dtitfeadh?
go dtitfeadh
nach dtitfeadh

1pl thitfeadh muid **C** *3pl* thitfeadh siad **U**

an aimsir ghnáthchaite
thitinn
thiteá
thiteadh sé/sí
thitimis
thiteadh sibh
thitidís
thití

the imperfect tense
ní thiteadh
an dtiteadh?
go dtiteadh
nach dtiteadh

1pl thiteadh muid **C** *3pl* thiteadh siad **U**
Ba ghnách liom titim *etc.* **U**

an modh ordaitheach
the imperative mood
titim
tit
titeadh sé/sí
titimis
titigí
titidís
titear
  ná tit

3pl titeadh siad **U**

an foshuiteach láithreach
the present subjunctive
go dtite mé
go dtite tú
go dtite sé/sí
go dtitimid
go dtite sibh
go dtite siad
go dtitear
  nár thite

1pl go dtite muid **CU**

229

109 tóg lift   tógáil   tógtha

an aimsir chaite	the past tense
thóg mé	níor thóg
thóg tú	ar thóg?
thóg sé/sí	gur thóg
thógamar	nár thóg
thóg sibh	níor tógadh
thóg siad	ar tógadh?
tógadh	gur/nár tógadh

1sg (do) thógas, *2sg* (do) thógais, *2pl* (do) thógabhair **M**
1pl thóg muid **CU** *3pl* (do) thógadar **MC** tóg = tóig **C**

an aimsir láithreach	the present tense
tógaim	ní thógann
tógann tú	an dtógann?
tógann sé/sí	go dtógann
tógaimid	nach dtógann
tógann sibh	
tógann siad	tóigeann **C**
tógtar	

1pl tógann muid **CU** *3pl* tógaid (siad) **M** *rel.* a thógas

an aimsir fháistineach	the future tense
tógfaidh mé	ní thógfaidh
tógfaidh tú	an dtógfaidh?
tógfaidh sé/sí	go dtógfaidh
tógfaimid	nach dtógfaidh
tógfaidh sibh	
tógfaidh siad	tóigfidh **C**
tógfar	

1sg tógfad, *2sg* tógfair **M** tógfaidh muid **CU** *rel.* a thógfas

109 tóg lift   tógáil   tógtha

an modh coinníollach
thógfainn
thógfá
thógfadh sé/sí
thógfaimis
thógfadh sibh
thógfaidís
___
thógfaí

the conditional mood
ní thógfadh
an dtógfadh?
go dtógfadh
nach dtógfadh

thóigfeadh **C**

1pl thóigfeadh muid **C** *3pl* thógfadh siad **U**

an aimsir ghnáthchaite
thógainn
thógtá
thógadh sé/sí
thógaimis
thógadh sibh
thógaidís
___
thógtaí

the imperfect tense
ní thógadh
an dtógadh?
go dtógadh
nach dtógadh

thóigeadh **C**

1pl thóigeadh muid **C** *3pl* thógadh siad, Ba ghnách liom tógáil **U**

an modh ordaitheach
the imperative mood
tógaim
tóg
tógadh sé/sí
tógaimis
tógaigí
tógaidís
___
tógtar
  ná tóg

3pl tógadh siad **U**

an foshuiteach láithreach
the present subjunctive
go dtóga mé
go dtóga tú
go dtóga sé/sí
go dtógaimid
go dtóga sibh
go dtóga siad
___
go dtógtar
  nár thóga

1pl go dtóga muid **CU**

231

110 **tosaigh** begin   **tosú**   **tosaithe**

an aimsir chaite

thosaigh mé
thosaigh tú
thosaigh sé/sí
thosaíomar
thosaigh sibh
thosaigh siad
tosaíodh

the past tense

níor thosaigh   tosnaigh **M**
ar thosaigh?   toisigh **U**
gur thosaigh
nár thosaigh
níor tosaíodh
ar tosaíodh?
gur/nár tosaíodh

1sg (do) thosnaíos, *2sg* (do) thosnaís, *2pl* (do) thosnaíobhair **M**
1pl thosaigh muid **C** *3pl* thos(n)aíodar **MC** thoisigh mé, muid **U**

an aimsir láithreach

tosaím
tosaíonn tú
tosaíonn sé/sí
tosaímid
tosaíonn sibh
tosaíonn siad
tosaítear

the present tense

ní thosaíonn
an dtosaíonn?
go dtosaíonn
nach dtosaíonn
        tosnaíonn **M**
        toisíonn/toiseann **U**

1pl tosaíonn muid **C** *3pl* tosnaíd (siad) **M**
toisim, toiseann sé, muid *etc.* **U** *rel.* a thosaíos / a thoisíos

an aimsir fháistineach

tosóidh mé
tosóidh tú
tosóidh sé/sí
tosóimid
tosóidh sibh
tosóidh siad
tosófar

the future tense

ní thosóidh
an dtosóidh?
go dtosóidh
nach dtosóidh
        tosnóidh **M**
        toiseochaidh **U**

1sg tosnód, *2sg* tosnóir **M** *1pl* tosóidh muid **C**
toiseochaidh mé/muid *etc.* **U** *rel.* a thosós / a thoiseochas

110 **tosaigh** begin   **tosú**   **tosaithe**

an modh coinníollach

thosóinn
thosófá
thosódh sé/sí
thosóimis
thosódh sibh
thosóidís
thosófaí

the conditional mood

ní thosódh
an dtosódh?
go dtosódh
nach dtosódh
        thosnódh **M**
        thoiseochadh **U**

1sg thoiseochainn, *3sg* thoiseochadh sé/siad *etc.***U**
1pl thosódh muid **C**

an aimsir ghnáthchaite

thosaínn
thosaíteá
thosaíodh sé/sí
thosaímis
thosaíodh sibh
thosaídís
thosaítí

the imperfect tense

ní thosaíodh
an dtosaíodh?
go dtosaíodh
nach dtosaíodh
        thosnaíodh **M**
        thoisíodh **U**

1pl thosaíodh muid **C** *3pl* thoisíodh siad **U**
Ba ghnách liom toiseacht *etc.* **U**

an modh ordaitheach
the imperative mood

tosaím
tosaigh
tosaíodh sé/sí
tosaímis
tosaígí
tosaídís
tosaítear
  ná tosaigh

3pl toisíodh siad **U**

an foshuiteach láithreach
the present subjunctive

go dtosaí mé
go dtosaí tú
go dtosaí sé/sí
go dtosaímid
go dtosaí sibh
go dtosaí siad
go dtosaítear
  nár thosaí

1pl go dtosaí muid **C**
go dtoisí **U**

111 **trácht** mention   **trácht**   **tráchta**

an aimsir chaite
thrácht mé
thrácht tú
thrácht sé/sí
thráchtamar
thrácht sibh
thrácht siad
tráchtadh

the past tense
níor thrácht
ar thrácht?
gur thrácht
nár thrácht
níor tráchtadh
ar tráchtadh?
gur/nár tráchtadh

1sg (do) thráchtas, *2sg* (do) thráchtais, *2pl* (do) thráchtabhair **M**
1pl thrácht muid **CU** *3pl* (do) thráchtadar **MC**

an aimsir láithreach
tráchtaim
tráchtann tú
tráchtann sé/sí
tráchtaimid
tráchtann sibh
tráchtann siad
tráchtar

the present tense
ní thráchtann
an dtráchtann?
go dtráchtann
nach dtráchtann

1pl tráchtann muid **CU** *3pl* tráchtaid (siad) **M** *rel.* a thráchtas

an aimsir fháistineach
tráchtfaidh mé
tráchtfaidh tú
tráchtfaidh sé/sí
tráchtfaimid
tráchtfaidh sibh
tráchtfaidh siad
tráchtfar

the future tense
ní thráchtfaidh
an dtráchtfaidh?
go dtráchtfaidh
nach dtráchtfaidh

1sg tráchtfad, *2sg* tráchtfair **M** tráchtfaidh muid **CU**
rel. a thráchtfas

234

111 **trácht** mention   **trácht**   **tráchta**

an modh coinníollach

thráchtfainn
thráchtfá
thráchtfadh sé/sí
thráchtfaimis
thráchtfadh sibh
thráchtfaidís
thráchtfaí

the conditional mood

ní thráchtfadh
an dtráchtfadh?
go dtráchtfadh
nach dtráchtfadh

1pl thráchtfadh muid **C** *3pl* thráchtfadh siad **U**

an aimsir ghnáthchaite

thráchtainn
thráchtá
thráchtadh sé/sí
thráchtaimis
thráchtadh sibh
thráchtaidís
thráchtaí

the imperfect tense

ní thráchtadh
an dtráchtadh?
go dtráchtadh
nach dtráchtadh

1pl thráchtadh muid **C** *3pl* thráchtadh siad **U**
Ba ghnách liom trácht **U**

an modh ordaitheach
the imperative mood

tráchtaim
trácht
tráchtadh sé/sí
tráchtaimis
tráchtaigí
tráchtaidís
tráchtar
  ná trácht

3pl tráchtadh siad **U**

an foshuiteach láithreach
the present subjunctive

go dtráchta mé
go dtráchta tú
go dtráchta sé/sí
go dtráchtaimid
go dtráchta sibh
go dtráchta siad
go dtráchtar
  nár thráchta

1pl go dtráchta muid **CU**

112 triomaigh dry   triomú   triomaithe

an aimsir chaite	the past tense
thriomaigh mé	níor thriomaigh
thriomaigh tú	ar thriomaigh?
thriomaigh sé/sí	gur thriomaigh
thriomaíomar	nár thriomaigh
thriomaigh sibh	níor triomaíodh
thriomaigh siad	ar triomaíodh?
triomaíodh	gur/nár triomaíodh

1sg (do) thriomaíos, *2sg* (do) thriomaís, *2pl* (do) thriomaíobhair **M**
1pl thriomaigh muid **UC** *3pl* thriomaíodar **MC**

an aimsir láithreach	the present tense
triomaím	ní thriomaíonn
triomaíonn tú	an dtriomaíonn?
triomaíonn sé/sí	go dtriomaíonn
triomaímid	nach dtriomaíonn
triomaíonn sibh	
triomaíonn siad	
triomaítear	

1pl triomaíonn muid **C** *3pl* triomaíd (siad) **M**
triomaim, triomann sé/muid **U** *rel.* a thriomaíos

an aimsir fháistineach	the future tense
triomóidh mé	ní thriomóidh
triomóidh tú	an dtriomóidh?
triomóidh sé/sí	go dtriomóidh
triomóimid	nach dtriomóidh
triomóidh sibh	
triomóidh siad	triomóchaidh **U**
triomófar	

1sg triomód, *2sg* triomóir **M** *1pl* triomóidh muid **C**
triomóchaidh mé/muid *etc.* **U** *rel.* a thriomós / a thriomóchas

112 triomaigh dry   triomú   triomaithe

an modh coinníollach

thriomóinn
thriomófá
thriomódh sé/sí
thriomóimis
thriomódh sibh
thriomóidís
thriomófaí

the conditional mood

ní thriomódh
an dtriomódh?
go dtriomódh
nach dtriomódh

thriomóchadh **U**

1sg thriomóchainn, *3sg* thriomóchadh sé/siad *etc.* **U**
1pl thriomódh muid **C**

an aimsir ghnáthchaite

thriomaínn
thriomaíteá
thriomaíodh sé/sí
thriomaímis
thriomaíodh sibh
thriomaídís
thriomaítí

the imperfect tense

ní thriomaíodh
an dtriomaíodh?
go dtriomaíodh
nach dtriomaíodh

1pl thriomaíodh muid **C** *3pl* thriomaíodh siad **U**
Ba ghnách liom triomú *etc.* **U**

an modh ordaitheach
the imperative mood

triomaím
triomaigh
triomaíodh sé/sí
triomaímis
triomaígí
triomaídís
triomaítear
  ná triomaigh

3pl triomaíodh siad **U**

an foshuiteach láithreach
the present subjunctive

go dtriomaí mé
go dtriomaí tú
go dtriomaí sé/sí
go dtriomaímid
go dtriomaí sibh
go dtriomaí siad
go dtriomaítear
  nár thriomaí

1pl go dtriomaí muid **CU**

113 **tuig** understand   **tuiscint   tuigthe**

an aimsir chaite
thuig mé
thuig tú
thuig sé/sí
thuigeamar
thuig sibh
thuig siad
tuigeadh

the past tense
níor thuig
ar thuig?
gur thuig
nár thuig
níor tuigeadh
ar tuigeadh?
gur/nár tuigeadh

1sg (do) thuigeas, *2sg* (do) thuigis, *2pl* (do) thuigeabhair **M**
1pl thuig muid **CU** *3pl* (do) thuigeadar **MC**

an aimsir láithreach
tuigim
tuigeann tú
tuigeann sé/sí
tuigimid
tuigeann sibh
tuigeann siad
tuigtear

the present tense
ní thuigeann
an dtuigeann?
go dtuigeann
nach dtuigeann

1pl tuigeann muid **CU** *3pl* tuigid (siad) **M** *rel.* a thuigeas

an aimsir fháistineach
tuigfidh mé
tuigfidh tú
tuigfidh sé/sí
tuigfimid
tuigfidh sibh
tuigfidh siad
tuigfear

the future tense
ní thuigfidh
an dtuigfidh?
go dtuigfidh
nach dtuigfidh

1sg tuigfead, *2sg* tuigfir **M** tuigfidh muid **CU** *rel.* a thuigfeas

113 **tuig** understand   **tuiscint   tuigthe**

an modh coinníollach

thuigfinn
thuigfeá
thuigfeadh sé/sí
thuigfimis
thuigfeadh sibh
thuigfidís
thuigfí

the conditional mood

ní thuigfeadh
an dtuigfeadh?
go dtuigfeadh
nach dtuigfeadh

1pl thuigfeadh muid **C** *3pl* thuigfeadh siad **U**

an aimsir ghnáthchaite

thuiginn
thuigteá
thuigeadh sé/sí
thuigimis
thuigeadh sibh
thuigidís
thuigtí

the imperfect tense

ní thuigeadh
an dtuigeadh?
go dtuigeadh
nach dtuigeadh

1pl thuigeadh muid **C** *3pl* thuigeadh siad **U**
Ba ghnách liom tuigbheáil *etc.* **U**

an modh ordaitheach
the imperative mood

tuigim
tuig
tuigeadh sé/sí
tuigimis
tuigigí
tuigidís
tuigtear
  ná tuig

3pl tuigeadh siad **U**

an foshuiteach láithreach
the present subjunctive

go dtuige mé
go dtuige tú
go dtuige sé/sí
go dtuigimid
go dtuige sibh
go dtuige siad
go dtuigtear
  nár thuige

1pl go dtuige muid **CU**

114 **tuirsigh** tire   **tuirsiú**   **tuirsithe**

an aimsir chaite
thuirsigh mé
thuirsigh tú
thuirsigh sé/sí
thuirsíomar
thuirsigh sibh
thuirsigh siad
tuirsíodh

the past tense
níor thuirsigh
ar thuirsigh?
gur thuirsigh
nár thuirsigh
níor tuirsíodh
ar tuirsíodh?
gur/nár tuirsíodh

1sg (do) thuirsíos, *2sg* (do) thuirsís, *2pl* (do) thuirsíobhair **M**
1pl thuirsigh muid **UC** *3pl* thuirsíodar **MC**

an aimsir láithreach
tuirsím
tuirsíonn tú
tuirsíonn sé/sí
tuirsímid
tuirsíonn sibh
tuirsíonn siad
tuirsítear

the present tense
ní thuirsíonn
an dtuirsíonn?
go dtuirsíonn
nach dtuirsíonn

1pl tuirsíonn muid **C** *3pl* tuirsíd (siad) **M**
tuirsim, tuirseann sé/muid **U** *rel.* a thuirsíos

an aimsir fháistineach
tuirseoidh mé
tuirseoidh tú
tuirseoidh sé/sí
tuirseoimid
tuirseoidh sibh
tuirseoidh siad
tuirseofar

the future tense
ní thuirseoidh
an dtuirseoidh?
go dtuirseoidh
nach dtuirseoidh

tuirseochaidh **U**

1sg tuirseod, *2sg* tuirseoir **M** *1pl* tuirseoidh muid **C**
tuirseochaidh mé/muid *etc.* **U** *rel.* a thuirseos / a thuirseochas

240

114 **tuirsigh** tire   **tuirsiú**   **tuirsithe**

an modh coinníollach

thuirseoinn
thuirseofá
thuirseodh sé/sí
thuirseoimis
thuirseodh sibh
thuirseoidís
thuirseofaí

the conditional mood

ní thuirseodh
an dtuirseodh?
go dtuirseodh
nach dtuirseodh

thuirseochadh **U**

1sg thuirseochainn, *3sg* thuirseochadh sé, siad *etc.* **U**
1pl thuirseodh muid **C**

an aimsir ghnáthchaite

thuirsínn
thuirsíteá
thuirsíodh sé/sí
thuirsímis
thuirsíodh sibh
thuirsídís
thuirsítí

the imperfect tense

ní thuirsíodh
an dtuirsíodh?
go dtuirsíodh
nach dtuirsíodh

1pl thuirsíodh muid **C**, *3pl* thuirsíodh siad **U**
Ba ghnách liom tuirsiú *etc.* **U**

an modh ordaitheach
the imperative mood

tuirsím
tuirsigh
tuirsíodh sé/sí
tuirsímis
tuirsígí
tuirsídís
tuirsítear
   ná tuirsigh

3pl tuirsíodh siad **U**

an foshuiteach láithreach
the present subjunctive

go dtuirsí mé
go dtuirsí tú
go dtuirsí sé/sí
go dtuirsímid
go dtuirsí sibh
go dtuirsí siad
go dtuirsítear
   nár thuirsí

1pl go dtuirsí muid **CU**

115 ullmaigh prepare ullmhú ullmhaithe

an aimsir chaite	the past tense
d'ullmhaigh mé	níor ullmhaigh
d'ullmhaigh tú	ar ullmhaigh?
d'ullmhaigh sé/sí	gur ullmhaigh
d'ullmhaíomar	nár ullmhaigh
d'ullmhaigh sibh	níor ullmhaíodh / níor hu.
d'ullmhaigh siad	ar ullmhaíodh?
ullmhaíodh / hullmhaíodh	gur/nár ullmhaíodh

1sg d(h)'ullmhaíos, *2sg* d(h)'ullmhaís, *2pl* d(h)'ullmhaíobhair **M**
1pl d'ullmhaigh muid **UC** *3pl* d'ullmhaíodar **MC**

an aimsir láithreach	the present tense
ullmhaím	ní ullmhaíonn
ullmhaíonn tú	an ullmhaíonn?
ullmhaíonn sé/sí	go n-ullmhaíonn
ullmhaímid	nach n-ullmhaíonn
ullmhaíonn sibh	
ullmhaíonn siad	
ullmhaítear	

1pl ullmhaíonn muid **C** *3pl* ullmhaíd (siad) **M**
ullmhaim, ullmhann sé/muid *etc.* **U** *rel.* a ullmhaíos

an aimsir fháistineach	the future tense
ullmhóidh mé	ní ullmhóidh
ullmhóidh tú	an ullmhóidh?
ullmhóidh sé/sí	go n-ullmhóidh
ullmhóimid	nach n-ullmhóidh
ullmhóidh sibh	
ullmhóidh siad	ullmhóchaidh **U**
ullmhófar	

1sg ullmhód, *2sg* ullmhóir **M** *1pl* ullmhóidh muid **C**
ullmhóchaidh mé/muid *etc.* **U** *rel.* a ullmhós / a ullmhóchas

115 ullmaigh prepare   ullmhú   ullmhaithe

an modh coinníollach

d'ullmhóinn
d'ullmhófá
d'ullmhódh sé/sí
d'ullmhóimis
d'ullmhódh sibh
d'ullmhóidís
d'ullmhófaí

the conditional mood

ní ullmhódh
an ullmhódh?
go n-ullmhódh
nach n-ullmhódh

d'ullmhóchadh **U**

1sg d'ullmhóchainn, *3sg* d'ullmhóchadh sé/siad *etc.* **U**
1pl d'ullmhódh muid **C**

an aimsir ghnáthchaite

d'ullmhaínn
d'ullmhaíteá
d'ullmhaíodh sé/sí
d'ullmhaímis
d'ullmhaíodh sibh
d'ullmhaídís
d'ullmhaítí

the imperfect tense

ní ullmhaíodh
an ullmhaíodh?
go n-ullmhaíodh
nach n-ullmhaíodh

1pl d'ullmhaíodh muid **C** *3pl* d'ullmhaíodh siad **U**
Ba ghnách liom ullmhú *etc.* **U**

an modh ordaitheach
the imperative mood

ullmhaím
ullmhaigh
ullmhaíodh sé/sí
ullmhaímis
ullmhaígí
ullmhaídís
ullmhaítear
  ná hullmhaigh

3pl ullmhaíodh siad **U**

an foshuiteach láithreach
the present subjunctive

go n-ullmhaí mé
go n-ullmhaí tú
go n-ullmhaí sé/sí
go n-ullmhaímid
go n-ullmhaí sibh
go n-ullmhaí siad
go n-ullmhaítear
  nár ullmhaí

1pl go n-ullmhaí muid

243

Aguisín A

San aguisín seo beidh seans ag an fhoghlaimeoir barúil a bheith aige/aici den chiall atá leis na foirmeacha difriúla den bhriathar a chuirtear ar fáil sna táblaí.

54 glan clean glanadh glanta

an aimsir chaite

ghlan mé
ghlan tú
ghlan sé/sí
ghlanamar
ghlan sibh
ghlan siad
glanadh (é)

the past tense

níor ghlan (sé)
ar ghlan (sé)?
gur ghlan (sé)
nár ghlan (sé)
níor glanadh (é)
ar glanadh (é)?
gur/nár glanadh(é)

1sg (do) ghlanas, *2sg* (do) ghlanais, *2pl* (do) ghlanabhair **Cúige Mumhan**
1pl ghlan muid **Cúige Chonnacht, Cúige Uladh** *3pl* (do) ghlanadar **MC**

an aimsir láithreach

glanaim
glanann tú
glanann sé/sí
glanaimid
glanann sibh
glanann siad
glantar (é)

the present tense

ní ghlanann (sé)
an nglanann (sé)?
go nglanann (sé)
nach nglanann (sé)

1pl glanann muid **CU** *3pl* glanaid (siad) **M** *rel.* a ghlanas

an aimsir fháistineach

glanfaidh mé
glanfaidh tú
glanfaidh sé/sí
glanfaimid
glanfaidh sibh
glanfaidh siad
glanfar (é)

the future tense

ní ghlanfaidh (sé)
an nglanfaidh (sé)?
go nglanfaidh (sé)
nach nglanfaidh (sé)

1sg glanfad, *2sg* glanfair **M** glanfaidh muid **CU** *rel.* a ghlanfas

Appendix A

This appendix allows the learner to form some idea of the meanings of the various parts of the verb which are provided in the tables.

54   **glan** clean **glanadh** to clean **glanta** cleaned

an aimsir chaite

I cleaned
you (*sg.*) cleaned
he/she cleaned
we cleaned
you (*pl.*) cleaned
they cleaned
(it) was cleaned

the past tense

(he) did not clean
did (he) clean?
that (he) cleaned
that (he) did not clean
(it) was. not cleaned
was (it) cleaned?
that (it) was/(not) cleaned

1sg I cleaned, *2sg* you cleaned, *2pl* you cleaned **Munster**
1pl we cleaned **Connaught, Ulster** *3pl* they cleaned **MC**

an aimsir láithreach

I clean
you (*sg.*) clean
he/she cleans
we clean
you (*pl.*) clean
they clean
(it) is cleaned

the present tense

(he) does not clean
does (he) clean?
that (he) cleans
that (he) does not clean

1pl we clean **CU** *3pl* they clean **M** *rel* who/which cleans

an aimsir fháistineach

I shall/will clean
you (*sg.*) will clean
he/she will clean
we shall/will clean
you (*pl.*) will clean
they will clean
(it) will be cleaned

the future tense

(he) will not clean
will (he) clean?
that (he) will clean
that (he) will not clean

1sg I shall clean, *2sg* you will clean **M** we shall clean **CU** *rel.* who/which will clean

54   glan clean   glanadh   glanta

an modh coinníollach
ghlanfainn
ghlanfá
ghlanfadh sé/sí
ghlanfaimis
ghlanfadh sibh
ghlanfaidís
ghlanfaí (é)

the conditional mood
ní ghlanfadh (sé)
an nglanfadh (sé)?
go nglanfadh (sé)
nach nglanfadh (sé)

1pl ghlanfadh muid **C** *3pl* ghlanfadh siad **U**

an aimsir ghnáthchaite
ghlanainn
ghlantá
ghlanadh sé/sí
ghlanaimis
ghlanadh sibh
ghlanaidís
ghlantaí (é)

the imperfect tense
ní ghlanadh (sé)
an nglanadh (sé)?
go nglanadh (sé)
nach nglanadh (sé)

1pl ghlanadh muid **C** *3pl* ghlanadh siad **U**
Ba ghnách liom glanadh *etc.* **U**

an modh ordaitheach
the imperative mood
glanaim
glan
glanadh sé/sí
glanaimis
glanaigí
glanaidís
glantar (é)
  ná glan

an foshuiteach láithreach
the present subjunctive
go nglana mé
go nglana tú
go nglana sé/sí
go nglanaimid
go nglana sibh
go nglana siad
go nglantar (é)
  nár ghlana (sé)

3pl glanadh siad **U**

1pl go nglana muid **CU**

Appendix A

54   **glan** clean **glanadh** to clean **glanta** cleaned

an modh coinníollach

I would clean
you (*sg.*)would clean
he/she would clean
we would clean
you (*pl.*) would clean
they would clean
(it) would be cleaned

the conditional mood

(he) would not clean
would (he) clean?
that (he) would clean
that (he) would not clean

1pl we would clean **C** *3pl* they would clean **U**

an aimsir ghnáthchaite

I used to clean
you (*sg.*) used to clean
he/she used to clean
we used to clean
you (*pl.*) used to clean
they used to clean
(it) used to be cleaned

the imperfect tense

(he) did not used to clean
did (he) used to clean?
that (he) used to clean
that (he) did not used to clean

1pl we used to clean **C** *3pl* they used to clean **U**
It was customary for me to clean *etc.* **U**

an modh ordaitheach
the imperative mood

let me clean
clean (*singular*)
let him/her clean
let us clean
clean (*plural*)
let them clean
let (it) be cleaned
  do not clean

an foshuiteach láithreach
the present subjunctive

may I clean
may you (*singular*) clean
may he/she clean
may we clean
may you (*plural*) clean
may they clean
may (it) be cleaned
  may (he) not clean

3pl let them clean **U**

1pl may we clean **CU**

AN tINNÉACS

§1 Treoir don léitheoir

Sa leabhar seo réimnítear 115 briathar (nó 'eochairbhriathar') ina n-iomláine .i. 11 briathar mírialta, 103 sampla de phríomhaicmí na mbriathra rialta - agus roinnt samplaí den chopail. Tá uimhir ag siúl le gach briathar atá sna táblaí agus ní gá don léitheoir ach dhul go dtí an tábla cuí leis an bhriathar áirithe sin a fheiceáil.

Le cois tháblaí na mbriathra do 115 eochairbhriathar, tá timpeall 3300 briathar eile san innéacs (.i. iomlán na mbriathra atá le fáil in *Focloir Gaeilge* Béarla le N. Ó Dónaill) agus, i gcolún a hocht, ceanglaítear na briathra seo le heochairbhriathar atá le fáil sna táblaí.

§2 Leagtar an t-innéacs amach thar dhá leathanach mar a leanas:

gas	*ciall*	*aimsir chaite*	*aimsir láithreach*	*aimsir fháistineach*	*ainm briathartha*	*aidiacht bhriathartha*	*briathar gaolta*
cíor	*comb*	chíor	cíorann	cíorfaidh	cíoradh	cíortha	cas

Ciallaíonn an méid thuas go bhfuil an briathar *cíor* ar aon dul leis an bhriathar *cas* agus go bhfeidhmneoidh *cas* mar mhúnla ag *cíor*. Má amharctar ar *cas* sna táblaí beidh go leor eolais ag an léitheoir le *cíor* a réimniú ach *cíor* (nó *chíor*, *gcíor*) a chur in áit *cas* (nó *chas*, *gcas*) i ngach aimsir agus modh.

Colún 1 Tugtar gas (nó fréamh) an bhriathair sa chéad cholún, .i. an 2ú pearsa uimhir uatha den mhodh ordaitheach. Tá an fhoirm seo mar bhunchloch do réimniú na mbriathra rialta sa Ghaeilge (fch **réimnithe na mbriathra rialta §§3-12** thíos).

Colún 2 Tugtar míniú i mBéarla ar gach briathar sa cholún seo. Ní féidir (cheal spáis) gach ciall a liostáil sa cholún seo, ach moltar don léitheoir atá ar lorg réimse na céille a bhaineann le briathar áirithe ar bith dhul chuig *Foclóir Gaeilge-Béarla* (*FGB*).

Colún 3 Tugtar an lomfhoirm den aimsir chaite anseo.

Colún 4 Tugtar lomfhoirm den aimsir láithreach anseo ar an ábhar go dtugann an fhoirm seo leid don léitheoir fá chúpla rud atá fíorthábhachtach:

(i) tugann sé barúil den fhoirceann (nó de na foircinn) a bheidh de dhíth le tromlach na mbriathra a réimniú. Má bhaineann an briathar leis an 1^{ú} nó an 2^{ú} réimniú, beidh an léitheoir ábalta an t-eolas sna táblaí thíos a úsáid maidir leis an 3ú pearsa den ghníomhach:

THE INDEX

§1 Reader's guide
In this book 115 verbs (or 'key verbs') are conjugated in full, i.e. the 11 irregular verbs, 103 examples of the main categories of regular verb - plus samples of the copula. Each verb given in the tables is numbered and the reader need only go to the relevant table to see that particular verb. In addition to the 115 verb tables for the key verbs, approximately 3300 other verbs are listed in the index (i.e. all of the verbs in Ó Dónaill's dictionary, *FGB*) and in column 8 of the index, all of these verbs are associated with a key verb.

§2 The index is set out over two pages as follows:

stem	meaning	past tense	present tense	future tense	verbal noun	verbal adj.	verb type
cíor	comb	chíor	cíorann	cíorfaidh	cíoradh	cíortha	cas

The above tells us that the verb *cíor* belongs to the same category (or 'conjugation') as *cas* and that *cas* will serve as a model for *cíor*. If the table containing *cas* is consulted there will be enough information there to enable the reader to conjugate *cíor* by simply placing *cíor* (or *chíor*, *gcíor*) for *cas* (or *chas*, *gcas*) in every tense and mood.

Column 1 The stem of the verb is provided in the first column, i.e. the 2nd person singular of the imperative mood. This form serves as a building block for the conjugation of the verb in modern Irish (see **conjugations of the regular verb**, **§§3-12** below).

Column 2 An English meaning is provided for each verb in this column. Space does not permit the provision of each nuance, but the reader wishing to avail of the range of meaning for any particular verb should consult Ó Dónaill's *Irish-English Dictionary* (*FGB*).

Column 3 The bare form of the past tense is provided here.

Column 4 The bare form of the present tense is provided here on the grounds that this form provides the reader with several important clues:

(i) it provides a clue as to the suffix (or the set of suffixes) which will be needed to conjugate the majority of verbs. If a verb belongs to the 1st or 2nd conjugation, the reader will be able to use the information given in the tables below to determine the 3rd person of the active:

san aimsir chaite
san aimsir láithreach
san aimsir fháistineach
sa mhodh choinníollach
san aimsir ghnáthchaite
sa mhodh ordaitheach
sa mhodh fhoshuiteach, aimsir láithreach:

1ú réimniú leathan
-ann   -faidh   -fadh   -adh   -adh   -a

1ú réimniú caol
-eann   -fidh   -feadh   -eadh   -eadh   -e

2ú réimniú leathan
-aíonn -óidh   -ódh   -aíodh -aíodh -aí

2ú réimniú caol
-íonn   -eoidh -eodh   -íodh   -íodh   -í

(ii)   Lena chois sin, léiríonn foirm na haimsire láithrí an dóigh a
ngiorraítear gas an bhriathair má chuirtear foirceann leis, m.sh. *ceannaigh*
> *ceann-, coinnigh > coinn-* srl. (fch **gas fada agus gas gearr §8** agus **§11**).

Colún 5 Tugtar an lomfhoirm den aimsir fháistineach anseo.
Colún 6 Tugtar an t-ainm briathartha anseo. Tá dhá fhoirm ar leith de gach
briathar atá fíorthábhachtach ag foghlaimeoir .i. gas an bhriathair agus an
t-ainm briathartha. Tiocfaidh an léitheoir ar an dá phíosa eolais sin go héascaí
san innéacs seo – rud atá ina bhuntáiste mhór - agus ba cheart breathnú ar an
ghné seo mar chuid bhunúsach d'úsáid an leabhair seo.
Níorbh fhéidir an briathar a rangú de réir fhoirm an ainm briathartha (ó tharla
an oiread sin mírialtachta agus éagsúlachta ag baint leis an fhoirm áirithe seo)
ach tá baint lárnach ag an ainm briathartha le struchtúr na Gaeilge. Baintear
ollúsáid as an ainm briathartha mar infinideach agus thig aimsirí áirithe foirfe
agus timchainteacha mar seo a lua, mar shamplaí:

Tá sé (díreach) i ndiaidh an teach a ghlanadh.
He has (only) just cleaned the house.

250

in the past tense
in the present tense
in the future tense
in the conditional mood
in the imperfect tense
in the imperative mood
in the subjunctive mood, present tense

1ˢᵗ conjugation broad
-ann   -faidh   -fadh   -adh   -adh   -a

1ˢᵗ conjugation slender
-eann   -fidh   -feadh   -eadh   -eadh   -e

2nd conjugation broad
-aíonn -óidh   -ódh   -aíodh -aíodh -aí

2nd conjugation slender
-íonn   -eoidh   -eodh   -íodh   -íodh   -í

(ii) In addition to the above, the form of the present indicates how the stem of a verb may be shortened if a suffix is added, e.g. *ceannaigh* 'buy' > *ceann-*, *coinnigh* 'keep' > *coinn-* etc. (see **long stem and short stem §8** and **§11**).
Column 5 The bare form of the future tense is provided here.
Column 6 The verbal noun is given here. It is crucial for the learner to know two verbal forms in particular, i.e. the stem and the verbal noun. The learner has easy access to these two pieces of information in the index (a great plus - and this aspect should be regarded as a fundamental use to be made of this book).
The verb could not be categorised according to the verbal noun (given the great irregularity and variety associated with it) but the verbal noun is central to the structure of Irish. It is widely used as an infinitive and certain perfect, and other periphrastic or compound, tenses (such as the following) can be cited as examples:

> **Tá sé (díreach) i ndiaidh an teach a ghlanadh**.
> He has (only) just cleaned the house.

Tá sé (díreach) tar éis an teach a ghlanadh.
He has (only) just cleaned the house.
Tá sé ar tí an teach a ghlanadh.
He is about to clean the house.
Tá sé ag brath an teach a ghlanadh.
He intends to clean the house.
Tá sé chun an teach a ghlanadh.
He intends to clean the house.

Colún 7 Tugtar an aidiacht bhriathartha anseo. Tá baint lárnach ag an fhoirm seo leis an fhoirfe sa Ghaeilge, le húsáid an bhriathair *bí* + an aidiacht bhriathartha + *ag,* mar shampla:

Tá sé déanta agam.	'I have done it.'
Bhí sé déanta agam.	'I had done it.'

Colún 8 Más eochairbhriathar atá ann tabharfar uimhir an bhriathair áirithe sin sna táblaí, m.sh. *cas* **19**, *suigh* **97** srl. Murab eochairbhriathar atá ann, tabharfar ainm eochairbhriathair a bheidh mar bhunmhúnla ag an bhriathar áirithe sin, m.sh. *cas* do *cíor* (**§2** thuas).

§3 an chéad agus an dara réimniú den bhriathar
Tá dhá phríomhréimiú (nó dhá phríomhghrúpa) den bhriathar rialta .i. an chéad réimniú (**§5**) agus an dara réimniú (**§8**).

§4 'leathan le leathan' agus 'caol le caol'
Baistear gutaí 'leathana' ar *a, o, u* (.i. na gutaí cúil) agus gutaí 'caola' ar *e* agus *i* (.i. na gutaí tosaigh).

Más é *a, o* nó *u* an guta deiridh sa ghas (i mbriathra a bhaineann leis an chéad réimniú), baistear **gas leathan** ar an ghas sin (m.sh. **cas** 'twist', **díol** 'sell' nó **cum**'compose').

Más é *i* an guta deiridh sa ghas, baistear **gas caol** air sin (m.sh. **caill** 'lose', **lig** 'let').

Comhlíonann na foircinn **–ann, -faidh, -fadh** srl. an riail 'leathan le leathan' (*a, o, u* taobh le *a, o, u*), m.sh.

casann	**casfaidh**	**chasfadh**
díolann	**díolfaidh**	**dhíolfadh**
dúnann	**dúnfaidh**	**dhúnfadh**
twists	will twist	would twist
sells	will sell	would sell
closes	will close	would close

Tá sé (díreach) tar éis an teach a ghlanadh.
He has (only) just cleaned the house.
Tá sé ar tí an teach a ghlanadh.
He is about to clean the house.
Tá sé ag brath an teach a ghlanadh.
He intends to clean the house.
Tá sé chun an teach a ghlanadh.
He intends to clean the house.

Column 7 The verbal adjective (or past participle) is given here. This form is central to the formation of the perfect tenses, in the combination the verb *bí* 'be' + verbal adjective + the preposition *ag* 'at', as in:

Tá sé déanta agam.   'I have done it.'
Bhí sé déanta agam.   'I had done it.'

Column 8 If a verb is a key verb, the number at which it occurs in the tables is given, e.g. *cas* **19**, *suigh* **97** etc. If it is not a key verb, the name of the verb which will serve as a basic model for that particular verb will be given, e.g. *cas* for *cíor* (**§2** above).

§3 the first and second conjugation of the verb

There are two main conjugations (or categories) of regular verb in Irish, i.e. the first conjugation (**§5**) and the second conjugation (**§8**).

§4 'broad with broad' and 'slender with slender'

The (back) vowels *a*, *o*, *u* are described as 'broad' vowels and the (front) vowels *e* and *i* as 'slender'.

If *a*, *o* or *u* is the final vowel in the stem (for verbs belonging to the 1st conjugation), this is called a **broad stem** (e.g. **cas** 'twist', **díol** 'sell' or **cum** 'compose').

If *i* is the final vowel, this is called a **slender stem** (e.g. **caill** 'lose', **lig** 'let').

The suffixes **-ann**, **-faidh**, **-fadh** etc. maintain the rule 'broad with broad' (i.e. *a*, *o*, *u* beside *a*, *o*, *u*), e.g.

casann	**casfaidh**	**chasfadh**
díolann	**díolfaidh**	**dhíolfadh**
dúnann	**dúnfaidh**	**dhúnfadh**
twists	will twist	would twist
sells	will sell	would sell
closes	will close	would close

Comhlíonann na foircinn **–eann, -fidh, -feadh** srl. an riail 'caol le caol' .i. (*e*, *i* taobh le *e*, *i*), m.sh.

cailleann	**caillfidh**	**chaillfeadh**
ligeann	**ligfidh**	**ligfeadh**
loses	will lose	would lose
lets	will let	would let

Is ag brath ar an ghuta deiridh sa 'ghas ghearr' atá leithne agus caoile na mbriathra as an 2ú réimniú agus na mbriathra coimrithe, fch **§§8-10** (agus **§§11-12**).

§5 an chéad réimniú, leathan agus caol

Bunús na mbriathra rialta a bhfuil gas aonsiollach acu baineann siad leis an chéad réimniú, m.sh. **bog** 'move', nó **bris** 'break'. Sa leabhar seo toghadh na briathra a leanas mar shamplaí den chéad réimniú leathan agus caol:

an chéad réimniú leathan		*an chéad réimniú caol*	
amharc	look	**bain**	take, win
at	swell	**bris**	break
bog	move	**caill**	lose
cas	twist	**caith**	throw
díol	sell	**cuir**	put
dún	close	**druid**	close
fág	leave	**éist**	listen
fan	wait	**fill/pill**	return
fás	grow	**géill**	yield
fliuch	wet	**lig**	let
glan	clean	**mill**	destroy
iarr	ask	**oil**	rear
las	light	**rith**	run
meath	decay	**roinn**	divide
mol	praise	**scaoil**	loosen
ól	drink	**sín**	stretch
pós	marry	**tiomáin**	drive
scríobh	write	**tit**	fall
seas	stand	**tuig**	understand
teann	tighten		
tóg	lift		
trácht	mention		

Nóta: Cé go bhfuil gas caol ag na briathra **siúil** 'walk' agus **taispeáin** 'show' (**shiúil** 'walked', **thaispeáin** 'showed'), leathnaítear gas na mbriathra seo nuair a chuirtear foircinn leo: m.sh.

siúlann 'walks'	**siúlfaidh** 'will walk'
taispeánann 'shows'	**taispeánfaidh** 'will show'.

The suffixes –**eann**, -**fidh**, -**feadh** maintain the rule 'slender with slender' (.i.e. *e*, *i* beside *e*, *i*), e.g.

cailleann	**caillfidh**	**chaillfeadh**
ligeann	**ligfidh**	**ligfeadh**
loses	will lose	would lose
lets	will let	would let

The way to determine broad or slender stems for 2nd conjugation (and syncopated) verbs is based on the last vowel in the 'short' stems, see **§§8-10** (and **§11-12**).

§5 the first conjugation, broad and slender
Most verbs with a single syllable in the stem belong to the first conjugation, e.g. **bog** 'move', or **bris** 'break'. The following verbs have been selected as examples of 1st conjugation broad and slender:

first conjugation broad		*first conjugation slender*	
amharc	look	**bain**	take, win
at	swell	**bris**	break
bog	move	**caill**	lose
cas	twist	**caith**	throw
díol	sell	**cuir**	put
dún	close	**druid**	close
fág	leave	**éist**	listen
fan	wait	**fill/pill**	return
fás	grow	**géill**	yield
fliuch	wet	**lig**	let
glan	clean	**mill**	destroy
iarr	ask	**oil**	rear
las	light	**rith**	run
meath	decay	**roinn**	divide
mol	praise	**scaoil**	loosen
ól	drink	**sín**	stretch
pós	marry	**tiomáin**	drive
scríobh	write	**tit**	fall
seas	stand	**tuig**	understand
teann	tighten		
tóg	lift		
trácht	mention		

Note: Although the verbs **siúil** 'walk' and **taispeáin** 'show' have slender stems (**shiúil** 'walked', **thaispeáin** 'showed'), the stems are broadened when suffixes are added, e.g.

siúlann 'walks'	**siúlfaidh** 'will walk'
taispeánann 'shows'	**taispeánfaidh** 'will show'.

§6 An chéad réimniú leathan

Réimnítear **bog** 'move' mar a leanas sna haimsirí agus sna modhanna seo
nuair a chuirtear foirceann leis:

láithreach	bog**ann** sé	he moves
fáistineach	bog**faidh** sé	he will move
coinníollach	bh**og**fadh sé	he would move
gnáthchaite	bh**og**adh sé	he used to move
ordaitheach	bog**adh** sé	let him move
foshuiteach láithr.	go mbog**a** sé	may he move

§7 1ú réimniú caol Réimnítear **bris** 'break' mar:

láithreach	bris**eann** sé	he breaks
fáistineach	bris**fidh** sé	he will break
coinníollach	bh**ris**feadh sé	he would break
gnáthchaite	bh**ris**eadh sé	he used to break
ordaitheach	bris**eadh** sé	let him break
foshuiteach láithr.	go mbris**e** sé	may he break

§8 an dara réimniú

Is iad na briathra déshiollacha (nó ilsiollacha) a chríochnaíonn in **–igh** an
aicme is coitianta sa dara réimniú, m.sh. **ceannaigh** 'buy' nó **coinnigh** 'keep'.
Sa leabhar seo toghadh na briathra a leanas mar shamplaí den dara réimniú
leathan agus caol:

an dara réimniú leathan -*aigh*			an dara réimniú caol -*igh*		
gas fada	gas gearr		gas fada	gas gearr	
athraigh	**athr-**	change	**bailigh**	**bail-**	collect
beannaigh	**beann-**	bless	**coinnigh**	**coinn-**	keep
ceannaigh	**ceann-**	buy	**cruinnigh**	**cruinn-**	gather
dathaigh	**dath-**	colour	**dírigh**	**dír-**	straighten
eagraigh	**eagr-**	organise	**dúisigh**	**dúis-**	awaken
fiafraigh	**fiafr-**	ask	**éirigh**	**éir-**	get up
ionsaigh	**ions-**	attack	**foilsigh**	**foils-**	publish
maraigh	**mar-**	kill	**imigh**	**im-**	leave
mionnaigh	**mionn-**	swear	**mínigh**	**mín-**	explain
neartaigh	**neart-**	strengthen	**sínigh**	**sín-**	sign
ordaigh	**ord-**	order	**smaoinigh**	**smaoin-**	think
scanraigh	**scanr-**	frighten	**tuirsigh**	**tuirs-**	tire
socraigh	**socr-**	arrange			
tosaigh	**tos-**	begin			
triomaigh	**triom-**	dry			
ullmhaigh	**ullmh-**	prepare			

§6 1st conjugation broad

The verb **bog** 'move' is conjugated as below when suffixes are added for the various tenses and moods:

present	bog**ann** sé	he moves
future	bog**faidh** sé	he will move
conditional	**bh**og**fadh** sé	he would move
imperfect	**bh**og**adh** sé	he used to move
imperative	bog**adh** sé	let him move
present subjunctive	go mbog**a** sé	may he move

§7 1st conjugation slender; *bris* is conjugated:

present	bris**eann** sé	he breaks
future	bris**fidh** sé	he will break
conditional	**bh**ris**feadh** sé	he would break
imperfect	**bh**ris**eadh** sé	he used to break
imperative	bris**eadh** sé	let him break
present subjunctive	go mbris**e** sé	may he break

§8 the second conjugation

Verbs of two syllables (or more) which end in –**igh** are the most common type belonging to the second conjugation, e.g. **ceannaigh** 'buy' or **coinnigh** 'keep'. The following have been chosen as examples of second conjugation verbs, broad and slender:

2nd conjugation broad, *-aigh*			2nd conjugation slender, *-igh*		
long stem	*short stem*		*long stem*	*short stem*	
athraigh	**athr-**	change	**bailigh**	**bail-**	collect
beannaigh	**beann-**	bless	**coinnigh**	**coinn-**	keep
ceannaigh	**ceann-**	buy	**cruinnigh**	**cruinn-**	gather
dathaigh	**dath-**	colour	**dírigh**	**dír-**	straighten
eagraigh	**eagr-**	organise	**dúisigh**	**dúis-**	awaken
fiafraigh	**fiafr-**	ask	**éirigh**	**éir-**	get up
ionsaigh	**ions-**	attack	**foilsigh**	**foils-**	publish
maraigh	**mar-**	kill	**imigh**	**im-**	leave
mionnaigh	**mionn-**	swear	**mínigh**	**mín-**	explain
neartaigh	**neart-**	strengthen	**sínigh**	**sín-**	sign
ordaigh	**ord-**	order	**smaoinigh**	**smaoin-**	think
scanraigh	**scanr-**	frighten	**tuirsigh**	**tuirs-**	tire
socraigh	**socr-**	arrange			
tosaigh	**tos-**	begin			
triomaigh	**triom-**	dry			
ullmhaigh	**ullmh-**	prepare			

§9 gas 'fada' agus gas 'gearr'

Is féidir breathnú ar an dara réimniú mar bhriathra a bhfuil dhá ghas (nó dhá fhréamh) acu, .i. gas fada agus gas gearr. Is ionann **an gas fada** agus an dara pearsa uimhir uatha den mhodh ordaitheach, m.sh. **ceannaigh** 'buy', **coinnigh** 'keep'. Muna gcuirtear foirceann leis an bhriathar, fanann an gas fada, m.sh. **cheannaigh sé** 'he bought' agus **choinnigh sí** 'she kept'. Má chuirtear foirceann leis na briathra seo, cailltear an **–aigh** nó an **–igh** ag an deireadh agus cuirtear an foirceann leis an ghas ghiorraithe, .i. **ceann-** agus **coinn-** (§8 thuas). Úsáidtear an gas fada sa ghníomhach den aimsir chaite (**Colún 3** san *Innéacs*) ach úsáidtear gasanna gearra sa láithreach agus san aimsir fháistineach de bhrí go mbaintear úsáid as foircinn sna haimsirí seo **Colúin 4** agus **5**).

§10 2ú réimniú leathan

Réimnítear briathra ar nós **ceannaigh** 'buy' mar a leanas nuair a chuirtear foirceann leo:

láithreach	ceann**aíonn** sé	he buys	
fáistineach	ceann**óidh** sé	he will buy	ceann**óchaidh** sé *U*
coinníollach	**ch**eann**ódh** sé	he would buy	**ch**eann**óchadh** sé *U*
gnáthchaite	**ch**eann**aíodh** sé	he used to buy	
ordaitheach	ceann**aíodh** sé	let him buy	
foshuiteach láithr.	go gceann**aí** sé	may he buy	

2ú réimniú caol

Réimnítear **coinnigh** 'keep' mar a leanas:

láithreach	coinn**íonn** sé	he keeps	
fáistineach	coinn**eoidh** sé	he will keep	coinn**eochaidh** sé *U*
coinníollach	**ch**oinn**eodh** sé	he would keep	**ch**oinn**eochadh** sé *U*
gnáthchaite	**ch**oinn**íodh** sé	he used to keep	
ordaitheach	coinn**íodh** sé	let him keep	
foshuiteach láithr.	go gcoinn**í** sé	may he keep	

§11 na briathra coimrithe

Baistear briathar coimrithe ar bhriathar a bhfuil níos mó ná siolla amháin sa ghas dar críoch -**il**, -**in**, -**ir** nó –**is**. Toghadh na briathra a leanas mar shamplaí de na briathra coimrithe (leathan agus caol):

briathra coimrithe an dara réimniú leathan			briathra coimrithe an dara réimniú caol		
gas fada	gas gearr		gas fada	gas gearr	
ceangail	**ceangl-**	tie	**aithin**	**aithn-**	recognise
codail	**codl-**	sleep	**imir**	**imr-**	play
freagair	**freagr-**	answer	**inis**	**ins-**	tell
iompair	**iompr-**	carry	**taitin**	**taitn-**	shine
labhair	**labhr-**	speak			
múscail	**múscl-**	awaken			
oscail	**oscl-**	open			
seachain	**seachn-**	avoid			
tagair	**tagr-**	refer			

258

§9 long stem and short stem

Verbs of the second conjugation can be regarded as having two stems, a long stem and a short stem. **The long stem** is the same as the second singular of the imperative mood, e.g. **ceannaigh** 'buy', **coinnigh** 'keep'. If a suffix is not added then the stem remains long, e.g. **cheannaigh sé** 'he bought' and **choinnigh sí** 'she kept'. If a suffix is added to these verbs, the **–aigh**, or **–igh**, is lost at the end and a suffix is added to the short stem, i.e. **ceann-** and **coinn-** (§8 above). The active stem of the past tense uses long stems (**Column 3** of the *Index*) but the short stems are used for the present and future as these tenses add suffixes (**Columns 4** and **5**).

§10 2ⁿᵈ conjugation broad

The verb **ceannaigh** 'buy is conjugated as below when suffixes are added:

present	ceann**aíonn** sé	he buys	
future	ceann**óidh** sé	he will buy	ceann**óchaidh** sé *U*
conditional	**cheann**ódh sé	he would buy	**cheann**óchadh sé *U*
imperfect	**cheann**aíodh sé	he used to buy	
imperative	ceann**aíodh** sé	let him buy	
present subjunctive	go gceann**aí** sé	may he buy	

2ⁿᵈ conjugation slender

The verb **coinnigh** 'keep' is conjugated as follows:

present	coinn**íonn** sé	he keeps	
future	coinn**eoidh** sé	he will keep	coinn**eochaidh** sé *U*
conditional	**choinn**eodh sé	he would keep	**choinn**eochadh sé *U*
imperfect	**choinn**íodh sé	he used to keep	
imperative	coinn**íodh** sé	let him keep	
present subjunctive	go gcoinn**í** sé	may he keep	

§11 the syncopated verbs

Verbs of more than one syllable ending in **–il**, **-in**, **-ir** or **–is** are mostly 'syncopated verbs'. In this book the following verbs have been selected as examples of syncopated verbs (broad and slender):

syncopated verbs second conjugation broad			syncopated verbs second conjugation slender		
long stem	*short stem*		*long stem*	*short stem*	
ceangail	**ceangl-**	tie	**aithin**	**aithn-**	recognise
codail	**codl-**	sleep	**imir**	**imr-**	play
freagair	**freagr-**	answer	**inis**	**ins-**	tell
iompair	**iompr-**	carry	**taitin**	**taitn-**	shine
labhair	**labhr-**	speak			
múscail	**múscl-**	awaken			
oscail	**oscl-**	open			
seachain	**seachn-**	avoid			
tagair	**tagr-**	refer			

259

Arís eile, úsáidtear an gas fada nuair nach gcuirtear foirceann leis an ghas, m.sh. **ceangail** 'tie' (**cheangail sé** 'he tied') agus **imir** 'play' (**d'imir sé** 'he played'). Má chuirtear foirceann leo, cailltear (nó 'coimrítear') an **ai** nó an **i** ag deireadh an ghais fhada (.i. **ceangl-** agus **imr-**). Réimnítear na briathra seo mar a leanas:

§12 briathar coimrithe leathan, *ceangail* 'tie'

láithreach	ceangl**aíonn** sé	he ties	
fáistineach	ceangl**óidh** sé	he will tie	ceangl**óchaidh** sé *U*
coinníollach	cheangl**ódh** sé	he would tie	cheangl**óchadh** sé *U*
gnáthchaite	cheangl**aíodh** sé	he used to tie	
ordaitheach	ceangl**aíodh** sé	let him tie	
foshuiteach láithr.	go gceangl**aí** sé	may he tie	

briathar coimrithe caol, *imir* 'play'

láithreach	imr**íonn** sé	he plays	
fáistineach	imr**eoidh** sé	he will play	imr**eochaidh** sé *U*
coinníollach	**d'**imr**eodh** sé	he would play	**d'**imr**eochadh** sé *U*
gnáthchaite	**d'**imr**íodh** sé	he used to play	
ordaitheach	imr**íodh** sé	let him play	
foshuiteach láithr.	go n-imr**í** sé	may he play	

§13 Nóta: Ní choimrítear na heochairbhriathra a leanas (sa Chaighdeán): **aithris** 'recite' (**3**), **foghlaim** 'learn' (**49**), **freastail** 'attend' (**52**), **taistil** 'travel' (**101**), agus **tarraing** 'pull' (**104**).

§14 aonsiollaigh in *–igh* agus an chéad réimniú
Tá roinnt eochairbhriathra a bhfuil siolla amháin sa ghas agus a chríochnaíonn in **–igh**. Tá rialacha difriúla ag baint le cuid de na briathra seo.

báigh 'drown' (**7**)	**brúigh** 'bruise' (**16**)	**cruaigh** 'harden' (**26**)
	dóigh 'burn' (**33**)	**feoigh** 'decay' (**45**)

Bíonn siad leathan nuair a chuirtear foirceann dar tús **- f-** leo agus caol nuair a chuirtear foirceann dar tús **- t-** leo – mar a fheicfear ó na foirmeacha den tsaorbhriathar san aimsir láithreach sa dara colún den tábla thíos agus san aidiacht bhriathartha, **báite**.

láithreach	*saorbhriathar*	*fáistineach*	*coinníollach*	*gnáthchaite*
bánn	**báitear**	**báfaidh**	**bháfadh**	**bhádh**
brúnn	**brúitear**	**brúfaidh**	**bhrúfadh**	**bhrúdh**
cruann	**cruaitear**	**cruafaidh**	**chruafadh**	**chruadh**
dónn	**dóitear**	**dófaidh**	**dhófadh**	**dhódh**
feonn	**feoitear**	**feofaidh**	**d'fheofadh**	**d'fheodh**

Once again the long stem is used when no suffix is added to the stem, e.g. **ceangail** 'tie' (**cheangail sé** 'he tied') and **imir** 'play' (**d'imir sé** 'he played'). If a suffix is added, the **ai** or **i** at the end of the long stem is lost (or 'syncopated'), hence **ceangl-** and **imr-** as short stems. These verbs are conjugated as follows:

§12 syncopated verb, broad stem, *ceangail* 'tie'

present	ceangl**aíonn** sé	he ties	
future	ceangl**óidh** sé	he will tie	ceangl**óchaidh** sé *U*
conditional	**ch**eangl**ódh** sé	he would tie	**ch**eangl**óchadh** sé *U*
imperfect	**ch**eangl**aíodh** sé	he used to tie	
imperative	ceangl**aíodh** sé	let him tie	
present subjunctive	go gceangl**aí** sé	may he tie	

syncopated verb, slender stem, *imir* 'play'

present	imr**íonn** sé	he plays	
future	imr**eoidh** sé	he will play	imr**eochaidh** sé *U*
conditional	**d'**imr**eodh** sé	he would play	**d'**imr**eochadh** sé *U*
imperfect	**d'**imr**íodh** sé	he used to play	
imperative	imr**íodh** sé	let him play	
present subjunctive	go n-imr**í** sé	may he play	

§13 Note: The following key verbs are not syncopated (in Standard Irish): **aithris** 'recite' (**3**), **foghlaim** 'learn' (**49**), **freastail** 'attend' (**52**), **taistil** 'travel' (**101**), and **tarraing** 'pull' (**104**).

§14 monosyllables in *–igh* and the first conjugation

Some key verbs have only one syllable and end in **–igh**. Different rules apply to these verbs.

báigh 'drown' (**7**)	**brúigh** 'bruise' (**16**)	**cruaigh** 'harden' (**26**)
	dóigh 'burn' (**33**)	**feoigh** 'decay' (**45**)

They are broad when a suffix beginning in - **f**- is added and slender when a suffix beginning in - **t**- is added – as may be seen from the present autonomous in the 2nd column of the table below, or in the verbal adjective **báite** 'drowned':

present	*pres. auton.*	*future*	*conditional*	*imperfect*
bánn	**báitear**	**báfaidh**	**bháfadh**	**bhádh**
brúnn	**brúitear**	**brúfaidh**	**bhrúfadh**	**bhrúdh**
cruann	**cruaitear**	**cruafaidh**	**chruafadh**	**chruadh**
dónn	**dóitear**	**dófaidh**	**dhófadh**	**dhódh**
feonn	**feoitear**	**feofaidh**	**d'fheofadh**	**d'fheodh**

§15 nigh 'wash' **(76), suigh** 'sit' **(97)** - mar aon le briathra mar **luigh** 'lie', **guigh** 'pray', **bligh** 'milk': Tugtar faoi deara gur **i** atá ann roimh –*t*, msh **nite** 'washed' – chan ionann agus **cloíte** 'deafeated' < **cloígh**.

láithreach	*fáistineach*	*coinníollach*	*gnáthchaite*	*ordaitheach*
níonn	**nífidh**	**nífeadh**	**níodh**	**níodh**
suíonn	**suífidh**	**shuífeadh**	**shuíodh**	**suíodh**

§16 léigh 'read' **(66)** - mar aon le **pléigh** 'discuss', **spréigh** 'spread', **téigh** 'warm':

láithreach	*saorbhriathar*	*fáistineach*	*coinníollach*	*gnáthchaite*	*ordaitheach*
léann	**léitear**	**léifidh**	**léifeadh**	**léadh**	**léadh**

§17 pacáil 'pack' **(81), sábháil** 'save' **(85), stampáil** 'stamp' **(96)**: Tugtar faoi deara go mbíonn an gas caol roimh -*t* (cosúil le **§14** thuas), msh. **pácáiltear** 'is packed', **pácáilte** 'packed' srl.

láithreach	*fáistineach*	*coinníollach*	*gnáthchaite*	*ordaitheach*
pacálann	**pacálfaidh**	**phacálfadh**	**phacáladh**	**pacáladh**

§18 *caitear* srl.

Nuair a chuirtear foirceann dar tús **t-** le briathar ar bith a bhfuil **–th** nó **–t** ag deireadh an ghais, scríobhtar **–tht-** agus **–tt-** mar **–t-**:

caitear 'is worn'	(in áit **caithtear**)
d'éisteá 'you used to listen'	(in áit **d'éisttheá**)

Ba cheart don léitheoir breathnú sna táblaí ar na briathra: **at** 'swell' **(5), caith** 'throw' **(18), éist** 'listen' **(39), meath** 'decay' **(69), trácht** 'mention' **(111)**.

§19 na briathra mírialta

Is iad seo a leanas na príomhbhriathra mírialta:

abair	say	**(1)**	**faigh**	get	**(41)**
beir	bear	**(11)**	**feic**	see	**(44)**
bí	be	**(12)**	**ith**	eat	**(63)**
cluin /	hear	**(23)**	**tabhair**	give	**(98)**
clois			**tar**	come	**(103)**
déan	do, make	**(30)**	**téigh**	go	**(106)**

262

§15 nigh 'wash' (**76**), **suigh** 'sit' (**97**) – as well as verbs such as **luigh** 'lie', **guigh** 'pray', **bligh** 'milk'. Note that *i* is always short before *–t-* in these verbs, e.g. **nite** 'washed' (unlike **cloígh** 'defeat', v. adj. **cloíte**):

present	future	conditional	imperfect	imperative
níonn	nífidh	nífeadh	níodh	níodh
suíonn	suífidh	shuífeadh	shuíodh	suíodh

§16 léigh 'read' (**66**) – as well as **pléigh** 'discuss', **spréigh** 'spread', **téigh** 'warm':

present	pres. auton.	future	conditional	imperfect	imperative
léann	léitear	léifidh	léifeadh	léadh	léadh

§17 pacáil 'pack' (**81**), **sábháil** 'save' (**85**), **stampáil** 'stamp' (**96**). Note that the stem stays slender before *–t* (as in **§14** above), e.g. **pácáiltear** 'is packed', **pácáilte** 'packed' etc.

present	future	conditional	imperfect	imperative
pacálann	pacálfaidh	phacálfadh	phacáladh	pacáladh

§18 *caitear* etc

When a suffix beginning in **t-** is added to any verb whose stem ends in *–th* or *–t*, then **-tht-** and *–tt-* are written as single *–t-*, e.g.

caitear 'is worn'   (instead of **caithtear**)
d'éisteá 'you used to listen' (instead of **d'éistteá**)

The reader should check in the tables for the verbs: **at** 'swell' (**5**), **caith** 'throw' (**18**), **éist** 'listen' (**39**), **meath** 'decay' (**69**), **trácht** 'mention' (**111**).

§19 the irregular verbs

The following are the main irregular verbs:

abair	say	(1)	faigh	get	(41)
beir	bear	(11)	feic	see	(44)
bí	be	(12)	ith	eat	(63)
cluin /	hear	(23)	tabhair	give	(98)
clois			tar	come	(103)
déan	do, make	(30)	téigh	go	(106)

§20 foirmeacha coibhnesta in –s sa láithreach agus san fháistineach (foirmeacha neamhspleácha amháin)

I gCúige Uladh agus i gConnachta úsáidtear samplaí d'fhoirmeacha speisialta coibhneasta a chríochnaíonn in –s san aimsir láithreach agus san fháistineach:

an fear a bhriseann *CO, M*	the man who breaks	**an fear a bhriseas**
		(... a bhriseanns *C)*
an fear a bhrisfidh	the man who will break	**an fear a bhrisfeas**

§21 na claochluithe tosaigh

Déantar na briathra a réimniú sa ghníomhach agus sa tsaorbhriathar. Comh maith leis sin, tugtar samplaí de na briathra i ndiaidh na bhfoirmeacha de na míreanna is coitianta a thagann rompu:

níor, **ar**, **gur**, **nár**	san aimsir chaite
ní, **an**, **go**, **nach**	san aimsir láithreach, fháistineach, ghnáthchaite, sa mhodh choinníollach agus san aimsir chaite do roinnt briathra mírialta
ná	sa mhodh ordaitheach (agus **ná** do **nach** i gCúige Mumhan)
go, **nár**	sa mhodh fhoshuiteach, aimsir láithreach

Tugtar na foirmeacha seo le treoir a thabhairt maidir leis an chlaochlú chuí tosaigh ar cóir a úsáid i ndiaidh gach foirme, gné a bhíonn go minic ina constaic ag an fhoghlaimeoir – mura mbí an t-eolas seo in easnamh ar fad air. Táthar ag súil go gcuideoidh a leithéid de chur i láthair leis an fhoghlaimeoir theacht isteach ar chóras na gclaochluithe tosaigh ar bhealach níos éascaí ar an ábhar go bhfuil séimhiú, urú agus *h* roimh ghuta de dhlúth agus d'inneach i ngréasán na Gaeilge.

§22 séimhiú, urú agus *h* roimh ghuta

Seo achoimre ar na hathruithe a tharlaíonn i gcás na gclaochluithe tosaigh – fad agus a bhaineann siad le réimniú na mbriathra de:

	bunfhoirm	foirm chaochlaithe
séimhiú	*b, c, d, f, g, m, p, s, t*	*bh, ch, dh, fh, gh, mh, ph, sh, th*
urú	*b, c, d, f, g, p, t*	*mb, gc, nd, bhf, ng, bp, dt*
	a, e, i, o, u	*n-a, n-e, n-i, n-o, n-u*
h **roimh ghuta**	*a, e, i, o, u*	*ha, he, hi, ho, hu*

§20 relative forms in –s in the present and future (independent forms only)

Examples are given, in the present and future, of the special relative forms which end in –s, forms which regularly occur in Ulster and Connaught:

an fear a bhriseann *CO, M*	the man who breaks	**an fear a bhriseas** (**... a bhriseanns** *C)*
an fear a bhrisfidh	the man who will break	**an fear a bhrisfeas**

§21 the initial mutations

The verbs are conjugated in the active and the autonomous (or impersonal/passive). In addition, examples are given of the verb after some of the most common forms of preverbal particles such as:

níor, ar, gur, nár	past tense
ní, an, go, nach	the present, future, imperfect tenses, the conditional mood and in the past tense of some irregulars
ná	the imperative mood (plus **ná** for **nach** in Munster)
go, nár	in the present subjunctive

These preverbal forms are provided to help and advise as to the appropriate initial mutation (or change at the start of the word) which should be used after each particle, a feature which can often dumbfound the learner. It is hoped that such a presentation will help the learner familiarise him/herself with the system of initial mutations in a convenient way, given the fact that aspiration, eclipsis and *h* before a vowel are integral parts of Irish grammar.

§22 aspiration, eclipsis and *h* before a vowel

The following is a résumé of the changes which occur as a result of the mutations – as far as the verbal system is concerned:

	primary form of initial	mutated form of initial
aspiration	*b, c, d, f, g, m, p, s, t*	*bh, ch, dh, fh, gh, mh, ph, sh, th*
eclipsis	*b, c, d, f, g, p, t*	*mb, gc, nd, bhf, ng, bp, dt*
	a, e, i, o, u	*n-a, n-e, n-i, n-o, n-u*
h **before vowel**	*a, e, i, o, u*	*ha, he, hi, ho, hu*

§23 túslitreacha nach gclaochlaítear

Tá roinnt consan ann nach gclaochlaítear in am ar bith:

h-, l-, n, r-	*hata leathan, néata, righin*
sc-, sm-, sp-, st-	*Scread an smaolach agus stad an spealadóir.*

na claochluithe tosaigh sa ghníomhach de ghnáthbhriathra

§24 séimhiú Leanann séimhiú na míreanna a leanas:

níor, **ar**, **gur**, **nár**	aimsir chaite (sa ghníomhach amháin)
ní	gach aimsir agus modh (ach *faigh* agus *deir*)
nár	an modh foshuiteach, aimsir láithreach.

§25 urú Leanann urú na míreanna a leanas:

an, **go**, **nach**	gach aimsir agus modh

§26 *h* roimh ghuta Cuirtear **h** roimh ghutha i ndiaidh

ná	sa mhodh ordaitheach
	(agus **ná** do **nach** sa Mumhain).

§27 na claochluithe tosaigh sa tsaorbhriathar

Sa Chaighdeán Oifigiúil ní leanann aon chlaochlú tosaigh **níor**, **ar**, **gur** agus **nár** i saorbhriathar na haimsire caite. Sna canúintí ní thig aon athrú ar chonsan ach cuirtear **h** roimh ghuta:

gníomhach *active*		**saorbhriathar** *autonomous* CO, U, C, M	
thóg sé	he lifted	**Tógadh é.**	It was lifted.
níor t<u>h</u>óg sé	he did not lift	**Níor tógadh é.**	It was not lifted.
ar t<u>h</u>óg sé?	did he lift?	**Ar tógadh é?**	Was it lifted?
gur thóg sé	that he lifted	**... gur tógadh é.**	... that it was lifted.
nár t<u>h</u>óg sé	that he did not lift	**... nár tógadh é.**	... that it was not lifted.

gníomhach *active*		**saorbhriathar** *autonomous* CO	
d'ól sé	he drank	**Óladh é.**	It was drunk.
níor ól sé	he did not drink	**Níor óladh é.**	It was not drunk.
ar ól sé?	did he drink?	**Ar óladh é?**	Was it drunk?
gur ól sé	that he drank	**gur óladh é.**	that it was drunk.
nár ól sé	that he did not drink	**nár óladh é.**	that it was not drunk.

Ach **hÓladh é. Níor hóladh é. Ar hóladh é?**
... **gur/nár hóladh** srl. *M, C, U.*

§23 initials which never change

Some consonants never undergo any changes at the start of words:

h-, l-, n, r-	*He likes noodles and, rice.*
sc-, sm-, sp-, st-	*Scallions smell spicy in stew.*

initial mutations of ordinary verbs in the active

§24 aspiration occurs after the following particles:

níor, ar, gur, nár	past tense (active only)
ní	every tense and mood (except *faigh* and *deir*)
nár	present subjunctive.

§25 eclipsis occurs after the following particles:

an, go, nach	every tense and mood

§26 *h* before vowel occurs after

ná	in the imperative mood (and **ná**, for **nach**, in Munster).

§27 initial mutations in the autonomous

In the Official Standard no mutation occurs after **níor**, **ar**, **gur** and **nár** in the past tense of the autonomous (impersonal/passive). In the dialects consonants are not affected but **h** is placed before vowels:

gníomhach *active*		**saorbhriathar** *autonomous* CO, U, C, M	
thóg sé	he lifted	**Tógadh é.**	It was lifted.
níor thóg sé	he did not lift	**Níor tógadh é.**	It was not lifted.
ar thóg sé?	did he lift?	**Ar tógadh é?**	Was it lifted?
gur thóg sé	that he lifted	**… gur tógadh é.**	… that it was lifted.
nár thóg sé	that he did not lift	**… nár tógadh é.**	… that it was not lifted.

gníomhach *active*		**saorbhriathar** *autonomous* CO	
d'ól sé	he drank	**Óladh é.**	It was drunk.
níor ól sé	he did not drink	**Níor óladh é.**	It was not drunk.
ar ól sé?	did he drink?	**Ar óladh é?**	Was it drunk?
gur ól sé	that he drank	**gur óladh é.**	that it was drunk.
nár ól sé	that he did not drink	**nár óladh é.**	that it was not drunk.

Yet **hÓladh é. Níor hóladh. Ar hóladh?**
… gur/nár hóladh etc. *M, C, U.*

§28 Sna haimsirí agus sna modhanna eile is iondúil gurb ionann an caochlú tosaigh a leanann an gníomhach agus an saorbhriathar sa Chaighdeán agus i gCúige Uladh. I gCúige Mumhan agus i gConnachtaibh is féidir sin a bheith amhlaidh, nó is féidir gan séimhiú (agus fiú *h* roimh ghuta a bheith ann) san fhoirm neamhspleách den tsaorbhriathar sa mhodh choinníollach agus san aimsir ghnáthchaite, agus i ndiaidh **ní** (i ngach aimsir agus modh).

CO, U		M
bhrisfí	would be broken	**(do) brisfí**
bhristí	used to be broken	**(do) bristí**
d'ólfaí	would be drunk	**(do) hólfaí**
d'óltaí	used to be drunk	**(do) hóltaí**
ní bhristear	is not broken	**ní bristear**

§29 crostagairtí agus na caochluithe tosaigh

Leagtar an t-innéacs (i gcolún 1) amach in ord na haibítre síos fríd, ó thús go deireadh. I gcolún 8 luaitear an briathar **coinnigh** 'keep'(25) leis na briathra **ceistigh** 'question', **cinntigh** 'certify' srl. de thairbhe go mbaineann siad triúr leis an 2ú réimniú chaol agus go mbeidh idir fhoircinn (**-íodh, -eoidh, -eodh** srl.) agus chaochluithe tosaigh (**c-. ch-, gc-**) ar aon dul le chéile.

Déantar seo do thromlach mhór na gcásanna ach níorbh fhéidir cloí leis an choinbhinsiún seo i ngach uile chás, agus tugadh tús aite do chrostagairt do bhriathar a mbeadh na foircinn mar an gcéanna i gcásanna mar:

eiseachaid 'extradite'
crostagairt **siúil** de thairbhe go leathnaítear an gas nuair a tháitear foirceann agus gur **eiseachadann** 'extradites', **eiseachadfaidh** 'will extradite', **d'eiseachadfadh** 'would extradite' srl. atá ann, ar aon dul le **siúil** 'walk' (**93**) ach **siúlann** 'walks', **siúlfaidh** 'will walk', **shiúlfadh** 'would walk' srl.

athphléigh 'rediscuss'
crostagairt **léigh** 'read' (**66**) de thairbhe go mbeidh na foircinn mar **athphléann** 'rediscusses', **athphléifidh** 'will rediscuss', **d'athphléifeadh** 'would rediscuss' srl., ar aon dul le **léann**, **léifidh** agus **léifeadh**.

§30 I gcásanna briathra dar tús guta (nó *f-*, seachas *fl-*) a bhfuil crostagairt do bhriathar dar tús consain ag dul leo, moltar don fhoghlameoir na caochluithe tosaigh a chinntiú i dtábla briathair a thosaíonn le guta (nó *f-*) – cuimhnítear fosta go mbeidh na caochluithe (.i. *d'*, *h* nó *n-*) mar an gcéanna do gach ceann de na cúig gutaí (*a, e, i, o, u*).

§28 In the other tenses and moods the mutations are the same for the active and autonomous forms of the verb in the Standard and in Ulster Irish. In Connaught and Munster this may be the case, or **h** can be placed before a vowel (and consonants unaspirated) in the independent form of the autonomous in the conditional and imperfect, and after **ní** (all moods and tenses):

CO, U		*M*
bhrisfí	would be broken	**(do) brisfí**
bhristí	used to be broken	**(do) bristí**
d'ólfaí	would be drunk	**(do) hólfaí**
d'óltaí	used to be drunk	**(do) hóltaí**
ní bhristear	is not broken	**ní bristear**

§29 cross-referencing and initial mutations

Column 1 of the index is laid out alphabetically. In column 8 the verbs **ceistigh** 'question', **cinntigh** 'certify' etc. are referred to **coinnigh** 'keep' (**25**) as all three verbs belong to the 2nd conjugation slender which means that both the suffixes (**-íodh, -eoidh, -eodh** etc.) and the initial mutations (**c-. ch-, gc-**) will be identical.

This is done for the vast majority of cases but this convention could not be followed throughout and priority had to given to verbs whose suffixes would have been the same, as in the following:

eiseachaid 'extradite'
cross-reference **siúil** as the stem is broadened when a suffix is added, hence **eiseachadann** 'extradites', **eiseachadfaidh** 'will extradite', **d'eiseachadfadh** 'would extradite' etc., similar to **siúil** (**93**) 'walk', yet **siúlann** 'walks', **siúlfaidh** 'will walk', **shiúlfadh** 'would walk' etc.

athphléigh 'rediscuss'
cross-reference **léigh** 'read' (**66**) as the suffixes, such as **athphléann** 'rediscusses', **athphléifidh** 'will rediscuss', **d'athphléifeadh** 'would redicsuss' etc., are indentical to **léann**, **léifidh** and **léifeadh**.

§30 In the cases of verbs beginning in a vowel (or *f-*, except *fl-*) which are cross-referred to a verb which begins with a consonant, the learner should check the initial mutations in the table of a verb beginning with a vowel (or *f-*) – it should also be remembered that the mutations for vowels will be the same for all five vowels (*a, e, i, o, u*).

§31 I gcás briathra dar tús **h-, l-, n-, r-, sc-, sm-, sp-** agus **st-** déantar crostagairtí do bhriathra a bhfuil na foircinn chéanna acu agus a bhfuil an túslitir acu nach n-athraítear de bharr caochlaithe, m.sh. **las** 'light' (**65**) mar mhúnla ag briathra as an 1ú réimniú leathan a thosaíonn le **r-** (**réab** 'tear', **róst** 'roast' srl.). Ní bhíonn aon chaochlú ach oiread i gcás na ndornán briathra a thosaíonn le *v-* nó *x-*.

I gcás **p-**, moltar don fhoghlaimeoir na foircinn a leanstan ón chrostagairt (m.sh. na foircinn do **ceannaigh** 'buy' (**21**) i gcás an bhriathair **plódaigh** 'throng') ach na caochluithe tosaigh a chinntiú ón bhriathar **pós** 'marry' (**82**).

§32 na caochluithe tosaigh don chopail

Tá difríocht idir na caochluithe tosaigh a bhíonn i gceist do ghnáthbhriathra agus don chopail (**is**, 13). Cuireann **ní** séimhiú ar ghnáthbhriathra ach ní bhíonn aon athrú ar chonsan i ndiaidh **ní** na copaile. Cuireann **an** agus **nach** urú ar ghnáthbhriathra ach ní bhíonn aon athru ina ndiaidh sa chopail:

an chopáil

ní$^{\emptyset}$ /**ní**^{h}	**Ní bád é.**	It is not a boat.
an$^{\emptyset}$	**An bád é?**	Is it a boat?
gur$^{\emptyset}$	**Deir sé gur bád é.**	He says that it is a boat.
nach$^{\emptyset}$	**Deir sé nach bád é.**	He says that it is not a boat.

gnáthbhriathra

ní^{smh}	**ní bhriseann**	does not break
an^{urú}	**an mbriseann sé?**	does (it) break?
go^{urú}	**Deir sé go mbriseann sé.**	He says that he breaks.
nach^{urú}	**Deir sé nach mbriseann sé.**	He says that he does not break.

§33 briathra a bhfuil níos mó ná réimniú amháin acu

Tarlaíonn, anois agus arís, go mbíonn leaganacha malartacha ag briathra in *FGB*. Sna cásanna seo déantar tagairt d'eochairbhriathra difriúla:

clampaigh	*clamp*	...	clampaithe	ceannaigh
/ clampáil		...	/clampáilte	/ pacáil

§34 mionsamplaí de bhriathra nach bhfuil réimniú iomlán curtha ar fáil dóibh

Tá mionaicmí de bhriathra nach réimnítear ina n-iomláine, ach sna cásanna seo cuirtear leaganacha den chaite, den láithreach agus den fháistineach ar fáil san innéacs. Thig leis an léitheoir na foirmeacha den choinníollach, den ghnáthchaite (agus de na modhanna eile) a sholáthar ó liosta na bhfoirceann atá ar fáil ar leathanach 250, msh.:

§31 In the case of verbs beginning with **h-, l-, n-, r-, sc-, sm-, sp-** and **st-** these are cross-referred to verbs whose suffixes are identical and whose initial consonants are never mutated, e.g. **las** 'light' (**65**) also serves as a model for the 1st conjugation broad for a verb beginning in **r-** (**réab** 'tear', **róst** 'roast' etc.). In the case of the few verbs beginning in *v-* or *x-* no mutations occur. In the case of **p-**, it is recommended that the learner follow the suffixes from the cross-reference (e.g. **ceannaigh** 'buy' **21**, in the case of the verb **plódaigh** 'throng') but verifies the initial mutations from the verb **pós** 'marry' (**82**).

§32 the initial mutations for the copula
There is a difference between the initial mutations for ordinary verbs and the copula (**is**, 13). **Ní** aspirates ordinary verbs but consonants are not changed following **ní** of the copula. **An** and **nach** eclipse ordinary verbs but there is no change for the copula:

the copula

ní$^{\emptyset}$ /**ní**^{h}	**Ní bád é.**	It is not a boat.
an$^{\emptyset}$	**An bád é?**	Is it a boat?
gur$^{\emptyset}$	**Deir sé gur bád é.**	He says that it is a boat.
nach$^{\emptyset}$	**Deir sé nach bád é.**	He says that it is not a boat.

ordinary verbs

ní^{smh}	**ní b**h**riseann**	does not break
an^{urú}	**an m**briseann sé?**	does (it) break?
go^{urú}	**Deir sé go m**briseann sé.**	He says that he breaks.
nach^{urú}	**Deir sé nach m**briseann sé.**	He says that he does not break.

§33 verbs with more than one conjugation
It happens, from time to time, that verbs in *FGB* have variant forms. In such cases, references are provided to a different key verb for each variant:

clampaigh	*clamp*	…	clampaithe	ceannaigh
/ clampáil		…	/clampáilte	/ pacáil

§34 minority verbs for which a full paradigm has not been provided
Some classes of verbs, small in number, are not conjugated in full, but in such cases forms of the past, present and future are provided. The reader can supply the conditional, imperfect (and other forms) by consulting the suffixes listed on page 251, e.g.

gas/fréamh	Béarla	aimsir chaite	aimsir láithreach
adhain	kindle	d'adhain	adhnann

aimsir fháisteanach	ainm briathartha	aidiacht bhr.	briathar gaolta
adhnfaidh	adhaint	adhainte	lch 270/3

Is briathra coimrithe atá i gceist anseo ach amháin go gcuirtear foirceann an chéad réimnithe leo. Seo samplaí eile:

adhair 'adore, worship' (*adhrann*), *athadhain* 'rekindle' (*athadhnann*), *damhain* 'tame, subdue' (*damhnann*), *díoghail* 'avenge' (*díoghlann*), *dionghaibh* 'ward off' (*diongbhann*), *imdheaghail* 'defend' (*imdheaghlann*), *ionnail* 'wash, bathe' (*ionlann*), *sleabhac* 'droop, fade' (*sleabhcann*), *spadhar* 'enrage' (*spadhrann*), *toghail* 'sack, destroy' (*toghlann*), *torchair* 'fall, lay low' (*torchrann*).

Samplaí caola: *fuighill* 'utter, pronounce' (*fuighleann*), *imdheighil* 'distinguish' (*imdheighleann*), *saighid* 'incite, provoke' (*saighdeann*), *tafainn* 'bark' (*taifneann*).

Tá roinnt samplaí eile ann nach gcoimrítear ach a gcuirtear foircinn an dara réimniú leo: *lorg* 'search for' (*lorgaíonn*), *súraic* 'suck (down)' (*súraicíonn)* agus *gogail* 'gobble, cackle' – a leathnaítear – (*gogalaíonn*).

§35 briathra a bhfuil gasanna an-fhada acu
Nuair a bhíonn gas an-fhada ag briathar giorraítear san innéacs é sa dóigh is go bhfanfaidh sé taobh istigh den cholún, m.sh. *craobhscaoil* 'broadcast':

gas		ainm briathartha	aid. bhriathartha	briathar gaolta
craobhscaoil	*broadcast*	craobhscaoileadh	craobhscaoilte	cuir

stem/root	English	past tense	present tense
adhain	kindle	d'adhain	adhnann

future tense	verbal noun	verbal adjective	verb type
adhnfaidh	adhaint	adhainte	pp 270/3

These verbs are syncopated verbs except that suffixes for the 1st conjugation are added. Further examples include:

adhair 'adore, worship' (*adhrann*), *athadhain* 'rekindle' (*athadhnann*), *damhain* 'tame, subdue' (*damhnann*), *díoghail* 'avenge' (*díoghlann*), *dionghaibh* 'ward off' (*diongbhann*), *imdheaghail* 'defend' (*imdheaghlann*), *ionnail* 'wash, bathe' (*ionlann*), *sleabhac* 'droop, fade' (*sleabhcann*), *spadhar* 'enrage' (*spadhrann*), *toghail* 'sack, destroy' (*toghlann*), *torchair* 'fall, lay low' (*torchrann*).

Examples of slender verbs: *fuighill* 'utter, pronounce' (*fuighleann*), *imdheighil* 'distinguish' (*imdheighleann*), *saighid* 'incite, provoke' (*saighdeann*), *tafainn* 'bark' (*taifneann*).

A few examples occur of verbs which are not syncopated and which have second conjugation suffixes: *lorg* 'search for' (*lorgaíonn*), *súraic* 'suck (down)' (*súraicíonn)* and *gogail* 'gobble, cackle' – which is broadened – (*gogalaíonn*).

§35 verbs with long stems
When a verb has an exceedingly long stem it may be shortened in the index to maintain column width, e.g. *craobhscaoil* 'broadcast':

stem		verbal noun	verbal adjective	verb type
craobhscaoil	*broadcast*	craobhscaoileadh	craobhscaoilte	cuir

273

stem/root	English	past tense	present tense
abair *irreg.*	*say*	**dúirt**	**deir**
ábhraigh	*fester*	d'ábhraigh	ábhraíonn
achainigh	*entreat*	d'achainigh	achainíonn
achair	*beseech*	d'achair	achraíonn
achoimrigh	*summarize*	d'achoimrigh	achoimríonn
achomharc	*appeal*	d'achomharc	achomharcann
achtaigh	*enact, decree*	d'achtaigh	achtaíonn
achtáil	*actualize*	d'achtáil	achtálann
aclaigh	*limber, flex*	d'aclaigh	aclaíonn
adamhaigh	*atomize*	d'adamhaigh	adamhaíonn
adhain	*kindle*	d'adhain	adhnann
adhair	*adore, worship*	d'adhair	adhrann
adhaltranaigh	*adulterate*	d'adhaltranaigh	adhaltranaíonn
adharcáil	*horn, gore*	d'adharcáil	adharcálann
adhfhuathaigh	*dread, abhor*	d'adhfhuathaigh	adhfhuathaíonn
adhlaic	*bury*	d'adhlaic	adhlacann
adhmhill	*destroy utterly*	d'adhmhill	adhmhilleann
adhmhol	*extol, eulogize*	d'adhmhol	adhmholann
adhnáirigh	*disgrace*	d'adhnáirigh	adhnáiríonn
admhaigh	*admit*	d'admhaigh	admhaíonn
aeraigh	*aerate*	d'aeraigh	aeraíonn
aeráil	*aerate*	d'aeráil	aerálann
aeroiriúnaigh	*air-condition*	d'aeroiriúnaigh	aeroiriúnaíonn
agaigh	*space out*	d'agaigh	agaíonn
agaill	*interview*	d'agaill	agallann
agair	*plead, entreat*	d'agair	agraíonn
aghloit	*deface*	d'aghloit	aghloiteann
agóid	*protest*	d'agóid	agóideann
aibhligh	*scintillate*	d'aibhligh	aibhlíonn
áibhligh	*magnify*	d'áibhligh	áibhlíonn
aibhsigh	= taibhsigh	d'aibhsigh	aibhsíonn
aibigh	*ripen, mature*	d'aibigh	aibíonn
aiceannaigh	*accentuate*	d'aiceannaigh	aiceannaíonn
aicmigh	*classify*	d'aicmigh	aicmíonn
aifir	*rebuke*	d'aifir	aifríonn
aigéadaigh	*acidify*	d'aigéadaigh	aigéadaíonn
aighnigh	*submit*	d'aighnigh	aighníonn
ailínigh	*align*	d'ailínigh	ailíníonn
ailléidigh	*allude*	d'ailléidigh	ailléidíonn
áilligh	*beautify*	d'áilligh	áillíonn
ailsigh	*cancerate*	d'ailsigh	ailsíonn
ailtéarnaigh	*alternate*	d'ailtéarnaigh	ailtéarnaíonn
aimpligh	*amplify*	d'aimpligh	aimplíonn
aimridigh	*sterilize*	d'aimridigh	aimridíonn
aimsigh	*aim, locate*	d'aimsigh	aimsíonn
ainéal	*anneal*	d'ainéal	ainéalann

future tense	verbal noun	verbal adjective	verb type
déarfaidh	**rá**	**ráite**	**1**
ábhróidh	ábhrú	ábhraithe	athraigh
achaineoidh	achainí	achainithe	éirigh
achróidh	achairt	achartha	oscail
achoimreoidh	achoimriú	achoimrithe	éirigh
achomharcfaidh	achomharc	achomharctha	amharc
achtóidh	achtú	achtaithe	athraigh
achtálfaidh	achtáil	achtáilte	pacáil
aclóidh	aclú	aclaithe	athraigh
adamhóidh	adamhú	adamhaithe	athraigh
adhnfaidh	adhaint	adhainte	lch 270/3
adhrfaidh	adhradh	adhartha	lch 270/3
adhaltranóidh	adhaltranú	adhaltranaithe	athraigh
adharcálfaidh	adharcáil	adharcáilte	pacáil
adhfhuathóidh	adhfhuathú	adhfhuathaithe	athraigh
adhlacfaidh	adhlacadh	adhlactha	siúil
adhmhillfidh	adhmhilleadh	adhmhillte	oil
adhmholfaidh	adhmholadh	adhmholta	ól
adhnáireoidh	adhnáiriú	adhnáirithe	éirigh
admhóidh	admháil	admhaithe	athraigh
aeróidh	aerú	aeraithe	athraigh
aerálfaidh	aeráil	aeráilte	pacáil
aeroiriúnóidh	aeroiriúnú	aeroiriúnaithe	athraigh
agóidh	agú	agaithe	athraigh
agallfaidh	agallamh	agaillte	siúil
agróidh	agairt	agartha	iompair
aghloitfidh	aghlot	aghloite	tit
agóidfidh	agóid	agóidte	oil
aibhleoidh	aibhliú	aibhlithe	éirigh
áibhleoidh	áibhliú	áibhlithe	éirigh
aibhseoidh	aibhsiú	aibhsithe	éirigh
aibeoidh	aibiú	aibithe	éirigh
aiceannóidh	aiceannú	aiceannaithe	athraigh
aicmeoidh	aicmiú	aicmithe	éirigh
aifreoidh	aifirt	aifeartha	imir
aigéadóidh	aigéadú	aigéadaithe	athraigh
aighneoidh	aighniú	aighnithe	éirigh
ailíneoidh	ailíniú	ailínithe	éirigh
ailléideoidh	ailléidiú	ailléidithe	éirigh
áilleoidh	áilliú	áillithe	éirigh
ailseoidh	ailsiú	ailsithe	éirigh
ailtéarnóidh	ailtéarnú	ailtéarnaithe	athraigh
aimpleoidh	aimpliú	aimplithe	éirigh
aimrideoidh	aimridiú	aimridithe	éirigh
aimseoidh	aimsiú	aimsithe	éirigh
ainéalfaidh	ainéaladh	ainéalta	ól

gas/fréamh	Béarla	aimsir chaite	aimsir láithreach
ainic	protect	d'ainic	ainiceann
ainimhigh	disfigure	d'ainimhigh	ainimhíonn
ainligh	guide	d'ainligh	ainlíonn
ainmnigh	name	d'ainmnigh	ainmníonn
air	plough	d'air	arann
airbheartaigh	purport jur.	d'airbheartaigh	airbheartaíonn
aireachasaigh	watch over	d'aireachasaigh	aireachasaíonn
airgeadaigh	electroplate	d'airgeadaigh	airgeadaíonn
airigh	perceive	d'airigh	airíonn
áirigh	count, reckon	d'áirigh	áiríonn
áirithigh	ensure	d'áirithigh	áirithíonn
aisbhreathnaigh	look back	d'aisbhreathnaigh	aisbhreathnaíonn
aisc	seek, preen	d'aisc	aisceann
aischéimnigh	regress	d'aischéimnigh	aischéimníonn
aischuir	restore	d'aischuir	aischuireann
aiséirigh	rise again	d'aiséirigh	aiséiríonn
aisfhuaimnigh	reverberate	d'aisfhuaimnigh	aisfhuaimníonn
aisghabh	retake, recover	d'aisghabh	aisghabhann
aisghair	abrogate, repeal	d'aisghair	aisghaireann
aisghníomhaigh	retract	d'aisghníomhaigh	aisghníomhaíonn
aisig	restore, vomit	d'aisig	aiseagann
aisíoc	repay, refund	d'aisíoc	aisíocann
aisiompaigh	reverse	d'aisiompaigh	aisiompaíonn
aisléasaigh	lease back	d'aisléasaigh	aisléasaíonn
aisléim	recoil	d'aisléim	aisléimeann
aisling	see in dream	d'aisling	aislingeann
aistarraing	withdraw	d'aistarraing	aistarraingeann
aistrigh	move, translate	d'aistrigh	aistríonn
aitheasc	address (court)	d'aitheasc	aitheascann
aithin	**recognize**	**d'aithin**	**aithníonn**
aithisigh	slur, defame	d'aithisigh	aithisíonn
aithris	**recite**	**d'aithris**	**aithrisíonn**
áitigh	occupy	d'áitigh	áitíonn
áitrigh	inhabit	d'áitrigh	áitríonn
allasaigh	sweat (metal)	d'allasaigh	allasaíonn
allmhairigh	import	d'allmhairigh	allmhairíonn
alp	devour	d'alp	alpann
alt	articulate	d'alt	altann
altaigh	give thanks	d'altaigh	altaíonn
altramaigh	foster	d'altramaigh	altramaíonn
amharc	**look**	**d'amharc**	**amharcann**
amhastraigh	bark	d'amhastraigh	amhastraíonn
amplaigh	be greedy for	d'amplaigh	amplaíonn
anailísigh	analyze	d'anailísigh	anailísíonn
análaigh	breathe	d'análaigh	análaíonn
anbhainnigh	enfeeble	d'anbhainnigh	anbhainníonn

aimsir fháisteanach	ainm briathartha	aidiacht bhr.	briathar gaolta
ainicfidh	anacal	anaicthe	oil
ainimheoidh	ainimhiú	ainimhithe	éirigh
ainleoidh	ainliú	ainlithe	éirigh
ainmneoidh	ainmniú	ainmnithe	éirigh
arfaidh	ar	airthe	ól + siúil
airbheartóidh	airbheartú	airbheartaithe	athraigh
aireachasóidh	aireachasú	aireachasaithe	athraigh
airgeadóidh	airgeadú	airgeadaithe	athraigh
aireoidh	aireachtáil	airithe	éirigh
áireoidh	áireamh	áirithe	éirigh
áiritheoidh	áirithiú	áirithithe	éirigh
aisbhreathnóidh	aisbhreathnú	aisbhreathnaithe	athraigh
aiscfidh	aisceadh	aiscthe	oil
aischéimneoidh	aischéimniú	aischéimnithe	éirigh
aischuirfidh	aischur	aischurtha	oil + cuir
aiséireoidh	aiséirí	aiséirithe	éirigh
aisfhuaimneoidh	aisfhuaimniú	aisfhuaimnithe	éirigh
aisghabhfaidh	aisghabháil	aisghafa	ól
aisghairfidh	aisghairm	aisghairthe	oil
aisghníomhóidh	aisghníomhú	aisghníomhaithe	athraigh
aiseagfaidh	aiseag	aiseagtha	ól + siúil
aisíocfaidh	aisíoc	aisíoctha	ól
aisiompóidh	aisiompú	aisiompaithe	athraigh
aisléasóidh	aisléasú	aisléasaithe	athraigh
aisléimfidh	aisléim	aisléimthe	oil
aislingfidh	aisling	aislingthe	oil
aistarraingfidh	aistarraingt	aistarraingthe	oil
aistreoidh	aistriú	aistrithe	éirigh
aitheascfaidh	aitheasc	aitheasctha	siúil
aithneoidh	**aithint**	**aitheanta**	**2**
aithiseoidh	aithisiú	aithisithe	éirigh
aithriseoidh	**aithris**	**aithriste**	**3**
áiteoidh	áitiú	áitithe	éirigh
áitreoidh	áitriú	áitrithe	éirigh
allasóidh	allasú	allasaithe	athraigh
allmhaireoidh	allmhairiú	allmhairithe	éirigh
alpfaidh	alpadh	alptha	ól
altfaidh	alt	alta	at
altóidh	altú	altaithe	athraigh
altramóidh	altramú	altramaithe	athraigh
amharcfaidh	**amharc**	**amharctha**	**4**
amhastróidh	amhastrach	amhastraithe	athraigh
	amhastráil		
amplóidh	amplú	amplaithe	athraigh
anailíseoidh	anailísiú	anailísithe	éirigh
análóidh	análú	análaithe	athraigh
anbhainneoidh	anbhainniú	anbhainnithe	éirigh

stem/root	English	past tense	present tense
anluchtaigh	*overload*	d'anluchtaigh	anluchtaíonn
annáil	*record*	d'annáil	annálann
ansmachtaigh	*bully*	d'ansmachtaigh	ansmachtaíonn
aoirigh	*sheperd, herd*	d'aoirigh	aoiríonn
aol	*whitewash*	d'aol	aolann
aoldathaigh	*whitewash*	d'aoldathaigh	aoldathaíonn
aom	*attract*	d'aom	aomann
aonraigh	*isolate*	d'aonraigh	aonraíonn
aontaigh	*agree, unite*	d'aontaigh	aontaíonn
aor	*satirize*	d'aor	aorann
aosaigh	*(come of) age*	d'aosaigh	aosaíonn
aothaigh	*pass crisis*	d'aothaigh	aothaíonn
árachaigh	*insure*	d'árachaigh	árachaíonn
ardaigh	*raise, ascend*	d'ardaigh	ardaíonn
arg	*destroy, pilage*	d'arg	argann
argóin	*argue*	d'argóin	argónann
armáil	*arm*	d'armáil	armálann
armónaigh	*harmonize*	d'armónaigh	armónaíonn
ársaigh	*grow old*	d'ársaigh	ársaíonn
ársaigh	*tell*	d'ársaigh	ársaíonn
asáitigh	*dislodge*	d'asáitigh	asáitíonn
asanálaigh	*exhale*	d'asanálaigh	asanálaíonn
asbheir	*deduce*	d'asbheir	asbheireann
ascain	*proceed, go to*	d'ascain	ascnaíonn
ascalaigh	*oscillate*	d'ascalaigh	ascalaíonn
aslaigh	*induce*	d'aslaigh	aslaíonn
aslonnaigh	*evacuate*	d'aslonnaigh	aslonnaíonn
astaigh	*emit*	d'astaigh	astaíonn
asúigh	*absorb, aspirate*	d'asúigh	asúnn
at	*swell*	**d'at**	**atann**
atáirg	*reproduce*	d'atáirg	atáirgeann
ataispeáin	*reappear*	d'ataispeáin	ataispeánann
atarlaigh	*recur*	d'atarlaigh	atarlaíonn
atarraing	*attract*	d'atarraing	atarraingíonn
atáthaigh	*reweld, coalesce*	d'atáthaigh	atáthaíonn
atéigh	*reheat*	d'atéigh	atéann
ateilg	*recast*	d'ateilg	ateilgeann
athachtaigh	*re-enact*	d'athachtaigh	athachtaíonn
athadhain	*rekindle*	d'athadhain	athadhnann
athadhlaic	*reinter*	d'athadhlaic	athadhlacann
athaimsigh	*rediscover*	d'athaimsigh	athaimsíonn
athainmnigh	*rename*	d'athainmnigh	athainmníonn
atháitigh	*reoccupy*	d'atháitigh	atháitíonn
athallmhairigh	*reimport*	d'athallmhairigh	athallmhairíonn
athaontaigh	*reunite*	d'athaontaigh	athaontaíonn

future tense	verbal noun	verbal adjective	verb type
anluchtóidh	anluchtú	anluchtaithe	athraigh
annálfaidh	annáladh	annálta	pacáil
ansmachtóidh	ansmachtú	ansmachtaithe	athraigh
aoireoidh	aoireacht	aoireachta	éirigh
aolfaidh	aoladh	aolta	ól
aoldathóidh	aoldathú	aoldathaithe	athraigh
aomfaidh	aomadh	aomtha	ól
aonróidh	aonrú	aonraithe	athraigh
aontóidh	aontú	aontaithe	athraigh
aorfaidh	aoradh, aor	aortha	ól
aosóidh	aosú	aosaithe	athraigh
aothóidh	aothú	aothaithe	athraigh
árachóidh	árachú	árachaithe	athraigh
ardóidh	ardú	ardaithe	athraigh
argfaidh	argain	argtha	ól
argónfaidh	argóint	argóinte	siúil
armálfaidh	armáil	armáilte	pacáil
armónóidh	armónú	armónaithe	athraigh
ársóidh	ársú	ársaithe	athraigh
ársóidh	ársaí	ársaithe	athraigh
asáiteoidh	asáitiú	asáitithe	éirigh
asanálóidh	asanálú	asanálaithe	athraigh
asbheirfidh	asbheirt	asbheirte	oil
ascnóidh	ascnamh	ascnaithe	iompair
ascalóidh	ascalú	ascalaithe	athraigh
aslóidh	aslach	aslaithe	athraigh
aslonnóidh	aslonnú	aslonnaithe	athraigh
astóidh	astú	astaithe	athraigh
asúfaidh	asú	asúite	brúigh
atfaidh	**at**	**ata**	**5**
atáirgfidh	atáirgeadh	atáirgthe	oil
ataispeánfaidh	ataispeáint	ataispeánta	tasipeáin
atarlóidh	atarlú	atarlaithe	athraigh
atarraingeoidh	atarraingt	atarraingthe	tarraing
atáthóidh	atáthú	atáite	athraigh
atéifidh	atéamh	atéite	léigh
ateilgfidh	ateilgean	ateilgthe	oil
athachtóidh	athachtú	athachtaithe	athraigh
athadhnfaidh	athadhaint	athadhainte	lch 270/3
athadhlacfaidh	athadhlacadh	athadhlactha	siúil
athaimseoidh	athaimsiú	athaimsithe	éirigh
athainmneoidh	athainmniú	athainmnithe	éirigh
atháiteoidh	atháitiú	atháitithe	éirigh
athallmhaireoidh	athallmhairiú	athallmhairithe	éirigh
athaontóidh	athaontú	athaontaithe	athraigh

gas/fréamh	Béarla	aimsir chaite	aimsir láithreach
atharmáil	rearm	d'atharmáil	atharmálann
athbheoigh	revive	d'athbheoigh	athbheonn
athbhreithnigh	review, revise	d'athbhreithnigh	athbhreithníonn
athbhris	break again	d'athbhris	athbhriseann
athbhuail	beat again	d'athbhuail	athbhuaileann
athbhunaigh	re-establish	d'athbhunaigh	athbhunaíonn
athchas	turn again	d'athchas	athchasann
athcheangail	refasten	d'athcheangail	athcheanglaíonn
athcheannaigh	repurchase	d'athcheannaigh	athcheannaíonn
athcheap	reappoint	d'athcheap	athcheapann
athcheartaigh	revise, re-amend	d'athcheartaigh	athcheartaíonn
athcheistigh	re-examine	d'athcheistigh	athcheistíonn
athchlampaigh	reclamp	d'athchlampaigh	athchlampaíonn
athchlóigh	reprint	d'athchlóigh	athchlónn
athchlúdaigh	re-cover	d'athchlúdaigh	athchlúdaíonn
athchnuchair	refoot	d'athchnuchair	athchnuchraíonn
athchogain	ruminate	d'athchogain	athchognaíonn
athchóipeáil	recopy	d'athchóipeáil	athchóipeálann
athchóirigh	rearrange	d'athchóirigh	athchóiríonn
athchomhair	re-count	d'athchomhair	athchomhaireann
athchomhairligh	dissuade	d'athchomhairligh	athchomhairlíonn
athchorpraigh	re-incorporate	d'athchorpraigh	athchorpraíonn
athchraol	retransmit	d'athchraol	athchraolann
athchruaigh	reharden	d'athchruaigh	athchruann
athchrúigh	remilk	d'athchrúigh	athchrúnn
athchruinnigh	reassemble	d'athchruinnigh	athchruinníonn
athchruthaigh	reshape	d'athchruthaigh	athchruthaíonn
athchuir	replant, remand	d'athchuir	athchuireann
athchum	reconstruct	d'athchum	athchumann
athdháil	redistribute	d'athdháil	athdháileann
athdhathaigh	re-dye, repaint	d'athdhdhathaigh	athdhathaíonn
athdhéan	redo, remake	d'athdhéan	athdhéanann
athdhearbhaigh	re-affirm	d'athdhearbhaigh	athdhearbhaíonn
athdheilbhigh	reshape	d'athdheilbhigh	athdheilbhíonn
athdheimhnigh	reassure	d'athdheimhnigh	athdheimhníonn
athdheisigh	remand, reset	d'athdheisigh	athdheisíonn
athdhílsigh	revest	d'athdhílsigh	athdhílsíonn
athdhíol	resell	d'athdhíol	athdhíolann
athdhíon	re-roof	d'athdhíon	athdhíonann
athdhúisigh	reawake	d'athdhúisigh	athdhúisíonn
atheagraigh	rearrange, edit	d'atheagraigh	atheagraíonn
athéirigh	rise again	d'athéirigh	athéiríonn
atheisigh	reissue	d'atheisigh	atheisíonn
athéist	rehear	d'athéist	athéisteann
athfhaghair	retemper metal	d'athfhaghair	athfhaghraíonn
athfheidhmigh	refunction	d'athfheidhmigh	athfheidhmíonn

aimsir fháisteanach	ainm briathartha	aidiacht bhr.	briathar gaolta
atharmálfaidh	atharmáil	atharmáilte	pacáil
athbheofaidh	athbheochan	athbheochanta	feoigh
athbhreithneoidh	athbhreithniú	athbhreithnithe	éirigh
athbhrisfidh	athbhriseadh	athbhriste	oil + bris
athbhuailfidh	athbhualadh	athbhuailte	oil
athbhunóidh	athbhunú	athbhunaithe	athraigh
athchasfaidh	athchasadh	athchasta	ól, cas
athcheanglóidh	athcheangal	athcheangailte	oscail + ceangáil
athcheannóidh	athcheannach	athcheannaithe	athraigh + ceannaigh
athcheapfaidh	athcheapadh	athcheaptha	ól
athcheartóidh	athcheartú	athcheartaithe	athraigh
athcheisteoidh	athcheistiú	athcheistithe	éirigh
athchlampóidh	athchlampú	athchlampaithe	athraigh
athchlófaidh	athchló	athchlóite	dóigh
athchlúdóidh	athchlúdach	athchlúdaithe	athraigh
athchnuchróidh	athchnuchairt	athchnuchartha	iompair
athchognóidh	athchogaint	athchoganta	iompair
athchóipeálfaidh	athchóipeáil	athchóipeáilte	pacáil
athchóireoidh	athchóiriú	athchóirithe	éirigh
athchomhairfidh	athchomhaireamh	athchomhairthe	oil
athchomhairleoidh	athchomhairliú	athchomhairlithe	éirigh
athchorpróidh	athchorprú	athchorpraithe	athraigh
athchraolfaidh	athchraoladh	athchraolta	ól
athchruafaidh	athchruachan	athchruaite	fuaigh
athchrúfaidh	athchrú	athchrúite	brúigh
athchruinneoidh	athchruinniú	athchruinnithe	éirigh
athchruthóidh	athchruthú	athchruthaithe	athraigh
athchuirfidh	athchur	athchurtha	oil + cuir
athchumfaidh	athchumadh	athchumtha	ól
athdháilfidh	athdháileadh	athdháilte	oil
athdhathóidh	athdhathú	athdhathaithe	athraigh
athdhéanfaidh	athdhéanamh	athdhéanta	ól
athdhearbhóidh	athdhearbhú	athdhearbhaithe	athraigh
athdheilbheoidh	athdheilbhiú	athdheilbhithe	éirigh
athdheimhneoidh	athdheimhniú	athdheimhnithe	éirigh
athdheiseoidh	athdheisiú	athdheisithe	éirigh
athdhílseoidh	athdhílsiú	athdhílsithe	éirigh
athdhíolfaidh	athdhíol	athdhíolta	ól + díol
athdhíonfaidh	athdhíonadh	athdhíonta	ól + dúisigh
athdhúiseoidh	athdhúiseacht	athdhúisithe	éirigh
atheagróidh	atheagrú	atheagraithe	athraigh
athéireoidh	athéirí	athéirithe	éirigh
atheiseoidh	atheisiúint	atheisithe	éirigh
athéistfidh	athéisteacht	athéiste	éist
athfhaghróidh	athfhaghairt	athfhaghartha	iompair
athfheidhmeoidh	athfheidhmiú	athfheidhmithe	éirigh

stem/root	English	past tense	present tense
athfheistigh	*recloth, fit*	d'athfheistigh	athfheistíonn
athfhill	*recur, refold*	d'athfhill	athfhilleann
athfhoilsigh	*republish*	d'athfhoilsigh	athfhoilsíonn
athfhostaigh	*re-employ*	d'athfhostaigh	athfhostaíonn
athfhuaimnigh	*resound*	d'athfhuaimnigh	athfhuaimníonn
athghabh	*retake, recover*	d'athghabh	athghabhann
athghair	*recall, repeal*	d'athghair	athghaireann
athghéaraigh	*resharpen*	d'athghéaraigh	athghéaraíonn
athghéill	*resubmit*	d'athghéill	athghéilleann
athghin	*regenerate*	d'athghin	athghineann
athghlan	*reclean*	d'athghlan	athghlanann
athghlaoigh	*recall*	d'athghlaoigh	athghlaonn
athghléas	*refit*	d'athghléas	athghléasann
athghnóthaigh	*regain*	d'athghnóthaigh	athghnóthaíonn
athghoin	*rewound*	d'athghoin	athghoineann
athghor	*reheat*	d'athghor	athghorann
athghreamaigh	*refasten*	d'athghreamaigh	athghreamaíonn
athghríosaigh	*rekindle*	d'athghríosaigh	athghríosaíonn
athghróig	*refoot* turf	d'athghróig	athghróigeann
athghrúpáil	*regroup*	d'athghrúpáil	athghrúpálann
athimir	*replay*	d'athimir	athimríonn
athinis	*retell*	d'athinis	athinsíonn
athiompaigh	*turn back*	d'athiompaigh	athiompaíonn
athiontráil	*re-enter*	d'athiontráil	athiontrálann
athlas	*relight, inflame*	d'athlas	athlasann
athleag	*re-lay*	d'athleag	athleagann
athleáigh	*remelt*	d'athleáigh	athleánn
athleasaigh	*reamend*	d'athleasaigh	athleasaíonn
athléigh	*reread*	d'athléigh	athléann
athléirigh	*revive*	d'athléirigh	athléiríonn
athlíneáil	*reline*	d'athlíneáil	athlíneálann
athlíon	*refill*	d'athlíon	athlíonann
athliostáil	*re-enlist*	d'athliostáil	athliostálann
athluaigh	*reiterate*	d'athluaigh	athluann
athluchtaigh	*reload, recharge*	d'athluchtaigh	athluchtaíonn
athmhaisigh	*redecorate*	d'athmhaisigh	athmhaisíonn
athmhúnlaigh	*remould*	d'athmhúnlaigh	athmhúnlaíonn
athmhúscail	*reawake*	d'athmhúscail	athmhúsclaíonn
athnasc	*reclasp*	d'athnasc	athnascann
athneartaigh	*reinforce*	d'athneartaigh	athneartaíonn
athnuaigh	*renew*	d'athnuaigh	athnuann
athonnmhairigh	*re-export*	d'athonnmhairigh	athonnmhairíonn
athordaigh	*re-order*	d'athordaigh	athordaíonn
athoscail	*reopen*	d'athoscail	athosclaíonn
athphéinteáil	*repaint*	d'athphéinteáil	athphéinteálann
athphlandáil	*replant*	d'athphlandáil	athphlandálann

future tense	verbal noun	verbal adjective	verb type
athfheisteoidh	athfheistiú	athfheistithe	éirigh
athfhillfidh	athfhilleadh	athfhillte	oil
athfhoilseoidh	athfhoilsiú	athfhoilsithe	éirigh
athfhostóidh	athfhostú	athfhostaithe	athraigh
athfhuaimneoidh	athfhuaimniú	athfhuaimnithe	éirigh
athghabhfaidh	athghabháil	athghafa	ól
athghairfidh	athghairm	athghairthe	oil
athghéaróidh	athghéarú	athghéaraithe	athraigh
athghéillfidh	athghéilleadh	athghéillte	oil + géill
athghinfidh	athghiniúint	athghinte	oil
athghlanfaidh	athghlanadh	athghlanta	ól + glan
athghlaofaidh	athghlaoch	athghlaoite	feoigh
athghléasfaidh	athghléasadh	athghléasta	ól
athghnóthóidh	athghnóthú	athghnóthaithe	athraigh
athghoinfidh	athghoin	athghonta	oil
athghorfaidh	athghoradh	athghortha	ól
athghreamóidh	athghreamú	athghreamaithe	athraigh
athghríosóidh	athghríosú	athghríosaithe	athraigh
athghróigfidh	athghróigeadh	athghróigthe	oil
athghrúpálfaidh	athghrúpáil	athghrúpáilte	pacáil
athimreoidh	athimirt	athimeartha	imir
athinseoidh	athinsint /-inse	athinste	inis
athiompóidh	athiompú	athiompaithe	athraigh
athiontrálfaidh	athiontráil	athiontráilte	pacáil
athlasfaidh	athlasadh	athlasta	ól
athleagfaidh	athleagan	athleagtha	ól
athleáfaidh	athleá	athleáite	báigh
athleasóidh	athleasú	athleasaithe	athraigh
athléifidh	athléamh	athléite	léigh
athléireoidh	athléiriú	athléirithe	éirigh
athlíneálfaidh	athlíneáil	athlíneáilte	pacáil
athlíonfaidh	athlíonadh	athlíonta	ól
athliostálfaidh	athliostáil	athliostáilte	pacáil
athluafaidh	athlua	athluaite	fuaigh
athluchtóidh	athluchtú	athluchtaithe	athraigh
athmhaiseoidh	athmhaisiú	athmhaisithe	éirigh
athmhúnlóidh	athmhúnlú	athmhúnlaithe	athraigh
athmhúsclóidh	athmhúscailt	athmhúscailte	oscail, múscail
athnascfaidh	athnascadh	athnasctha	ól
athneartóidh	athneartú	athneartaithe	athraigh
athnuafaidh	athnuachan	athnuaite	fuaigh
athonnmhaireoidh	athonnmhairiú	athonnmhairithe	éirigh
athordóidh	athordú	athordaithe	athraigh
athosclóidh	athoscailt	athoscailte	oscail
athphéinteálfaidh	athphéinteáil	athphéinteáilte	pacáil
athphlandálfaidh	athphlandáil	athphlandáilte	pacáil

gas/fréamh	Béarla	aimsir chaite	aimsir láithreach
athphléigh	*rediscuss*	d'athphléigh	athphléann
athphós	*remarry*	d'athphós	athphósann
athphreab	*rebound*	d'athphreab	athphreabann
athphriontáil	*reprint*	d'athphriontáil	athphriontálann
athraigh	***change***	**d'athraigh**	**athraíonn**
athraon	*refract*	d'athraon	athraonann
athreoigh	*regelate*	d'athreoigh	athreonn
athriar	*readminister*	d'athriar	athriarann
athrígh	*dethrone*	d'athrígh	athríonn
athroinn	*reapportion*	d'athroinn	athroinneann
athrómhair	*redig*	d'athrómhair	athrómhraíonn
athscag	*refilter*	d'athscag	athscagann
athscinn	*recoil*	d'athscinn	athscinneann
athscríobh	*rewrite*	d'athscríobh	athscríobhann
athscrúdaigh	*re-examine*	d'athscrúdaigh	athscrúdaíonn
athshamhlaigh	*imagine afresh*	d'athshamhlaigh	athshamhlaíonn
athshaothraigh	*recultivate*	d'athshaothraigh	athshaothraíonn
athsheachaid	*replevy, relay*	d'athsheachaid	athsheachadann
athsheol	*readdress*	d'athsheol	athsheolann
athshlánaigh	*rehabilitate*	d'athshlánaigh	athshlánaíonn
athshluaistrigh	*reshovel*	d'athshluaistrigh	athshluaistríonn
athshnaidhm	*reknot*	d'athshnaidhm	a.shnaidhmeann
athshocraigh	*rearrange*	d'athshocraigh	athshocraíonn
athsholáthraigh	*replenish*	d'athsholáthraigh	athsholáthraíonn
athshon	*resonate*	d'athshon	athshonann
athshuaith	*remix/shuffle*	d'athshuaith	athshuaitheann
athshúigh	*reabsorb*	d'athshúigh	athshúnn
athspreag	*reincite*	d'athspreag	athspreagann
athspréigh	*respread*	d'athspréigh	athspréann
athstóraigh	*re-store*	d'athstóraigh	athstóraíonn
atíolaic	*rebestow*	atíolaic	atíolacann
ationóil	*reconvene*	d'ationóil	ationólann
atit	*relapse*	d'atit	atiteann
atóg	*rebuild, retake*	d'atóg	atógann
atogh	*re-elect*	d'atogh	atoghann
atosaigh	*recommence*	d'atosaigh	atosaíonn
atrácht	*retread*	d'atrácht	atráchtann
atreabh	*replough*	d'atreabh	atreabhann
atriail	*retry*	d'atriail	atriaileann
babhláil	*bowl*	bhabhláil	babhlálann
babhtáil	*exhange, swop*	bhabhtáil	babhtálann
bac	*hinder*	bhac	bacann
bácáil	*bake*	bhácáil	bácálann
bachlaigh	*bud*	bhachlaigh	bachlaíonn
badráil	*bother*	bhadráil	badrálann

aimsir fháisteanach	ainm briathartha	aidiacht bhr.	briathar gaolta
athphléifidh	athphlé	athphléite	léigh
athphósfaidh	athphósadh	athphósta	ól + fás
athphreabfaidh	athphreabadh	athphreabtha	ól
athphriontálfaidh	athphriontáil	athphriontáilte	pacáil
athróidh	**athrú**	**athraithe**	**6**
athraonfaidh	athraonadh	athraonta	ól
athreofaidh	athreo	athreoite	feoigh
athriarfaidh	athriar	athriartha	ól
athrífidh	athrí	athríthe	cloígh
athroinnfidh	athroinnt	athroinnte	oil + roinn
athrómhróidh	athrómhar	athrómhartha	iompair
athscagfaidh	athscagadh	athscagtha	ól
athscinnfidh	athscinneadh	athscinnte	oil
athscríobhfaidh	athscríobh	athscríofa	ól, scríobh
athscrúdóidh	athscrúdú	athscrúdaithe	athraigh
athshamhlóidh	athshamhlú	athshamhlaithe	athraigh
athshaothróidh	athshaothrú	athshaothraithe	athraigh
athsheachadfaidh	athsheachadadh	athsheachadta	siúil
athsheolfaidh	athsheoladh	athsheolta	ól
athshlánóidh	athshlánú	athshlánaithe	athraigh
athshluaistreoidh	athshluaistriú	athshluaistrithe	éirigh
a.shnaidhmfidh	a.shnaidhmeadh	athshnaidhmthe	oil
athshocróidh	athshocrú	athshocraithe	athraigh
athsholáthróidh	athsholáthar	athsholáthraithe	athraigh
athshonfaidh	athshonadh	athshonta	ól
athshuaithfidh	athshuaitheadh	athshuaite	caith
athshúfaidh	athshú	athshúite	brúigh
athspreagfaidh	athspreagadh	athspreagtha	ól
athspréifidh	athspré	athspréite	léigh
athstóróidh	athstórú	athstóraithe	athraigh
atíolacfaidh	atíolacadh	atíolactha	siúil
ationólfaidh	ationól	ationólta	siúil
atitfidh	atitim	atite	éist + tit
atógfaidh	atógáil	atógtha	ól
atoghfaidh	atoghadh	atofa	ól
atosóidh	atosú	atosaithe	athraigh + tosaigh
atráchtfaidh	atráchtadh	atráchta	trácht
atreabhfaidh	atreabhadh	atreafa	ól
atriailfidh	atriail	atriailte	oil
babhlálfaidh	babhláil	babhláilte	pacáil
babhtálfaidh	babhtáil	babhtáilte	pacáil
bacfaidh	bacadh	bactha	bog
bácálfaidh	bácáil	bácáilte	pacáil
bachlóidh	bachlú	bachlaithe	beannaigh
badrálfaidh	badráil	badráilte	pacáil

stem/root	English	past tense	present tense
bagair	*threaten*	bhagair	bagraíonn
baghcatáil	*boycott*	bhaghcatáil	baghcatálann
baiceáil	*back*	bhaiceáil	baiceálann
baig	*bag, heap*	bhaig	baigeann
báigh	***drown***	**bháigh**	**bánn**
bailc	*pour down*	bhailc	balcann
bailigh	***gather, collect***	**bhailigh**	**bailíonn**
bain	***cut, take, win***	**bhain**	**baineann**
baist	*baptize, name*	bhaist	baisteann
báistigh	*rain*	bháistigh	báistíonn
balbhaigh	*silence*	bhalbhaigh	balbhaíonn
ballastaigh	*ballast*	bhallastaigh	ballastaíonn
ballbhasc	*maim*	bhallbhasc	ballbhascann
balsamaigh	*embalm*	bhalsamaigh	balsamaíonn
bánaigh	*desert, whiten*	bhánaigh	bánaíonn
bancáil	*bank*	bhancáil	bancálann
bannaigh	*bail*	bhannaigh	bannaíonn
baoiteáil	*bait*	bhaoiteáil	baoiteálann
barántaigh	*warrant*	bharántaigh	barántaíonn
barr[1]	*top*	bharr1	barrann
barr[2]	*hinder*	bharr2	barrann
barrchaolaigh	*taper*	bharrchaolaigh	barrchaolaíonn
barrdhóigh	*singe*	bharrdhóigh	barrdhónn
barriompaigh	*turn about*	bharriompaigh	barriompaíonn
barrloisc	*singe*	bharrloisc	barrloisceann
barúil	*think*	bharúil	barúlann
básaigh	*die*	bhásaigh	básaíonn
basc	*bash*	bhasc	bascann
baslaigh	*baste beat*	bhaslaigh	baslaíonn
batáil	*pole*	bhatáil	batálann
batráil	*batter*	bhatráil	batrálann
beachtaigh	*correct*	beachtaigh	beachtaíonn
beagaigh	*diminish*	bheagaigh	beagaíonn
bealaigh	*grease*	bhealaigh	bealaíonn
béalraigh	*(spread) gossip*	bhéalraigh	béalraíonn
beangaigh	*graft*	bheangaigh	beangaíonn
beannaigh	***bless***	**bheannaigh**	**beannaíonn**
bearnaigh	*breach*	bhearnaigh	bearnaíonn
bearr	*clip, trim, cut*	bhearr	bearrann
beartaigh	*cast, decide*	bheartaigh	beartaíonn
beathaigh	*feed, nourish*	bheathaigh	beathaíonn
beibheal	*bevel*	bheibheal	beibhealann
béic	*yell, shout*	bhéic	béiceann
beir	***bear, carry***	**bheir**	**beireann**
beirigh	*boil*	bheirigh	beiríonn

future tense	verbal noun	verbal adjective	verb type
bagróidh	bagairt	bagartha	ceangail
baghcatálfaidh	baghcatáil	baghcatáilte	pacáil
baiceálfaidh	baiceáil	baiceáilte	pacáil
baigfidh	baigeadh	baigthe	bris
báfaidh	**bá**	**báite**	**7**
balcfaidh	balcann	balctha	siúil
baileoidh	**bailiú**	**bailithe**	**8**
bainfidh	**baint**	**bainte**	**9**
baistfidh	baisteadh	baiste	tit
báisteoidh	báisteach	báistithe	bailigh
balbhóidh	balbhú	balbhaithe	beannaigh
ballastóidh	ballastú	ballastaithe	beannaigh
ballbhascfaidh	ballbhascadh	ballbhasctha	bog
balsamóidh	balsamú	balsamaithe	beannaigh
bánóidh	bánú	bánaithe	beannaigh
bancálfaidh	bancáil	bancáilte	pacáil
bannóidh	bannú	bannaithe	beannaigh
baoiteálfaidh	baoiteáil	baoiteáilte	pacáil
barántóidh	barántú	barántaithe	beannaigh
barrfaidh	barradh	barrtha	bog
barrfaidh	barradh	barrtha	bog
barrchaolóidh	barrchaolú	barrchaolaithe	beannaigh
barrdhófaidh	barrdhó	barrdhóite	dóigh
barriompóidh	barriompú	barriompaithe	beannaigh
barrloiscfidh	barrloscadh	barrloiscthe	bris
barúlfaidh	barúil	barúlta	siúil
básóidh	bású	básaithe	beannaigh
bascfaidh	bascadh	basctha	bog
baslóidh	baslú	baslaithe	beannaigh
batalfaidh	batáil	batáilte	pacáil
batrálfaidh	batráil	batráilte	pacáil
beachtóidh	beachtú	beachtaithe	beannaigh
beagóidh	beagú	beagaithe	beannaigh
bealóidh	bealú	bealaithe	beannaigh
béalróidh	béalrú	béalraithe	beannaigh
beangóidh	beangú	beangaithe	beannaigh
beannóidh	**beannú**	**beannaithe**	**10**
bearnóidh	bearnú	bearnaithe	beannaigh
bearrfaidh	bearradh	bearrtha	bog
beartóidh	beartú	beartaithe	beannaigh
beathóidh	beathú	beathaithe	beannaigh
beibhealfaidh	beibhealadh	beibhealta	bog
béicfidh	béiceadh	béicthe	bris
	U ag béicfigh		
béarfaidh	**breith**	**beirthe**	**11**
beireoidh	beiriú	beirithe	bailigh

gas/fréamh	Béarla	aimsir chaite	aimsir láithreach
beoghearr	*vivisect*	bheoghearr	beoghearrann
beoghoin	*wound*	bheoghoin	beoghonann
beoigh	*animate*	bheoigh	beonn
beophian	*tantalize*	bheophian	beophianann
bí	*be*	**bhí**	**tá/bíonn**
biathaigh	*feed*	bhiathaigh	biathaíonn
bíog	*chirp*	bhíog	bíogann
bior-róst	*spitroast*	bhior-róst	bior-róstann
bioraigh	*sharpen*	bhioraigh	bioraíonn
biotúmanaigh	*bituminize*	bhiotúmanaigh	biotúmanaíonn
bisigh	*improve*	bhisigh	bisíonn
bladair	*cajole*	bhladair	bladraíonn
bladhair	*shout, bellow*	bhladhair	bladhraíonn
bladhm	*flame, flare up*	bhladhm	bladhmann
blais	*taste*	bhlais	blaiseann
blaistigh	*season* (food)	bhlaistigh	blaistíonn
blaosc	*puff, inflate*	bhlaosc	blaoscann
blaoscrúisc	*scalp*	bhlaoscrúisc	blaoscrúisceann
blásaigh	*bloom* phot.	bhlásaigh	blásaíonn
bláthaigh	*blossom, bloom*	bhláthaigh	bláthaíonn
bláthnaigh	*beautify, smooth*	bhláthnaigh	bláthnaíonn
bleaisteáil	*bleech*	bhleaisteáil	bleaisteálann
bligh	*milk*	bhligh	blíonn
blocáil	*block*	bhlocáil	blocálann
blogh	*shatter*	bhlogh	bloghann
blosc	*crack, explode*	bhlosc	bloscann
bobáil	*bob, trim*	bhobáil	bobálann
bocáil	*toss*	bhocáil	bocálann
bochtaigh	*impoverish*	bhochtaigh	bochtaíonn
bocsáil	*box*	bhocsáil	bocsálann
bodhair	*deafen*	bhodhair	bodhraíonn
bodhraigh	*deafen*	bhodhraigh	bodhraíonn
bog	*move*	**bhog**	**bogann**
bogaigéadaigh	*acidulate*	bhogaigéadaigh	bogaigéadaíonn
boilscigh	*bulge, inflate*	bhoilscigh	boilscíonn
bolaigh	*smell, scent*	bholaigh	bolaíonn
bolcáinigh	*vulcanize*	bholcáinigh	bolcáiníonn
bolg	*bulge*	bholg	bolgann
boltáil	*bolt*	bholtáil	boltálann
boltanaigh	*smell, scent*	bholtanaigh	boltanaíonn
bombardaigh	*bombard*	bhombardaigh	bombardaíonn
bonnaigh	*walk, trot*	bhonnaigh	bonnaíonn
borbaigh	*get angry*	bhorbaigh	borbaíonn
bordáil	*board*	bhordáil	bordálann
borr	*swell, increase*	bhorr	borrann
brácáil	*harrow*	bhrácáil	brácálann

aimsir fháisteanach	ainm briathartha	aidiacht bhr.	briathar gaolta
beoghearrfaidh	beoghearradh	beoghearrtha	bog
beoghonfaidh	beoghoin	beoghonta	siúil *cf* goin
beofaidh	beochan	beoite	feoigh
beophianfaidh	beophianadh	beophianta	bog
beidh	**bheith**	-	**12**
biathóidh	biathú	biathaithe	beannaigh
bíogfaidh	bíogadh	bíogtha	bog
bior-róstfaidh	bior-róstadh	bior-rósta	bog
bioróidh	biorú	bioraithe	beannaigh
biotúmanóidh	biotúmanú	biotúmanaithe	beannaigh
biseoidh	bisiú	bisithe	bailigh
bladróidh	bladar	bladartha	ceangail
bladhróidh	bladhradh	bladhartha	ceangail
bladhmfaidh	bladhmadh	bladhmtha	bog
blaisfidh	blaiseadh	blaiste	bris
blaisteoidh	blaistiú	blaistithe	bailigh
blaoscfaidh	blaoscadh	blaosctha	bog
blaoscrúiscfidh	blaoscrúscadh	blaoscrúiscthe	bris
blásóidh	blású	blásaithe	beannaigh
bláthóidh	bláthú	bláthaithe	beannaigh
bláthnóidh	bláthnú	bláthnaithe	beannaigh
bleaisteálfaidh	bleaisteáil	bleaisteáilte	pacáil
blífidh	blí	blite	nigh
blocálfaidh	blocáil	blocáilte	pacáil
bloghfaidh	bloghadh	bloghta	bog
bloscfaidh	bloscadh	blosctha	bog
bobálfaidh	bobáil	bobáilte	pacáil
bocálfaidh	bocáil	bocáilte	pacáil
bochtóidh	bochtú	bochtaithe	beannaigh
bocsálfaidh	bocsáil	bocsáilte	pacáil
bodhróidh	bodhradh	bodhartha	ceangail
bodhróidh	bodhrú	bodhraithe	beannaigh
bogfaidh	**bogadh**	**bogtha**	**14**
bogaigéadóidh	bogaigéadú	bogaigéadaithe	beannaigh
boilsceoidh	boilsciú	boilscithe	bailigh
bolóidh	bolú	bolaithe	beannaigh
bolcáineoidh	bolcániú	bolcáinithe	bailigh
bolgfaidh	bolgadh	bolgtha	bog
boltálfaidh	boltáil	boltáilte	pacáil
boltanóidh	boltanú	boltanaithe	beannaigh
bombardóidh	bombardú	bombardaithe	beannaigh
bonnóidh	bonnú	bonnaithe	beannaigh
borbóidh	borbú	borbaithe	beannaigh
bordálfaidh	bordáil	bordáilte	pacáil
borrfaidh	borradh	borrtha	bog
brácálfaidh	brácáil	brácáilte	pacáil

stem/root	English	past tense	present tense
bradaigh	*steal, pilfer*	bhradaigh	bradaíonn
braich	*malt*	bhraich	brachann
braigeáil	*brag*	bhraigeáil	braigeálann
braith	*feel, perceive*	bhraith	braitheann
brandáil	*brand*	bhrandáil	brandálann
brásáil	*embrace*	bhrásáil	brásálann
breab	*bribe*	bhreab	breabann
breabhsaigh	*perk up*	bhreabhsaigh	breabhsaíonn
breac	*speckle*	bhreac	breacann
bréadaigh	*braid*	bhréadaigh	bréadaíonn
bréag	*cajole, coax*	bhréag	bréagann
bréagnaigh	*contradict*	bhréagnaigh	bréagnaíonn
bréan	*pollute, putrify*	bhréan	bréanann
breáthaigh	*beautify*	bhreáthaigh	breáthaíonn
breathnaigh	*look, observe*	bhreathnaigh	breathnaíonn
bréid	*patch*	bhréid	bréideann
breisigh	*increase, add to*	bhreisigh	breisíonn
breithnigh	*adjudge*	bhreithnigh	breithníonn
bréitseáil	*breach, vomit*	bhréitseáil	bréitseálann
breoigh	*sicken, enfeeble*	bhreoigh	breonn
breoslaigh	*fuel*	bhreoslaigh	breoslaíonn
briog	*prick, provoke*	bhriog	briogann
brionnaigh	*forge*	bhrionnaigh	brionnaíonn
brioscaigh	*crisp*	bhrioscaigh	brioscaíonn
bris	***break***	**bhris**	**briseann**
broc	*mess up*	bhroc	brocann
broic (le)	*tolerate*	bhroic (le)	broiceann
broicéadaigh	*brocade*	bhroicéadaigh	broicéadaíonn
broid	*prod, nudge*	bhroid	broideann
bróidnigh	*embroider*	bhróidnigh	bróidníonn
broim	*fart*	bhroim	bromann
bróitseáil	*broach*	bhróitseáil	bróitseálann
brón	*greive*	bhrón	brónann
bronn, pronn *U*	*grant, bestow*	bhronn, pronn U	bronnann
brostaigh	*hasten, urge*	bhrostaigh	brostaíonn
brúcht	*belch, burp*	bhrúcht	brúchtann
brúidigh	*brutalize*	bhrúidigh	brúidíonn
brúigh	***press***	**bhrúigh**	**brúnn**
bruíon	*fight, quarrel*	bhruíon	bruíonann
brúisc	*crush, crunch*	bhrúisc	brúisceann
bruiseáil	*brush*	bhruiseáil	bruiseálann
bruith	*boil*	bhruith	bruitheann
bruithnigh	*smelt*	bhruithnigh	bruithníonn
buac	*lixiviate*	bhuac	buacann
buaigh	*win*	bhuaigh	buann
buail	*hit, beat, strike*	bhuail	buaileann

future tense	verbal noun	verbal adjective	verb type
bradóidh	bradú	bradaithe	beannaigh
brachfaidh	brachadh	brachta	siúil
braigeálfaidh	braigeáil	braigeáilte	pacáil
braithfidh	brath	braite	caith
brandálfaidh	brandáil	brandáilte	pacáil
brásálfaidh	brásáil	brásáilte	pacáil
breabfaidh	breabadh	breabtha	bog
breabhsóidh	breabhsú	breabhsaithe	beannaigh
breacfaidh	breacadh	breactha	bog
bréadóidh	bréadú	bréadaithe	beannaigh
bréagfaidh	bréagadh	bréagtha	bog
bréagnóidh	bréagnú	bréagnaithe	beannaigh
bréanfaidh	bréanadh	bréanta	bog
breáthóidh	breáthú	breáthaithe	beannaigh
breathnóidh	breathnú	breathnaithe	beannaigh, **4** *C*
bréidfidh	bréideadh	bréidte	bris
breiseoidh	breisiú	breisithe	bailigh
breithneoidh	breithniú	breithnithe	bailigh
bréitseálfaidh	bréitseáil	bréitseáilte	pacáil
breofaidh	breo	breoite	feoigh
breoslóidh	breoslú	breoslaithe	beannaigh
briogfaidh	briogadh	briogtha	bog
brionnóidh	brionnú	brionnaithe	beannaigh
brioscóidh	brioscú	brioscaithe	beannaigh
brisfidh	**briseadh**	**briste**	**15**
brocfaidh	brocadh	broctha	bog
broicfidh	broiceadh	broicthe	bris
broicéadóidh	broicéadú	broicéadaithe	beannaigh
broidfidh	broideadh	broidte	bris
bróidneoidh	bróidniú	bróidnithe	bailigh
bromfaidh	bromadh	bromtha	siúil
bróitseálfaidh	bróitseáil	bróitseáilte	pacáil
brónfaidh	brónadh	brónta	bog
bronnfaidh	bronnadh	bronnta	bog
brostóidh	brostú	brostaithe	beannaigh
brúchtfaidh	brúchtadh	brúchta	trácht
brúideoidh	brúidiú	brúidithe	bailigh
brúfaidh	**brú**	**brúite**	**16**
bruíonfaidh	bruíon	bruíonta	bog
brúiscfidh	brúscadh	brúiscthe	bris
bruiseálfaidh	bruiseáil	bruiseáilte	pacáil
bruithfidh	bruith	bruite	caith
bruithneoidh	bruithniú	bruithnithe	bailigh
buacfaidh	buacadh	buactha	bog
buafaidh	buachan	buaite	cruaigh
buailfidh	bualadh	buailte	bris

gas/fréamh	Béarla	aimsir chaite	aimsir láithreach
buain	*reap*	bhuain	buanann
buair	*grieve, vex*	bhuair	buaireann
bualtaigh	*smear dung on*	bhualtaigh	bualtaíonn
buamáil	*bomb*	bhuamáil	buamálann
buanaigh	*perpetuate*	bhuanaigh	buanaíonn
búcláil	*buckle*	bhúcláil	búclálann
buidéalaigh	*bottle*	bhuidéalaigh	buidéalaíonn
buígh	*yellow, tan*	bhuígh	buíonn
buinnigh	*shoot up, gush*	bhuinnigh	buinníonn
buíochasaigh	*thank*	bhuíochasaigh	buíochasaíonn
búir	*bellow, roar*	bhúir	búireann
buiséad	*budget*	bhuiséad	buiséadann
bunaigh	*establish*	bhunaigh	bunaíonn
burdáil	*beat, trounce*	bhurdáil	burdálann
burláil	*bundle*	bhurláil	burlálann
cabáil	*out-argue*	chabáil	cabálann
cabhair	*help*	chabhair	cabhraíonn
cabhraigh	*help*	chabhraigh	cabhraíonn
cáblaigh	*cable*	cháblaigh	cáblaíonn
cac	*shit, excrete*	chac	cacann
cácáil	*caulk*	chácáil	cácálann
cadhail	*coil, pile*	chadhail	caidhlíonn
caibeáil	*'kib', dibble*	chaibeáil	caibeálann
caidéalaigh	*pump out*	chaidéalaigh	caidéalaíonn
caidrigh	*befriend*	chaidrigh	caidríonn
caígh	*weep, lament*	chaígh	caíonn
caighdeánaigh	*standardise*	chaighdeánaigh	caighdeánaíonn
cailcigh	*calcify*	chailcigh	cailcíonn
cailcínigh	*calcine*	chailcínigh	cailcíníonn
cailg	*bite, sting*	chailg	cailgeann
cáiligh	*qualify*	cháiligh	cáilíonn
caill	**lose**	**chaill**	**cailleann**
cáin	*fine, condemn*	cháin	cáineann
cainníochtaigh	*quantify*	chainníochtaigh	cainníochtaíonn
cáinsigh	*scold*	cháinsigh	cáinsíonn
caintigh	*speak, address*	chaintigh	caintíonn
caipitligh	*capitalize*	chaipitligh	caipitlíonn
cairéalaigh	*quarry*	chairéalaigh	cairéalaíonn
cairtfhostaigh	*charter*	chairtfhostaigh	cairtfhostaíonn
caisligh	*castle (chess)*	chaisligh	caislíonn
caisnigh	*frizz, curl*	chaisnigh	caisníonn
caith	**wear, spend, throw**	**chaith**	**caitheann**
cáith	*winnow, spray*	cháith	cáitheann
cáithigh	*belittle, revile*	cháithigh	cáithíonn
caithreáil	*tangle*	chaithreáil	caithreálann

aimsir fháisteanach	ainm briathartha	aidiacht bhr.	briathar gaolta
buanfaidh	buain	buainte	siúil
buairfidh	buaireamh	buartha	bris
bualtóidh	bualtú	bualtaithe	beannaigh
buamálfaidh	buamáil	buamáilte	pacáil
buanóidh	buanú	buanaithe	beannaigh
búclálfaidh	búcláil	búcláilte	pacáil
buidéalóidh	buidéalú	buidéalaithe	beannaigh
buífidh	buíochan	buíte	clóígh
buinneoidh	buinniú	buinnithe	bailigh
buíochasóidh	buíochasú	buíochasaithe	beannaigh
búirfidh	búireach	búirthe	bris
buiséadfaidh	buiséadadh	buiséadta	bog
bunóidh	bunú	bunaithe	beannaigh
burdálfaidh	burdáil	burdáilte	pacáil
burlálfaidh	burláil	burláilte	pacáil
cabálfaidh	cabáil	cabáilte	pacáil
cabhróidh	cabhradh	cabhartha	codail
cabhróidh	cabhrú	cabhraithe	ceannaigh
cáblóidh	cáblú	cáblaithe	ceannaigh
cacfaidh	cac	cactha	cas
cácálfaidh	cácáil	cácáilte	pacáil
caidhleoidh	caidhleadh	caidhilte	taitin
caibeálfaidh	caibeáil	caibeáilte	pacáil
caidéalóidh	caidéalú	caidéalaithe	ceannaigh
caidreoidh	caidriú	caidrithe	coinnigh
caífidh	caí	caíte	clóígh
caighdeánóidh	caighdeánú	caighdeánaithe	ceannaigh
cailceoidh	cailciú	cailcithe	coinnigh
cailcíneoidh	cailcíniú	cailcínithe	coinnigh
cailgfidh	cailgeadh	cailgthe	caill
cáileoidh	cáiliú	cáilithe	coinnigh
caillfidh	**cailleadh**	**caillte**	**17**
cáinfidh	cáineadh	cáinte	caill
cainníochtóidh	cainníochtú	cainníochtaithe	ceannaigh
cáinseoidh	cáinsiú	cáinsithe	coinnigh
cainteoidh	caintiú	caintithe	coinnigh
caipitleoidh	caipitliú	caipitlithe	coinnigh
cairéalóidh	cairéalú	cairéalaithe	ceannaigh
cairtfhostóidh	cairtfhostú	cairtfhostaithe	ceannaigh
caisleoidh	caisliú	caislithe	coinnigh
caisneoidh	caisniú	caisnithe	coinnigh
caithfidh	**caitheamh**	**caite**	**18**
cáithfidh	cáitheadh	cáite	caith
cáitheoidh	cáithiú	cáithithe	coinnigh
caithreálfaidh	caithreáil	caithreáilte	pacáil

stem/root	English	past tense	present tense
caithréimigh	*triumph*	chaithréimigh	caithréimíonn
caithrigh	*reach puberty*	chaithrigh	caithríonn
caiticeasmaigh	*catechize*	chaiticeasmaigh	caiticeasmaíonn
calabraigh	*calibrate*	chalabraigh	calabraíonn
calaigh	*berth*	chalaigh	calaíonn
calc	*caulk, cake*	chalc	calcann
calmaigh	*strengthen*	chalmaigh	calmaíonn
cam	*bend, distort*	cham	camann
camhraigh	*become tainted*	chamhraigh	camhraíonn
campáil	*camp*	champáil	campálann
can	*sing, chant*	chan	canann
cánáil	*cane*	chánáil	cánálann
canálaigh	*canalize*	chanálaigh	canálaíonn
cancraigh	*vex, annoy*	chancraigh	cancraíonn
cannaigh	*can*	channaigh	cannaíonn
canónaigh	*canonize*	chanónaigh	canónaíonn
cantáil	*grab, devour*	chantáil	cantálann
caoch	*dazzle, wink*	chaoch	caochann
caochfháithimigh	*slip-hem*	chaochfháithimigh	c.fháithimíonn
caoin	*cry, keen,*	chaoin	caoineann
caoithigh	*suit*	chaoithigh	caoithíonn
caolaigh	*slenderize*	chaolaigh	caolaíonn
caomhnaigh	*preserve*	chaomhnaigh	caomhnaíonn
car	*love*	char	carann
caradaigh	*befriend*	charadaigh	caradaíonn
carbólaigh	*carbolize*	charbólaigh	carbólaíonn
carbónaigh	*carbonize*	charbónaigh	carbónaíonn
carbraigh	*carbuerate*	charbraigh	carbraíonn
carcraigh	*incarerate*	charcraigh	carcraíonn
cardáil	*card, discuss*	chardáil	cardálann
carn	*heap, pile*	charn	carnann
cart	*tan, clear out*	chart	cartann
cas	***twist, wind***	**chas**	**casann**
cásaigh	*deplore*	chásaigh	cásaíonn
cásáil	*encase, case*	chásáil	cásálann
casaoid	*complain*	chasaoid	casaoideann
casiompaigh	*retrograde*	chasiompaigh	casiompaíonn
casmhúnlaigh	*spin*	chasmhúnlaigh	casmhúnlaíonn
catalaigh	*catalyze*	chatalaigh	catalaíonn
cathaigh	*battle, tempt*	chathaigh	cathaíonn
ceadaigh	*permit, allow*	cheadaigh	ceadaíonn
céadcheap	*invent, rough-hew*	chéadcheap	céadcheapann
céadfaigh	*sense*	chéadfaigh	céadfaíonn
ceadúnaigh	*license*	cheadúnaigh	ceadúnaíonn
cealaigh	*cancel*	chealaigh	cealaíonn
cealg	*beguile, lull*	chealg	cealgann

future tense	verbal noun	verbal adjective	verb type
caithréimeoidh	caithréimiú	caithréimithe	coinnigh
caithreoidh	caithriú	caithrithe	coinnigh
caiticeasmóidh	caiticeasmú	caiticeasmaithe	ceannaigh
calabróidh	calabrú	calabraithe	ceannaigh
calóidh	calú	calaithe	ceannaigh
calcfaidh	calcadh	calctha	cas
calmóidh	calmú	calmaithe	ceannaigh
camfaidh	camadh	camtha	cas
camhróidh	camhrú	camhraithe	ceannaigh
campálfaidh	campáil	campáilte	pacáil
canfaidh	canadh	canta	cas
cánálfaidh	cánáil	cánáilte	pacáil
canálóidh	canálú	canálaithe	ceannaigh
cancróidh	cancrú	cancraithe	ceannaigh
cannóidh	cannú	cannaithe	ceannaigh
canónóidh	canónú	canónaithe	ceannaigh
cantálfaidh	cantáil	cantáilte	pacáil
caochfaidh	caochadh	caochta	cas
c.fháithimeoidh	c.fháithimiú	c.fháithimithe	coinnigh
caoinfidh	caoineadh	caointe	cuir
caoitheoidh	caoithiú	caoithithe	coinnigh
caolóidh	caolú	caolaithe	ceannaigh
caomhnóidh	caomhnú	caomhnaithe	ceannaigh
carfaidh	carthain	cartha	cas
caradóidh	caradú	caradaithe	ceannaigh
carbólóidh	carbólú	carbólaithe	ceannaigh
carbónóidh	carbónú	carbónaithe	ceannaigh
carbróidh	carbrú	carbraithe	ceannaigh
carcróidh	carcrú	carcraithe	ceannaigh
cardálfaidh	cardáil	cardáilte	pacáil
carnfaidh	carnadh	carntha	cas
cartfaidh	cartadh	carta	trácht
casfaidh	**casadh**	**casta**	**19**
cásóidh	cású	cásaithe	ceannaigh
cásálfaidh	cásáil	cásáilte	pacáil
casaoidfidh	casaoid	casaoidte	cuir
casiompóidh	casiompú	casiompaithe	ceannaigh
casmhúnlóidh	casmhúnlú	casmhúnlaithe	ceannaigh
cataóidh	catalú	catalaithe	ceannaigh
cathóidh	cathú	cathaithe	ceannaigh
ceadóidh	ceadú	ceadaithe	ceannaigh
céadcheapfaidh	céadcheapadh	céadcheaptha	cas
céadfóidh	céadfú	céadfaithe	ceannaigh
ceadúnóidh	ceadúnú	ceadúnaithe	ceannaigh
cealóidh	cealú	cealaithe	ceannaigh
cealgfaidh	cealgadh	cealgtha	cas

gas/fréamh	Béarla	aimsir chaite	aimsir láithreach
ceangail	***tie, bind***	**cheangail**	**ceanglaíonn**
ceannaigh	***buy***	**cheannaigh**	**ceannaíonn**
céannaigh	*identify*	chéannaigh	céannaíonn
ceannchogain	*nibble, gnaw*	cheannchogain	ceannchognaíonn
ceansaigh	*appease, control*	cheansaigh	ceansaíonn
ceantáil	*auction*	cheantáil	ceantálann
ceap	*invent, think*	cheap	ceapann
cearnaigh	*square*	chearnaigh	cearnaíonn
ceartaigh	*correct*	cheartaigh	ceartaíonn
céas	*crucify, torment*	chéas	céasann
céaslaigh	*paddle (boat)*	chéaslaigh	céaslaíonn
ceasnaigh	*complain*	cheasnaigh	ceasnaíonn
ceil	*hide, conceal*	cheil	ceileann
ceiliúir	*warble, sing, celebrate*	cheiliúir	ceiliúrann
céimnigh	*step, graduate*	chéimnigh	céimníonn
ceirtleáil	*wind into ball*	cheirtleáil	ceirtleálann
ceis	*grumble*	cheis	ceiseann
ceistigh	*question*	cheistigh	ceistíonn
ciallaigh	*mean, signify*	chiallaigh	ciallaíonn
ciap	*harass, annoy*	chiap	ciapann
ciar	*wax*	chiar	ciarann
ciceáil	*kick*	chiceáil	ciceálann
cigil	*tickle*	chigil	ciglíonn
cimigh	*make captive*	chimigh	cimíonn
cin	*spring, descend*	chin	cineann
cineach	*devolve* jur	chineach	cineachann
cinn	*decide, decree*	chinn	cinneann
cinn	*step, surpass*	chinn	cinneann
cinnir	*lead by the head*	chinnir	cinnríonn
cinntigh	*make certain*	chinntigh	cinntíonn
ciondáil	*ration*	chiondáil	ciondálann
cionroinn	*apportion*	chionroinn	cionroinneann
ciontaigh	*blame, accuse*	chiontaigh	ciontaíonn
cíor	*comb, examine*	chíor	cíorann
ciorclaigh	*(en)circle*	chiorclaigh	ciorclaíonn
cíorláil	*comb, rummage*	chíorláil	cíorlálann
ciorraigh	*cut, hack, maim*	chiorraigh	ciorraíonn
cíosaigh	*(pay) rent (for)*	chíosaigh	cíosaíonn
cis	*stand on, restrain*	chis	ciseann
cistigh	*encyst*	chistigh	cistíonn
ciúáil	*queue*	chiúáil	ciúálann
ciúbaigh	*cube*	chiúbaigh	ciúbaíonn
ciúnaigh	*calm, quieten*	chiúnaigh	ciúnaíonn
clab	*devour*	chlab	clabann
clabhtáil	*clout*	chlabhtáil	clabhtálann
cladáil	*heap*	chladáil	cladálann

| --- | --- | --- | --- |
ceanglóidh	**ceangal**	**ceangailte**	**20**
ceannóidh	**ceannach**	**ceannaithe**	**21**
céannóidh	céannú	céannaithe	ceannaigh
ceannchognóidh	ceannchogaint	ceannchoganta	ceangail
ceansóidh	ceansú	ceansaithe	ceannaigh
ceantálfaidh	ceantáil	ceantáilte	pacáil
ceapfaidh	ceapadh	ceaptha	cas
cearnóidh	cearnú	cearnaithe	ceannaigh
ceartóidh	ceartú	ceartaithe	ceannaigh
céasfaidh	céasadh	céasta	cas
céaslóidh	céaslú	céaslaithe	ceannaigh
ceasnóidh	ceasnú	ceasnaithe	ceannaigh
ceilfidh	ceilt	ceilte	cuir
ceiliúrfaidh	ceiliúradh	ceiliúrtha	siúil
céimneoidh	céimniú	céimnithe	
ceirtleálfaidh	ceirtleáil	ceirtleáilte	coinnigh
ceisfidh	ceasacht	ceiste	pacáil
ceisteoidh	ceistiú	ceistithe	cuir
ciallóidh	ciallú	ciallaithe	coinnigh
ciapfaidh	ciapadh	ciaptha	ceannaigh
ciarfaidh	ciaradh	ciartha	cas
ciceálfaidh	ciceáil	ciceáilte	cas
cigleoidh	cigilt	cigilte	sabháil
cimeoidh	cimiú	cimithe	taitin
cinfidh	cineadh	cinte	coinnigh
cineachfaidh	cineachadh	cineachta	cuir
cinnfidh	cinneadh	cinnte	cas
cinnfidh	cinneadh	cinnte	cuir
cinnreoidh	cinnireacht	cinneartha	cuir
cinnteoidh	cinntiú	cinntithe	imir
ciondálfaidh	ciondáil	ciondáilte	coinnigh
cionroinnfidh	cionroinnt	cionroinnte	pacáil
ciontóidh	ciontú	ciontaithe	cuir
cíorfaidh	cíoradh	cíortha	ceannaigh
ciorclóidh	ciorclú	ciorclaithe	cas
cíorlálfaidh	cíorláil	cíorláilte	ceannaigh
ciorróidh	ciorrú	ciorraithe	pacáil
cíosóidh	cíosú	cíosaithe	ceannaigh
cisfidh	ciseadh	ciste	ceannaigh
cisteoidh	cistiú	cistithe	cuir
ciúálfaidh	ciúáil	ciúáilte	coinnigh
ciúbóidh	ciúbú	ciúbaithe	pacáil
ciúnóidh	ciúnú	ciúnaithe	ceannaigh
clabfaidh	clabadh	clabtha	ceannaigh
clabhtálfaidh	clabhtáil	clabhtáilte	cas
cladálfaidh	cladáil	cladáilte	pacáil

stem/root	English	past tense	present tense
clag	*clack, clatter*	chlag	clagann
claidh	*dig*	chlaidh	claidheann
clamhair	*pull hair/skin off*	chlamhair	clamhraíonn
clampaigh / clampáil	*clamp*	chlampaigh / chlampáil	clampaíonn / clampálann
clannaigh	*procreate, plant*	chlannaigh	clannaíonn
claochlaigh	*mutate*	chlaochlaigh	claochlaíonn
claon	*incline, slant*	chlaon	claonann
claonmharaigh	*mortify*	chlaonmharaigh	claonmharaíonn
cláraigh	*regestir, enrol*	chláraigh	cláraíonn
clasaigh	*channel, trench*	chlasaigh	clasaíonn
clasaigh	*coax*	chlasaigh	clasaíonn
clasánaigh	*gully* (soil)	chlasánaigh	clasánaíonn
cleacht	*practise*	chleacht	cleachtann
cleitigh	*preen, fledge*	chleitigh	cleitíonn
cliath	*harrow*	chliath	cliathann
cliceáil	*click*	chliceáil	cliceálann
climir	*strip* milch cow	chlimir	climríonn
cling	*clink, tinkle*	chling	clingeann
clíomaigh	*acclimatize*	chlíomaigh	clíomaíonn
clip	*prick, tease*	chlip	clipeann
clis	*jump, start(le)*	chlis	cliseann
clíth	*copulate*	chlíth	clítheann
clóbhuail	*type*	chlóbhuail	clóbhuaileann
cloch	*stone*	chloch	clochann
clochraigh	*petrify*	chlochraigh	clochraíonn
cló-eagraigh	*compose*	chló-eagraigh	cló-eagraíonn
clog	*blister*	chlog	clogann
clóigh	*tame*	chlóigh	clónn
clóigh	*print*	chlóigh	clónn
cloígh	***defeat***	**chloígh**	**cloíonn**
cloígh	*cleave, adhere*	chloígh	cloíonn
clóirínigh	*chlorinate*	chlóirínigh	clóiríníonn
clois = cluin	***hear***	**chuala**	**cloiseann**
clóscríobh	*type(write)*	chlóscríobh	clóscríobhann
clothaigh	*praise, extol*	chlothaigh	clothaíonn
clúdaigh	*cover*	chlúdaigh	clúdaíonn
cluich	*chase, harry*	chluich	cluicheann
cluicheáil	*pilfer, steal*	chluicheáil	cluicheálann
cluimhrigh	*pluck, spruce up*	chluimhrigh	cluimhríonn
cluin = clois	***hear***	**chuala**	**cluineann**
clúmhill	*slander*	chlúmhill	clúmhilleann
clutharaigh	*shelter*	chlutharaigh	clutharaíonn
cnádaigh	*smoulder*	chnádaigh	cnádaíonn
cnag	*knock, strike*	chnag	cnagann
cnagbheirigh	*parboil*	chnagbheirigh	cnagbheiríonn

future tense	verbal noun	verbal adjective	verb type
clagfaidh	clagadh	clagtha	cas
claidhfidh	claidhe	claidhte	cuir
clamhróidh	clamhairt	clamhartha	ceangail
clampóidh	clampú	clampaithe	ceannaigh
/ clampálfaidh	/ clampáil	/ clampáilte	/ pacáil
clannóidh	clannú	clannaithe	ceannaigh
claochlóidh	claochlú	claochlaithe	ceannaigh
claonfaidh	claonadh	claonta	cas
claonmharóidh	claonmharú	claonmharaithe	ceannaigh
cláróidh	clárú	cláraithe	ceannaigh
clasóidh	clasú	clasaithe	ceannaigh
clasóidh	clasú	clasaithe	ceannaigh
clasánóidh	clasánú	clasánaithe	ceannaigh
cleachtfaidh	cleachtadh	cleachta	trácht
cleiteoidh	cleitiú	cleitithe	coinnigh
cliathfaidh	cliathadh	cliata	meath
cliceálfaidh	cliceáil	cliceáilte	pacáil
climreoidh	climirt	climeartha	taitin
clingfidh	clingeadh	clingthe	cuir
clíomóidh	clíomú	clíomaithe	ceannaigh
clipfidh	clipeadh	clipthe	cuir
clisfidh	cliseadh	cliste	cuir
clíthfidh	clítheadh	clite	caith, nigh
clóbhuailfidh	clóbhualadh	clóbhuailte	buail
clochfaidh	clochadh	clochta	cas
clochróidh	clochrú	clochraithe	ceannaigh
cló-eagróidh	cló-eagrú	cló-eagraithe	ceannaigh
clogfaidh	clogadh	clogtha	cas
clófaidh	cló	clóite	dóigh
clófaidh	cló	clóite	dóigh
cloífidh	**cloí**	**cloíte**	**22**
cloífidh	cloí	cloíte	cloígh
clóiríneoidh	clóiríniú	clóirínithe	coinnigh
cloisfidh	**cloisteáil**	**cloiste**	**23**
clóscríobhfaidh	clóscríobh	clóscríofa	cas
clothóidh	clothú	clothaithe	ceannaigh
clúdóidh	clúdach	clúdaithe	ceannaigh
cluichfidh	cluicheadh	cluichte	cuir
cluicheálfaidh	cluicheáil	cluicheáilte	pacáil
cluimhreoidh	cluimhriú	cluimhrithe	coinnigh
cluinfidh	**cluinstean**	**cluinte**	**23**
clúmhillfidh	clúmhilleadh	clúmhillte	cuir
clutharóidh	clutharú	clutharaithe	ceannaigh
cnádóidh	cnádú	cnádaithe	ceannaigh
cnagfaidh	cnagadh	cnagtha	cas
cnagbheireoidh	cnagbheiriú	cnagbheirithe	coinnigh

gas/fréamh	Béarla	aimsir chaite	aimsir láithreach
cnagbhruith	*parboil*	chnagbhruith	c.bhruitheann
cnaígh	*gnaw, corrode*	chnaígh	cnaíonn
cnámhaigh	*ossify*	chnámhaigh	cnámhaíonn
cnámhair	*suck*	chnámhair	cnámhraíonn
cnámhghoin	*wound (to bone)*	chnámhghoin	c.ghoineann
cnap	*heap, knock*	chnap	cnapann
cnead	*pant, groan*	chnead	cneadann
cneáigh	*wound*	chneáigh	cneánn
cneasaigh	*cicatrize, heal*	chneasaigh	cneasaíonn
cniog	*rap, blow, stir*	chniog	cniogann
cniotáil	*knit*	chniotáil	cniotálann
cnuáil	*lag*	chnuáil	cnuálann
cnuasaigh	*collect, gather*	chnuasaigh	cnuasaíonn
cnuchair	*foot (turf)*	chnuchair	cnuchraíonn
cobhsaigh	*stabilize*	chobhsaigh	cobhsaíonn
coc	*cock* (hay)	choc	cocann
cocáil	*cock, point*	chocáil	cocálann
cócaráil	*cook*	chócaráil	cócarálann
cochlaigh	*enlose, cuddle*	chochlaigh	cochlaíonn
códaigh	*codify*	chódaigh	códaíonn
codail	***sleep***	**chodail**	**codlaíonn**
codánaigh	*fractionate*	chodánaigh	codánaíonn
codhnaigh	*master, control*	chodhnaigh	codhnaíonn
cogain	*chew, gnaw*	chogain	cognaíonn
cogairsigh	*marshal*	chogairsigh	cogairsíonn
coibhseanaigh	*confess*	choibhseanaigh	coibhseanaíonn
coiceáil	*goffer*	choiceáil	coiceálann
coigeartaigh	*rectify, adjust*	choigeartaigh	coigeartaíonn
coigil	*spare, rake fire*	choigil	coiglíonn
coigistigh	*confiscate*	choigistigh	coigistíonn
coiligh	*tread (cock)*	choiligh	coilíonn
coilínigh	*colonize*	choilínigh	coilíníonn
coill	*geld, despoil*	choill	coilleann
coilltigh	*afforest*	choilltigh	coilltíonn
coimeád	*keep, observe*	choimeád	coimeádann
cóimeáil	*assemble*	chóimeáil	cóimeálann
coimhéad	*watch over*	choimhéad	coimhéadann
cóimheas	*compare, collate*	chóimheas	cóimheasann
cóimheasc	*coalesce*	chóimheasc	cóimheascann
cóimhiotalaigh	*alloy*	chóimhiotalaigh	cóimhiotalaíonn
coimhthigh	*estrange*	choimhthigh	coimhthíonn
coimpir	*conceive*	choimpir	coimpríonn
coimrigh	*sum up*	choimrigh	coimríonn
coinbhéartaigh	*convert*	choinbhéartaigh	coinbhéartaíonn
coinbhéirsigh	*converge*	choinbhéirsigh	coinbhéirsíonn
coincheap	*conceive*	choincheap	coincheapann

aimsir fháisteanach	ainm briathartha	aidiacht bhr.	briathar gaolta
c.bhruithfidh	cnagbhruith	cnagbhruite	caith
cnaífidh	cnaí	cnaíte	cloígh
cnámhóidh	cnámhú	cnámhaithe	ceannaigh
cnámhróidh	cnáimhreadh	cnámhartha	ceangail
c.ghoinfidh	cnámhghoin	cnámhghonta	cuir
cnapfaidh	cnapadh	cnapta	cas
cneadfaidh	cneadach	cneadta	cas
cneáfaidh	cneá	cneáite	báigh
cneasóidh	cneasú	cneasaithe	ceannaigh
cniogfaidh	cniogadh	cniogtha	cas
cniotálfaidh	cniotáil	cniotáilte	pacáil
cnuálfaidh	cnuáil	cnuáilte	pacáil
cnuasóidh	cnuasach	cnuasaithe	ceannaigh
cnuchróidh	cnuchairt	cnuchartha	ceangail
cobhsóidh	cobhsú	cobhsaithe	ceannaigh
cocfaidh	cocadh	coctha	cas
cocálfaidh	cocáil	cocáilte	pacáil
cócarálfaidh	cócaráil	cócaráilte	pacáil
cochlóidh	cochlú	cochlaithe	ceannaigh
códóidh	códú	códaithe	ceannaigh
codlóidh	**codladh**	**codalta**	**24**
codánóidh	codánú	codánaithe	ceannaigh
codhnóidh	codhnú	codhnaithe	ceannaigh
cognóidh	cogaint	coganta	codail
cogairseoidh	cogairsiú	cogairsithe	coinnigh
coibhseanóidh	coibhseanú	coibhseanaithe	ceannaigh
coiceálfaidh	coiceáil	coiceáilte	pacáil
coigeartóidh	coigeartú	coigeartaithe	ceannaigh
coigleoidh	coigilt	coigilte	taitin
coigisteoidh	coigistiú	coigistithe	coinnigh
coileoidh	coiliú	coilithe	coinnigh
coilíneoidh	coilíniú	coilínithe	coinnigh
coillfidh	coilleadh	coillte	caill
coillteoidh	coilltiú	coilltithe	coinnigh
coimeádfaidh	coimeád	coimeádta	cas
cóimeálfaidh	cóimeáil	cóimeáilte	pacáil
coimhéadfaidh	coimhéad	coimhéadta	cas
cóimheasfaidh	cóimheas	cóimheasta	cas
cóimheascfaidh	cóimheascadh	cóimheasctha	cas
cóimhiotalóidh	cóimhiotalú	cóimhiotalaithe	ceannaigh
coimhtheoidh	coimhthiú	coimhthithe	coinnigh
coimpreoidh	coimpeart	coimpeartha	taitin
coimreoidh	coimriú	coimrithe	coinnigh
coinbhéartóidh	coinbhéartú	coinbhéartaithe	ceannaigh
coinbhéirseoidh	coinbhéirsiú	coinbhéirsithe	coinnigh
coincheapfaidh	coincheapadh	coincheaptha	cas

stem/root	English	past tense	present tense
coincréitigh	concrete	choincréitigh	coincréitíonn
cóineartaigh	confirm	chóineartaigh	cóineartaíonn
coinnealbháigh	excommunicate	choinnealbháigh	coinnealbhánn
coinnigh	**keep, maintain**	**choinnigh**	**coinníonn**
coinscríobh	conscript	choinscríobh	coinscríobhann
coinsínigh	consign	choinsínigh	coinsíníonn
coip	ferment, froth	choip	coipeann
cóipeáil	copy	chóipeáil	cóipeálann
cóipeáil	cope	chóipeáil	cóipeálann
coir	tire, exhaust	choir	coireann
coirb	corrupt	choirb	coirbeann
coirbéal	corbel	choirbéal	coirbéalann
cóireáil	treat (med.)	chóireáil	cóireálann
coirigh	accuse	choirigh	coiríonn
cóirigh	repair, arrange	chóirigh	cóiríonn
coirnigh	tonsure	choirnigh	coirníonn
coirtigh	tan, coat	choirtigh	coirtíonn
coisc	prevent, restrain	choisc	coisceann
coisigh	walk, go on foot	choisigh	coisíonn
coisric	bless	choisric	coisriceann
comáil	tie together	chomáil	comálann
comardaigh	equate	chomardaigh	comardaíonn
comhaill	fulfill, perform	chomhaill	comhallann
comhair	count, calculate	chomhair	comhraíonn
comhairligh	advise, counsel	chomhairligh	comhairlíonn
cómhalartaigh	reciprocate	chómhalartaigh	cómhalartaíonn
comhaontaigh	unite, agree	chomhaontaigh	comhaontaíonn
comhardaigh	equalise, balance	chomhardaigh	comhardaíonn
comharthaigh	signify, designate	chomharthaigh	comharthaíonn
comhathraigh	vary	chomhathraigh	comhathraíonn
comhbhailigh	aggregate	chomhbhailigh	comhbhailíonn
comhbheartaigh	concert	chomhbheartaigh	comhbheartaíonn
comhbhrúigh	compress	chomhbhrúigh	comhbhrúnn
comhbhuail	strike in unison	chomhbhuail	comhbhuaileann
comhcheangail	bind, join	chomhcheangail	c.cheanglaíonn
comhchlaon	converge	chomhchlaon	comhchlaonann
comhchoirigh	recriminate	chomhchoirigh	comhchoiríonn
comhchruinnigh	assemble	chomhchruinnigh	c.chruinníonn
comhchuingigh	conjugate (biol.)	chomhchuingigh	comhchuingíonn
comhdaigh	file	chomhdaigh	comhdaíonn
comhdhéan	make up	chomhdhéan	comhdhéanann
comhdhearbhaigh	corroborate	chomhdhearbhaigh	c.dhearbhaíonn
comhdhlúthaigh	press, compact	chomhdhlúthaigh	c.dhlúthaíonn
comhéignigh	coerce	chomhéignigh	comhéigníonn
comhfhadaigh	justify (typ.)	chomhfhadaigh	comhfhadaíonn
comhfháisc	compress	chomhfháisc	comhfháisceann

future tense	*verbal noun*	*verbal adjective*	*verb type*
coincréiteoidh	coincréitiú	coincréitithe	coinnigh
cóineartóidh	cóineartú	cóineartaithe	ceannaigh
coinnealbháfaidh	coinnealbhá	coinnealbháite	báigh
coinneoidh	**coinneáil**	**coinnithe**	**25**
coinscríobhfaidh	coinscríobh	coinscríofa	cas
coinsíneoidh	coinsíniú	coinsínithe	coinnigh
coipfidh	coipeadh	coipthe	cuir
cóipeálfaidh	cóipeáil	cóipeáilte	pacáil
cóipeálfaidh	cóipeáil	cóipeáilte	cóipeáil
coirfidh	cor	cortha	caill
coirbfidh	coirbeadh	coirbthe	caill
coirbéalfaidh	coirbéaladh	coirbéalta	cas
cóireálfaidh	cóireáil	cóireáilte	pacáil
coireoidh	coiriú	coirithe	coinnigh
cóireoidh	cóiriú	cóirithe	coinnigh
coirneoidh	coirniú	coirnithe	coinnigh
coirteoidh	coirtiú	coirtithe	coinnigh
coiscfidh	cosc	coiscthe	cuir
coiseoidh	coisíocht	coisithe	coinnigh
coisricfidh	coisreacan	coisricthe	caill
comálfaidh	comáil	comáilte	pacáil
comardóidh	comardú	comardaithe	ceannaigh
comhallfaidh	comhall	comhallta	siúil
comhróidh	comhaireamh	comhairthe	codail
comhairleoidh	comhairliú	comhairlithe	coinnigh
cómhalartóidh	cómhalartú	cómhalartaithe	ceannaigh
comhaontóidh	comhaontú	comhaontaithe	ceannaigh
comhardóidh	comhardú	comhardaithe	ceannaigh
comharthóidh	comharthú	comharthaithe	ceannaigh
comhathróidh	comhathrú	comhathraithe	ceannaigh
comhbhaileoidh	comhbhailiú	comhbhailithe	coinnigh
comhbheartóidh	comhbheartú	comhbheartaithe	ceannaigh
comhbhrúfaidh	comhbhrú	comhbhrúite	brú
comhbhuailfidh	comhbhualadh	comhbhuailte	buail
c.cheanglóidh	comhcheangal	comhcheangailte	ceangail
comhchlaonfaidh	comhchlaonadh	comhchlaonta	cas
comhchoireoidh	comhchoiriú	comhchoirithe	coinnigh
c.chruinneoidh	comhchruinniú	comhchruinnithe	coinnigh, cruinnigh
comhchuingeoidh	comhchuingiú	comhchuingithe	coinnigh
comhdóidh	comhdú	comhdaithe	ceannaigh
comhdhéanfaidh	comhdhéanamh	comhdhéanta	cas
c.dhearbhóidh	comhdhearbhú	c.dhearbhaithe	ceannaigh
c.dhlúthóidh	comhdhlúthú	comhdhlúthaithe	ceannaigh
comhéigneoidh	comhéigniú	comhéignithe	coinnigh
comhfhadóidh	comhfhadú	comhfhadaithe	ceannaigh
comhfháiscfidh	comhfháscadh	comhfháiscthe	cuir

gas/fréamh	Béarla	aimsir chaite	aimsir láithreach
comhfhortaigh	*console*	chomhfhortaigh	comhfhortaíonn
comhfhreagair	*correspond*	chomhfhreagair	c.fhreagraíonn
comhghaolaigh	*correlate*	chomhghaolaigh	comhghaolaíonn
comhghlasáil	*interlock*	chomhghlasáil	comhghlasálann
comhghléas	*tune in*	chomhghléas	comhghléasann
comhghreamaigh	*cohere*	chomhghreamaigh	c.ghreamaíonn
comhghríosaigh	*incite, agitate*	chomhghríosaigh	c.ghríosaíonn
comhlánaigh	*complete*	chomhlánaigh	comhlánaíonn
comhleáigh	*fuse* (metall.)	chomhleáigh	comhleánn
comhlínigh	*collimate*	chomhlínigh	comhlíníonn
comhlíon	*fulfill*	chomhlíon	comhlíonann
comhoibrigh	*co-operate*	chomhoibrigh	comhoibríonn
comhoiriúnaigh	*harmonize*	chomhoiriúnaigh	c.oiriúnaíonn
comhordaigh	*co-ordinate*	chomhordaigh	comhordaíonn
comhordanáidigh	*co-ordinate*	chomhordanáidigh	c.ordanáidíonn
comhraic	*encounter*	chomhraic	comhraiceann / comhraicíonn
comhréitigh	*compromise*	chomhréitigh	comhréitíonn
comhrialaigh	*regulate*	chomhrialaigh	comhrialaíonn
comhrianaigh	*contour*	chomhrianaigh	comhrianaíonn
comhshamhlaigh	*assimilate*	chomhshamhlaigh	c.shamhlaíonn
comhshínigh	*countersign*	chomhshínigh	comhshíníonn
comhshnaidhm	*intertwine*	chomhshnaidhm	c.shnaidhmeann
comhshóigh	*convert*	chomhshóigh	comhshónn
comhshuigh	*compound*	chomhshuigh	comhshuíonn
comhthacaigh	*corroborate*	chomhthacaigh	comhthacaíonn
comhtharlaigh	*coincide*	chomhtharlaigh	comhtharlaíonn
comhtharraing	*pull in unison*	chomhtharraing	c.tharraingíonn
comhtháthaigh	*coalesce*	chomhtháthaigh	comhtháthaíonn
comhthiomsaigh	*associate*	chomhthiomsaigh	c.thiomsaíonn
comhthit	*coincide*	chomhthit	comhthiteann
comhthiúin	*tune*	chomhthiúin	comhthiúnann
comhthogh	*co-opt*	chomhthogh	comhthoghann
comóir	*convene*	chomóir	comórann
comthaigh	*associate*	chomthaigh	comthaíonn
cónaigh	*dwell, reside*	chónaigh	cónaíonn
conáil	*perish, freeze*	chonáil	conálann
cónaisc	*connect*	chónaisc	cónaisceann
conclúidigh	*conclude*	chonclúidigh	conclúidíonn
conducht	*conduct*	chonducht	conduchtann
conlaigh	*glean, gather*	chonlaigh	conlaíonn
connaigh	*accustom*	chonnaigh	connaíonn
conraigh	*contract*	chonraigh	conraíonn
consaigh	*miss*	chonsaigh	consaíonn
conspóid	*argue, dispute*	chonspóid	conspóideann
construáil	*construe*	chonstruáil	construálann

aimsir fháisteanach	ainm briathartha	aidiacht bhr.	briathar gaolta
comhfhortóidh	comhfhortú	comhfhortaithe	ceannaigh
c.fhreagróidh	comhfhreagairt	comhfhreagartha	ceangail
comhghaolóidh	comhghaolú	comhghaolaithe	ceannaigh
comhghlasálfaidh	comhghlasáil	comhghlasáilte	pacáil
comhghléasfaidh	comhghléasadh	comhghléasta	cas
c.ghreamóidh	comhghreamú	c.ghreamaithe	ceannaigh
c.ghríosóidh	comhghríosú	c.ghríosaithe	ceannaigh
comhlánóidh	comhlánú	comhlánaithe	ceannaigh
comhleáfaidh	comhleá	comhleáite	báigh
comhlíneoidh	comhlíniú	comhlínithe	coinnigh
comhlíonfaidh	comhlíonadh	comhlíonta	cas
comhoibreoidh	comhoibriú	comhoibrithe	coinnigh
c.oiriúnóidh	comhoiriúnú	comhoiriúnaithe	ceannaigh
comhordóidh	comhordú	comhordaithe	ceannaigh
c.ordanáideoidh	comhordanáidiú	c.ordanáidithe	coinnigh
comhraicfidh	comhrac	comhraicthe	cuir
/ comhraiceoidh			/ coinnigh
comhréiteoidh	comhréiteach	comhréitithe	coinnigh
comhrialóidh	comhrialú	comhrialaithe	ceannaigh
comhrianóidh	comhrianú	comhrianaithe	ceannaigh
c.shamhlóidh	comhshamhlú	c.shamhlaithe	ceannaigh
comhshíneoidh	comhshíniú	comhshínithe	coinnigh
c.shnaidhmfidh	c.shnaidhmeadh	c.shnaidhmthe	cuir
comhshófaidh	comhshó	comhshóite	dóigh
comhshuífidh	comhshuí	comhshuite	suigh
comhthacóidh	comhthacú	comhthacaithe	ceannaigh
comhtharlóidh	comhtharlú	comhtharlaithe	ceannaigh
c.tharraingeoidh	comhtharraingt	c.tharraingthe	tarraing
comhtháthóidh	comhtháthú	comhtháthaithe	ceannaigh
c.thiomsóidh	comhthiomsú	comhthiomsaithe	ceannaigh
comhthitfidh	comhthitim	comhthite	tit
comhthiúnfaidh	comhthiúnadh	comhthiúnta	siúil
comhthoghfaidh	comhthoghadh	comhthofa	cas
comórfaidh	comóradh	comórtha	siúil
comthóidh	comthú	comthaithe	ceannaigh
cónóidh	cónaí	cónaithe	ceannaigh
conálfaidh	conáil	conáilte	pacáil
cónaiscfidh	cónascadh	cónasctha	cuir
conclúideoidh	conclúidiú	conclúidithe	coinnigh
conduchtfaidh	conduchtadh	conduchta	trácht
conlóidh	conlú	conlaithe	ceannaigh
connóidh	connú	connaithe	ceannaigh
conróidh	conrú	conraithe	ceannaigh
consóidh	consú	consaithe	ceannaigh
conspóidfidh	conspóid	conspóidte	cuir
construálfaidh	construáil	construáilte	pacáil

stem/root	English	past tense	present tense
cor	*turn*	chor	corann
corb	*corrupt, deprave*	chorb	corbann
corcáil	*cork*	chorcáil	corcálann
corcraigh	*(die) purple*	chorcraigh	corcraíonn
cordaigh	*cord*	chordaigh	cordaíonn
corn	*roll, coil*	chorn	cornann
corónaigh	*crown*	chorónaigh	corónaíonn
corpraigh	*incorporate*	chorpraigh	corpraíonn
corracaigh	*coo*	chorracaigh	corracaíonn
corraigh	*move, stir*	chorraigh	corraíonn
cosain	*defend, cost*	chosain	cosnaíonn
coscair	*cut up, thaw*	choscair	coscraíonn
costáil	*cost*	chostáil	costálann
cóstáil	*coast*	chóstáil	cóstálann
cosúlaigh	*liken*	chosúlaigh	cosúlaíonn
cothaigh	*feed, sustain*	chothaigh	cothaíonn
cothromaigh	*level, equalize*	chothromaigh	cothromaíonn
crág	*chelate*	chrág	crágann
crágáil	*claw, paw*	chrágáil	crágálann
craiceáil	*crack*	chraiceáil	craiceálann
cráigh	*vex, torment*	chráigh	cránn
cráin	*suck*	chráin	cráineann
cráindóigh	*smoulder*	chráindóigh	cráindónn
crampáil	*cramp*	chrampáil	crampálann
crandaigh	*stunt*	chrandaigh	crandaíonn
cranraigh	*beome knotty*	chranraigh	cranraíonn
craobhaigh	*branch, expand*	chraobhaigh	craobhaíonn
craobhscaoil	*broadcast*	chraobhscaoil	c.scaoileann
craol	*announce*	chraol	craolann
craosfholc	*gargle*	chraosfholc	craosfholcann
crap	*contract, shrink*	chrap	crapann
craplaigh	*fetter, cripple*	chraplaigh	craplaíonn
creach	*plunder, raid*	chreach	creachann
créachtaigh	*gash, wound*	chréachtaigh	créachtaíonn
créam	*cremate*	chréam	créamann
crean	*obtain, bestow*	chrean	creanann
creath	*tremble*	chreath	creathann
creathnaigh	*termble, quake*	chreathnaigh	creathnaíonn
creid	*believe*	chreid	creideann
creidiúnaigh	*accredit*	chreidiúnaigh	creidiúnaíonn
creim	*gnaw, corrode*	chreim	creimeann
creimneáil	*tack, baste*	chreimneáil	creimneálann
creimseáil	*nibble*	chreimseáil	creimseálann
cré-umhaigh	*bronze*	chré-umhaigh	cré-umhaíonn
criathraigh	*sieve, winnow*	chriathraigh	criathraíonn

future tense	verbal noun	verbal adjective	verb type
corfaidh	coradh	cortha	cas
corbfaidh	corbadh	corbtha	cas
corcálfaidh	corcáil	corcáilte	pacáil
corcróidh	corcrú	corcraithe	ceannaigh
cordóidh	cordú	cordaithe	ceannaigh
cornfaidh	cornadh	corntha	cas
corónóidh	corónú	corónaithe	ceannaigh
corpróidh	corprú	corpraithe	ceannaigh
corracóidh	corracú	corracaithe	ceannaigh
corróidh	corrú	corraithe	ceannaigh
cosnóidh	cosaint	cosanta	codail
coscróidh	coscairt	coscartha	codail
costálfaidh	costáil	costáilte	pacáil
cóstálfaidh	cóstáil	cóstáilte	pacáil
cosúlóidh	cosúlú	cosúlaithe	ceannaigh
cothóidh	cothú	cothaithe	ceannaigh
cothromóidh	cothromú	cothromaithe	ceannaigh
crágfaidh	crágadh	crágtha	cas
crágálfaidh	crágáil	crágáilte	pacáil
craiceálfaidh	craiceáil	craiceáilte	pacáil
cráfaidh	crá	cráite	báigh
cráinfidh	cráineadh	cráinte	cuir
cráindófaidh	cráindó	cráindóite	dóigh
crampálfaidh	crampáil	crampáilte	pacáil
crandóidh	crandú	crandaithe	ceannaigh
cranróidh	cranrú	cranraithe	ceannaigh
craobhóidh	craobhú	craobhaithe	ceannaigh
c.scaoilfidh	c.scaoileadh	craobhscaoilte	cuir
craolfaidh	craoladh	craolta	cas
craosfholcfaidh	craosfholcadh	craosfholctha	cas
crapfaidh	crapadh	craptha	cas
craplóidh	craplú	craplaithe	ceannaigh
creachfaidh	creachadh	creachta	cas
créachtóidh	créachtú	créachtaithe	ceannaigh
créamfaidh	créamadh	créamtha	cas
creanfaidh	creanadh	creanta	cas
creathfaidh	creathadh	creata	meath
creathnóidh	creathnú	creathnaithe	ceannaigh
creidfidh	creidiúint /creidbheáil U	creidte	cuir
creidiúnóidh	creidiúnú	creidiúnaithe	ceannaigh
creimfidh	creimeadh	creimthe	cuir
creimneálfaidh	creimneáil	creimneáilte	pacáil
creimseálfaidh	creimseáil	creimseáilte	pacáil
cré-umhóidh	cré-umhú	cré-umhaithe	ceannaigh
criathróidh	criathrú	criathraithe	ceannaigh

gas/fréamh	Béarla	aimsir chaite	aimsir láithreach
crinn	*contend with*	chrinn	crinneann
críochaigh	*demarcate*	chríochaigh	críochaíonn
críochnaigh	*finish, complete*	chríochnaigh	críochnaíonn
críon	*age, wither*	chríon	críonann
crioslaigh	*girdle, enclose*	chrioslaigh	crioslaíonn
criostalaigh	*crsytallize*	chriostalaigh	criostalaíonn
crith	*tremble, shake*	chrith	critheann
crithlonraigh	*shimmer*	chrithlonraigh	crithlonraíonn
croch	*hang*	chroch	crochann
cróiseáil	*crochet*	chróiseáil	cróiseálann
croith	*shake*	chroith	croitheann
crom	*bend*	chrom	cromann
crómchneasaigh	*chrome-plate*	chrómchneasaigh	c.chneasaíonn
crómleasaigh	*chrome-tan*	chrómleasaigh	crómleasaíonn
cronaigh	*miss*	chronaigh	cronaíonn
/crothnaigh		/chrothnaigh	/crothnaíonn
crónaigh	*tan, darken*	chrónaigh	crónaíonn
cros	*cross, forbid*	chros	crosann
crosáil	*cross*	chrosáil	crosálann
croscheistigh	*cross-question*	chroscheistigh	croscheistíonn
crosghrean	*cross-hatch*	chrosghrean	crosghreanann
crosphóraigh	*cross-breed*	chrosphóraigh	crosphóraíonn
cros-síolraigh	*intercross*	chros-síolraigh	cros-síolraíonn
cros-toirchigh	*cross-fertilize*	chros-toirchigh	cros-toirchíonn
cruach	*stack, pile*	chruach	cruachann
cruaigh	***harden***	**chruaigh**	**cruann**
cruan	*enamel*	chruan	cruanann
cruashádráil	*hard-solder*	chruashádráil	cruashádrálann
crúbáil	*claw, paw*	chrúbáil	crúbálann
crúcáil	*hook, clutch*	chrúcáil	crúcálann
crúigh	*milk*	chrúigh	crúnn
crúigh	*shoe a horse*	chrúigh	crúnn
cruinnigh	***gather, collect***	**chruinnigh**	**cruinníonn**
crústaigh	*pelt*	chrústaigh	crústaíonn
crústáil	*drub, belabour*	chrústáil	crústálann
cruthaigh	*create, prove*	chruthaigh	cruthaíonn
cuach	*bundle, wrap*	chuach	cuachann
cuaileáil	*coil*	chuaileáil	cuaileálann
cuailligh	*stud*	chuailligh	cuaillíonn
cuar	*curve*	chuar	cuarann
cuardaigh *Std*	*search*	chuardaigh Std	cuardaíonn
= cuartaigh *U*	*search*	chuartaigh U	cuartaíonn
cúb	*coop, bend*	chúb	cúbann
cúbláil	*juggle*	chúbláil	cúblálann
cuibhrigh	*bind, fetter*	chuibhrigh	cuibhríonn
cuideachtaigh	*bring together,*	chuideachtaigh	cuideachtaíonn

aimsir fháisteanach	ainm briathartha	aidiacht bhr.	briathar gaolta
crinnfidh	crinneadh	crinnte	cuir
críochóidh	críochú	críochaithe	ceannaigh
críochnóidh	críochnú	críochnaithe	ceannaigh
críonfaidh	críonadh	críonta	cas
crioslóidh	crioslú	crioslaithe	ceannaigh
criostalóidh	criostalú	criostalaithe	ceannaigh
crithfidh	crith	crite	caith
crithlonróidh	crithlonrú	crithlonraithe	ceannaigh
crochfaidh	crochadh	crochta	cas
cróiseálfaidh	cróiseáil	cróiseáilte	pacáil
croithfidh	croitheadh	croite	caith
cromfaidh	cromadh	cromtha	cas
c.chneasóidh	crómchneasú	crómchneasaithe	ceannaigh
crómleasóidh	crómleasú	crómleasaithe	ceannaigh
cronóidh	cronú	cronaithe	ceannaigh
/crothnóidh	/crothnú	/crothnaithe	
crónóidh	crónú	crónaithe	ceannaigh
crosfaidh	crosadh	crosta	cas
crosálfaidh	crosáil	crosáilte	pacáil
croscheisteoidh	croscheistiú	croscheistithe	coinnigh
crosghreanfaidh	crosghreanadh	crosghreanta	cas
crosphóróidh	crosphórú	crosphóraithe	ceannaigh
cros-síolróidh	cros-síolrú	cros-síolraithe	ceannaigh
cros-toircheoidh	cros-toirchiú	cros-toirchithe	coinnigh
cruachfaidh	cruachadh	cruachta	cas
cruafaidh	**cruachan**	**cruaite**	**26**
cruanfaidh	cruanadh	cruanta	cas
cruashádrálfaidh	cruashádráil	cruashádráilte	pacáil
crúbálfaidh	crúbáil	crúbáilte	pacáil
crúcálfaidh	crúcáil	crúcáilte	pacáil
crúfaidh	crú	crúite	brúigh
crúfaidh	crú	crúite	brúigh
cruinneoidh	**cruinniú**	**cruinnithe**	**27**
crústóidh	crústú	crústaithe	ceannaigh
crústálfaidh	crústáil	crústáilte	pacáil
cruthóidh	cruthú	cruthaithe	ceannaigh
cuachfaidh	cuachadh	cuachta	cas
cuaileálfaidh	cuaileáil	cuaileáilte	pacáil
cuailleoidh	cuailliú	cuaillithe	coinnigh
cuarfaidh	cuaradh	cuartha	cas
cuardóidh	cuardach	cuardaithe	ceannaigh
cuartóidh	cuartú	cuartaithe	ceannaigh
cúbfaidh	cúbadh	cúbtha	cas
cúblálfaidh	cúbláil	cúbláilte	pacáil
cuibhreoidh	cuibhriú	cuibhrithe	coinnigh
cuideachtóidh	cuideachtú	cuideachtaithe	ceannaigh

stem/root	English	past tense	present tense
cuidigh	*associate, help*	chuidigh	cuidíonn
cúigleáil	*cheat, embezzle*	chúigleáil	cúigleálann
cuileáil	*discard, reject*	chuileáil	cuileálann
cuilteáil	*quilt*	chuilteáil	cuilteálann
cuimhnigh	*remember*	chuimhnigh	cuimhníonn
cuimil	*rub*	chuimil	cuimlíonn
cuimsigh	*comprehend*	chuimsigh	cuimsíonn
cuingigh	*yoke, pair*	chuingigh	cuingíonn
cuingrigh	*yoke, pair*	chuingrigh	cuingríonn
cúinneáil	*corner*	chúinneáil	cúinneálann
cuir	***put, sow***	**chuir**	**cuireann**
cúisigh	*accuse, charge*	chúisigh	cúisíonn
cuisligh	*flow, pipe*	chuisligh	cuislíonn
cuisnigh	*refrigerate*	chuisnigh	cuisníonn
cúitigh	*compensate*	chúitigh	cúitíonn
cúlaigh	*reverse, retreat*	chúlaigh	cúlaíonn
cúláil	*back*	chúláil	cúlálann
cúlcheadaigh	*connive*	chúlcheadaigh	cúlcheadaíonn
cúlchlóigh	*perfect* (typ.)	chúlchlóigh	cúlchlónn
cúléist	*eaves-drop*	chúléist	cúléisteann
cúlghair	*revoke*	chúlghair	cúlghaireann
cúlghearr	*back-bite*	chúlghearr	cúlghearrann
cúliompaigh	*turn back*	chúliompaigh	cúliompaíonn
cúlsleamhnaigh	*backslide*	chúlsleamhnaigh	c.sleamhnaíonn
cúltort	*back-fire*	chúltort	cúltortann
cum	*compose*	chum	cumann
cumaisc	*mix, blend*	chumaisc	cumascann
cumasaigh	*enable*	chumasaigh	cumasaíonn
cumhachtaigh	*empower*	chumhachtaigh	cumhachtaíonn
cumhdaigh	*cover, protect*	chumhdaigh	cumhdaíonn
cumhraigh	*perfume*	chumhraigh	cumhraíonn
cumhsanaigh	*rest, repose*	chumhsanaigh	cumhsanaíonn
cumhscaigh	*move, stir*	chumhscaigh	cumhscaíonn
cúnaigh	*help*	chúnaigh	cúnaíonn
cúnantaigh	*covenant*	chúnantaigh	cúnantaíonn
cúngaigh	*narrow*	chúngaigh	cúngaíonn
cuntais	*count*	chuntais	cuntasann
cúpláil	*couple, unite*	chúpláil	cúplálann
cúr	*chastise, scourge*	chúr	cúrann
cúrsaigh	*reprimand*	chúrsaigh	cúrsaíonn
cúrsáil	*cruise, course*	chúrsáil	cúrsálann
dáil	*allot, bestow*	dháil	dáileann
daingnigh	*fortify*	dhaingnigh	daingníonn
dall	*blind, darken*	dhall	dallann
dallraigh	*blind, dazzle*	dhallraigh	dallraíonn

| --- | --- | --- | --- |
cuideoidh	cuidiú	cuidithe	coinnigh
cúigleálfaidh	cúigleáil	cúigleáilte	pacáil
cuileálfaidh	cuileáil	cuileáilte	pacáil
cuilteálfaidh	cuilteáil	cuilteáilte	pacáil
cuimhneoidh	cuimhniú	cuimhnithe	coinnigh
cuimleoidh	cuimilt	cuimilte	taitin
cuimseoidh	cuimsiú	cuimsithe	coinnigh
cuingeoidh	cuingiú	cuingithe	coinnigh
cuingreoidh	cuingriú	cuingrithe	coinnigh
cúinneálfaidh	cúinneáil	cúinneáilte	pacáil
cuirfidh	**cur**	**curtha**	**28**
cúiseoidh	cúisiú	cúisithe	coinnigh
cuisleoidh	cuisliú	cuislithe	coinnigh
cuisneoidh	cuisniú	cuisnithe	coinnigh
cúiteoidh	cúiteamh	cúitithe	coinnigh
cúlóidh	cúlú	cúlaithe	ceannaigh
cúlálfaidh	cúláil	cúláilte	pacáil
cúlcheadóidh	cúlcheadú	cúlcheadaithe	ceannaigh
cúlchlófaidh	cúlchló	cúlchlóite	dóigh
cúléistfidh	cúléisteacht	cúléiste	éist
cúlghairfidh	cúlghairm	cúlghairthe	cuir
cúlghearrfaidh	cúlghearradh	cúlghearrtha	cas
cúliompóidh	cúliompú	cúliompaithe	ceannaigh
c.sleamhnóidh	cúlsleamhnú	cúlsleamhnaithe	ceannaigh
cúltortfaidh	cúltortadh	cúltorta	trácht
cumfaidh	cumadh	cumtha	cas
cumascfaidh	cumascadh	cumaiscthe	siúil
cumasóidh	cumasú	cumasaithe	ceannaigh
cumhachtóidh	cumhachtú	cumhachtaithe	ceannaigh
cumhdóidh	cumhdach	cumhdaithe	ceannaigh
cumhróidh	cumhrú	cumhraithe	ceannaigh
cumhsanóidh	cumhsanú	cumhsanaithe	ceannaigh
cumhscóidh	cumhscú	cumhscaithe	ceannaigh
cúnóidh	cúnamh	cúnaithe	ceannaigh
cúnantóidh	cúnantú	cúnantaithe	ceannaigh
cúngóidh	cúngú	cúngaithe	ceannaigh
cuntasfaidh	cuntas	cuntaiste	siúil
cúplálfaidh	cúpláil	cúpláilte	pacáil
cúrfaidh	cúradh	cúrtha	cas
cúrsóidh	cúrsú	cúrsaithe	ceannaigh
cúrsálfaidh	cúrsáil	cúrsáilte	pacáil
dáilfidh	dáil	dálta	druid
daingneoidh	daingniú	daingnithe	dírigh
dallfaidh	dalladh	dallta	díol
dallróidh	dallrú	dallraithe	dathaigh

gas/fréamh	Béarla	aimsir chaite	aimsir láithreach
damascaigh	damascene	dhamascaigh	damascaíonn
dambáil	dam	dhambáil	dambálann
dámh	concede, allow	dhámh	dámhann
damhain	tame, subdue	dhamhain	damhnann
damhnaigh	materialize	dhamhnaigh	damhnaíonn
damhsaigh	dance	dhamhsaigh	damhsaíonn
damnaigh	damn	dhamnaigh	damnaíonn
dánaigh	give, bestow	dhánaigh	dánaíonn
daoirsigh	raise price	dhaoirsigh	daoirsíonn
daonnaigh	humanize	dhaonnaigh	daonnaíonn
daor	enslave, condemn	dhaor	daorann
daorbhasc	maul severely	dhaorbhasc	daorbhascann
dátaigh	date	dhátaigh	dátaíonn
/ dátáil		/ dhátáil	/ dátálann
dath	allocate	dhath	dathann
dathaigh	**colour**	**dhathaigh**	**dathaíonn**
deachaigh	decimate	dheachaigh	deachaíonn
deachair	differentiate	dheachair	deachraíonn
deachtaigh	dictate, indite	dheachtaigh	deachtaíonn
deachúlaigh	decimilize	dheachúlaigh	deachúlaíonn
déadail	dare	dhéadail	déadlaíonn
déaduchtaigh	deduce	dhéaduchtaigh	déaduchtaíonn
dealagáidigh	delegate	dhealagáidigh	dealagáidíonn
dealaigh	part, differentiate	dhealaigh	dealaíonn
dealbhaigh	impoverish	dhealbhaigh	dealbhaíonn
dealbhaigh	sculpt, fashion	dhealbhaigh	dealbhaíonn
dealraigh	shine, illuminate	dhealraigh	dealraíonn
déan	**do, make**	**rinne**	**déanann**
deann	colour, paint	dheann	deannann
dear	design, draw	dhear	dearann
dear	renounce	dhear	dearann
dearbhaigh	confirm	dhearbhaigh	dearbhaíonn
dearbháil	test, check	dhearbháil	dearbhálann
dearbhasc	affirm	dhearbhasc	dearbhascann
dearc	look	dhearc	dearcann
dearg	redden, light	dhearg	deargann
dearlaic	grant, bestow	dhearlaic	dearlacann
dearmad	forget	dhearmad	dearmadann
dearnáil	darn	dhearnáil	dearnálann
dearóiligh	debase	dhearóiligh	dearóilíonn
dearscnaigh	excel, transcend	dhearscnaigh	dearscnaíonn
deasaigh	dress, prepare	dheasaigh	deasaíonn
deasc	precipitate	dheasc	deascann
deataigh	smoke	dheataigh	deataíonn
deifnídigh	define	dheifnídigh	deifnídíonn

312

aimsir fháisteanach	*ainm briathartha*	*aidiacht bhr.*	*briathar gaolta*
damascóidh	damascú	damascaithe	dathaigh
dambálfaidh	dambáil	dambáilte	pacáil
dámhfaidh	dámhachtain	dáfa	díol
damhnfaidh	damhnadh	damhainte	lch 270/3
damhnóidh	damhnú	damhnaithe	dathaigh
damhsóidh	damhsú	damhsaithe	dathaigh
damnóidh	damnú	damnaithe	dathaigh
dánóidh	dánú	dánaithe	dathaigh
daoirseoidh	daoirsiú	daoirsithe	dírigh
daonnóidh	daonnú	daonnaithe	dathaigh
daorfaidh	daoradh	daortha	díol
daorbhascfaidh	daorbhascadh	daorbhasctha	díol
dátóidh	dátú	dátaithe	dathaigh
/ dátálfaidh	/ dátáil	/ dátáilte	/ pacáil
dathfaidh	dathadh	daite	meath
dathóidh	**dathú**	**daite**	**29**
deachóidh	deachú	deachaithe	dathaigh
deachróidh	deachrú	deachraithe	codail
deachtóidh	deachtú	deachtaithe	dathaigh
deachúlóidh	deachúlú	deachúlaithe	dathaigh
déadlóidh	déadladh	déadlaithe	codail
déaduchtóidh	déaduchtú	déaduchtaithe	dathaigh
dealagáideoidh	dealagáidiú	dealagáidithe	dírigh
dealóidh	dealú	dealaithe	dathaigh
dealbhóidh	dealbhú	dealbhaithe	dathaigh
dealbhóidh	dealbhú	dealbhaithe	dathaigh
dealróidh	dealramh	dealraithe	dathaigh
déanfaidh	**déanamh**	**déanta**	**30**
deannfaidh	deannadh	deannta	díol
dearfaidh	dearadh	deartha	díol
dearfaidh	dearadh	deartha	díol
dearbhóidh	dearbhú	dearbhaithe	dathaigh
dearbhálfaidh	dearbháil	dearbháilte	pacáil
dearbhascfaidh	dearbhascadh	dearbhasctha	díol
dearcfaidh	dearcadh	dearctha	díol
deargfaidh	deargadh	deargtha	díol
dearlacfaidh	dearlacadh	dearlaicthe	siúil
dearmadfaidh	dearmad	dearmadta	díol
dearnálfaidh	dearnáil	dearnáilte	pacáil
dearóileoidh	dearóiliú	dearóilithe	dírigh
dearscnóidh	dearscnú	dearscnaithe	dathaigh
deasóidh	deasú	deasaithe	dathaigh
deascfaidh	deascadh	deasctha	díol
deatóidh	deatú	deataithe	dathaigh
deifnídeoidh	deifnídiú	deifnídithe	dírigh

stem/root	English	past tense	present tense
deifrigh	*hurry, hasten*	dheifrigh	deifríonn
deighil	*separate*	dheighil	deighlíonn
deil	*turn on lathe*	dheil	deileann
deilbhigh	*frame, fashion*	dheilbhigh	deilbhíonn
déileáil	*deal*	dhéileáil	déileálann
deimhneasc	*aver* (jur)	dheimhneasc	deimhneascann
deimhnigh	*certify, assure*	dheimhnigh	deimhníonn
deisigh	*mend, repair*	dheisigh	deisíonn
deoch	*immerse, cover*	dheoch	deochann
deonaigh	*grant*	dheonaigh	deonaíonn
déroinn	*bisect*	dhéroinn	déroinneann
dí-adhlaic	*disinter, exhume*	dhí-adhlaic	dí-adhlacann
dí-agair	*non-suit* (jur)	dhí-agair	dí-agraíonn
dí-armáil	*disarm*	dhí-armáil	dí-armálann
dí-eaglaisigh	*secularize*	dhí-eaglaisigh	dí-eaglaisíonn
dí-ocsaídigh	*deoxidize*	dhí-ocsaídigh	dí-ocsaídíonn
dí-ocsaiginigh	*deoxygenate*	dhí-ocsaiginigh	dí-ocsaiginíonn
dí-oighrigh	*de-ice*	dhí-oighrigh	dí-oighríonn
dí-shainoidhrigh	*disentail*	dhí-shainoidhrigh	dí-shainoidhríonn
diagaigh	*deify*	dhiagaigh	diagaíonn
diailigh	*dial*	dhiailigh	diailíonn
diall	*incline, decline*	dhiall	diallann
diamhaslaigh	*blaspheme*	dhiamhaslaigh	diamhaslaíonn
diamhraigh	*darken, obscure*	dhiamhraigh	diamhraíonn
dianaigh	*intensify*	dhianaigh	dianaíonn
dianscaoil	*decompose*	dhianscaoil	dianscaoileann
diansir	*importune*	dhiansir	diansireann
diasraigh	*glean*	dhiasraigh	diasraíonn
díbh	*dismiss*	dhíbh	díbheann
díbharraigh	*disbarr*	dhíbharraigh	díbharraíonn
dibhéirsigh	*diverge*	dhibhéirsigh	dibhéirsíonn
díbholaigh	*deodorize*	dhíbholaigh	díbholaíonn
díbholg	*deflate*	dhíbholg	díbholgann
díbhunaigh	*disestablish*	dhíbhunaigh	díbhunaíonn
díbir	*banish, exile*	dhíbir	díbríonn
díbligh	*debilitate*	dhíbligh	díblíonn
dícháiligh	*disqualify*	dhícháiligh	dícháilíonn
dícharbónaigh	*decarbonize*	dhícharbónaigh	dícharbónaíonn
dícheadaigh	*disallow*	dhícheadaigh	dícheadaíonn
dícheangail	*untie, detach*	dhícheangail	dícheanglaíonn
dícheann	*behead*	dhícheann	dícheannann
/ dícheannaigh	*behead*	/ dhícheannaigh	/ dícheannaíonn
dícheil	*conceal, secrete*	dhícheil	dícheileann
díchnámhaigh	*bone, fillet*	dhíchnámhaigh	díchnámhaíonn
díchódaigh	*decode*	dhíchódaigh	díchódaíonn
díchóimeáil	*dismantle*	dhíchóimeáil	díchóimeálann

future tense	verbal noun	verbal adjective	verb type
deifreoidh	deifriú	deifrithe	dírigh
deighleoidh	deighilt	deighilte	taitin
deilfidh	deileadh	deilte	druid
deilbheoidh	deilbhiú	deilbhithe	dírigh
déileálfaidh	déileáil	déileáilte	pacáil
deimhneascfaidh	deimhneascadh	deimhneasctha	díol
deimhneoidh	deimhniú	deimhnithe	dírigh
deiseoidh	deisiú	deisithe	dírigh
deochfaidh	deochadh	deochta	díol
deonóidh	deonú	deonaithe	dathaigh
déroinnfidh	déroinnt	déroinnte	druid
dí-adhlacfaidh	dí-adhlacadh	dí-adhlactha	siúil
dí-agróidh	dí-agairt	dí-agartha	codail
dí-armálfaidh	dí-armáil	dí-armáilte	pacáil
dí-eaglaiseoidh	dí-eaglaisiú	dí-eaglaisithe	dírigh
dí-ocsaídeoidh	dí-ocsaídiú	dí-ocsaídithe	dírigh
dí-ocsaigineoidh	dí-ocsaiginiú	dí-ocsaiginithe	dírigh
dí-oighreoidh	dí-oighriú	dí-oighrithe	dírigh
dí-shainoidhreoidh	dí-shainoidhriú	dí-shainoidhrithe	dírigh
diagóidh	diagú	diagaithe	dathaigh
diaileoidh	diailiú	diailithe	dírigh
diallfaidh	dialladh	diallta	díol
diamhaslóidh	diamhaslú	diamhaslaithe	dathaigh
diamhróidh	diamhrú	diamhraithe	dathaigh
dianóidh	dianú	dianaithe	dathaigh
dianscaoilfidh	dianscaoileadh	dianscaoilte	druid
diansirfidh	diansireadh	diansirthe	druid
diasróidh	diasrú	diasraithe	dathaigh
díbhfidh	díbheadh	dífe	druid
díbharróidh	díbharrú	díbharraithe	dathaigh
dibhéirseoidh	dibhéirsiú	dibhéirsithe	dírigh
díbholóidh	díbholú	díbholaithe	dathaigh
díbholgfaidh	díbholgadh	díbholgtha	díol
díbhunóidh	díbhunú	díbhunaithe	dathaigh
díbreoidh	díbirt	díbeartha	taitin
díbleoidh	díbliú	díblithe	dírigh
dícháileoidh	dícháiliú	dícháilithe	dírigh
dícharbónóidh	dícharbónú	dícharbónaithe	dathaigh
dícheadóidh	dícheadú	dícheadaithe	dathaigh
dícheanglóidh	dícheangal	dícheangailte	ceangail
dícheannfaidh	dícheannadh	dícheannta	díol
/ dícheannóidh	/ dícheannú	/ dícheannaithe	/ dathaigh
dícheilfidh	dícheilt	dícheilte	druid, ceil
díchnámhóidh	díchnámhú	díchnámhaithe	dathaigh
díchódóidh	díchódú	díchódaithe	dathaigh
díchóimeálfaidh	díchóimeáil	díchóimeáilte	pacáil

gas/fréamh	Béarla	aimsir chaite	aimsir láithreach
díchoisric	deconsecrate	dhíchoisric	díchoisriceann
díchollaigh	disembody	dhíchollaigh	díchollaíonn
díchónasc	diconnect	dhíchónasc	díchónascann
díchorn	unwind	dhíchorn	díchornann
díchorónaigh	dethrone	dhíchorónaigh	díchorónaíonn
díchreid	disbelieve	dhíchreid	díchreideann
díchreidiúnaigh	discredit	dhíchreidiúnaigh	díchreidiúnaíonn
díchruthaigh	disprove	dhíchruthaigh	díchruthaíonn
díchuir	expel, eject	dhíchuir	díchuireann
díchum	deform, distort	dhíchum	díchumann
dídhaoinigh	depopulate	dhídhaoinigh	dídhaoiníonn
dífháisc	decompress	dhífháisc	dífháisceann
dífhéaraigh	depasture	dhífhéaraigh	dífhéaraíonn
dífhoraoisigh	deforest	dhífhoraoisigh	dífhoraoisíonn
dífhostaigh	disemploy	dhífhostaigh	dífhostaíonn
difreáil	differentiate	dhifreáil	difreálann
difrigh	differ, dissent	dhifrigh	difríonn
díghalraigh	disinfect	dhíghalraigh	díghalraíonn
díghreamaigh	unstick	dhíghreamaigh	díghreamaíonn
díhiodráitigh	dehydrate	dhíhiodráitigh	díhiodráitíonn
díláithrigh	displace	dhíláithrigh	díláithríonn
díláraigh	decentralize	dhíláraigh	díláraíonn
díleáigh	dissolve, digest	dhíleáigh	díleánn
díligh	deluge	dhíligh	dílíonn
dílódáil	unload	dhílódáil	dílódálann
dílsigh	vest, pledge	dhílsigh	dílsíonn
díluacháil	devalue	dhíluacháil	díluachálann
díluchtaigh	discharge, unload	dhíluchtaigh	díluchtaíonn
dímhaighnéadaigh	demagnetize	dhímhaighnéadaigh	dímhaighnéadaíonn
dímhignigh	condemn	dhímhignigh	dímhigníonn
dímhíleataigh	demilitarize	dhímhíleataigh	dímhíleataíonn
dímhol	dispraise	dhímhol	dímholann
dímhonaigh	demonetize	dhímhonaigh	dímhonaíonn
dínádúraigh	denature	dhínádúraigh	dínádúraíonn
dínáisiúnaigh	denationalize	dhínáisiúnaigh	dínáisiúnaíonn
dínasc	disconnect	dhínasc	dínascann
díneartaigh	enfeeble	dhíneartaigh	díneartaíonn
ding	dint, wedge	dhing	dingeann
ding	wedge	dhing	dingeann
dínítriginigh	denitrify	dhínítriginigh	dínítriginíonn
díobh	extinguish	dhíobh	díobhann
díobháil	injure, harm	dhíobháil	díobhálann
díochlaon	decline	dhíochlaon	díochlaonann
diogáil	dock, trim	dhiogáil	diogálann
díoghail	avenge, punish	dhíoghail	díoghlann

316

aimsir fháisteanach	ainm briathartha	aidiacht bhr.	briathar gaolta
díchoisricfidh	díchoisreacan	díchoisricthe	druid
díchollóidh	díchollú	díchollaithe	dathaigh
díchónascfaidh	díchónascadh	díchónasctha	díol
díchornfaidh	díchornadh	díchornta	díol
díchorónóidh	díchorónú	díchorónaithe	dathaigh
díchreidfidh	díchreidiúint	díchreidte	druid, creid
díchreidiúnóidh	díchreidiúnú	díchreidiúnaithe	dathaigh
díchruthóidh	díchruthú	díchruthaithe	dathaigh
díchuirfidh	díchur	díchurtha	druid, cuir
díchumfaidh	díchumadh	díchumtha	díol
dídhaoineoidh	dídhaoiniú	dídhaoinithe	dírigh
dífháiscfidh	dífháscadh	dífháiscthe	druid
dífhéaróidh	dífhéarú	dífhéaraithe	dathaigh
dífhoraoiseoidh	dífhoraoisiú	dífhoraoisithe	dírigh
dífhostóidh	dífhostú	dífhostaithe	dathaigh
difreálfaidh	difreáil	difreáilte	pacáil
difreoidh	difriú	difrithe	dírigh
díghalróidh	díghalrú	díghalraithe	dathaigh
díghreamóidh	díghreamú	díghreamaithe	dathaigh
díhiodráiteoidh	díhiodráitiú	díhiodráitithe	dírigh
díláithreoidh	díláithriú	díláithrithe	dírigh
díláróidh	dílárú	díláraithe	dathaigh
díleáfaidh	díleá	díleáite	báigh
díleoidh	díliú	dílithe	dírigh
dílódálfaidh	dílódáil	dílódáilte	pacáil
dílseoidh	dílsiú	dílsithe	dírigh
díluachálfaidh	díluacháil	díluacháilte	pacáil
díluchtóidh	díluchtú	díluchtaithe	dathaigh
dímhaighnéadóidh	dímhaighnéadú	dimhaigh-néadaithe	dathaigh
dímhigneoidh	dímhigniú	dímhignithe	dírigh
dímhíleatóidh	dímhíleatú	dímhíleataithe	dathaigh, neartaigh
dímholfaidh	dímholadh	dímholta	díol, mol
dímhonóidh	dímhonú	dímhonaithe	dathaigh
dínádúróidh	dínádúrú	dínádúraithe	dathaigh
dínáisiúnóidh	dínáisiúnú	dínáisiúnaithe	dathaigh
dínascfaidh	dínascadh	dínasctha	díol
díneartóidh	díneartú	díneartaithe	dathaigh
dingfidh	dingeadh	dingthe	druid
dingfidh	dingeadh	dingthe	druid
dínítrigineoidh	dínítriginiú	dínítriginithe	dírigh
díobhfaidh	díobhadh	díofa	díol
díobhálfaidh	díobháil	díobháilte	pacáil
díochlaonfaidh	díochlaonadh	díochlaonta	díol
diogálfaidh	diogáil	díochlaonta	pacáil
díoghlfaidh	díoghail	díoghailte	lch 270/3

stem/root	English	past tense	present tense
díol	*sell*	**dhíol**	**díolann**
díolaim	*compile, glean*	dhíolaim	díolaimíonn
			/ díolaimeann
díolmhaigh	*exempt*	dhíolmhaigh	díolmhaíonn
díolmhainigh	*free, exempt*	dhíolmhainigh	díolmhainíonn
diomail	*waste, squander*	dhiomail	diomlaíonn
díon	*protect, shelter*	dhíon	díonann
diongaibh	*ward off, repel*	dhiongaibh	diongbhann
díorthaigh	*derive*	dhíorthaigh	díorthaíonn
diosc	*disect*	dhiosc	dioscann
díosc	*creak, grate*	dhíosc	díoscann
díoscarnaigh	*creak, grind*	dhíoscarnaigh	díoscarnaíonn
díospóid	*dispute*	dhíospóid	díospóideann
díotáil	*indict*	dhíotáil	díotálann
díotáil	*progress*	dhíotáil	díotálann
díotchúisigh	*arraign*	dhíotchúisigh	díotchúisíonn
díothaigh	*destroy*	dhíothaigh	díothaíonn
dipeáil	*dip*	dhipeáil	dipeálann
díphacáil	*unpack*	dhíphacáil	díphacálann
dípholaraigh	*depolarize*	dhípholaraigh	dípholaraíonn
díraon	*diffract*	dhíraon	díraonann
dírátaigh	*derate*	dhírátaigh	dírátaíonn
díréitigh	*disarrange*	dhíréitigh	díréitíonn
díreoigh	*defrost*	dhíreoigh	díreonn
dírigh	*straighten*	**dhírigh**	**díríonn**
díscaoil	*unloose, disperse*	dhíscaoil	díscaoileann
díscigh	*dry up, drain*	dhíscigh	díscíonn
díscoir	*unloose*	dhíscoir	díscoireann
díscríobh	*write off*	dhíscríobh	díscríobhann
díshamhlaigh	*dissimilate*	dhíshamhlaigh	díshamhlaíonn
díshealbhaigh	*dispossess, evict*	dhíshealbhaigh	díshealbhaíonn
díshioc	*defrost*	dhíshioc	díshiocann
díshlóg	*demobilize*	dhíshlóg	díshlógann
díshraith	*derate*	dhíshraith	díshraitheann
díshrian	*decontrol*	dhíshrian	díshrianann
dísigh	*pair*	dhísigh	dísíonn
dísligh	*dice*	dhísligh	díslíonn
díspeag	*despise, belittle*	dhíspeag	díspeagann
díthiomsaigh	*dissociate*	dhíthiomsaigh	díthiomsaíonn
dithneasaigh	*hasten, hurry*	dhithneasaigh	dithneasaíonn
díthochrais	*unwind*	dhíthochrais	díthochraiseann
díthruailligh	*decontaminate*	dhíthruailligh	díthruaillíonn
diúg	*drain, suck*	dhiúg	diúgann
diúl	*suck*	dhiúl	diúlann
diúltaigh	*refuse*	dhiúltaigh	diúltaíonn
/ diúlt		/ dhiúlt	diúltann

future tense	verbal noun	verbal adjective	verb type
díolfaidh	**díol**	**díolta**	**31**
díolaimeoidh	díolaim	díolaimthe	foghlaim
/ díolaimfidh			/ druid
díolmhóidh	díolmhú	díolmhaithe	dathaigh
díolmhaineoidh	díolmhainiú	díolmhainithe	dírigh
diomlóidh	diomailt	diomailte	codail
díonfaidh	díonadh	díonta	díol
diongbhfaidh	diongbháil	diongbháilte	lch 270/3
díorthóidh	díorthú	díorthaithe	dathaigh
dioscfaidh	dioscadh	diosctha	díol
díoscfaidh	díoscadh	díosctha	díol
díoscarnóidh	díoscarnach	díoscarnaithe	dathaigh
díospóidfidh	díospóid	díospóidte	druid
díotálfaidh	díotáil	díotáilte	pacáil
díotálfaidh	díotáil	díotáilte	pacáil
díotchúiseoidh	díotchúisiú	díotchúisíthe	dírigh
díothóidh	díothú	díothaithe	dathaigh
dipeálfaidh	dipeáil	dipeáilte	pacáil
díphacálfaidh	díphacáil	díphacáilte	pacáil
dípholaróidh	dípholarú	dípholaraithe	dathaigh
díraonfaidh	díraonadh	díraonta	díol
dírátóidh	dírátú	dírátaithe	dathaigh
díréiteoidh	díréitiú	díréitithe	dírigh
díreofaidh	díreo	díreoite	feoigh
díreoidh	**díriú**	**dírithe**	**32**
díscaoilfidh	díscaoileadh	díscaoilte	druid
dísceoidh	dísciú	díscithe	dírigh
díscoirfidh	díscor	díscortha	druid, scóir
díscríobhfaidh	díscríobh	díscríofa	díol
díshamhlóidh	díshamhlú	díshamhlaithe	dathaigh
díshealbhóidh	díshealbhú	díshealbhaithe	dathaigh
díshiocfaidh	díshioc	díshioctha	díol
díshlógfaidh	díshlógadh	díshlógtha	díol
díshraithfidh	díshraitheadh	díshraite	caith
díshrianfaidh	díshrianadh	díshrianta	díol
díseoidh	dísiú	dísithe	dírigh
dísleoidh	dísliú	díslithe	dírigh
díspeagfaidh	díspeagadh	díspeagtha	díol
díthiomsóidh	díthiomsú	díthiomsaithe	dathaigh
dithneasóidh	dithneasú	dithneasaithe	dathaigh
díthochraisfidh	díthochras	díthochraiste	druid
díthruailleoidh	díthruailliú	díthruaillithe	dírigh
diúgfaidh	diúgadh	diúgtha	díol
diúlfaidh	diúl	diúlta	díol
diúltóidh	diúltú	diúltaithe	dathaigh
diúltfaidh	diúltadh	diúlta	/ trácht

gas/fréamh	Béarla	aimsir chaite	aimsir láithreach
diúraic	cast, project	dhiúraic	diúracann
diurnaigh	drain, swallow	dhiurnaigh	diurnaíonn
/diurn/ diurnáil		/dhiurn/ dhiurnáil	diurnann srl.
diúscair	dispose of	dhiúscair	diúscraíonn
dlaoithigh	tress (hair)	dhlaoithigh	dlaoithíonn
dligh	be entitled to	dhligh	dlíonn
dlisteanaigh	legitimate	dhlisteanaigh	dlisteanaíonn
dluigh	cleave, divide	dhluigh	dluíonn
dlúthaigh	compact	dhlúthaigh	dlúthaíonn
dochraigh	harm, prejudice	dhochraigh	dochraíonn
docht	tighten, bind	dhocht	dochtann
dóibeáil	daub	dhóibeáil	dóibeálann
doicheallaigh	be unwilling	dhoicheallaigh	doicheallaíonn
dóigh	**burn**	**dhóigh**	**dónn**
doilbh	form, fabricate	dhoilbh	doilbheann
doiléirigh	darken	dhoiléirigh	doiléiríonn
doimhnigh	obscure	dhoimhnigh	doimhníonn
doir	bull	dhoir	doireann
doirt	spill, pour	dhoirt	doirteann
dol	loop, net	dhol	dolann
domheanmnaigh	dispirit	dhomheanmnaigh	domheanmnaíonn
donaigh	aggravate	dhonaigh	donaíonn
donnaigh	brown, tan	dhonnaigh	donnaíonn
dópáil	dope	dhópáil	dópálann
dorchaigh	darken	dhorchaigh	dorchaíonn
dord	hum, buzz	dhord	dordann
dornáil	fist, box	dhornáil	dornálann
draenáil	(dig) drain	dhraenáil	draenálann
drámaigh	dramatize	dhrámaigh	drámaíonn
dramhail	trample	dhramhail	dramhlaíonn
drann	grin, snarl	dhrann	drannann
drantaigh	snarl, growl	dhrantaigh	drantaíonn
draoibeáil	besplatter	dhraoibeáil	draoibeálann
dreach	make up	dhreach	dreachann
dréachtaigh	draft	dhréachtaigh	dréachtaíonn
dreap	climb	dhreap	dreapann
dreasaigh	incite, urge on	dhreasaigh	dreasaíonn
dreideáil	dredge	dhreideáil	dreideálann
dréim	climb, ascend	dhréim	dréimeann
dreoigh	decompose	dhreoigh	dreonn
driog	distil	dhriog	driogann
drithligh	sparkle, glitter	dhrithligh	drithlíonn
droimscríobh	endorse	dhroimscríobh	d.scríobhann
drugáil	drug	dhrugáil	drugálann
druid	**close, shut**	**dhruid**	**druideann**
druileáil	drill	dhruileáil	druileálann

aimsir fháisteanach	ainm briathartha	aidiacht bhr.	briathar gaolta
diúracfaidh	diúracadh	diúractha	siúil
diurnóidh	diurnú	diurnaithe	dathaigh
diúrnfaidh srl.	diurnadh/diurnáil	diurnta/diurnáithe	/ díol / pacáil
diúscróidh	diúscairt	diúscartha	codail
dlaoitheoidh	dlaoithiú	dlaoithithe	dírigh
dleoidh	dlí	dlite	nigh
dlisteanóidh	dlisteanú	dlisteanaithe	dathaigh
dluífidh	dluí	dluite	suigh
dlúthóidh	dlúthú	dlúthaithe	dathaigh
dochróidh	dochrú	dochraithe	dathaigh
dochtfaidh	dochtadh	dochta	trácht
dóibeálfaidh	dóibeáil	dóibeáilte	pacáil
doicheallóidh	doicheallú	doicheallaithe	dathaigh
dófaidh	**dó**	**dóite**	**33**
doilbhfidh	doilbheadh	doilfe	druid
doiléireoidh	doiléiriú	doiléirithe	dírigh
doimhneoidh	doimhniú	doimhnithe	dírigh
doirfidh	dor	dortha	druid
doirtfidh	doirteadh	doirte	tit
dolfaidh	doladh	dolta	díol
domheanmnóidh	domheanmnú	domheanmnaithe	dathaigh
donóidh	donú	donaithe	dathaigh
donnóidh	donnú	donnaithe	dathaigh
dópálfaidh	dópáil	dópáilte	pacáil
dorchóidh	dorchú	dorchaithe	dathaigh
dordfaidh	dordadh	dordta	díol
dornálfaidh	dornáil	dornáilte	pacáil
draenálfaidh	draenáil	draenáilte	pacáil
drámóidh	drámú	drámaithe	dathaigh
dramhlóidh	dramhailt	dramhailte	codail
drannfaidh	drannadh	drannta	díol
drantóidh	drantú	drantaithe	dathaigh
draoibeálfaidh	draoibeáil	draoibeáilte	pacáil
dreachfaidh	dreachadh	dreachta	díol
dréachtóidh	dréachtú	dréachtaithe	dathaigh
dreapfaidh	dreapadh	dreaptha	díol
dreasóidh	dreasú	dreasaithe	dathaigh
dreideálfaidh	dreideáil	dreideáilte	pacáil
dréimfidh	dréim	dréimthe	druid
dreofaidh	dreo	dreoite	feoigh
driogfaidh	driogadh	driogtha	díol
drithleoidh	drithliú	drithlithe	dírigh
d.scríobhfaidh	droimscríobh	droimscríofa	díol
drugálfaidh	drugáil	drugáilte	pacáil
druidfidh	**druidim (drud)**	**druidte**	**34**
druileálfaidh	druileáil	druileáilte	pacáil

stem/root	English	past tense	present tense
duaithnigh	*obscure*	dhuaithnigh	duaithníonn
dual	*twine, braid*	dhual	dualann
dúbail	*double*	dhúbail	dúblaíonn
dubhaigh	*blacken, darken*	dhubhaigh	dubhaíonn
dúbláil	*second distil*	dhúbláil	dúblálann
duilligh	*foliate*	dhuilligh	duillíonn
dúisigh	*(a)wake, arouse*	**dhúisigh**	**dúisíonn**
dúlaigh	*desire*	dhúlaigh	dúlaíonn
dúloisc	*char*	dhúloisc	dúloisceann
dúmhál	*blackmail*	dhúmhál	dúmhálann
dumpáil	*dump*	dhumpáil	dumpálann
dún	*close, shut*	**dhún**	**dúnann**
dúnmharaigh	*murder*	dhúnmharaigh	dúnmharaíonn
durdáil	*coo*	dhurdáil	durdálann
dustáil	*dust*	dhustáil	dustálann
eachtraigh	*set forth*	d'eachtraigh	eachtraíonn
eachtraigh	*relate, narrate*	d'eachtraigh	eachtraíonn
éadaigh	*clothe*	d'éadaigh	éadaíonn
eadarbhuasaigh	*flutter, soar*	d'eadarbhuasaigh	eadarbhuasaíonn
éadlúthaigh	*rarefy*	d'éadlúthaigh	éadlúthaíonn
eadóirsigh	*naturalize*	d'eadóirsigh	eadóirsíonn
eadránaigh	*arbitrate*	d'eadránaigh	eadránaíonn
éadromaigh	*lighten*	d'éadromaigh	éadromaíonn
éaduchtaigh	*educe*	d'éaduchtaigh	éaduchtaíonn
éag	*die (out)*	d'éag	éagann
éagaoin	*moan, lament*	d'éagaoin	éagaoineann
eaglaigh	*fear*	d'eaglaigh	eaglaíonn
eagnaigh	*grow wise*	d'eagnaigh	eagnaíonn
éagnaigh	*complain*	d'éagnaigh	éagnaíonn
éagóirigh	*wrong*	d'éagóirigh	éagóiríonn
/ éagóir		/ d'éagóir	/ éagóireann
éagothromaigh	*unbalance*	d'éagothromaigh	éagothromaíonn
eagraigh	*organize*	**d'eagraigh**	**eagraíonn**
éagsúlaigh	*diversify*	d'éagsúlaigh	éagsúlaíonn
éagumasaigh	*incapicitate*	d'éagumasaigh	éagumasaíonn
éalaigh	*escape, elude*	d'éalaigh	éalaíonn
eamhnaigh	*double, sprout*	d'eamhnaigh	eamhnaíonn
eangaigh	*notch, indent*	d'eangaigh	eangaíonn
éar	*refuse*	d'éar	éarann
earb	*(en)trust*	d'earb	earbann
earcaigh	*recruit*	d'earcaigh	earcaíonn
earrachaigh	*vernalize*	d'earrachaigh	earrachaíonn
easáitigh	*displace*	d'easáitigh	easáitíonn
easanálaigh	*exhale*	d'easanálaigh	easanálaíonn
easaontaigh	*disagree*	d'easaontaigh	easaontaíonn

future tense	verbal noun	verbal adjective	verb type
duaithneoidh	duaithniú	duaithnithe	dírigh
dualfaidh	dualadh	dualta	díol
dúblóidh	dúbailt	dúbailte	codail
dubhóidh	dúchan	dubhaithe	dathaigh
dúblálfaidh	dúbláil	dúbláilte	pacáil
duilleoidh	duilliú	duillithe	dírigh
dúiseoidh	**dúiseacht**	**dúisithe**	**35**
dúlóidh	dúlú	dúlaithe	dathaigh
dúloiscfidh	dúloscadh	dúloiscthe	druid
dúmhálfaidh	dúmháladh	dúmhálta	díol
dumpálfaidh	dumpáil	dumpáilte	pacáil
dúnfaidh	**dúnadh**	**dúnta**	**36**
dúnmharóidh	dúnmharú	dúnmharaithe	maraigh
durdálfaidh	durdáil	durdáilte	pacáil
dustálfaidh	dustáil	dustáilte	pacáil
eachtróidh	eachtrú	eachtraithe	eagraigh
eachtróidh	eachtraí	eachtraithe	eagraigh
éadóidh	éadú	éadaithe	eagraigh
eadarbhuasóidh	eadarbhuasú	eadarbhuasaithe	eagraigh
éadlúthóidh	éadlúthú	éadlúthaithe	eagraigh
eadóirseoidh	eadóirsiú	eadóirsithe	éirigh
eadránóidh	eadránú	eadránaithe	eagraigh
éadromóidh	éadromú	éadromaithe	eagraigh
éaduchtóidh	éaduchtú	éaduchtaithe	eagraigh
éagfaidh	éag/éagadh	éagtha	ól
éagaoinfidh	éagaoineadh	éagaointe	oil
eaglóidh	eaglú	eaglaithe	eagraigh
eagnóidh	eagnú	eagnaithe	eagraigh
éagnóidh	éagnach	éagnaithe	eagraigh
éagóireoidh	éagóiriú	éagóirithe	éirigh
/ éagóirfidh	/ éagóireadh	/ éagóirthe	/ oil
éagothromóidh	éagothromú	éagothromaithe	eagraigh
eagróidh	**eagrú**	**eagraithe**	**37**
éagsúlóidh	éagsúlú	éagsúlaithe	eagraigh
éagumasóidh	éagumasú	éagumasaithe	eagraigh
éalóidh	éalú	éalaithe	eagraigh
eamhnóidh	eamhnú	eamhnaithe	eagraigh
eangóidh	eangú	eangaithe	eagraigh
éarfaidh	éaradh	éartha	ól
earbfaidh	earbadh	earbtha	ól
earcóidh	earcú	earcaithe	eagraigh
earrachóidh	earrachú	earrachaithe	eagraigh
easáiteoidh	easáitiú	easáitithe	éirigh
easanálóidh	easanálú	easanálaithe	eagraigh
easaontóidh	easaontú	easaontaithe	eagraigh

gas/fréamh	Béarla	aimsir chaite	aimsir láithreach
easbhrúigh	*thrust out*	d'easbhrúigh	easbhrúnn
éascaigh	*facilitate*	d'éascaigh	éascaíonn
eascainigh	*curse, swear*	d'eascainigh	eascainíonn
eascair	*spring, sprout*	d'eascair	eascraíonn
eascoiteannaigh	*ostracize*	d'eascoiteannaigh	eascoiteannaíonn
easlánaigh	*become sick*	d'easlánaigh	easlánaíonn
easmail	*reproach, abuse*	d'easmail	easmalann
easonóraigh	*dishonour*	d'easonóraigh	easonóraíonn
easpórtáil	*export*	d'easpórtáil	easpórtálann
easraigh	*litter, strew*	d'easraigh	easraíonn
eibligh	*emulsify*	d'eibligh	eiblíonn
éidigh	*dress, clothe*	d'éidigh	éidíonn
éigh	*cry out, scream*	d'éigh	éann
éigiontaigh	*acquit, absolve*	d'éigiontaigh	éigiontaíonn
éignigh	*compel, violate*	d'éignigh	éigníonn
éiligh	*claim, complain*	d'éiligh	éilíonn
éilligh	*corrupt, defile*	d'éilligh	éillíonn
éimigh	*refuse, deny*	d'éimigh	éimíonn
éinirtigh	*enfeeble*	d'éinirtigh	éinirtíonn
éirigh	***rise***	**d'éirigh**	**éiríonn**
éirnigh	*dispense*	d'éirnigh	éirníonn
eis	*exist*	d'eis	eiseann
eisc	*excise*	d'eisc	eisceann
eiscrigh	*form ridges*	d'eiscrigh	eiscríonn
eiscríobh	*escribe*	d'eiscríobh	eiscríobhann
eiseachaid	*extradite*	d'eiseachaid	eiseachadann
eiseamláirigh	*exemplify*	d'eiseamláirigh	eiseamláiríonn
eiséat	*escheat*	d'eiséat	eiséatann
eisfhear	*excrete*	d'eisfhear	eisfhearann
eisiacht	*eject*	d'eisiacht	eisiachtann
eisiaigh	*exclude*	d'eisiaigh	eisiann
eisigh	*issue*	d'eisigh	eisíonn
eisil	*flow out*	d'eisil	eisileann
eisleath	*effuse*	d'eisleath	eisleathann
eislig	*egest*	d'eislig	eisligeann
eispéirigh	*experience*	d'eispéirigh	eispéiríonn
eisreachtaigh	*proscribe, ban*	d'eisreachtaigh	eisreachtaíonn
eisréidh	*disperse*	d'eisréidh	eisréann
eisréimnigh	*diverge*	d'eisréimnigh	eisréimníonn
éist	***listen***	**d'éist**	**éisteann**
eistearaigh	*esterify*	d'eistearaigh	eistearaíonn
eistréat	*estreat*	d'eistréat	eistréatann
eitigh	*refuse*	d'eitigh	eitíonn
eitil	*fly*	d'eitil	eitlíonn
eitrigh	*furrow, groove*	d'eitrigh	eitríonn
eitseáil	*etch*	d'eitseáil	eitseálann

aimsir fháisteanach	ainm briathartha	aidiacht bhr.	briathar gaolta
easbhrúfaidh	easbhrú	easbhrúite	brúigh
éascóidh	éascú	éascaithe	eagraigh
eascaineoidh	eascainí	eascainithe	éirigh
eascróidh	eascairt	eascartha	iompair
eascoiteannóidh	eascoiteannú	eascoiteannaithe	eagraigh
easlánóidh	easlánú	easlánaithe	eagraigh
easmalfaidh	easmailt	easmailte	siúil
easonóróidh	easonórú	easonóraithe	eagraigh
easpórtálfaidh	easpórtáil	easpórtáilte	pacáil
easróidh	easrú	easraithe	eagraigh
eibleoidh	eibliú	eiblithe	éirigh
éideoidh	éidiú	éidithe	éirigh
éifidh	éamh	éite	léigh
éigiontóidh	éigiontú	éigiontaithe	eagraigh
éigneoidh	éigniú	éignithe	éirigh
éileoidh	éileamh	éilithe	éirigh
éilleoidh	éilliú	éillithe	éirigh
éimeoidh	éimiú	éimithe	éirigh
éinirteoidh	éinirtiú	éinirtithe	éirigh
éireoidh	**éirí**	**éirithe**	**38**
éirneoidh	éirniú	éirnithe	éirigh
eisfidh	eiseadh	eiste	oil
eiscfidh	eisceadh	eiscthe	oil
eiscreoidh	eiscriú	eiscrithe	éirigh
eiscríobhfaidh	eiscríobh	eiscríofa	ól + scríobh
eiseachadfaidh	eiseachadadh	eiseachadta	siúil
eiseamláireoidh	eiseamláiriú	eiseamláirithe	éirigh
eiséatfaidh	eiséatadh	eiséata	at
eisfhearfaidh	eisfhearadh	eisfheartha	ól
eisiachtfaidh	eisiachtain	eisiachta	at
eisiafaidh	eisiamh	eisiata	fuaigh
eiseoidh	eisiúint	eisithe	éirigh
eisilfidh	eisileadh	eisilte	oil
eisleathfaidh	eisleathadh	eisleata	meath
eisligfidh	eisligean	eisligthe	oil
eispéireoidh	eispéiriú	eispéirithe	éirigh
eisreachtóidh	eisreachtú	eisreachtaithe	eagraigh
eisréifidh	eisréadh	eisréite	léigh
eisréimneoidh	eisréimniú	eisréimnithe	éirigh
éistfidh	**éisteacht**	**éiste**	**39**
eistearóidh	eistearú	eistearaithe	eagraigh
eistréatfaidh	eistréatadh	eistréata	at
eiteoidh	eiteach	eitithe	éirigh
eitleoidh	eitilt	eitilte	imir
eitreoidh	eitriú	eitrithe	éirigh
eitseálfaidh	eitseáil	eitseáilte	pacáil

stem/root	English	past tense	present tense
fabhraigh	*develop, form*	d'fhabhraigh	fabhraíonn
fabhraigh	*favour*	d'fhabhraigh	fabhraíonn
fachtóirigh	*factorize*	d'fhachtóirigh	fachtóiríonn
fadaigh	*kindle*	d'fhadaigh	fadaíonn
fadaigh	*lengthen*	d'fhadaigh	fadaíonn
fadhbh	*spoil, strip*	d'fhadhbh	fadhbhann
fág	***leave***	**d'fhág**	**fágann**
faghair	*fire, incite*	d'fhaghair	faghraíonn
faichill	*be careful of*	d'fhaichill	faichilleann
faigh	***get***	**fuair**	**faigheann**
failligh	*neglect, omit*	d'fhailligh	faillíonn
failp	*whip, strike*	d'fhailp	failpeann
fáiltigh	*rejoice, welcome*	d'fháiltigh	fáiltíonn
fáinnigh	*ring, encircle*	d'fháinnigh	fáinníonn
fair	*watch, wake*	d'fhair	faireann
fáir	*roost*	d'fháir	fáireann
fairsingigh	*widen, extend*	d'fhairsingigh	fairsingíonn
fáisc	*wring, squeeze*	d'fháisc	fáisceann
faisnéis	*recount, inquire*	d'fhaisnéis	faisnéiseann
fáistinigh	*prophesy*	d'fháistinigh	fáistiníonn
fálaigh	*fence, enclose*	d'fhálaigh	fálaíonn
fallaingigh	*drape*	d'fhallaingigh	fallaingíonn
falsaigh	*falsify*	d'fhalsaigh	falsaíonn
fan	***wait, stay***	**d'fhan**	**fanann**
fánaigh	*disperse*	d'fhánaigh	fánaíonn
fannaigh	*weaken*	d'fhannaigh	fannaíonn
faobhraigh	*sharpen, whet*	d'fhaobhraigh	faobhraíonn
faoileáil	*wheel, spin*	d'fhaoileáil	faoileálann
faoisc	*shell, parboil*	d'fhaoisc	faoisceann
faomh	*accept, agree to*	d'fhaomh	faomhann
faon	*lay flat*	d'fhaon	faonann
/ faonaigh		/ d'fhaonaigh	faonaíonn
fás	***grow***	**d'fhás**	**fásann**
fásaigh	*lay watse, empty*	d'fhásaigh	fásaíonn
fáthmheas	*diagnose*	d'fháthmheas	fáthmheasann
feabhsaigh	*improve*	d'fheabhsaigh	feabhsaíonn
feac	*bend*	d'fheac	feacann
féach	*look, try*	d'fhéach	féachann
féad	*be able to*	d'fhéad	féadann
feagánaigh	*chase, hunt*	d'fheagánaigh	feagánaíonn
feáigh	*fathom*	d'fheáigh	feánn
feall	*betray*	d'fheall	feallann
feallmharaigh	*assassinate*	d'fheallmharaigh	feallmharaíonn
feamnaigh	*apply seaweed*	d'fheamnaigh	feamnaíonn
feann	*skin, flay*	d'fheann	feannann
fear	*pour, grant*	d'fhear	fearann

future tense	verbal noun	verbal adjective	verb type
fabhróidh	fabhrú	fabhraithe	fiafraigh
fabhróidh	fabhrú	fabhraithe	fiafraigh
fachtóireoidh	fachtóiriú	fachtóirithe	foilsigh
fadóidh	fadú	fadaithe	fiafraigh
fadóidh	fadú	fadaithe	fiafraigh
fadhbhfaidh	fadhbhadh	faofa	fás
fágfaidh	**fágáil**	**fágtha**	**40**
faghróidh	faghairt	faghartha	(f)oscail
faichillfidh	faichill	faichillte	fill
gheobhaidh	**fáil**	**faighte**	**41**
failleoidh	failliú	faillithe	foilsigh
failpfidh	failpeadh	failpthe	fill
fáilteoidh	fáiltiú	fáiltithe	foilsigh
fáinneoidh	fáinniú	fáinnithe	foilsigh
fairfidh	faire	fairthe	fill
fáirfidh	fáireadh	fáirthe	fill
fairsingeoidh	fairsingiú	fairsingithe	foilsigh
fáiscfidh	fáscadh	fáiscthe	fill
faisnéisfidh	faisnéis	faisnéiste	fill
fáistineoidh	fáistiniú	fáistinithe	foilsigh
fálóidh	fálú	fálaithe	fiafraigh
fallaingeoidh	fallaingiú	fallaingithe	foilsigh
falsóidh	falsú	falsaithe	fiafraigh
fanfaidh	**fanacht**	**fanta**	**42**
fánóidh	fánú	fánaithe	fiafraigh
fannóidh	fannú	fannaithe	fiafraigh
faobhróidh	faobhrú	faobhraithe	fiafraigh
faoileálfaidh	faoileáil	faoileáilte	pacáil
faoiscfidh	faoisceadh	faoiscthe	fill
faomhfaidh	faomhadh	faofa	fás
faonfaidh	faonadh	faonta	fás
faonóidh	faonú	faonaithe	/ fiafraigh
fásfaidh	**fás**	**fásta**	**43**
fásóidh	fású	fásaithe	fiafraigh
fáthmheasfaidh	fáthmheas	fáthmheasta	fás
feabhsóidh	feabhsú	feabhsaithe	fiafraigh
feacfaidh	feac	feactha	fás
féachfaidh	féachaint	féachta	fás
féadfaidh	féadachtáil	féadta	fás
feagánóidh	feagánú	feagánaithe	fiafraigh
feáfaidh	feá	feáite	báigh
feallfaidh	fealladh	feallta	fás
feallmharóidh	feallmharú	feallmharaithe	fiafraigh
feamnóidh	feamnú	feamnaithe	fiafraigh
feannfaidh	feannadh	feannta	fás
fearfaidh	fearadh	feartha	fás

gas/fréamh	Béarla	aimsir chaite	aimsir láithreach
fearastaigh	*equip, furnish*	d'fhearastaigh	fearastaíonn
feargaigh	*anger, irritate*	d'fheargaigh	feargaíonn
féastaigh	*feast*	d'fhéastaigh	féastaíonn
feic	**see**	**chonaic**	**feiceann**
			(tchí *U* **c(h)í** *M***)**
féichiúnaigh	*debit*	d'fhéichiúnaigh	féichiúnaíonn
feidhligh	*endure*	d'fheidhligh	feidhlíonn
feidhmigh	*function, act*	d'fheidhmigh	feidhmíonn
feighil	*watch, tend*	d'fheighil	feighlíonn
feil	*suit*	d'fheil	feileann
feiltigh	*felt*	d'fheiltigh	feiltíonn
féinphailnigh	*self-polinate*	d'fhéinphailnigh	féinphailníonn
feir	*house* (carp.)	d'fheir	feireann
feistigh	*adjust, moor*	d'fheistigh	feistíonn
feith	*observe, wait*	d'fheith	feitheann
féithigh	*calm, smooth*	d'fhéithigh	féithíonn
feochraigh	*become angry*	d'fheochraigh	feochraíonn
feoigh	**wither**	**d'fheoigh**	**feonn**
fiach	*hunt, chase*	d'fhiach	fiachann
fiafraigh	**ask, inquire**	**d'fhiafraigh**	**fiafraíonn**
fialaigh	*veil, screen*	d'fhialaigh	fialaíonn
fianaigh	*attest, testify*	d'fhianaigh	fianaíonn
fiar	*slant, veer*	d'fhiar	fiarann
figh	*weave*	d'fhigh	fíonn
fill = pill *U*	**return, turn up**	**d'fhill = phill** *U*	**filleann, pilleann** *U*
filléadaigh	*fillet*	d'fhilléadaigh	filléadaíonn
fíneáil	*fine*	d'fhíneáil	fíneálann
fínigh	*decay*	d'fhínigh	fíníonn
fionn	*whiten*	d'fhionn	fionnann
fionn	*ascertain*	d'fhionn	fionnann
fionnuaraigh	*cool, freshen*	d'fhionnuaraigh	fionnuaraíonn
fionraigh	*wait, suspend*	d'fhionraigh	fionraíonn
fíoraigh	*figure, outline*	d'fhíoraigh	fíoraíonn
fíoraigh	*verify*	d'fhíoraigh	fíoraíonn
fíordheimhnigh	*authenticate*	d'fhíordheimhnigh	f.dheimhníonn
fiosaigh	*know*	d'fhiosaigh	fiosaíonn
fiosraigh	*investigate*	d'fhiosraigh	fiosraíonn
fírinnigh	*justify*	d'fhírinnigh	fírinníonn
fithisigh	*orbit*	d'fhithisigh	fithisíonn
fiuch	*boil*	d'fhiuch	fiuchann
fleadhaigh	*feast, carouse*	fhleadhaigh	fleadhaíonn
flípeáil	*trounce*	fhlípeáil	flípeálann
fliuch	**wet**	**fhliuch**	**fliuchann**
flosc	*excite*	fhlosc	floscann
fluairídigh	*flouridate*	fhluairídigh	fluairídíonn
flúirsigh	*make abundant*	fhlúirsigh	flúirsíonn

aimsir fháisteanach	ainm briathartha	aidiacht bhr.	briathar gaolta
fearastóidh	fearastú	fearastaithe	fiafraigh
feargóidh	feargú	feargaithe	fiafraigh
féastóidh	féastú	féastaithe	fiafraigh
feicfidh	**feiscint /feiceáil** *U*	**feicthe**	**44**
(tchífidh *U* **etc)**			
féichiúnóidh	féichiúnú	féichiúnaithe	fiafraigh
feidhleoidh	feidhliú	feidhlithe	foilsigh
feidhmeoidh	feidhmiú	feidhmithe	foilsigh
feighleoidh	feighil	feighilte	imir
feilfidh	feiliúint	feilte	fill
feilteoidh	feiltiú	feiltithe	foilsigh
féinphailneoidh	féinphailniú	féinphailnithe	foilsigh
feirfidh	feireadh	feirthe	fill
feisteoidh	feistiú	feistithe	foilsigh
feithfidh	feitheamh	feite	fás + caith
féitheoidh	féithiú	féithithe	foilsigh
feochróidh	feochrú	feochraithe	fiafraigh
feofaidh	**feo**	**feoite**	**45**
fiachfaidh	fiach	fiachta	fás
fiafróidh	**fiafraí**	**fiafraithe**	**46**
fialóidh	fialú	fialaithe	fiafraigh
fianóidh	fianú	fianaithe	fiafraigh
fiarfaidh	fiaradh	fiartha	fás
fifidh	fí	fite	nigh
fillfidh, pillfidh *U*	**filleadh, pilleadh** *U*	**fillte, pillte** *U*	**47**
filléadóidh	filléadú	filléadaithe	fiafraigh
fíneálfaidh	fíneáil	fíneáilte	pacáil
fíneoidh	fíniú	fínithe	foilsigh
fionnfaidh	fionnadh	fionnta	fás
fionnfaidh	fionnadh	fionnta	fás
fionnuaróidh	fionnuarú	fionnuaraithe	fiafraigh
fionróidh	fionraí	fionraithe	fiafraigh
fíoróidh	fíorú	fíoraithe	fiafraigh
fíoróidh	fíorú	fíoraithe	fiafraigh
f.dheimhneoidh	fíordheimhniú	fíordheimhnithe	foilsigh
fiosóidh	fiosú	fiosaithe	fiafraigh
fiosróidh	fiosrú	fiosraithe	fiafraigh
fírinneoidh	fírinniú	fírinnithe	foilsigh
fithiseoidh	fithisiú	fithisithe	foilsigh
fiuchfaidh	fiuchadh	fiuchta	fás
fleadhóidh	fleadhú	fleadhaithe	fiafraigh
flípeálfaidh	flípeáil	flípeáilte	pacáil
fliuchfaidh	**fliuchadh**	**fliuchta**	**48**
floscfaidh	floscadh	flosctha	fliuch
fluairídeoidh	fluairídiú	fluairídithe	fliuch + foilsigh
flúirseoidh	flúirsiú	flúirsithe	fliuch + foilsigh

stem/root	English	past tense	present tense
fo-eagraigh	*sub-edit*	d'fho-eagraigh	fo-eagraíonn
fo-ghlac	*subsume*	d'fho-ghlac	fo-ghlacann
fo-ordaigh	*subordinate*	d'fho-ordaigh	fo-ordaíonn
fo-rangaigh	*subclassify*	d'fho-rangaigh	fo-rangaíonn
fóbair	*fall upon, attack*	d'fhóbair	fóbraíonn
fócasaigh	*focus*	d'fhócasaigh	fócasaíonn
fócht	*ask, inquire*	d'fhócht	fóchtann
fódaigh	*bank with sods*	d'fhódaigh	fódaíonn
fodháil	*distribute*	d'fhodháil	fodháileann
fofhostaigh	*sub-employ*	d'fhofhostaigh	fofhostaíonn
fógair	*announce*	d'fhógair	fógraíonn
foghlaigh	*plunder*	d'fhoghlaigh	foghlaíonn
foghlaim	***learn, teach***	**d'fhoghlaim**	**foghlaimíonn**
foghraigh	*pronounce*	d'fhoghraigh	foghraíonn
foighnigh	*have patience*	d'fhoighnigh	foighníonn
foilseán	*exhibit*	d'fhoilseán	foilseánann
foilsigh	***publish***	**d'fhoilsigh**	**foilsíonn**
fóin	*serve, be of use*	d'fhóin	fónann
foinsigh	*spring forth*	d'fhoinsigh	foinsíonn
fóir	*help, suit*	d'fhóir	fóireann
foirb	*knurl*	d'fhoirb	foirbeann
foirceann	*terminate*	d'fhoirceann	foirceannann
foirfigh	*perfect, mature*	d'fhoirfigh	foirfíonn
foirgnigh	*construct*	d'fhoirgnigh	foirgníonn
fóirigh	*face, clamp*	d'fhóirigh	fóiríonn
foirmigh	*form, take shape*	d'fhoirmigh	foirmíonn
foithnigh	*shelter*	d'fhoithnigh	foithníonn
fol	*moult*	d'fhol	folann
folaigh	*hide conceal*	d'fholaigh	folaíonn
folc	*bath, wash*	d'fholc	folcann
folean	*follow*	d'fholean	foleanann
folig	*sublet*	d'fholig	foligeann
folíon	*supplement*	d'fholíon	folíonann
follúnaigh	*rule, sustain*	d'fhollúnaigh	follúnaíonn
folmhaigh	*empty, evacuate*	d'fholmhaigh	folmhaíonn
foloisc	*scorch, singe*	d'fholoisc	foloisceann
fómhais	*tax*	d'fhómhais	fómhasann
fonsaigh	*hoop, gird*	d'fhonsaigh	fonsaíonn
foráil	*command, urge*	d'fhoráil	forálann
forasaigh	*ground*	d'fhorasaigh	forasaíonn
forbair	*develop*	d'fhorbair	forbraíonn
forbheirigh	*boil over*	d'fhorbheirigh	forbheiríonn
forcáil	*fork*	d'fhorcáil	forcálann
forchéimnigh	*proceed*	d'fhorchéimnigh	forchéimníonn
forchlóigh	*overprint*	d'fhorchlóigh	forchlónn
forchneasaigh	*cicatrize*	d'fhorchneasaigh	forchneasaíonn

future tense	verbal noun	verbal adjective	verb type
fo-eagróidh	fo-eagrú	fo-eagraithe	fiafraigh
fo-ghlacfaidh	fo-ghlacadh	fo-ghlactha	fás
fo-ordóidh	fo-ordú	fo-ordaithe	fiafraigh
fo-rangóidh	fo-rangú	fo-rangaithe	fiafraigh
fóbróidh	fóbairt	fóbartha	oscail
fócasóidh	fócasú	fócasaithe	fiafraigh
fóchtfaidh	fóchtadh	fóchta	at
fódóidh	fódú	fódaithe	fiafraigh
fodháilfidh	fodháileadh	fodháilte	fill
fofhostóidh	fofhostú	fofhostaithe	fiafraigh
fógróidh	fógairt	fógartha	freagair
foghlóidh	foghlú	foghlaithe	fiafraigh
foghlaimeoidh	**foghlaim**	**foghlamtha**	**49**
foghróidh	foghrú	foghraithe	fiafraigh
foighneoidh	foighneamh	foighnithe	foilsigh
foilseánfaidh	foilseánadh	foilseánta	fás
foilseoidh	**foilsiú**	**foilsithe**	**50**
fónfaidh	fónamh	fónta	siúil
foinseoidh	foinsiú	foinsithe	foilsigh
fóirfidh	fóirithint	fóirthe	fill
foirbfidh	foirbeadh	foirbthe	fill
foirceannfaidh	foirceannadh	foirceanta	fás
foirfeoidh	foirfiú	foirfithe	foilsigh
foirgneoidh	foirgniú	foirgnithe	foilsigh
fóireoidh	fóiriú	fóirithe	foilsigh
foirmeoidh	foirmiú	foirmithe	foilsigh
foithneoidh	foithniú	foithnithe	foilsigh
folfaidh	foladh	folta	fás
folóidh	folú	folaithe	fiafraigh
folcfaidh	folcadh	folctha	fás
foleanfaidh	foleanúint	foleanta	fás
foligfidh	foligean	foligthe	fill
folíonfaidh	folíonadh	folíonta	fás
follúnóidh	follúnú	follúnaithe	fiafraigh
folmhóidh	folmhú	folmhaithe	fiafraigh
foloiscfidh	foloscadh	foloiscthe	fill
fómhasfaidh	fómhas	fómhasta	siúil
fonsóidh	fonsú	fonsaithe	fiafraigh
forálfaidh	foráil	foráilte	pacáil
forasóidh	forasú	forasaithe	fiafraigh
forbróidh	forbairt	forbartha	freagair
forbheireoidh	forbheiriú	forbheirithe	foilsigh
forcálfaidh	forcáil	forcáilte	pacáil
forchéimneoidh	forchéimniú	forchéimnithe	foilsigh
forchlófaidh	forchló	forchlóite	dóigh
forchneasóidh	forchneasú	forchneasaithe	fiafraigh

gas/fréamh	Béarla	aimsir chaite	aimsir láithreach
forchoimeád	*reserve* (jur)	d'fhorchoimeád	forchoimeádann
forchoimhéad	*watch, guard*	d'fhorchoimhéad	f.choimhéadann
forchuimil	*rub together*	d'fhorchuimil	forchuimlíonn
fordhearg	*redden*	d'fhordhearg	fordheargann
fordhing	*press, thrust*	d'fhordhing	fordhingeann
fordhóigh	*scorch, singe*	d'fhordhóigh	fordhónn
fordhubhaigh	*darken, obscure*	d'fhordhubhaigh	fordhubhaíonn
foréignigh	*force, compel*	d'fhoréignigh	foréigníonn
foréiligh	*request*	d'fhoréiligh	foréilíonn
forfhill	*overfold*	d'fhorfhill	forfhilleann
forfhuaraigh	*supercool*	d'fhorfhuaraigh	forfhuaraíonn
forghabh	*seize, usurp*	d'fhorghabh	forghabhann
forghair	*convoke*	d'fhorghair	forghaireann
forghéill	*forfeit*	d'fhorghéill	forghéilleann
forghníomhaigh	*execute* (jur)	d'fhorghníomhaigh	forghníomhaíonn
forghoin	*wound severly*	d'fhorghoin	forghoineann
forghrádaigh	*pro-grade*	d'fhorghrádaigh	forghrádaíonn
foriaigh	*close, fasten*	d'fhoriaigh	foriann
forlámhaigh	*dominate*	d'fhorlámhaigh	forlámhaíonn
forleag	*overlay*	d'fhorleag	forleagann
forléas	*demise*	d'fhorléas	forléasann
forleath	*broadcast*	d'fhorleath	forleathann
forleathnaigh	*extend, expand*	d'fhorleathnaigh	forleathnaíonn
forléirigh	*construe*	d'fhorléirigh	forléiríonn
forlíon	*overfill*	d'fhorlíon	forlíonann
forloisc	*enkindle, sear*	d'fhorloisc	forloisceann
forluigh	*overlap*	d'fhorluigh	forluíonn
formhéadaigh	*magnify*	d'fhormhéadaigh	formhéadaíonn
formheas	*approve*	d'fhormheas	formheasann
formhol	*extol, eulogize*	d'fhormhol	formholann
formhúch	*smother, stifle*	d'fhormhúch	formhúchann
formhuinigh	*endorse*	d'fhormhuinigh	formhuiníonn
forógair	*forewarn*	d'fhorógair	forógraíonn
foroinn	*subdivide*	d'fhoroinn	foroinneann
forordaigh	*pre-ordain*	d'fhorordaigh	forordaíonn
fórsáil	*force*	d'fhórsáil	fórsálann
forscaoil	*loose, release*	d'fhorscaoil	forscaoileann
forsceith	*overflow*	d'fhorsceith	forsceitheann
forshuigh	*super(im)pose*	d'fhorshuigh	forshuíonn
fortaigh	*aid, succour*	d'fhortaigh	fortaíonn
forthacht	*half-choke*	d'fhorthacht	forthachtann
forthairg	*tender*	d'fhorthairg	forthairgeann
forthéigh	*super-heat*	d'fhorthéigh	forthéann
foruaisligh	*ennoble, exalt*	d'fhoruaisligh	foruaislíonn
forualaigh	*overload*	d'fhorualaigh	forualaíonn
fosaigh	*steady, stabilize*	d'fhosaigh	fosaíonn

aimsir fháisteanach	ainm briathartha	aidiacht bhr.	briathar gaolta
forchoimeádfaidh	forchoimeád	forchoimeádta	fás
f.choimhéadfaidh	forchoimhéad	forchoimhéadta	fás
forchuimleoidh	forchuimilt	forchuimilte	imir
fordheargfaidh	fordheargadh	fordheargtha	fás
fordhingfidh	fordhingeadh	fordhingthe	fill
fordhófaidh	fordhó	fordhóite	dóigh
fordhubhóidh	fordhúchan	fordhubhaithe	fiafraigh
foréigneoidh	foréigniú	foréignithe	foilsigh
foréileoidh	foréileamh	foréilithe	foilsigh
forfhillfidh	forfhilleadh	forfhillte	fill
forfhuaróidh	forfhuarú	forfhuaraithe	fiafraigh
forghabhfaidh	forghabháil	forghafa	fás
forghairfidh	forghairm	forghairthe	fill
forghéillfidh	forghéilleadh	forghéillte	fill + géill
forghníomhóidh	forghníomhú	forghníomhaithe	fiafraigh
forghoinfidh	forghoin	forghonta	fill
forghrádóidh	forghrádú	forghrádaithe	fiafraigh
foriafaidh	foriamh	foriata	feoigh
forlámhóidh	forlámhú	forlámhaithe	fiafraigh
forleagfaidh	forleagan	forleagtha	fás
forléasfaidh	forléasadh	forléasta	fás
forleathfaidh	forleathadh	forleata	meath
forleathnóidh	forleathnú	forleathnaithe	fiafraigh
forléireoidh	forléiriú	forléirithe	foilsigh
forlíonfaidh	forlíonadh	forlíonta	fás
forloiscfidh	forloscadh	forloiscthe	fill
forluífidh	forluí	forluite	suigh
formhéadóidh	formhéadú	formhéadaithe	fiafraigh
formheasfaidh	formheas	formheasta	fás
formholfaidh	formholadh	formholta	fás
formhúchfaidh	formhúchadh	formhúchta	fás
formhuineoidh	formhuiniú	formhuinithe	foilsigh
forógróidh	forógairt	forógartha	freagair
foroinnfidh	foroinnt	foroinnte	fill + roinn
forordóidh	forordú	forordaithe	fiafraigh + or-
fórsálfaidh	fórsáil	fórsáilte	daigh
forscaoilfidh	forscaoileadh	forscaoilte	pacáil
forsceithfidh	forsceitheadh	forsceite	fill + scaoil
forshuífidh	forshuí	forshuite	caith
fortóidh	fortacht	fortaithe	suigh
forthachtfaidh	forthachtadh	forthachta	fiafraigh
forthairgfidh	forthairiscint	forthairgthe	at
forthéifidh	forthéamh	forthéite	fill
foruaisleoidh	foruaisliú	foruaislithe	léigh
forualóidh	forualú	forualaithe	foilsigh
fosóidh	fosú	fosaithe	fiafraigh

stem/root	English	past tense	present tense
foscain	*winnow*	d'fhoscain	foscanann
foscríobh	*subscribe*	d'fhoscríobh	foscríobhann
fostaigh	*employ*	d'fhostaigh	fostaíonn
fothaigh	*found/establish*	d'fhothaigh	fothaíonn
fothainigh	*shelter, screen*	d'fhothainigh	fothainíonn
fothraig	*bathe, dip*	d'fhothraig	fothragann
frainceáil	*frank*	d'fhrainceáil	frainceálann
frámaigh	*frame*	d'fhrámaigh	frámaíonn
frapáil	*prop*	d'fhrapáil	frapálann
frasaigh	*shower*	d'fhrasaigh	frasaíonn
freagair	***answer***	**d'fhreagair**	**freagraíonn**
fréamhaigh	*root*	d'fhréamhaigh	fréamhaíonn
freang	*wrench, contort*	d'fhreang	freangann
freasaigh	*react*	d'fhreasaigh	freasaíonn
freaschuir	*reverse*	d'fhreaschuir	freaschuireann
freastail	***attend***	**d'fhreastail**	**freastalaíonn**
frioch	*fry*	d'fhrioch	friochann
friotaigh	*resist*	d'fhriotaigh	friotaíonn
friotháil	*attend, minister*	d'fhriotháil	friothálann
frisnéis	*refute, rebut*	d'fhrisnéis	frisnéiseann
fritháirigh	*set off* (book-k)	d'fhritháirigh	fritháiríonn
frithbheartaigh	*counteract*	d'fhrithbheartaigh	f.bheartaíonn
frithbhuail	*recoil*	d'fhrithbhuail	frithbhuaileann
frithchaith	*reflect*	d'fhrithchaith	frithchaitheann
frithéiligh	*counter-claim*	d'fhrithéiligh	frithéilíonn
frithgheall	*underwrite*	d'fhrithgheall	frithgheallann
frithghníomhaigh	*react*	d'fhrithghníomhaigh	f.ghníomhaíonn
frithingigh	*reciprocate*	d'fhrithingigh	frithingíonn
frithionsaigh	*counter-attack*	d'fhrithionsaigh	frithionsaíonn
frithmháirseáil	*countermarch*	d'fhrithmháirseáil	f.mháirseálann
frithráigh	*contradict*	d'fhrithráigh	frithránn
frithsheiptigh	*anticepticize*	d'fhrithsheiptigh	frithsheiptíonn
frithsheol	*reverse*	d'fhrithsheol	frithsheolann
frithshuigh	*set against*	d'fhrithshuigh	frithshuíonn
frithspréigh	*reverberate*	d'fhrithspréigh	frithspréann
fruiligh	*engage, hire*	d'fhruiligh	fruilíonn
fuadaigh	*abduct, kidnap*	d'fhuadaigh	fuadaíonn
fuaidrigh	*stray, suspend*	d'fhuaidrigh	fuaidríonn
fuaigh	*sew, bind*	d'fhuaigh	fuann
fuaimnigh	*pronounce*	d'fhuaimnigh	fuaimníonn
fuaraigh	*cool, chill*	d'fhuaraigh	fuaraíonn
fuascail	*deliver, solve*	d'fhuascail	fuasclaíonn
fuathaigh	*hate*	d'fhuathaigh	fuathaíonn
fuighill	*utter, pronounce*	d'fhuighill	fuighleann
fuiligh	*(cause to) bleed*	d'fhuiligh	fuilíonn
fuill	*add to, increase*	d'fhuill	fuilleann

future tense	verbal noun	verbal adjective	verb type
foscanfaidh	foscnamh	foscnafa	siúil + fill
foscríobhfaidh	foscríobhadh	foscríofa	fás + scríobh
fostóidh	fostú	fostaithe	fiafraigh
fothóidh	fothú	fothaithe	fiafraigh
fothaineoidh	fothainiú	fothainithe	foilsigh
fothragfaidh	fothragadh	fothragtha	siúil + fás
frainceálfaidh	f003rainceáil	fraineeáilte	pacáil
frámóidh	frámú	frámaithe	fiafraigh
frapálfaidh	frapáil	frapáilte	fiafraigh
frasóidh	frasú	frasaithe	fiafraigh
freagróidh	**freagairt**	**freagartha**	**51**
fréamhóidh	fréamhú	fréamhaithe	fiafraigh
freangfaidh	freangadh	freangtha	fás
freasóidh	freasú	freasaithe	fiafraigh
freaschuirfidh	freaschur	freaschurtha	fill
freastalóidh	**freastal**	**freastailte**	**52**
friochfaidh	friochadh	friochta	fás
friotóidh	friotú	friotaithe	fiafraigh
friothálfaidh	friotháil	friotháilte	pacáil
frisnéisfidh	frisnéis	frisnéiste	fill
fritháireoidh	fritháireamh	fritháirithe	foilsigh
f.bheartóidh	frithbheartú	frithbheartaithe	fiafraigh
frithbhuailfidh	frithbhualadh	frithbhuailte	fill
frithchaithfidh	frithchaitheamh	frithchaite	fás + caith
frithéileoidh	frithéileamh	frithéilithe	foilsigh
frithgheallfaidh	frithghealladh	frithgheallta	fás
f.ghníomhóidh	frithghníomhú	f.ghníomhaithe	fiafraigh
frithingeoidh	frithingiú	frithingithe	foilsigh
frithionsóidh	frithionsaí	frithionsaithe	fiafraigh
f.mháirseálfaidh	frithmháirseáil	f.mháirseáilte	pacáil
frithráfaidh	frithrá	frithráite	báigh
frithsheipteoidh	frithsheiptiú	frithsheiptithe	foilsigh
frithsheolfaidh	frithsheoladh	frithsheolta	fás
frithshuífidh	frithshuí	frithshuite	suigh
frithspréifidh	frithspré	frithspréite	léigh
fruileoidh	fruiliú	fruilithe	foilsigh
fuadóidh	fuadach	fuadaithe	fiafraigh
fuaidreoidh	fuaidreamh	fuaidrithe	foilsigh
fuafaidh	fuáil	fuaite	cruaigh
fuaimneoidh	fuaimniú	fuaimnithe	foilsigh
fuaróidh	fuarú	fuaraithe	fiafraigh
fuasclóidh	fuascailt	fuascailte	(f)oscail
fuathóidh	fuathú	fuathaithe	fiafraigh
fuighlfidh	fuigheall	fuighillte	lch 270/3
fuileoidh	fuiliú	fuilithe	foilsigh
fuillfidh	fuilleamh	fuillte	fill

gas/fréamh	Béarla	aimsir chaite	aimsir láithreach
fuin	cook, knead	d'fhuin	fuineann
fuin	set (of sun)	d'fhuin	fuineann
fuinnmhigh	energize	d'fhuinnmhigh	fuinnmhíonn
fuipeáil	whip	d'fhuipeáil	fuipeálann
fuirigh	wait, delay	d'fhuirigh	fuiríonn
fuirs	harrow	d'fhuirs	fuirseann
/ fuirsigh	harrow	/ d'fhuirsigh	fuirsíonn
fulaing	suffer, endure	d'fhulaing	fulaingíonn
gabh	take, accept	ghabh	gabhann
gabhlaigh	fork, branch out	ghabhlaigh	gabhlaíonn
gad	take away	ghad	gadann
Gaelaigh	Gaelicize	Ghaelaigh	Gaelaíonn
gág	crack, chap	ghág	gágann
gaibhnigh	forge	ghaibhnigh	gaibhníonn
gaibhnigh	impound	ghaibhnigh	gaibhníonn
gainnigh	scale (fish)	ghainnigh	gainníonn
gair	call, invoke	ghair	gaireann
gáir	shout, laugh	gháir	gáireann
gairdigh	rejoice	ghairdigh	gairdíonn
gairidigh	shorten	ghairidigh	gairidíonn
gairnisigh	garnish	ghairnisigh	gairnisíonn
gais	gush	ghais	gaiseann
gaistigh	trap, ensare	ghaistigh	gaistíonn
galaigh	vapourize	ghalaigh	galaíonn
galbhánaigh	galvanize	ghalbhánaigh	galbhánaíonn
galldaigh	anglicize	ghalldaigh	galldaíonn
gallúnaigh	saponify	ghallúnaigh	gallúnaíonn
galraigh	infect	ghalraigh	galraíonn
galstobh	braise	ghalstobh	galstobhann
gannaigh	become scarce	ghannaigh	gannaíonn
gaothraigh	fan, flutter	ghaothraigh	gaothraíonn
garbhaigh	roughen	gharbhaigh	garbhaíonn
garbhshnoigh	rough-hew	gharbhshnoigh	garbhshnoíonn
garbhtheilg	rough-cast	gharbhtheilg	garbhtheilgeann
gardáil	guard	ghardáil	gardálann
gargaigh	make harsh	ghargaigh	gargaíonn
gargraisigh	gargle	ghargraisigh	gargraisíonn
gásaigh	gas	ghásaigh	gásaíonn
/ gásáil		/ ghásáil	/ gásálann
gathaigh	gaff	ghathaigh	gathaíonn
/ gatháil		/ ghatháil	gathálann
gathaigh	sting, radiate	ghathaigh	gathaíonn
geab	talk, chatter	gheab	geabann
geafáil	gaff	gheafáil	geafálann
géagaigh	branch out	ghéagaigh	géagaíonn

aimsir fháisteanach	ainm briathartha	aidiacht bhr.	briathar gaolta
fuinfidh	fuineadh	fuinte	fill
fuinfidh	fuineadh	fuinte	fill
fuinnmheoidh	fuinnmhiú	fuinnmhithe	foilsigh
fuipeálfaidh	fuipeáil	fuipeáilte	pacáil
fuireoidh	fuireach(t)	fuirithe	foilsigh
fuirsfidh	fuirseadh	fuirste	fill
fuirseoidh	fuirsiú	fuirsithe	/ foilsigh
fulaingeoidh	fulaingt	fulaingthe	foghlaim
gabhfaidh	gabháil	gafa	glan
gabhlóidh	gabhlú	gabhlaithe	gortaigh
gadfaidh	gad	gadta	glan
Gaelóidh	Gaelú	Gaelaithe	gortaigh
gágfaidh	gágadh	gágtha	glan
gaibhneoidh	gaibhniú	gaibhnithe	goirtigh
gaibhneoidh	gaibhniú	gaibhnithe	goirtigh
gainneoidh	gainniú	gainnithe	goirtigh
gairfidh	gairm	gairthe	géill
gáirfidh	gáire	gáirthe	géill
gairdeoidh	gairdiú	gairdithe	goirtigh
gairideoidh	gairidiú	gairidithe	goirtigh
gairniseoidh	gairnisiú	gairnisithe	goirtigh
gaisfidh	gaiseadh	gaiste	géill
gaisteoidh	gaistiú	gaistithe	goirtigh
galóidh	galú	galaithe	gortaigh
galbhánóidh	galbhánú	galbhánaithe	gortaigh
galldóidh	galldú	galldaithe	gortaigh
gallúnóidh	gallúnú	gallúnaithe	gortaigh
galróidh	galrú	galraithe	gortaigh
galstobhfaidh	galstobhadh	galstofa	glan
gannóidh	gannú	gannaithe	gortaigh
gaothróidh	gaothrú	gaothraithe	gortaigh
garbhóidh	garbhú	garbhaithe	gortaigh
garbhshnoífidh	garbhshnoí	garbhshnoite	suigh
garbhtheilgfidh	garbhtheilgean	garbhtheilgthe	géill
gardálfaidh	gardáil	gardáilte	pacáil
gargóidh	gargú	gargaithe	gortaigh
gargraiseoidh	gargraisiú	gargraisithe	goirtigh
gásóidh	gású	gásaithe	gortaigh
/ gásálfaidh	/ gásáil	/ gásáilte	/ pacáil
gathóidh	gathú	gathaithe	gortaigh
gathálfaidh	gatháil	gatháilte	/ pacáil
gathóidh	gathú	gathaithe	gortaigh
geabfaidh	geabadh	geabtha	glan
geafálfaidh	geafáil	geafáilte	pacáil
géagóidh	géagú	géagaithe	gortaigh

stem/root	English	past tense	present tense
geal	*whiten*	gheal	gealann
geal-leasaigh	*taw*	gheal-leasaigh	geal-leasaíonn
geall	*promise, pledge*	gheall	geallann
geallearb	*pawn*	gheallearb	geallearbann
geamhraigh	*spring, sprout*	gheamhraigh	geamhraíonn
géaraigh	*sharpen*	ghéaraigh	géaraíonn
gearán	*complain*	ghearán	gearánann
gearr	*cut, shorten*	ghearr	gearrann
gearrchiorcad	*short-circuit*	ghearrchiorcad	g.chiorcadann
geil	*graze*	gheil	geileann
géill	***yield, submit***	**ghéill**	**géilleann**
géim	*low, bellow*	ghéim	géimeann
geimhligh	*fetter, chane*	gheimhligh	geimhlíonn
geimhrigh	*hibernate*	gheimhrigh	geimhríonn
géis	*cry out, roar*	ghéis	géiseann
geit	*jump, start*	gheit	geiteann
geoidligh	*yodel*	gheoidligh	geoidlíonn
gibir	*dribble*	ghibir	gibríonn
gin	*beget*	ghin	gineann
ginidigh	*germinate*	ghinidigh	ginidíonn
giob	*pick, pluck*	ghiob	giobann
gíog	*cheep, chirp*	ghíog	gíogann
giolc	*beat, cane*	ghiolc	giolcann
giolc	*tweet, chirp*	ghiolc	giolcann
giollaigh	*guide, tend*	ghiollaigh	giollaíonn
giorraigh	*shorten*	ghiorraigh	giorraíonn
giortaigh	*shorten*	ghiortaigh	giortaíonn
giortáil	*gird, tuck up*	ghiortáil	giortálann
giosáil	*fizz, ferment*	ghiosáil	giosálann
giotaigh	*break in bits*	ghiotaigh	giotaíonn
giúmaráil	*humour*	ghiúmaráil	giúmarálann
glac	*take, accept*	ghlac	glacann
glaeigh	*glue*	ghlaeigh	glaeann
glam	*bark, howl*	ghlam	glamann
glám	*grab, clutch*	ghlám	glámann
glámh	*satirize, revile*	ghlámh	glámhann
glan	***clean***	**ghlan**	**glanann**
glaoigh	*call*	ghlaoigh	glaonn
glasaigh	*become green*	ghlasaigh	glasaíonn
glasáil	*lock*	ghlasáil	glasálann
gleadhair	*beat, pummel*	ghleadhair	gleadhraíonn
glean	*stick, adhere*	ghlean	gleanann
gléas	*adjust, dress*	ghléas	gléasann
gléasaistrigh	*transpose*	ghléasaistrigh	gléasaistríonn
gléghlan	*clarify*	ghléghlan	gléghlanann

future tense	*verbal noun*	*verbal adjective*	*verb type*
gealfaidh	gealadh	gealta	glan
geal-leasóidh	geal-leasú	geal-leasaithe	gortaigh
geallfaidh	gealladh	geallta	glan
geallearbfaidh	geallearbadh	geallearbtha	glan
geamhróidh	geamhrú	geamhraithe	gortaigh
géaróidh	géarú	géaraithe	gortaigh
gearánfaidh	gearán	gearánta	glan
gearrfaidh	gearradh	gearrtha	glan
g.chiorcadfaidh	g.chiorcadadh	gearrchiorcadta	glan
geilfidh	geilt	geilte	géill
géillfidh	**géilleadh, géillstean** *U*	**géillte**	**53**
géimfidh	géimneach	géimthe	géill
geimhleoidh	geimhliú	geimhlithe	goirtigh
geimhreoidh	geimhriú	geimhrithe	goirtigh
géisfidh	géiseacht	géiste	géill
geitfidh	geiteadh	geite	tit
geoidleoidh	geoidliú	geoidlithe	goirtigh
gibreoidh	gibreacht	gibeartha	taitin
ginfidh	giniúint	ginte	géill
ginideoidh	ginidiú	ginidithe	goirtigh
giobfaidh	giobadh	giobtha	glan
gíogfaidh	gíogadh	gíogtha	glan
giolcfaidh	giolcadh	giolctha	glan
giolcfaidh	giolcadh	giolctha	glan
giollóidh	giollú	giollaithe	gortaigh
giorróidh	giorrú	giorraithe	gortaigh
giortóidh	giortú	giortaithe	gortaigh
giortálfaidh	giortáil	giortáilte	pacáil
giosálfaidh	giosáil	giosáilte	pacáil
giotóidh	giotú	giotaithe	gortaigh
giúmarálfaidh	giúmaráil	giúmaráilte	pacáil
glacfaidh	glacadh	glactha	glan
glaefaidh	glae	glaeite	báigh
glamfaidh	glamaíl	glamtha	glan
glámfaidh	glámadh, -máil	glámtha	glan
glámhfaidh	glámhadh	gláfa	glan
glanfaidh	**glanadh**	**glanta**	**54**
glaofaidh	glaoch	glaoite	báigh
glasóidh	glasú	glasaithe	gortaigh
glasálfaidh	glasáil	glasáilte	pacáil
gleadhróidh	gleadhradh	gleadhartha	ceangail
gleanfaidh	gleanúint	gleanta	glan
gléasfaidh	gléasadh	gléasta	glan
gléasaistreoidh	gléasaistriú	gléasaistrithe	goirtigh
gléghlanfaidh	gléghlanadh	gléghlanta	glan

gas/fréamh	Béarla	aimsir chaite	aimsir láithreach
gleois	babble, chatter	ghleois	gleoiseann
glicrínigh	glycerinate	ghlicrínigh	glicríníonn
gligleáil	clink	ghligleáil	gligleálann
glinneáil	wind	ghlinneáil	glinneálann
glinnigh	fix, secure	ghlinnigh	glinníonn
glinnigh	scrutinize	ghlinnigh	glinníonn
gliúáil	glue	ghliúáil	gliúálann
gloinigh	vitrify, glaze	ghloinigh	gloiníonn
glóirigh	glorify	ghlóirigh	glóiríonn
glónraigh	glaze	ghlónraigh	glónraíonn
glóraigh	voice, vocalize	ghlóraigh	glóraíonn
glórmharaigh	glorify	ghlórmharaigh	glórmharaíonn
glóthaigh	gel	ghlóthaigh	glóthaíonn
gluais	move, proceed	ghluais	gluaiseann
glúinigh	branch out	ghlúinigh	glúiníonn
gnáthaigh	frequent	ghnáthaigh	gnáthaíonn
gnéithigh	regain, mend	ghnéithigh	gnéithíonn
gníomhachtaigh	activate	Ghníomhachtaigh	gníomhachtaíonn
gníomhaigh	act (agency)	ghníomhaigh	gníomhaíonn
gnóthaigh	earn, labour	ghnóthaigh	gnóthaíonn
gob	protrude	ghob	gobann
góchum	counterfeit	ghóchum	góchumann
gófráil	goffer	ghófráil	gófrálann
gogail	gobble, cackle	ghogail	gogalaíonn
goil	cry	ghoil	goileann
goiligh	gut (fish)	ghoiligh	goilíonn
goill	greive, hurt	ghoill	goilleann
goin	wound, slay	ghoin	goineann
goin	win outright	ghoin	goineann
goirtigh	**salt, pickle**	**ghoirtigh**	**goirtíonn**
gor	heat, warm, hatch	ghor	gorann
gormaigh	colour blue	ghormaigh	gormaíonn
gortaigh	**hurt, injure**	**ghortaigh**	**gortaíonn**
gortghlan	clear weeds	ghortghlan	gortghlanann
gotháil	gesticulate	ghotháil	gothálann
grabáil	grab	ghrabáil	grabálann
grábháil	engrave, grave	ghrábháil	grábhálann
grádaigh	grade	ghrádaigh	grádaíonn
graf	sketch, graph	ghraf	grafann
graifnigh	ride (horse)	ghraifnigh	graifníonn
gráigh	love	ghráigh	gránn
gráinigh	hate, abhor	ghráinigh	gráiníonn
gráinnigh	grain, granulate	ghráinnigh	gráinníonn
gráinseáil	feed on grain	ghráinseáil	gráinseálann
gránaigh	granulate	ghránaigh	gránaíonn

aimsir fháisteanach	ainm briathartha	aidiacht bhr.	briathar gaolta
gleoisfidh	gleoiseadh	gleoiste	géill
glicríneoidh	glicríniú	glicrínithe	goirtigh
gligleálfaidh	gligleáil	gligleáilte	pacáil
glinneálfaidh	glinneáil	glinneáilte	pacáil
glinneoidh	glinniú	glinnithe	goirtigh
glinneoidh	glinniú	glinnithe	goirtigh
gliúálfaidh	gliúáil	gliúáilte	pacáil
gloineoidh	gloiniú	gloinithe	goirtigh
glóireoidh	glóiriú	glóirithe	goirtigh
glónróidh	glónrú	glónraithe	gortaigh
glóróidh	glórú	glóraithe	gortaigh
glórmharóidh	glórmharú	glórmharaithe	gortaigh
glóthóidh	glóthú	glóthaithe	gortaigh
gluaisfidh	gluaiseacht	gluaiste	géill
glúineoidh	glúiniú	glúinithe	goirtigh
gnáthóidh	gnáthú	gnáthaithe	gortaigh
gnéitheoidh	gnéithiú	gnéithithe	goirtigh
gníomhachtóidh	gníomhachtú	gníomhachtaithe	gortaigh
gníomhóidh	gníomhú	gníomhaithe	gortaigh
gnóthóidh	gnóthú	gnóthaithe	gortaigh
gobfaidh	gobadh	gobtha	glan
góchumfaidh	góchumadh	góchumtha	glan
gófrálfaidh	gófráil	gófráilte	pacáil
gogalóidh	gogal	gogailte	lch 270/3
goilfidh	gol	goilte	géill
goileoidh	goiliú	goilithe	goirtigh
goillfidh	goilleadh	goillte	géill
goinfidh	goin	gonta	géill
goinfidh	goint	gointe	géill
goirteoidh	**goirtiú**	**goirtithe**	**55**
gorfaidh	goradh	gortha	glan
gormóidh	gormú	gormaithe	gortaigh
gortóidh	**gortú**	**gortaithe**	**56**
gortghlanfaidh	gortghlanadh	gortghlanta	glan
gothálfaidh	gotháil	gotháilte	pacáil
grabálfaidh	grabáil	grabáilte	pacáil
grábhálfaidh	grábháil	grábháilte	pacáil
grádóidh	grádú	grádaithe	gortaigh
grafaidh	grafadh	graftha	glan
graifneoidh	graifniú	graifnithe	goirtigh
gráfaidh	grá	gráite	báigh
gráineoidh	gráiniú	gráinithe	goirtigh
gráinneoidh	gráinniú	gráinnithe	goirtigh
gráinseálfaidh	gráinseáil	gráinseáilte	pacáil
gránóidh	gránú	gránaithe	gortaigh

stem/root	English	past tense	present tense
grátáil	*grate*	ghrátáil	grátálann
gread	*thrash, drub*	ghread	greadann
greagnaigh	*pave, stud*	ghreagnaigh	greagnaíonn
greamaigh	*stick, attach*	ghreamaigh	greamaíonn
grean	*engrave*	ghrean	greanann
greannaigh	*irritate, ruffle*	ghreannaigh	greannaíonn
gréasaigh	*ornament*	ghréasaigh	gréasaíonn
greasáil	*beat, trounce*	ghreasáil	greasálann
gréisc	*grease*	ghréisc	gréisceann
grian	*sun*	ghrian	grianann
grianraigh	*insolate*	ghrianraigh	grianraíonn
grinnbhreathnaigh	*scrutinize*	ghrinnbhreathnaigh	g.bhreathnaíonn
grinndearc	*scrutinize*	ghrinndearc	grinndearcann
grinneall	*sound, fathom*	ghrinneall	grinneallann
grinnigh	*scrutinize*	ghrinnigh	grinníonn
grinnscrúdaigh	*scrutinize*	ghrinnscrúdaigh	grinnscrúdaíonn
griog	*tease, annoy*	ghriog	griogann
grioll	*broil, quarrel*	ghrioll	griollann
gríosaigh	*fire, incite*	ghríosaigh	gríosaíonn
gríosc	*broil, grill*	ghríosc	gríoscann
/ gríoscáil		/ ghríoscáil	/gríoscálann
griotháil	*grunt*	ghriotháil	griothálann
grod	*quicken, urge on*	ghrod	grodann
grodloisc	*deflagrate*	ghrodloisc	grodloisceann
gróig = cróig **U**	*foot (turf)*	ghróig	gróigeann
gruamaigh	*become gloomy*	ghruamaigh	gruamaíonn
grúdaigh	*brew*	ghrúdaigh	grúdaíonn
grúntáil	*sound* (naut.)	ghrúntáil	grúntálann
grúpáil	*group*	ghrúpáil	grúpálann
guailleáil	*shoulder*	ghuailleáil	guailleálann
guairigh	*bristle*	ghuairigh	guairíonn
gualaigh	*char*	ghualaigh	gualaíonn
guigh	*pray*	ghuigh	guíonn
guilbnigh	*peck*	ghuilbnigh	guilbníonn
guilmnigh	*calumniate*	ghuilmnigh	guilmníonn
gúistigh	*gouge*	ghúistigh	gúistíonn
gumaigh	*gum*	ghumaigh	gumaíonn
guthaigh	*voice, vocalize*	ghuthaigh	guthaíonn
haicleáil	*hackle*	haicleáil	haicleálann
haigleáil	*haggle*	haigleáil	haigleálann
hapáil	*hop*	hapáil	hapálann
Heilléanaigh	*Hellenize*	Heilléanaigh	Heilléanaíonn
hibridigh	*hybridize*	hibridigh	hibridíonn
hidrealaigh	*hydrolize*	hidrealaigh	hidrealaíonn
hidriginigh	*hydrogenate*	hidriginigh	hidriginíonn

future tense	verbal noun	verbal adjective	verb type
grátálfaidh	grátáil	grátáilte	pacáil
greadfaidh	greadadh	greadta	glan
greagnóidh	greagnú	greagnaithe	gortaigh
greamóidh	greamú	greamaithe	gortaigh
greanfaidh	greanadh	greanta	glan
greannóidh	greannú	greannaithe	gortaigh
gréasóidh	gréasú	gréasaithe	gortaigh
greasálfaidh	greasáil	greasáilte	pacáil
gréiscfidh	gréisceadh	gréiscthe	géill
grianfaidh	grianadh	grianta	glan
grianróidh	grianrú	grianraithe	gortaigh
g.bhreathnóidh	grinnbhreathnú	grinnbhreathnaithe	gortaigh
grinndearcfaidh	grinndearcadh	grinndearctha	glan
grinneallfaidh	grinnealladh	grinneallta	glan
grinneoidh	grinniú	grinnithe	goirtigh
grinnscrúdóidh	grinnscrúdú	grinnscrúdaithe	gortaigh
griogfaidh	griogadh	griogtha	glan
griollfaidh	griolladh	griollta	glan
gríosóidh	gríosú	gríosaithe	gortaigh
gríoscfaidh	gríoscadh	gríosctha	glan
/gríoscálfaidh	/ gríoscáil	/ gríoscáilte	/ pacáil
griothálfaidh	griotháil	griotháilte	pacáil
grodfaidh	grodadh	grodta	glan
grodloiscfidh	grodloscadh	grodloiscthe	géill
gróigfidh	gróigeadh	gróigthe	géill
gruamóidh	gruamú	gruamaithe	gortaigh
grúdóidh	grúdú	grúdaithe	gortaigh
grúntálfaidh	grúntáil	grúntáilte	pacáil
grúpálfaidh	grúpáil	grúpáilte	pacáil
guailleálfaidh	guailleáil	guailleáilte	pacáil
guaireoidh	guairiú	guairithe	goirtigh
gualóidh	gualú	gualaithe	gortaigh
guífidh	guí	guite	suigh
guilbneoidh	guilbniú	guilbnithe	goirtigh
guilmneoidh	guilmniú	guilmnithe	goirtigh
gúisteoidh	gúistiú	gúistithe	goirtigh
gumóidh	gumú	gumaithe	gortaigh
guthóidh	guthú	guthaithe	gortaigh
haicleálfaidh	haicleáil	haicleáilte	pacáil
haigleálfaidh	haigleáil	haigleáilte	pacáil
hapálfaidh	hapáil	hapáilte	pacáil
Heilléanóidh	Heilléanú	Heilléanaithe	neartaigh
hibrideoidh	hibridiú	hibridithe	smaoinigh
hidrealóidh	hidrealú	hidrealaithe	neartaigh
hidrigineoidh	hidriginiú	hidriginithe	smaoinigh

gas/fréamh	Béarla	aimsir chaite	aimsir láithreach
híleáil	heel	híleáil	híleálann
hinigh	henna	hinigh	hiníonn
hiodráitigh	hydrate	hiodráitigh	hiodráitíonn
hiopnóisigh	hynotize	hiopnóisigh	hiopnóisíonn
iacht	cry, groan	d'iacht	iachtann
iadaigh	iodize	d'iadaigh	iadaíonn
iadáitigh	iodate	d'iadáitigh	iadáitíonn
iaigh	close, enclose	d'iaigh	iann
ianaigh	ionize	d'ianaigh	ianaíonn
iarchuir	defer, postpone	d'iarchuir	iarchuireann
iardhátaigh	post-date	d'iardhátaigh	iardhátaíonn
iarnaigh	put in irons	d'iarnaigh	iarnaíonn
iarnáil	iron, smooth	d'iarnáil	iarnálann
iarr	**ask, request**	**d'iarr**	**iarrann**
iasc	fish	d'iasc	iascann
ibh	drink	d'ibh	ibheann
idéalaigh	idealize	d'idéalaigh	idéalaíonn
ídigh	use (up)	d'ídigh	ídíonn
idir-roinn	partition	d'idir-roinn	idir-roinneann
idircheart	interpret, discuss	d'idircheart	idirchearteann
idirchuir	interpose	d'idirchuir	idirchuireann
idirdhealaigh	differentiate	d'idirdhealaigh	idirdhealaíonn
idirdhuilligh	interleave	d'idirdhuilligh	idirdhuillíonn
idirfhigh	interweave	d'idirfhigh	idirfhíonn
idirghabh	intervene	d'idirghabh	idirghabhann
idirláimhsigh	intermeddle	d'idirláimhsigh	idirláimhsíonn
idirleath	diffuse	d'idirleath	idirleathann
idirlínigh	interline	d'idirlínigh	idirlíníonn
idirmhalartaigh	interchange	d'idirmhalartaigh	idirmhalartaíonn
idirscar	part, divorce	d'idirscar	idirscarann
idirscoir	interrupt	d'idirscoir	idirscoireann
idirshuigh	interpose	d'idirshuigh	idirshuíonn
ilchóipeáil	manifold	d'ilchóipeáil	ilchóipeálann
íligh	oil	d'íligh	ílíonn
imaistrigh	transmigrate	d'imaistrigh	imaistríonn
imchas	rotate	d'imchas	imchasann
imchéimnigh	circumvent	d'imchéimnigh	imchéimníonn
imchlóigh	return, revert	d'imchlóigh	imchlónn
imchlúdaigh	envelop	d'imchlúdaigh	imchlúdaíonn
imchosain	defend	d'imchosain	imchosnaíonn
imchroith	sprinkle	d'imchroith	imchroitheann
imdháil	distribute	d'imdháil	imdháileann
imdheaghail	defend, parry	d'imdheaghail	imdheaghlann
imdhealaigh	separate	d'imdhealaigh	imdhealaíonn
imdhearg	cause to blush	d'imdhearg	imdheargann

híleálfaidh	híleáil	híleáilte	pacáil
hineoidh	hiniú	hinithe	smaoinigh
hiodráiteoidh	hiodráitiú	hiodráitithe	smaoinigh
hiopnóiseoidh	hiopnóisiú	hiopnóisithe	smaoinigh
iachtfaidh	iachtadh	iachta	at
iadóidh	iadú	iadaithe	ionsaigh
iadáiteoidh	iadáitiú	iadáitithe	imigh
iafaidh	iamh	iata	fuaigh
ianóidh	ianú	ianaithe	ionsaigh
iarchuirfidh	iarchur	iarchurtha	cuir
iardhátóidh	iardhátú	iardhátaithe	ionsaigh
iarnóidh	iarnú	iarnaithe	ionsaigh
iarnálfaidh	iarnáil	iarnáilte	pacáil
iarrfaidh	**iarraidh**	**iarrtha**	**57**
iascfaidh	iascach	iasctha	iarr
ibhfidh	ibhe	ife	oil
idéalóidh	idéalú	idéalaithe	ionsaigh
ídeoidh	ídiú	ídithe	imigh
idir-roinnfidh	idir-roinnt	idir-roinnte	oil + roinn
idircheartfidh	idircheartadh	idirchearta	oil + at
idirchuirfidh	idirchur	idirchurtha	oil + cuir
idirdhealóidh	idirdhealú	idirdhealaithe	ionsaigh
idirdhuilleoidh	idirdhuilliú	idirdhuillithe	imigh
idirfheoidh	idirfhí	idirfhite	oil + nigh
idirghabhfaidh	idirghabháil	idirghafa	iarr
idirláimhseoidh	idirláimhsiú	idirláimhsithe	imigh
idirleathfaidh	idirleathadh	idirleata	meath
idirlíneoidh	idirlíniú	idirlínithe	imigh
idirmhalartóidh	idirmhalartú	idirmhalartaithe	ionsaigh
idirscarfaidh	idirscaradh	idirscartha	iarr
idirscoirfidh	idirscor	idirscortha	oil
idirshuífidh	idirshuí	idirshuite	suigh
ilchóipeálfaidh	ilchóipeáil	ilchóipeáilte	pacáil
íleoidh	íliú	ílithe	imigh
imaistreoidh	imaistriú	imaistrithe	imigh
imchasfaidh	imchasadh	imchasta	iarr
imchéimneoidh	imchéimniú	imchéimnithe	imigh
imchlófaidh	imchló	imchlóite	dóigh
imchlúdóidh	imchlúdú	imchlúdaithe	ionsaigh
imchosnóidh	imchosaint	imchosanta	iompair
imchroithfidh	imchroitheadh	imchroite	caith
imdháilfidh	imdháileadh	imdháilte	oil
imdheaghlfaidh	imdheaghal	imdheaghailte	lch 270/3
imdhealóidh	imdhealú	imdhealaithe	ionsaigh
imdheargfaidh	imdheargadh	imdheargtha	iarr

stem/root	English	past tense	present tense
imdheighil	*distinguish*	d'imdheighil	imdheighleann
imdhíon	*immunize*	d'imdhíon	imdhíonann
imdhruid	*encompass*	d'imdhruid	imdhruideann
imeaglaigh	*intimidate*	d'imeaglaigh	imeaglaíonn
imeasc	*integrate*	d'imeasc	imeascann
imghabh	*avoid, evade*	d'imghabh	imghabhann
imghlan	*cleanse, purify*	d'imghlan	imghlanann
imigh	***go away, leave***	**d'imigh**	**imíonn**
imir	***play (game)***	**d'imir**	**imríonn**
imirc	*migrate*	d'imirc	imirceann
imlínigh	*outline*	d'imlínigh	imlíníonn
imloisc	*singe*	d'imloisc	imloisceann
imoibrigh	*react* (Chem.)	d'imoibrigh	imoibríonn
imphléasc	*collapse*	d'imphléasc	imphléascann
impigh	*beseech, entreat*	d'impigh	impíonn
impleachtaigh	*imply*	d'impleachtaigh	impleachtaíonn
imrothlaigh	*revolve*	d'imrothlaigh	imrothlaíonn
imscaoil	*scatter*	d'imscaoil	imscaoileann
imscar	*spread about*	d'imscar	imscarann
imscríobh	*circumscribe*	d'imscríobh	imscríobhann
imscrúdaigh	*investigate*	d'imscrúdaigh	imscrúdaíonn
imshocraigh	*compound*	d'imshocraigh	imshocraíonn
imshuigh	*encompass*	d'imshuigh	imshuíonn
imthairg	*bid*	d'imthairg	imthairgeann
imtharraing	*gravitate*	d'imtharraing	imtharraingíonn
imtheorannaigh	*intern*	d'imtheorannaigh	imtheorannaíonn
imthnúth	*covet, envy*	d'imthnúth	imthnúthann
imthreascair	*wrestle, contend*	d'imthreascair	imthreascraíonn
inbhéartaigh	*invert*	d'inbhéartaigh	inbhéartaíonn
inchreach	*reprove, rebuke*	d'inchreach	inchreachann
indibhidigh	*individuate*	d'indibhidigh	indibhidíonn
ineirgigh	*energize*	d'ineirgigh	ineirgíonn
infeirigh	*infer*	d'infeirigh	infeiríonn
infheistigh	*invest*	d'infheistigh	infheistíonn
infhill	*enfold, entwine*	d'infhill	infhilleann
inghreim	*prey upon, persecute*	d'inghreim	inghreimeann / inghreamann
ingnigh	*tear, pick*	d'ingnigh	ingníonn
iniaigh	*enclose, include*	d'iniaigh	iniann
inis	***tell***	**d'inis**	**insíonn**
inísligh	*humble, abase*	d'inísligh	iníslíonn
iniúch	*scrutinize*	d'iniúch	iniúchann
inleag	*inlay*	d'inleag	inleagann
innéacsaigh	*index*	d'innéacsaigh	innéacsaíonn
inneallfhuaigh	*machine-sew*	d'inneallfhuaigh	inneallfhuann
inneallghrean	*engine-turn*	d'inneallghrean	inneallghreanann

future tense	verbal noun	verbal adjective	verb type
imdheighlfidh	imdheighilt	imdheighilte	lch 270/3
imdhíonfaidh	imdhíonadh	imdhíonta	iarr
imdhruidfidh	imdhruidim	imdhruidte	oil
imeaglóidh	imeaglú	imeaglaithe	ionsaigh
imeascfaidh	imeascadh	imeasctha	iarr
imghabhfaidh	imghabháil	imghafa	iarr
imghlanfaidh	imghlanadh	imghlanta	iarr
imeoidh	**imeacht**	**imithe/ar shiúl** *U*	**58**
imreoidh	**imirt**	**imeartha**	**59**
imircfidh	imirceadh	imircthe	oil
imlíneoidh	imlíniú	imlínithe	imigh
imloiscfidh	imloscadh	imloiscthe	oil
imoibreoidh	imoibriú	imoibrithe	imigh
imphléascfaidh	imphléascadh	imphléasctha	iarr
impeoidh	impí	impithe	imigh
impleachtóidh	impleachtú	impleachtaithe	ionsaigh
imrothlóidh	imrothlú	imrothlaithe	ionsaigh
imscaoilfidh	imscaoileadh	imscaoilte	oil
imscarfaidh	imscaradh	imscartha	iarr
imscríobhfaidh	imscríobh	imscríofa	iarr
imscrúdóidh	imscrúdú	imscrúdaithe	ionsaigh
imshocróidh	imshocrú	imshocraithe	ionsaigh + socraigh
imshuífidh	imshuí	imshuite	suigh
imthairgfidh	imthairiscint	imthairgthe	oil
imtharraingeoidh	imtharraingt	imtharraingthe	tarraing
imtheorannóidh	imtheorannú	imtheorannaithe	ionsaigh
imthnúthfaidh	imthnúthadh	imthnúta	meath
imthreascróidh	imthreascairt	imthreascartha	iompair
inbhéartóidh	inbhéartú	inbhéartaithe	ionsaigh
inchreachfaidh	inchreachadh	inchreachta	iarr
indibhideoidh	indibhidiú	indibhidithe	imigh
ineirgeoidh	ineirgiú	ineirgithe	imigh
infeireoidh	infeiriú	infeirithe	imigh
infheisteoidh	infheistiú	infheistithe	imigh
infhillfidh	infhilleadh	infhillte	oil
inghreimfidh	inghreimeadh	inghreimthe	oil
/ inghreamfaidh	/ inghreamadh	/ inghreamtha	/ iarr + siúl
ingneoidh	ingniú	ingnithe	imigh
iniafaidh	iniamh	iniata	fuaigh
inseoidh	**insint/ inse**	**inste**	**60**
inísleoidh	inísliú	iníslithe	imigh
iniúchfaidh	iniúchadh	iniúchta	iarr
inleagfaidh	inleagadh	inleagtha	iarr
innéacsóidh	innéacsú	innéacsaithe	ionsaigh
inneallfhuafaidh	inneallfhuáil	inneallfhuaite	fuaigh
inneallghreanfaidh	inneallghreanadh	inneallghreanta	iarr

gas/fréamh	Béarla	aimsir chaite	aimsir láithreach
innill	*arrange, plot*	d'innill	inlíonn
inniúlaigh	*capacitate*	d'inniúlaigh	inniúlaíonn
inphléasc	*implode*	d'inphléasc	inphléascann
inréimnigh	*converge*	d'inréimnigh	inréimníonn
insamhail	*liken, imitate*	d'insamhail	insamhlaíonn
/ insamhlaigh		/ d'insamhlaigh	/ insamhlaíonn
inscríobh	*inscribe*	d'inscríobh	inscríobhann
insealbhaigh	*invest, install*	d'insealbhaigh	insealbhaíonn
inseamhnaigh	*inseminate*	d'inseamhnaigh	inseamhnaíonn
insil	*instil, infuse*	d'insil	insileann
insíothlaigh	*infiltrate*	d'insíothlaigh	insíothlaíonn
insligh	*insulate*	d'insligh	inslíonn
insteall	*inject*	d'insteall	insteallann
insuigh	*plug in*	d'insuigh	insuíonn
íobair	*sacrifice*	d'íobair	íobraíonn
íoc	*pay*	d'íoc	íocann
íoc	*heal, cure*	d'íoc	íocann
íocleasaigh	*medicate, dress*	d'íocleasaigh	íocleasaíonn
iodálaigh	*italicize*	d'iodálaigh	iodálaíonn
íograigh	*sensitize*	d'íograigh	íograíonn
iolraigh	*multiply*	d'iolraigh	iolraíonn
iomadaigh	*multiply*	d'iomadaigh	iomadaíonn
iomáin	*drive, hurl*	d'iomáin	iomáineann
iomair	*row (boat)*	d'iomair	iomraíonn
iomalartaigh	*commute*	d'iomalartaigh	iomalartaíonn
iomardaigh	*reproach*	d'iomardaigh	iomardaíonn
iombháigh	*submerse*	d'iombháigh	iombhánn
iomdhaigh	*increase*	d'iomdhaigh	iomdhaíonn
iomlaisc	*roll about*	d'iomlaisc	iomlascann
iomlánaigh	*complete*	d'iomlánaigh	iomlánaíonn
iomlaoidigh	*fluctuate*	d'iomlaoidigh	iomlaoidíonn
iomluaigh	*stir, discuss*	d'iomluaigh	iomluann
iompaigh	*turn, avert*	d'iompaigh	iompaíonn
iompair	***carry, transport***	**d'iompair**	**iompraíonn**
iompórtáil	*import*	d'iompórtáil	iompórtálann
iomráidh	*report, mention*	d'iomráidh	iomránn
ion-análaigh	*inhale*	d'ion-análaigh	ion-análaíonn
ionaclaigh	*inoculate*	d'ionaclaigh	ionaclaíonn
ionadaigh	*position*	d'ionadaigh	ionadaíonn
íonaigh	*purify*	d'íonaigh	íonaíonn
ionannaigh	*equate*	d'ionannaigh	ionannaíonn
ionchoirigh	*incriminate*	d'ionchoirigh	ionchoiríonn
ionchollaigh	*incarnate*	d'ionchollaigh	ionchollaíonn
ionchorpraigh	*incorporate*	d'ionchorpraigh	ionchorpraíonn
ionchúisigh	*prosecute*	d'ionchúisigh	ionchúisíonn
ionduchtaigh	*induce*	d'ionduchtaigh	ionduchtaíonn

aimsir fháisteanach	ainm briathartha	aidiacht bhr.	briathar gaolta
inleoidh	inleadh	innealta	imir
inniúlóidh	inniúlú	inniúlaithe	ionsaigh
inphléascfaidh	inphléascadh	inphléasctha	iarr
inréimneoidh	inréimniú	inréimnithe	imigh
insamhlóidh	insamhladh	insamhalta	codail
/ insamhlóidh	/ insamhlú	/ insamhlaithe	/ ionsaigh
inscríobhfaidh	inscríobh	inscríofa	iarr + scríobh
insealbhóidh	insealbhú	insealbhaithe	ionsaigh
inseamhnóidh	inseamhnú	inseamhnaithe	ionsaigh
insilfidh	insileadh	insilte	oil
insíothlóidh	insíothlú	insíothlaithe	ionsaigh
insleoidh	insliú	inslithe	imigh
insteallfaidh	instealladh	insteallta	iarr
insuífidh	insuí	insuite	suigh
íobróidh	íobairt	íobartha	iompair
íocfaidh	íoc	íoctha	iarr
íocfaidh	íoc	íoctha	iarr
íocleasóidh	íocleasú	íocleasaithe	ionsaigh
iodálóidh	iodálú	iodálaithe	ionsaigh
íogróidh	íogrú	íograithe	ionsaigh
iolróidh	iolrú	iolraithe	ionsaigh
iomadóidh	iomadú	iomadaithe	ionsaigh
iomáinfidh	iomáint	iomáinte	oil + tiomáin
iomróidh	iomramh	iomartha	iompair
iomalartóidh	iomalartú	iomalartaithe	ionsaigh
iomardóidh	iomardú	iomardaithe	ionsaigh
iombháfaidh	iombhá	iombháite	báigh
iomdhóidh	iomdhú	iomdhaithe	ionsaigh
iomlascfaidh	iomlascadh	iomlasctha	siúil
iomlánóidh	iomlánú	iomlánaithe	oil
iomlaoideoidh	iomlaoidiú	iomlaoidithe	imigh
iomluafaidh	iomlua	iomluaite	fuaigh
iompóidh	iompú	iompaithe	ionsaigh
iompróidh	**iompar**	**iompartha**	**61**
iompórtálfaidh	iompórtáil	iompórtáilte	pacáil
iomráfaidh	iomrá	iomráite	báigh
ion-análóidh	ion-análú	ion-análaithe	ionsaigh
ionaclóidh	ionaclú	ionaclaithe	ionsaigh
ionadóidh	ionadú	ionadaithe	ionsaigh
íonóidh	íonú	íonaithe	ionsaigh
ionannóidh	ionannú	ionannaithe	ionsaigh
ionchoireoidh	ionchoiriú	ionchoirithe	imigh
ionchollóidh	ionchollú	ionchollaithe	ionsaigh
ionchorpróidh	ionchorprú	ionchorpraithe	ionsaigh
ionchúiseoidh	ionchúisiú	ionchúisithe	imigh
ionduchtóidh	ionduchtú	ionduchtaithe	ionsaigh

stem/root	English	past tense	present tense
ionghabh	*ingest*	d'ionghabh	ionghabhann
ionghair	*herd, watch*	d'ionghair	ionghaireann
íonghlan	*purify*	d'íonghlan	íonghlanann
ionnail	*wash, bathe*	d'ionnail	ionlann
ionnarb	*banish, exile*	d'ionnarb	ionnarbann
ionradaigh	*irridate*	d'ionradaigh	ionradaíonn
ionramháil	*handle, manage*	d'ionramháil	ionramhálann
ionsáigh	*insert, intrude*	d'ionsáigh	ionsánn
ionsaigh	**attack**	**d'ionsaigh**	**ionsaíonn**
ionsoilsigh	*illuminate*	d'ionsoilsigh	ionsoilsíonn
ionsorchaigh	*brighten*	d'ionsorchaigh	ionsorchaíonn
ionstraimigh	*instrument*	d'ionstraimigh	ionstraimíonn
ionsúigh	*absorb*	d'ionsúigh	ionsúnn
ionsuigh	*plug in*	d'ionsuigh	ionsuíonn
iontaisigh	*fossilize*	d'iontaisigh	iontaisíonn
iontonaigh	*intone*	d'iontonaigh	iontonaíonn
iontráil	*enter*	d'iontráil	iontrálann
íoschéimnigh	*step-down*	d'íoschéimnigh	íoschéimníonn
íospair	*ill-treat, ill-use*	d'íospair	íospraíonn
irisigh	*gazette*	d'irisigh	irisíonn
is	**the copula**	**ba**	**is**
ísligh	*lower*	d'ísligh	íslíonn
ith	**eat**	**d'ith**	**itheann**
labáil	*lob*	labáil	labálann
labhair	**speak**	**labhair**	**labhraíonn**
ládáil	*lade* (ship)	ládáil	ládálann
lagaigh	*weaken*	lagaigh	lagaíonn
laghdaigh	*reduce*	laghdaigh	laghdaíonn
láib	*spatter*	láib	láibeann
Laidinigh	*Latinize*	Laidinigh	Laidiníonn
láidrigh	*strengthen*	láidrigh	láidríonn
láigh	*dawn*	láigh	lánn
láimhseáil	*handle, manage*	láimhseáil	láimhseálann
láimhsigh	*handle, manage*	láimhsigh	láimhsíonn
lainseáil	*launch*	lainseáil	lainseálann
láist	*leach,wash away*	láist	láisteann
láithrigh	*appear, present*	láithrigh	láithríonn
láithrigh	*demolish*	láithrigh	láithríonn
lámhach	*shoot*	lámhach	lámhachann
lamháil	*allow, permit*	lamháil	lamhálann
lámhscaoil	*free, manumit*	lámhscaoil	lámhscaoileann
lánaigh	*fill out*	lánaigh	lánaíonn
lannaigh	*laminate, scale*	lannaigh	lannaíonn
lansaigh	*lance*	lansaigh	lansaíonn
lánscoir	*dissolve*	lánscoir	lánscoireann

future tense	verbal noun	verbal adjective	verb type
ionghabhfaidh	ionghabháil	ionghafa	iarr
ionghairfidh	ionghaire	ionghairthe	oil
íonghlanfaidh	íonghlanadh	íonghlanta	iarr
ionlfaidh	ionladh	ionnalta	lch 270/3
ionnarbfaidh	ionnarbadh	ionnarbtha	iarr
ionradóidh	ionradú	ionradaithe	ionsaigh
ionramhálfaidh	ionramháil	ionramháilte	pacáil
ionsáfaidh	ionsá	ionsáite	báigh
ionsóidh	**ionsaí**	**ionsaithe**	**62**
ionsoilseoidh	ionsoilsiú	ionsoilsithe	imigh
ionsorchóidh	ionsorchú	ionsorchaithe	ionsaigh
ionstraimeoidh	ionstraimiú	ionstraimithe	imigh
ionsúfaidh	ionsú	ionsúite	brúigh
ionsuífidh	ionsuí	ionsuite	suigh
iontaiseoidh	iontaisiú	iontaisithe	imigh
iontonóidh	iontonú	iontonaithe	ionsaigh
iontrálfaidh	iontráil	iontráilte	pacáil
íoschéimneoidh	íoschéimniú	íoschéimnithe	imigh
íospróidh	íospairt	íospartha	iompair
iriseoidh	irisiú	irisithe	imigh
			14
ísleoidh	ísliú	íslithe	imigh
íosfaidh	**ithe**	**ite**	**63**
labálfaidh	labáil	labáilte	stampáil
labhróidh	**labhairt**	**labhartha**	**64**
ládálfaidh	ládáil	ládáilte	stampáil
lagóidh	lagú	lagaithe	scanraigh
laghdóidh	laghdú	laghdaithe	scanraigh
láibfidh	láibeadh	láibthe	lig
Laidineoidh	Laidiniú	Laidinithe	smaoinigh
láidreoidh	láidriú	láidrithe	smaoinigh
láfaidh	láchan	láite	báigh
láimhseálfaidh	láimhseáil	láimhseáilte	stampáil
láimhseoidh	láimhsiú	láimhsithe	smaoinigh
lainseálfaidh	lainseáil	lainseáilte	stampáil
láistfidh	láisteadh	láiste	tit
láithreoidh	láithriú	láithrithe	smaoinigh
láithreoidh	láithriú	láithrithe	smaoinigh
lámhachfaidh	lámhach(adh)	lámhachta	las
lamhálfaidh	lamháil	lamháilte	stampáil
lámhscaoilfidh	lámhscaoileadh	lámhscaoilte	lig + scaoil
lánóidh	lánú	lánaithe	scanraigh
lannóidh	lannú	lannaithe	scanraigh
lansóidh	lansú	lansaithe	scanraigh
lánscoirfidh	lánscor	lánscortha	lig

gas/fréamh	Béarla	aimsir chaite	aimsir láithreach
laobh	*bend, pervert*	laobh	laobhann
laoidh	*narrate as a lay*	laoidh	laoidheann
láraigh	*centralize*	láraigh	láraíonn
las	***light***	**las**	**lasann**
lasc	*lash, whip*	lasc	lascann
lascainigh	*discount*	lascainigh	lascaíonn
lastáil	*lade, load*	lastáil	lastálann
leabaigh	*(em)bed, set*	leabaigh	leabaíonn
leabhlaigh	*libel*	leabhlaigh	leabhlaíonn
leabhraigh	*stretch, extend*	leabhraigh	leabhraíonn
leabhraigh	*swear*	leabhraigh	leabhraíonn
leacaigh	*flatten, crush*	leacaigh	leacaíonn
leachtaigh	*liquefy*	leachtaigh	leachtaíonn
leadair	*smite, beat*	leadair	leadraíonn
leadhb	*tear in strips*	leadhb	leadhbann
leadhbair	*belabour, beat*	leadhbair	leadhbraíonn
leag	*knock down*	leag	leagann
leáigh	*melt*	leáigh	leánn
leamh	*render impotent*	leamh	leamhann
leamhsháinnigh	*stalemate*	leamhsháinnigh	leamhsháinníonn
lean	*follow, pursue*	lean	leanann
leang	*strike, slap*	leang	leangann
léarscáiligh	*map*	léarscáiligh	léarscáilíonn
léas	*welt, flog*	léas	léasann
leasaigh	*improve*	leasaigh	leasaíonn
léasaigh	*lease, farm out*	léasaigh	léasaíonn
leaschraol	*relay*	leaschraol	leaschraolann
leath	*spread, halve*	leath	leathann
leathnaigh	*widen*	leathnaigh	leathnaíonn
leibhéal	*level*	leibhéal	leibhéalann
leictreachlóigh	*electrotype*	leictreachlóigh	leictreachlónn
leictrealaigh	*electrolyse*	leictrealaigh	leictrealaíonn
leictreaphlátáil	*electroplate*	leictreaphlátáil	leictreaphlátálann
leictrigh	*electrify*	leictrigh	leictríonn
léigh	***read***	**léigh**	**léann**
leigheas	*cure*	leigheas	leigheasann
léim	*leap, jump*	léim	léimeann
léirbhreithnigh	*review*	léirbhreithnigh	léirbhreithníonn
léirchruthaigh	*demonstrate*	léirchruthaigh	léirchruthaíonn
léirghlan	*clarify*	léirghlan	léirghlanann
léirghoin	*wound badly*	léirghoin	léirghoineann
léirigh	*make clear*	léirigh	léiríonn
léirigh	*beat down*	léirigh	léiríonn
léirmhínigh	*explain fully*	léirmhínigh	léirmhíníonn
léirscríobh	*engross*	léirscríobh	léirscríobhann
léirscrios	*destroy*	léirscrios	léirscriosann

aimsir fháisteanach	ainm briathartha	aidiacht bhr.	briathar gaolta
laobhfaidh	laobhadh	laofa	las
laoidhfidh	laoidheadh	laoidhte	lig
láróidh	lárú	láraithe	scanraigh
lasfaidh	**lasadh**	**lasta**	**65**
lascfaidh	lascadh	lasctha	las
lascaineoidh	lascainiú	lascainithe	smaoinigh
lastálfaidh	lastáil	lastáilte	stampáil
leabóidh	leabú	leabaithe	scanraigh
leabhlóidh	leabhlú	leabhlaithe	scanraigh
leabhróidh	leabhrú	leabhraithe	scanraigh
leabhróidh	leabhrú	leabhraithe	scanraigh
leacóidh	leacú	leacaithe	scanraigh
leachtóidh	leachtú	leachtaithe	scanraigh
leadróidh	leadradh	leadartha	codail
leadhbfaidh	leadhbadh	leadhbtha	las
leadhbróidh	leadhbairt	leadhbartha	codail
leagfaidh	leagan	leagtha	las
leáfaidh	leá	leáite	báigh
leamhfaidh	leamhadh	leafa	las
leamhsháinneoidh	leamhsháinniú	leamhsháinnithe	smaoinigh
leanfaidh	leanúint /-nstan	leanta	las
leangfaidh	leangadh	leangtha	las
léarscáileoidh	léarscáiliú	léarscáilithe	smaoinigh
léasfaidh	léasadh	léasta	las
leasóidh	leasú	leasaithe	scanraigh
léasóidh	léasú	léasaithe	scanraigh
leaschraolfaidh	leaschraoladh	leaschraolta	las
leathfaidh	leathadh	leata	meath
leathnóidh	leathnú	leathnaithe	scanraigh
leibhéalfaidh	leibhéaladh	leibhéalta	las
leictreachlófaidh	leictreachló	leictreachlóite	dóigh
leictrealóidh	leictrealú	leictrealaithe	scanraigh
leictreaphlátálfaidh	leictreaphlátáil	leictreaphlátáilte	stampáil
leictreoidh	leictriú	leictrithe	smaoinigh
léifidh	**léamh**	**léite**	**66**
leigheasfaidh	leigheas	leigheasta	las
léimfidh	léim / léimneach	léimthe	lig
léirbhreithneoidh	léirbhreithniú	léirbhreithnithe	smaoinigh
léirchruthóidh	léirchruthú	léirchruthaithe	scanraigh
léirghlanfaidh	léirghlanadh	léirghlanta	las
léirghoinfidh	léirghoin	léirghonta	lig
léireoidh	léiriú	léirithe	smaoinigh
léireoidh	léiriú	léirithe	smaoinigh
léirmhíneoidh	léirmhíniú	léirmhínithe	smaoinigh
léirscríobhfaidh	léirscríobh	léirscríofa	las
léirscriosfaidh	léirscriosadh	léirscriosta	las

stem/root	English	past tense	present tense
léirsigh	demonstrate	léirsigh	léirsíonn
léirsmaoinigh	consider	léirsmaoinigh	léirsmaoiníonn
leitheadaigh	spread	leitheadaigh	leitheadaíonn
leithghabh	appropriate	leithghabh	leithghabhann
leithlisigh	isolate	leithlisigh	leithlisíonn
leithreasaigh	appropriate	leithreasaigh	leithreasaíonn
leithroinn	allot	leithroinn	leithroinneann
leithscar	segregate	leithscar	leithscarann
leoidh	cut off, hack	leoidh	leonn
leomh	dare, presume	leomh	leomhann
leon	sprain	leon	leonann
liath	(bceome) grey	liath	liathann
lig	**let, permit**	**lig**	**ligeann**
ligh	lick, fawn on	ligh	líonn
lignigh	lignify	lignigh	ligníonn
líneáil	line	líneáil	líneálann
ling	leap, spring	ling	lingeann
línigh	line, delineate	línigh	líníonn
linseáil	lynch	linseáil	linseálann
liobair	tear, scold	liobair	liobraíonn
líomh	grind, sharpen	líomh	líomhann
líomhain	allege	líomhain	líomhnaíonn
líon	fill	líon	líonann
líontánaigh	reticulate	líontánaigh	líontánaíonn
liostaigh	list, enumerate	liostaigh	liostaíonn
liostáil	list	liostáil	liostálann
lísigh	lyse	lísigh	lísíonn
liteagraf	lithograph	liteagraf	liteagrafann
litrigh	spell	litrigh	litríonn
liúdráil	beat, trounce	liúdráil	liúdrálann
liúigh	yell, shout	liúigh	liúnn
liúr	beat, trounce	liúr	liúrann
lobh	rot, decay	lobh	lobhann
loc	pen, enclose	loc	locann
loc	pluck	loc	locann
locáil	localize	locáil	locálann
locair	plane, smooth	locair	locraíonn
lochair	tear, afflict	lochair	lochraíonn
lochtaigh	fault, blame	lochtaigh	lochtaíonn
lódáil	load	lódáil	lódálann
lodair	cover with mud	lodair	lodraíonn
lóg	wail, lament	lóg	lógann
logh	remit, forgive	logh	loghann
loic	flinch, shirk	loic	loiceann
loighcigh	logicize	loighcigh	loighcíonn
loingsigh	banish, exile	loingsigh	loingsíonn

future tense	verbal noun	verbal adjective	verb type
léirseoidh	léirsiú	léirsithe	smaoinigh
léirsmaoineoidh	léirsmaoiniú	léirsmaoinithe	smaoinigh
leitheadóidh	leitheadú	leitheadaithe	scanraigh
leithghabhfaidh	leithghabháil	leithghafa	las
leithliseoidh	leithlisiú	leithlisithe	smaoinigh
leithreasóidh	leithreasú	leithreasaithe	scanraigh
leithroinnfidh	leithroinnt	leithroinnte	lig + roinn
leithscarfaidh	leithscaradh	leithscartha	las
leofaidh	leodh	leoite	feoigh
leomhfaidh	leomhadh	leofa	las
leonfaidh	leonadh	leonta	las
liathfaidh	liathadh	liata	meath
ligfidh	**ligean/ligint**	**ligthe**	**67**
lífidh	lí	lite	nigh
ligneoidh	ligniú	lignithe	smaoinigh
líneálfaidh	líneáil	líneáilte	stampáil
lingfidh	lingeadh	lingthe	lig
líneoidh	líniú	línithe	smaoinigh
linseálfaidh	linseáil	linseáilte	stampáil
liobróidh	liobairt	liobartha	codail
líomhfaidh	líomhadh	líofa	las
líomhnóidh	líomhaint	líomhainte	codail
líonfaidh	líonadh	líonta	las
líontánóidh	líontánú	líontánaithe	scanraigh
liostóidh	liostú	liostaithe	scanraigh
liostálfaidh	liostáil	liostáilte	stampáil
líseoidh	lísiú	lísithe	smaoinigh
liteagrafaidh	liteagrafadh	liteagrafa	las
litreoidh	litriú	litrithe	smaoinigh
liúdrálfaidh	liúdráil	liúdráilte	stampáil
liúfaidh	liú	liúite	brúigh
liúrfaidh	liúradh	liúrtha	las
lobhfaidh	lobhadh	lofa	las
locfaidh	locadh	loctha	las
locfaidh	locadh	loctha	las
locálfaidh	locáil	locáilte	stampáil
locróidh	locrú	locraithe	codail
lochróidh	lochradh	lochartha	codail
lochtóidh	lochtú	lochtaithe	scanraigh
lódálfaidh	lódáil	lódáilte	stampáil
lodróidh	lodairt	lodartha	codail
lógfaidh	lógadh	lógtha	las
loghfaidh	loghadh	loghtha	las
loicfidh	loiceadh	loicthe	lig
loighceoidh	loighciú	loighcithe	smaoinigh
loingseoidh	loingsiú	loingsithe	smaoinigh

gas/fréamh	Béarla	aimsir chaite	aimsir láithreach
loisc	burn, scorch	loisc	loisceann
lóisteáil	lodge	lóisteáil	lóisteálann
loit	hurt, injure	loit	loiteann
lom	lay bare, strip	lom	lomann
lomair	shear, fleece	lomair	lomraíonn
lomlíon	fill to brim	lomlíon	lomlíonann
lónaigh	supply, hoard	lónaigh	lónaíonn
long	swallow, eat	long	longann
lonnaigh	stay, settle	lonnaigh	lonnaíonn
lonnaigh	become angry	lonnaigh	lonnaíonn
lonraigh	shine	lonraigh	lonraíonn
lorg	search for	lorg	lorgaíonn
luacháil	value, evaluate	luacháil	luachálann
luaidh	traverse	luaidh	luann
luaigh	mention	luaigh	luann
luainigh	move quickly	luainigh	luainíonn
luaithrigh	sprinkle ash	luaithrigh	luaithríonn
luasc	swing, oscillate	luasc	luascann
luasghéaraigh	accelerate	luasghéaraigh	luasghéaraíonn
luasmhoilligh	decelerate	luasmhoilligh	luasmhoillíonn
luathaigh	quicken	luathaigh	luathaíonn
luathbhruith	spatchcock	luathbhruith	luathbhruitheann
lúb	bend, loop	lúb	lúbann
lúbáil	link	lúbáil	lúbálann
lúcháirigh	rejoice	lúcháirigh	lúcháiríonn
luchtaigh	charge, load	luchtaigh	luchtaíonn
luigh	lie down	luigh	luíonn
luigh	swear	luigh	luíonn
luisnigh	blush, glow	luisnigh	luisníonn
lútáil	fawn, adore	lútáil	lútálann
macadamaigh	macadamize	mhacadamaigh	macadamaíonn
macasamhlaigh	reproduce, copy	mhacasamhlaigh	macasamhlaíonn
máchailigh	harm, disfigure	mháchailigh	máchailíonn
machnaigh	marvel, reflect	mhachnaigh	machnaíonn
macht	kill, slaughter	mhacht	machtann
maidhm	burst, defeat	mhaidhm	madhmann
maígh	state, claim	mhaígh	maíonn
maighnéadaigh	magnetize	mhaighnéadaigh	maighnéadaíonn
mainnigh	default	mhainnigh	mainníonn
mair	live, last	mhair	maireann
maircigh	gall	mhaircigh	maircíonn
máirseáil	march, parade	mháirseáil	máirseálann
maisigh	decorate, adorn	mhaisigh	maisíonn
maistrigh	churn	mhaistrigh	maistríonn

aimsir fháisteanach	ainm briathartha	aidiacht bhr.	briathar gaolta
loiscfidh	loscadh	loiscthe	lig
lóisteálfaidh	lóisteáil	lóisteáilte	stampáil
loitfidh	lot	loite	tit
lomfaidh	lomadh	lomtha	las
lomróidh	lomairt	lomartha	codail
lomlíonfaidh	lomlíonadh	lomlíonta	las
lónóidh	lónú	lónaithe	scanraigh
longfaidh	longadh	longtha	las
lonnóidh	lonnú	lonnaithe	scanraigh
lonnóidh	lonnú	lonnaithe	scanraigh
lonróidh	lonrú	lonraithe	scanraigh
lorgóidh	lorg	lorgtha	lch 270/3
luachálfaidh	luacháil	luacháilte	stampáil
luafaidh	luadh	luaite	fuaigh
luafaidh	lua	luaite	fuaigh
luaineoidh	luainiú	luainithe	smaoinigh
luaithreoidh	luaithriú	luaithrithe	smaoinigh
luascfaidh	luascadh	luasctha	las
luasghéaróidh	luasghéarú	luasghéaraithe	scanraigh
luasmhoilleoidh	luasmhoilliú	luasmhoillithe	smaoinigh
luathóidh	luathú	luathaithe	scanraigh
luathbhruithfidh	luathbhruith	luathbhruite	caith
lúbfaidh	lúbadh	lúbtha	las
lúbálfaidh	lúbáil	lúbáilte	stampáil
lúcháireoidh	lúcháiriú	lúcháirithe	smaoinigh
luchtóidh	luchtú	luchtaithe	scanraigh
luífidh	luí	luite	suigh
luífidh	luighe	luite	suigh
luisneoidh	luisniú	luisnithe	smaoinigh
lútálfaidh	lútáil	lútáilte	stampáil
macadamóidh	macadamú	macadamaithe	mionnaigh
macasamhlóidh	macasamhlú	macasamhlaithe	mionnaigh
máchaileoidh	máchailiú	máchailithe	mínigh
machnóidh	machnamh	machnaithe	mionnaigh
machtfaidh	machtadh	machta	trácht
madhmfaidh	madhmadh	madhmtha	siúil
maífidh	maíomh	maíte	cloígh
maighnéadóidh	maighnéadú	maighnéadaithe	mionnaigh
mainneoidh	mainniú	mainnithe	mínigh
mairfidh	maireachtáil /mairstean U	martha	mill
mairceoidh	mairciú	maircithe	mínigh
máirseálfaidh	máirseáil	máirseáilte	pacáil
maiseoidh	maisiú	maisithe	mínigh
maistreoidh	maistriú	maistrithe	mínigh

357

stem/root	English	past tense	present tense
máistrigh	*master*	mháistrigh	máistríonn
maith	*forgive, pardon*	mhaith	maitheann
máithrigh	*mother, bear*	mháithrigh	máithríonn
malartaigh	*exchange*	mhalartaigh	malartaíonn
malgamaigh	*amalgamate*	mhalgamaigh	malgamaíonn
mallaigh	*curse*	mhallaigh	mallaíonn
mámáil	*gather in handfuls*	mhámáil gather	mámálann
mantaigh	*bite into, indent*	mhantaigh	mantaíonn
maoinigh	*finance, endow*	mhaoinigh	maoiníonn
maolaigh	*(make) bald*	mhaolaigh	maolaíonn
maolánaigh	*buffer*	mhaolánaigh	maolánaíonn
maoscail	*wade*	mhaoscail	maosclaíonn
maothaigh	*soften, moisture*	mhaothaigh	maothaíonn
maothlaigh	*mellow*	mhaothlaigh	maothlaíonn
mapáil	*map*	mhapáil	mapálann
mapáil	*mop*	mhapáil	mapálann
maraigh; marbh U	***kill***	**mharaigh**	**maraíonn**
marbhsháinnigh	*checkmate*	mharbhsháinnigh	m.sháinníonn
marcaigh	*ride*	mharcaigh	marcaíonn
marcáil	*mark*	mharcáil	marcálann
margaigh	*market*	mhargaigh	margaíonn
marlaigh	*fertilize, marl*	mharlaigh	marlaíonn
marmaraigh	*marble, mottle*	mharmaraigh	marmaraíonn
martraigh	*martyr, maim*	mhartraigh	martraíonn
masc	*mask*	mhasc	mascann
maslaigh	*insult, strain*	mhaslaigh	maslaíonn
meabhlaigh	*shame, deceive*	mheabhlaigh	meabhlaíonn
meabhraigh	*recall, reflect*	mheabhraigh	meabhraíonn
méadaigh	*increase*	mhéadaigh	méadaíonn
méadraigh	*metricate*	mhéadraigh	méadraíonn
meáigh	*weigh, measure*	mheáigh	meánn
meaisínigh	*machine*	mheaisínigh	meaisíníonn
meaitseáil	*match*	mheaitseáil	meaitseálann
méalaigh	*humble*	mhéalaigh	méalaíonn
meall	*charm, entice*	mheall	meallann
meallac	*saunter, stroll*	mheallac	meallacann
meánaigh	*centre*	mheánaigh	meánaíonn
meánchoimrigh	*syncopate*	mheánchoimrigh	meánchoimríonn
meang	*lop, prune*	mheang	meangann
meanmnaigh	*cheer, plan*	mheanmnaigh	meanmnaíonn
mearaigh	*derange*	mhearaigh	mearaíonn
méaraigh	*finger, fiddle*	mhéaraigh	méaraíonn
meas	*estimate*	mheas	measann
measc	*mix, blend*	mheasc	meascann
measraigh	*feed with mast*	mheasraigh	measraíonn
measraigh	*moderate*	mheasraigh	measraíonn

future tense	verbal noun	verbal adjective	verb type
máistreoidh	máistreacht	máistrithe	mínigh
maithfidh	maitheamh	maite	caith
máithreoidh	máithriú	máithrithe	mínigh
malartóidh	malartú	malartaithe	mionnaigh
malgamóidh	malgamú	malgamaithe	mionnaigh
mallóidh	mallú	mallaithe	mionnaigh
mámálfaidh	mámáil	mámáilte	pacáil
mantóidh	mantú	mantaithe	mionnaigh
maoineoidh	maoiniú	maoinithe	mínigh
maolóidh	maolú	maolaithe	mionnaigh
maolánóidh	maolánú	maolánaithe	mionnaigh
maosclóidh	maoscal	maoscailte	ceangail, muscail
maothóidh	maothú	maothaithe	mionnaigh
maothlóidh	maothlú	maothlaithe	mionnaigh
mapálfaidh	mapáil	mapáilte	pacáil
mapálfaidh	mapáil	mapáilte	pacáil
maróidh	**marú**	**maraithe**	**68**
m.sháinneoidh	marbhsháinniú	marbhsháinnithe	mínigh
marcóidh	marcaíocht	marcaithe	mionnaigh
marcálfaidh	marcáil	marcáilte	pacáil
margóidh	margú	margaithe	mionnaigh
marlóidh	marlú	marlaithe	mionnaigh
marmaróidh	marmarú	marmaraithe	mionnaigh
martróidh	martrú	martraithe	mionnaigh
mascfaidh	mascadh	masctha	mol
maslóidh	maslú	maslaithe	mionnaigh
meabhlóidh	meabhlú	meabhlaithe	mionnaigh
meabhróidh	meabhrú	meabhraithe	mionnaigh
méadóidh	méadú	méadaithe	mionnaigh
méadróidh	méadrú	méadraithe	mionnaigh
meáfaidh	meá	meáite	báigh
meaisíneoidh	meaisíniú	meaisínithe	mínigh
meaitseálfaidh	meaitseáil	meaitseáilte	pacáil
méalóidh	méalú	méalaithe	mionnaigh
meallfaidh	mealladh	meallta	mol
meallacfaidh	meallacadh	meallactha	mol
meánóidh	meánú	meánaithe	mionnaigh
meánchoimreoidh	meánchoimriú	meánchoimrithe	mínigh
meangfaidh	meangadh	meangtha	mol
meanmnóidh	meanmnú	meanmnaithe	mionnaigh
mearóidh	mearú	mearaithe	mionnaigh
méaróidh	méarú	méaraithe	mionnaigh
measfaidh	meas	measta	mol
meascfaidh	meascadh	measctha	mol
measróidh	measrú	measraithe	mionnaigh
measróidh	measrú	measraithe	mionnaigh

gas/fréamh	Béarla	aimsir chaite	aimsir láithreach
measúnaigh	*asess, assay*	mheasúnaigh	measúnaíonn
meath	***decay, fail***	**meath**	**meathann**
méathaigh	*fatten*	mhéathaigh	méathaíonn
meathlaigh	*decline, decay*	meathlaigh	meathlaíonn
meicnigh	*mechanize*	mheicnigh	meicníonn
meidhrigh	*elate, enliven*	mheidhrigh	meidhríonn
meil	*grind, eat, talk*	mheil	meileann
meirbhligh	*weaken*	mheirbhligh	meirbhlíonn
meirdrigh	*prostitute*	mheirdrigh	meirdríonn
meirgigh	*rust*	mheirgigh	meirgíonn
meirsirigh	*mercerize*	mheirsirigh	meirsiríonn
meirtnigh	*weaken*	mheirtnigh	meirtníonn
meiteamorfaigh	*metamorphose*	mheiteamorfaigh	meiteamorfaíonn
meitibiligh	*metabolize*	mheitibiligh	meitibilíonn
meitiligh	*methylate*	mheitiligh	meitilíonn
mí-iompair	*misconduct*	mhí-iompair	mí-iompraíonn
miadhaigh	*honour*	mhiadhaigh	miadhaíonn
mianaigh	*desire*	mhianaigh	mianaíonn
mianraigh	*mineralize*	mhianraigh	mianraíonn
mianrill	*jig*	mhianrill	mianrilleann
míchóirigh	*disarrange*	mhíchóirigh	míchóiríonn
míchomhairligh	*misadvise*	mhíchomhairligh	míchomhairlíonn
míchumasaigh	*disable*	mhíchumasaigh	míchumasaíonn
mídhílsigh	*misappropriate*	mhídhílsigh	mídhílsíonn
mífhuaimnigh	*mispronounce*	mhífhuaimnigh	mífhuaimníonn
mílitrigh	*mis-spell*	mhílitrigh	mílitríonn
mill	***destroy, ruin***	**mhill**	**milleann**
milleánaigh	*blame, censure*	mhilleánaigh	milleánaíonn
milsigh	*sweeten*	mhilsigh	milsíonn
mím	*mime*	mhím	mímeann
mímheas	*misjudge*	mhímheas	mímheasann
mímhínigh	*misexplain*	mhímhínigh	mímhíníonn
mímhisnigh	*discourage*	mhímhisnigh	mímhisníonn
mímhol	*dispraise*	mhímhol	mímholann
mineastráil	*administer*	mhineastráil	mineastrálann
mínghlan	*refine*	mhínghlan	mínghlanann
minicigh	*frequent*	mhinicigh	minicíonn
mínigh	***explain***	**mhínigh**	**míníonn**
mínmheil	*grind down*	mhínmheil	mínmheileann
míntírigh	*reclaim (land)*	mhíntírigh	míntíríonn
míog	*cheep*	mhíog	míogann
mionaigh	*pulverise, mince*	mhionaigh	mionaíonn
mionathraigh	*modify slightly*	mhionathraigh	mionathraíonn
mionbhreac	*stipple*	mhionbhreac	mionbhreacann
mionbhrúigh	*crush, crumble*	mhionbhrúigh	mionbhrúnn
miondealaigh	*separate in detail*	mhiondealaigh	miondealaíonn

aimsir fháisteanach	ainm briathartha	aidiacht bhr.	briathar gaolta
measúnóidh	measúnú	measúnaithe	mionnaigh
meathfaidh	**meath**	**meata/meaite**	**69**
méathóidh	méathú	méathaithe	mionnaigh
meathlóidh	meathlú	meathlaithe	mionnaigh
meicneoidh	meicniú	meicnithe	mínigh
meidhreoidh	meidhriú	meidhrithe	mínigh
meilfidh	meilt	meilte	mill
meirbhleoidh	meirbhliú	meirbhlithe	mínigh
meirdreoidh	meirdriú	meirdrithe	mínigh
meirgeoidh	meirgiú	meirgithe	mínigh
meirsireoidh	meirsiriú	meirsirithe	mínigh
meirtneoidh	meirtniú	meirtnithe	mínigh
meiteamorfóidh	meiteamorfú	meiteamorfaithe	mionnaigh
meitibileoidh	meitibiliú	meitibilithe	mínigh
meitileoidh	meitiliú	meitilithe	mínigh
mí-iompróidh	mí-iompar	mí-iompartha	iompair
miadhóidh	miadhú	miadhaithe	mionnaigh
mianóidh	mianú	mianaithe	mionnaigh
mianróidh	mianrú	mianraithe	mionnaigh
mianrillfidh	mianrilleadh	mianrillte	mill
míchóireoidh	míchóiriú	míchóirithe	mínigh
míchomhairleoidh	míchomhairliú	míchomhairlithe	mínigh
míchumasóidh	míchumasú	míchumasaithe	mionnaigh
mídhílseoidh	mídhílsiú	mídhílsithe	mínigh
mífhuaimneoidh	mífhuaimniú	mífhuaimnithe	mínigh
mílitreoidh	mílitriú	mílitrithe	mínigh
millfidh	**milleadh**	**millte**	**70**
milleánóidh	milleánú	milleánaithe	mionnaigh
milseoidh	milsiú	milsithe	mínigh
mímfidh	mímeadh	mímthe	mill
mímheasfaidh	mímheas	mímheasta	mol
mímhíneoidh	mímhíniú	mímhínithe	mínigh
mímhisneoidh	mímhisniú	mímhisnithe	mínigh
mímholfaidh	mímholadh	mímholta	mol
mineastrálfaidh	mineastráil	mineastráilte	pacáil
mínghlanfaidh	mínghlanadh	mínghlanta	mol
miniceoidh	miniciú	minicithe	mínigh
míneoidh	**míniú**	**mínithe**	**71**
mínmheilfidh	mínmheilt	mínmheilte	mill
míntíreoidh	míntíriú	míntírithe	mínigh
míogfaidh	míogadh	míogtha	mol
mionóidh	mionú	mionaithe	mionnaigh
mionathróidh	mionathrú	mionathraithe	mionnaigh
mionbhreacfaidh	mionbhreacadh	mionbhreactha	mol
mionbhrúfaidh	mionbhrú	mionbhrúite	brúigh
miondealóidh	miondealú	miondealaithe	mionnaigh

stem/root	English	past tense	present tense
miondíol	*retail*	mhiondíol	miondíolann
mionghearr	*cut fine, chop*	mhionghearr	mionghearrann
miongraigh	*crumble, gnaw*	mhiongraigh	miongraíonn
mionleasaigh	*amend slightly*	mhionleasaigh	mionleasaíonn
mionnaigh	***swear***	**mhionnaigh**	**mionnaíonn**
mionroinn	*divide in lots*	mhionroinn	mionroinneann
mionsaothraigh	*work out in detail*	mhionsaothraigh	mionsaothraíonn
mionscag	*fine-filter*	mhionscag	mionscagann
mionscrúdaigh	*scrutinize*	mhionscrúdaigh	mionscrúdaíonn
mionteagasc	*brief*	mhionteagasc	mionteagascann
míostraigh	*menstruate*	mhíostraigh	míostraíonn
miotaigh	*bite, pinch*	mhiotaigh	miotaíonn
miotalaigh	*metallize*	mhiotalaigh	miotalaíonn
mírialaigh	*misrule*	mhírialaigh	mírialaíonn
míriar	*mismanage*	mhíriar	míriarann
mírigh	*phrase*	mhírigh	míríonn
míshásaigh	*displease*	mhíshásaigh	míshásaíonn
mísheol	*misdirect*	mhísheol	mísheolann
misnigh	*encourage*	mhisnigh	misníonn
mítéaraigh	*mitre*	mhítéaraigh	mítéaraíonn
míthreoraigh	*misdirect*	mhíthreoraigh	míthreoraíonn
modhnaigh	*modulate*	mhodhnaigh	modhnaíonn
modraigh	*darken, muddy*	mhodraigh	modraíonn
mogallaigh	*mesh, enmesh*	mhogallaigh	mogallaíonn
móidigh	*vow*	mhóidigh	móidíonn
moilligh	*delay*	mhoilligh	moillíonn
moirigh	*water*	mhoirigh	moiríonn
moirtísigh	*mortise*	mhoirtísigh	moirtísíonn
moirtnigh	*mortify*	mhoirtnigh	moirtníonn
mol	***praise***	**mhol**	**molann**
monaplaigh	*monopolize*	mhonaplaigh	monaplaíonn
monaraigh	*manufacture*	mhonaraigh	monaraíonn
mór	*magnify, exalt*	mhór	mórann
morg	*corrupt*	mhorg	morgann
morgáistigh	*mortgage*	mhorgáistigh	morgáistíonn
mótaraigh	*motorize*	mhótaraigh	mótaraíonn
mothaigh	*feel, hear*	mhothaigh	mothaíonn
mothallaigh	*tousle*	mhothallaigh	mothallaíonn
múch	*smother, put out*	mhúch	múchann
múchghlan	*fumigate*	mhúchghlan	múchghlanann
mudh	*ruin, destroy*	mhudh	mudhann
/ mudhaigh		/ mhudhaigh	/ mudhaíonn
múin	*teach, instruct*	mhúin	múineann
muinigh	*trust in, rely on*	mhuinigh	muiníonn
muinnigh	*call, summon*	mhuinnigh	muinníonn
muirearaigh	*charge* (jur)	mhuirearaigh	muirearaíonn

future tense	verbal noun	verbal adjective	verb type
miondíolfaidh	miondíol	miondíolta	mol + díol
mionghearrfaidh	mionghearradh	mionghearrtha	mol
miongróidh	miongrú	miongraithe	mionnaigh
mionleasóidh	mionleasú	mionleasaithe	mionnaigh
mionnóidh	**mionnú**	**mionnaithe**	**72**
mionroinnfidh	mionroinnt	mionroinnte	mill + roinn
mionsaothróidh	mionsaothrú	mionsaothraithe	mionnaigh
mionscagfaidh	mionscagadh	mionscagtha	mol
mionscrúdóidh	mionscrúdú	mionscrúdaithe	mionnaigh
mionteagascfaidh	mionteagasc	mionteagasctha	mol
míostróidh	míostrú	míostraithe	mionnaigh
miotóidh	miotú	miotaithe	mionnaigh
miotalóidh	miotalú	miotalaithe	mionnaigh
mírialóidh	mírialú	mírialaithe	mionnaigh
míriarfaidh	míriaradh	míriartha	mol
míreoidh	míriú	mírithe	mínigh
míshásóidh	míshásamh	míshásaithe	mionnaigh
mísheolfaidh	mísheoladh	mísheolta	mol
misneoidh	misniú	misnithe	mínigh
mítéaróidh	mítéarú	mítéaraithe	mionnaigh
míthreoróidh	míthreorú	míthreoraithe	mionnaigh
modhnóidh	modhnú	modhnaithe	mionnaigh
modróidh	modrú	modraithe	mionnaigh
mogallóidh	mogallú	mogallaithe	mionnaigh
móideoidh	móidiú	móidithe	mínigh
moilleoidh	moilliú	moillithe	mínigh
moireoidh	moiriú	moirithe	mínigh
moirtíseoidh	moirtísiú	moirtísithe	mínigh
moirtneoidh	moirtniú	moirtnithe	mínigh
molfaidh	**moladh**	**molta**	**73**
monaplóidh	monaplú	monaplaithe	mionnaigh
monaróidh	monarú	monaraithe	mionnaigh
mórfaidh	móradh	mórtha	mol
morgfaidh	morgadh	morgtha	mol
morgáisteoidh	morgáistiú	morgáistithe	mínigh
mótaróidh	mótarú	mótaraithe	mionnaigh
mothóidh	mothú, -thachtáil	mothaithe	mionnaigh
mothallóidh	mothallú	mothallaithe	mionnaigh
múchfaidh	múchadh	múchta	mol
múchghlanfaidh	múchghlanadh	múchghlanta	mol + glan
mudhfaidh	mudhadh	mudhta	mol
/ mudhóidh	/ mudhú	/ mudhaithe	/ mionnaigh
múinfidh	múineadh	múinte	mill
muineoidh	muiniú	muinithe	mínigh
muinneoidh	muinniú	muinnithe	mínigh
muirearóidh	muirearú	muirearaithe	mionnaigh

gas/fréamh	Béarla	aimsir chaite	aimsir láithreach
muirligh	*munch*	mhuirligh	muirlíonn
muirnigh	*fondle, cherish*	mhuirnigh	muirníonn
mumaigh	*mummify*	mhumaigh	mumaíonn
mún	*urinate*	mhún	múnann
mungail	*chew, munch*	mhungail	munglaíonn
múnlaigh	*mould, cast*	mhúnlaigh	múnlaíonn
múr	*wall in, immure*	mhúr	múrann
múr	*raze, demolish*	mhúr	múrann
múráil	*moor (vessel)*	mhúráil	múrálann
múscail, muscail U	***wake, awake***	**mhúscail**	**músclaíonn**
náirigh	*shame*	náirigh	náiríonn
náisiúnaigh	*nationalize*	náisiúnaigh	náisiúnaíonn
naomhaigh	*sanctify, hallow*	naomhaigh	naomhaíonn
naomhainmnigh	*canonize*	naomhainmnigh	naomhainmníonn
nasc	*tie, bind*	nasc	nascann
neadaigh	*nest*	neadaigh	neadaíonn
néalaigh	*sublimate*	néalaigh	néalaíonn
neamhbhailigh	*invalidate*	neamhbhailigh	neamhbhailíonn
neamhchothromaigh	*unbalance*	neamhchothromaigh	neamhchothromaíonn
neamhnigh	*nullify*	neamhnigh	neamhníonn
neartaigh	***strengthen***	**neartaigh**	**neartaíonn**
neasaigh	*approximate*	neasaigh	neasaíonn
neodraigh	*neutralize*	neodraigh	neodraíonn
niamh	*brighten*	niamh	niamhann
/ niamhaigh		/ niamhaigh	/ niamhaíonn
niamhghlan	*burnish*	niamhghlan	niamhghlanann
niciligh	*nickel*	niciligh	nicilíonn
nicilphlátáil	*nickel-plate*	nicilphlátáil	nicilphlátálann
nigh	***wash***	**nigh**	**níonn**
nimhigh	*poison*	nimhigh	nimhíonn
nocht	*bare, uncover*	nocht	nochtann
nódaigh	*graft, transplant*	nódaigh	nódaíonn
nog	*nog*	nog	nogann
nótáil	*note*	nótáil	nótálann
núicléataigh	*nucleate*	núicléataigh	núicléataíonn
ob	*refuse, shun*	d'ob	obann
ócáidigh	*use*	d'ócáidigh	ócáidíonn
oclúidigh	*occlude*	d'oclúidigh	oclúidíonn
ócraigh	*ochre*	d'ócraigh	ócraíonn
ocsaídigh	*oxidize*	d'ocsaídigh	ocsaídíonn
ocsaiginigh	*oxygenate*	d'ocsaiginigh	ocsaiginíonn
odhraigh	*make dun*	d'odhraigh	odhraíonn
ofráil	*offer*	d'ofráil	ofrálann
oibrigh	*operate, work*	d'oibrigh	oibríonn

aimsir fháisteanach	ainm briathartha	aidiacht bhr.	briathar gaolta
muirleoidh	muirliú	muirlithe	mínigh
muirneoidh	muirniú	muirnithe	mínigh
mumóidh	mumú	mumaithe	mionnaigh
múnfaidh	mún	múnta	mol
munglóidh	mungailt	mungailte	ceangail
múnlóidh	múnlú	múnlaithe	mionnaigh
múrfaidh	múradh	múrtha	mol
múrfaidh	múradh	múrtha	mol
múrálfaidh	múráil	múráilte	pacáil
músclóidh	**múscailt**	**múscailte**	**74,** *var* **dúisigh**
náireoidh	náiriú	náirithe	smaoinigh
náisiúnóidh	náisiúnú	náisiúnaithe	neartaigh
naomhóidh	naomhú	naomhaithe	neartaigh
naomhainmneoidh	naomhainmniú	naomhainmnithe	smaoinigh
nascfaidh	nascadh	nasctha	las
neadóidh	neadú	neadaithe	neartaigh
néalóidh	néalú	néalaithe	neartaigh
neamhbhaileoidh	neamhbhailiú	neamhbhailithe	smaoinigh
neamhchothromóidh	neamhchothromú	neamhchothromaithe	neartaigh
neamhneoidh	neamhniú	neamhnithe	smaoinigh
neartóidh	**neartú**	**neartaithe**	**75**
neasóidh	neasú	neasaithe	neartaigh
neodróidh	neodrú	neodraithe	neartaigh
niamhfaidh	niamhadh	niafa	las
/ niamhóidh	/ niamhú	/ niamhaithe	/ neartaigh
niamhghlanfaidh	niamhghlanadh	niamhghlanta	las + glan
nicileoidh	niciliú	nicilithe	smaoinigh
nicilphlátálfaidh	nicilphlátáil	nicilphlátáilte	stampáil
nífidh	**ní**	**nite**	**76**
nimheoidh	nimhiú	nimhithe	smaoinigh
nochtfaidh	nochtadh	nochta	trácht
nódóidh	nódú	nódaithe	neartaigh
nogfaidh	nogadh	nogtha	las
nótálfaidh	nótáil	nótáilte	stampáil
núicléatóidh	núicléatú	núicléataithe	neartaigh
obfaidh	obadh	obtha	ól
ócáideoidh	ócáidiú	ócáidithe	éirigh
oclúideoidh	oclúidiú	oclúidithe	éirigh
ócróidh	ócrú	ócraithe	ordaigh
ocsaídeoidh	ocsaídiú	ocsaídithe	éirigh
ocsaigineoidh	ocsaiginiú	ocsaiginithe	éirigh
odhróidh	odhrú	odhraithe	ordaigh
ofrálfaidh	ofráil	ofráilte	pacáil
oibreoidh	oibriú	oibrithe	éirigh

stem/root	English	past tense	present tense
oidhrigh	*bequeath*	d'oidhrigh	oidhríonn
oighrigh	*ice, congeal*	d'oighrigh	oighríonn
oil	***nourish, rear***	**d'oil**	**oileann**
oir	*suit, fit*	d'oir	oireann
oirircigh	*exalt, dignify*	d'oirircigh	oirircíonn
oiris	*stay, wait, delay*	d'oiris	oiriseann
oiriúnaigh	*fit, adapt*	d'oiriúnaigh	oiriúnaíonn
oirmhinnigh	*honour, revere*	d'oirmhinnigh	oirmhinníonn
oirnéal	*decorate*	d'oirnéal	oirnéalann
oirnigh	*ordain*	d'oirnigh	oirníonn
oirnigh	*cut in bits*	d'oirnigh	oirníonn
ól	***drink***	**d'ól**	**ólann**
olaigh	*oil, annoint*	d'olaigh	olaíonn
/ oláil		/ d'oláil	/ olálann
ollaigh	*enlarge*	d'ollaigh	ollaíonn
olltáirg	*mass-produce*	d'olltáirg	olltáirgeann
onnmhairigh	*export*	d'onnmhairigh	onnmhairíonn
onóraigh	*honour*	d'onóraigh	onóraíonn
óraigh	*gild*	d'óraigh	óraíonn
orchraigh	*wither, decay*	d'orchraigh	orchraíonn
ordaigh	***order***	d'ordaigh	**ordaíonn**
orlaigh	*sledge, hammer*	d'orlaigh	orlaíonn
ornáidigh	*ornament*	d'ornáidigh	ornáidíonn
ornaigh	*adorn, array*	d'ornaigh	ornaíonn
órphlátáil	*gold-plate*	d'órphlátáil	órphlátálann
oscail /foscail	***open***	**d'oscail /d'fhoscail**	**osclaíonn**
osnaigh	*sigh*	d'osnaigh	osnaíonn
othrasaigh	*ulcerate*	d'othrasaigh	othrasaíonn
ózónaigh	*ozonize*	d'ózónaigh	ózónaíonn
pábháil	*pave*	phábháil	pábhálann
pacáil	***pack***	**phacáil**	**pacálann**
pailnigh	*pollinate*	phailnigh	pailníonn
painéal	*panel*	phainéal	painéalann
páirceáil	*park*	pháirceáil	páirceálann
páirtigh	*share*	pháirtigh	páirtíonn
páisigh	*torment*	pháisigh	páisíonn
paisteáil	*patch*	phaisteáil	paisteálann
paistéar	*pasturize*	phaistéar	paistéarann
paitinnigh	*patent*	phaitinnigh	paitinníonn
palataigh	*palatalize*	phalataigh	palataíonn
pánáil	*pawn*	phánáil	pánálann
páráil	*pare*	pháráil	párálann
parsáil	*parse*	pharsáil	parsálann
pasáil	*tread, trample*	phasáil	pasálann
pasáil	*pass*	phasáil	pasálann

future tense	verbal noun	verbal adjective	verb type
oidhreoidh	oidhriú	oidhrithe	éirigh
oighreoidh	oighriú	oighrithe	éirigh
oilfidh	**oiliúint**	**oilte**	**77**
oirfidh	oiriúint	oirthe	oil
oirirceoidh	oirirciú	oirircithe	éirigh
oirisfidh	oiriseamh	oiriste	oil
oiriúnóidh	oiriúnú	oiriúnaithe	ordaigh
oirmhinneoidh	oirmhinniú	oirmhinnithe	éirigh
oirnéalfaidh	oirnéaladh	oirnéalta	ól
oirneoidh	oirniú	oirnithe	éirigh
oirneoidh	oirniú	oirnithe	éirigh
ólfaidh	**ól**	**ólta**	**78**
olóidh	olú	olaithe	ordaigh
/ olálfaidh	/ oláil	/ oláilte	/ pacáil
ollóidh	ollú	ollaithe	ordaigh
olltáirgfidh	olltáirgeadh	olltáirgthe	oil
onnmhaireoidh	onnmhairiú	onnmhairithe	éirigh
onóróidh	onórú	onóraithe	ordaigh
óróidh	órú	óraithe	ordaigh
orchróidh	orchrú	orchraithe	ordaigh
ordóidh	**ordú**	**ordaithe**	**79**
orlóidh	orlú	orlaithe	ordaigh
ornáideoidh	ornáidiú	ornáidithe	éirigh
ornóidh	ornú	ornaithe	ordaigh
órphlátálfaidh	órphlátáil	órphlátáilte	pacáil
osclóidh	**oscailt**	**oscailte**	**80**
osnóidh	osnaíl	osnaithe	ordaigh
othrasóidh	othrasú	othrasaithe	ordaigh
ózónóidh	ózónú	ózónaithe	ordaigh
pábhálfaidh	pábháil	pábháilte	pacáil
pacálfaidh	**pacáil**	**pacáilte**	**81**
pailneoidh	pailniú	pailnithe	coinnigh
painéalfaidh	painéaladh	painéalta	pós
páirceálfaidh	páirceáil	páirceáilte	pacáil
páirteoidh	páirtiú	páirtithe	coinnigh
páiseoidh	páisiú	páisithe	coinnigh
paisteálfaidh	paisteáil	paisteáilte	pacáil
paistéarfaidh	paistéaradh	paistéartha	pós
paitinneoidh	paitinniú	paitinnithe	coinnigh
palatóidh	palatú	palataithe	ceannaigh
pánálfaidh	pánáil	pánáilte	pacáil
párálfaidh	páráil	páráilte	pacáil
parsálfaidh	parsáil	parsáilte	pacáil
pasálfaidh	pasáil	pasáilte	pacáil
pasálfaidh	pasáil	pasáilte	pacáil

gas/fréamh	Béarla	aimsir chaite	aimsir láithreach
péac	sprout, shoot	phéac	péacann
peacaigh	sin	pheacaigh	peacaíonn
pearsanaigh	(im)personate	phearsanaigh	pearsanaíonn
pearsantaigh	personify	phearsantaigh	pearsantaíonn
péinteáil	paint	phéinteáil	péinteálann
péireáil	pair	phéireáil	péireálann
péirseáil	flog	phéirseáil	péirseálann
pian	pain, punish	phian	pianann
piardáil	ransack	phiardáil	piardálann
pic	(coat with) pitch	phic	piceann
picéadaigh	picket	phicéadaigh	picéadaíonn
píceáil	pike, pitchfork	phíceáil	píceálann
píceáil	peek	phíceáil	píceálann
picil	pickle	phicil	picileann
pincigh	push, thrust	phincigh	pincíonn
píob	hoarsen	phíob	píobann
pioc	pick	phioc	piocann
píolótaigh	pilot	phíolótaigh	píolótaíonn
pionnáil	pin	phionnáil	pionnálann
pionósaigh	penalize, punish	phionósaigh	pionósaíonn
píosáil	piece together	phíosáil	píosálann
pitseáil	pitch	phitseáil	pitseálann
plab	plop, slam	phlab	plabann
plac	gobble, guzzle	phlac	placann
pláigh	plague	phláigh	plánn
plánáil	plane	phlánáil	plánálann
planc	beat, pommel	phlanc	plancann
plancghaibhnigh	drop-forge	phlancghaibhnigh	p.ghaibhníonn
plandaigh	plant (hort.)	phlandaigh	plandaíonn
plandáil	plant, colonize	phlandáil	plandálann
plástráil	plaster	phlástráil	plástrálann
plátáil	plate	phlátáil	plátálann
platanaigh	platinize	phlatanaigh	platanaíonn
pléadáil	plead, wrangle	phléadáil	pléadálann
pleanáil	plan	phleanáil	pleanálann
pléasc	explode, burst	phléasc	pléascann
pléatáil	pleat	phléatáil	pléatálann
pléigh	discuss	phléigh	pléann
plódaigh	crowd, throng	phlódaigh	plódaíonn
pluc	puff out, bulge	phluc	plucann
plucáil	pluck, swindle	phlucáil	plucálann
plúch	smother	phlúch	plúchann
plúraigh	effloresce	phlúraigh	plúraíonn
pocáil	strike, puck	phocáil	pocálann
pocléim	buck-jump	phocléim	pocléimeann
podsalaigh	podzolize	phodsalaigh	podsalaíonn

aimsir fháisteanach	ainm briathartha	aidiacht bhr.	briathar gaolta
péacfaidh	péacadh	péactha	pós
peacóidh	peacú	peacaithe	ceannaigh
pearsanóidh	pearsanú	pearsanaithe	ceannaigh
pearsantóidh	pearsantú	pearsantaithe	ceannaigh
péinteálfaidh	péinteáil	péinteáilte	pacáil
péireálfaidh	péireáil	péireáilte	pacáil
péirseálfaidh	péirseáil	péirseáilte	pacáil
pianfaidh	pianadh	pianta	pós
piardálfaidh	piardáil	piardáilte	pacáil
picfidh	piceadh	picthe	bris
picéadóidh	picéadú	picéadaithe	pacáil
píceálfaidh	píceáil	píceáilte	pacáil
píceálfaidh	píceáil	píceáilte	pacáil
picilfidh	picilt	picilte	bris
pinceoidh	pinciú	pincithe	coinnigh
píobfaidh	píobadh	píobtha	pós
piocfaidh	piocadh	pioctha	pós
píolótóidh	píolótú	píolótaithe	ceannaigh
pionnálfaidh	pionnáil	pionnáilte	pacáil
pionósóidh	pionósú	pionósaithe	ceannaigh
píosálfaidh	píosáil	píosáilte	pacáil
pitseálfaidh	pitseáil	pitseáilte	pacáil
plabfaidh	plabadh	plabtha	pós
placfaidh	placadh	plactha	pós
pláfaidh	plá	pláite	báigh
plánálfaidh	plánáil	plánáilte	pacáil
plancfaidh	plancadh	planctha	pós
p.ghaibhneoidh	plancghaibhniú	plancghaibhnithe	coinnigh
plandóidh	plandú	plandaithe	ceannaigh
plandálfaidh	plandáil	plandáilte	pacáil
plástrálfaidh	plástráil	plástráilte	pacáil
plátálfaidh	plátáil	plátáilte	pacáil
platanóidh	platanú	platanaithe	ceannaigh
pléadálfaidh	pléadáil	pléadáilte	pacáil
pleanálfaidh	pleanáil	pleanáilte	pacáil
pléascfaidh	pléascadh	pléasctha	pós
pléatálfaidh	pléatáil	pléatáilte	pacáil
pléifidh	plé	pléite	léigh
plódóidh	plódú	plódaithe	ceannaigh
plucfaidh	plucadh	pluctha	pós
plucálfaidh	plucáil	plucáilte	pacáil
plúchfaidh	plúchadh	plúchta	pós
plúróidh	plúrú	plúraithe	ceannaigh
pocálfaidh	pocáil	pocáilte	pacáil
pocléimfidh	pocléimneach	pocléimthe	bris
podsalóidh	podsalú	podsalaithe	ceannaigh

stem/root	English	past tense	present tense
póg	kiss	phóg	pógann
poibligh	make public	phoibligh	poiblíonn
póilínigh	police	phóilínigh	póilíníonn
pointeáil	point	phointeáil	pointeálann
pointeáil	fix, appoint	phointeáil	pointeálann
poit	poke, nudge	phoit	poiteann
polaraigh	polarize	pholaraigh	polaraíonn
poll	puncture, pierce	pholl	pollann
poncaigh	punctuate, dot	phoncaigh	poncaíonn
poncloisc	cauterize	phoncloisc	poncloisceann
póraigh	grow from seed	phóraigh	póraíonn
portaigh	steep (flax)	phortaigh	portaíonn
pós	**marry**	**phós**	**pósann**
postaigh	(appoint to) post	phostaigh	postaíonn
postáil	post, mail	phostáil	postálann
postaláidigh	postulate	phostaláidigh	postaláidíonn
potbhiathaigh	spoon-feed	photbhiathaigh	potbhiathaíonn
práib	daub	phráib	práibeann
pramsáil	prance, frolic	phramsáil	pramsálann
pramsáil	crunch, gobble	phramsáil	pramsálann
prapáil	prepare, titivate	phrapáil	prapálann
prásáil	braze, foist	phrásáil	prásálann
preab	start, bound	phreab	preabann
préach	perish (cold)	phréach	préachann
preasáil	press, conscript	phreasáil	preasálann
preasáil	press	phreasáil	preasálann
prímeáil	prime	phrímeáil	prímeálann
prioc	prick, prod	phrioc	priocann
priontáil	print	phriontáil	priontálann
príosúnaigh	imprison	phríosúnaigh	príosúnaíonn
profaigh	proof	phrofaigh	profaíonn
próiseáil	process	phróiseáil	próiseálann
próisigh	process	phróisigh	próisíonn
prólaiféaraigh	proliferate	phrólaiféaraigh	prólaiféaraíonn
promh	prove, test	phromh	promhann
púdraigh	pulverize	phúdraigh	púdraíonn
púdráil	(apply) powder	phúdráil	púdrálann
puinseáil	punch	phuinseáil	puinseálann
púitseáil	rumage	phúitseáil	púitseálann
pulc	stuff, gorge	phulc	pulcann
pumpáil	pump	phumpáil	pumpálann
pupaigh	pupate	phupaigh	pupaíonn
purgaigh	purge	phurgaigh	purgaíonn
purparaigh	purple	phurparaigh	purparaíonn
racáil	rack, beat	racáil	racálann

future tense	verbal noun	verbal adjective	verb type
pógfaidh	pógadh	pógtha	pós
poibleoidh	poibliú	poiblithe	coinnigh
póilíneoidh	póilíniú	póilínithe	coinnigh
pointeálfaidh	pointeáil	pointeáilte	pacáil
pointeálfaidh	pointeáil	pointeáilte	pacáil
poitfidh	poiteadh	poite	tit
polaróidh	polarú	polaraithe	ceannaigh
pollfaidh	polladh	pollta	pós
poncóidh	poncú	poncaithe	ceannaigh
poncloiscfidh	poncloscadh	poncloiscthe	bris
póróidh	pórú	póraithe	ceannaigh
portóidh	portú	portaithe	ceannaigh
pósfaidh	**pósadh**	**pósta**	**82**
postóidh	postú	postaithe	ceannaigh
postálfaidh	postáil	postáilte	pacáil
postaláideoidh	postaláidiú	postaláidithe	coinnigh
potbhiathóidh	potbhiathú	potbhiathaithe	ceannaigh
práibfidh	práibeadh	práibthe	bris
pramsálfaidh	pramsáil	pramsáilte	pacáil
pramsálfaidh	pramsáil	pramsáilte	pacáil
prapálfaidh	prapáil	prapáilte	pacáil
prásálfaidh	prásáil	prásáilte	pacáil
preabfaidh	preabadh	preabtha	pós
préachfaidh	préachadh	préachta	pós
preasálfaidh	preasáil	preasáilte	pacáil
preasálfaidh	preasáil	preasáilte	pacáil
prímeálfaidh	prímeáil	prímeáilte	pacáil
priocfaidh	priocadh	prioctha	pós
priontálfaidh	priontáil	priontáilte	pacáil
príosúnóidh	príosúnú	príosúnaithe	ceannaigh
profóidh	profú	profaithe	ceannaigh
próiseálfaidh	próiseáil	próiseáilte	pacáil
próiseoidh	próisiú	próisithe	coinnigh
prólaiféaróidh	prólaiféarú	prólaiféaraithe	ceannaigh
promhfaidh	promhadh	profa	pós
púdróidh	púdrú	púdraithe	ceannaigh
púdrálfaidh	púdráil	púdráilte	pacáil
puinseálfaidh	puinseáil	puinseáilte	pacáil
púitseálfaidh	púitseáil	púitseáilte	pacáil
pulcfaidh	pulcadh	pulctha	pós
pumpálfaidh	pumpáil	pumpáilte	pós
pupóidh	pupú	pupaithe	pacáil
purgóidh	purgú	purgaithe	ceannaigh
purparóidh	purparú	purparaithe	ceannaigh
racálfaidh	racáil	racáilte	stampáil

gas/fréamh	Béarla	aimsir chaite	aimsir láithreach
rácáil	rake	rácáil	rácálann
rad	give, frolic	rad	radann
radaigh	radiate	radaigh	radaíonn
rádlaigh	lap-joint	rádlaigh	rádlaíonn
raiceáil	wreck	raiceáil	raiceálann
raifleáil	raffle	raifleáil	raifleálann
rámhaigh	row (boat)	rámhaigh	rámhaíonn
ramhraigh	fatten	ramhraigh	ramhraíonn
rangaigh	classify, grade	rangaigh	rangaíonn
rannpháirtigh	participate	rannpháirtigh	rannpháirtíonn
ransaigh	ransack	ransaigh	ransaíonn
raonáil	range	raonáil	raonálann
rapáil	rap	rapáil	rapálann
rásáil	race, groove	rásáil	rásálann
raspáil	rasp	raspáil	raspálann
rátáil	rate	rátáil	rátálann
rathaigh	prosper, thrive	rathaigh	rathaíonn
rathaigh	perceive	rathaigh	rathaíonn
ráthaigh	guarantee	ráthaigh	ráthaíonn
ráthaigh	shoal (fish)	ráthaigh	ráthaíonn
réab	tear, burst	réab	réabann
reachtaigh	legislate	reachtaigh	reachtaíonn
réadaigh	make real	réadaigh	réadaíonn
réadtiomnaigh	devise	réadtiomnaigh	réadtiomnaíonn
réal	manifest	réal	réalann
réamhaithris	predict, foretell	réamhaithris	réamhaithrisíonn
réamhbheartaigh	premeditate	réamhbheartaigh	r.bheartaíonn
réamhcheap	preconceive	réamhcheap	réamhcheapann
réamhchinn	predestine	réamhchinn	réamhchinneann
réamhchinntigh	predetermine	réamhchinntigh	réamhchinntíonn
réamhdhátaigh	antedate	réamhdhátaigh	réamhdhátaíonn
réamhdhéan	prefabricate	réamhdhéan	réamhdhéanann
réamhfhíoraigh	prefigure	réamhfhíoraigh	réamhfhíoraíonn
réamhghabh	anticipate	réamhghabh	réamhghabhann
réamhghiorraigh	foreshorten	réamhghiorraigh	r.ghiorraíonn
réamhinis	predict	réamhinis	réamhinsíonn
réamhíoc	prepay	réamhíoc	réamhíocann
réamhleag	premise	réamhleag	réamhleagann
réamhordaigh	pre-ordinate	réamhordaigh	réamhordaíonn
réamhshocraigh	pre-arrange	réamhshocraigh	réamhshocraíonn
réamhtheilg	precast	réamhtheilg	réamhtheilgeann
réasúnaigh	reason	réasúnaigh	réasúnaíonn
réchas	twist slowly	réchas	réchasann
reic	sell, trade	reic	reiceann
réimnigh	conjugate	réimnigh	réimníonn
reith	rut, tup	reith	reitheann

aimsir fháisteanach	ainm briathartha	aidiacht bhr.	briathar gaolta
rácálfaidh	rácáil	rácáilte	stampáil
radfaidh	radadh	radta	las
radóidh	radú	radaithe	neartaigh
rádlóidh	rádlú	rádlaithe	neartaigh
raiceálfaidh	raiceáil	raiceáilte	stampáil
raifleálfaidh	raifleáil	raifleáilte	stampáil
rámhóidh	rámhaíocht	rámhaithe	neartaigh
ramhróidh	ramhrú	ramhraithe	neartaigh
rangóidh	rangú	rangaithe	neartaigh
rannpháirteoidh	rannpháirtiú	rannpháirtithe	smaoinigh
ransóidh	ransú	ransaithe	neartaigh
raonálfaidh	raonáil	raonáilte	stampáil
rapálfaidh	rapáil	rapáilte	stampáil
rásálfaidh	rásáil	rásáilte	stampáil
raspálfaidh	raspáil	raspáilte	stampáil
rátálfaidh	rátáil	rátáilte	stampáil
rathóidh	rathú	rathaithe	neartaigh
rathóidh	rathú	rathaithe	neartaigh
ráthóidh	ráthú	ráthaithe	neartaigh
ráthóidh	ráthaíocht	ráthaithe	neartaigh
réabfaidh	réabadh	réabtha	las
reachtóidh	reachtú	reachtaithe	neartaigh
réadóidh	réadú	réadaithe	neartaigh
réadtiomnóidh	réadtiomnú	réadtiomnaithe	neartaigh
réalfaidh	réaladh	réalta	las
réamhaithriseoidh	réamhaithris	réamhaithriste	tarraing
r.bheartóidh	réamhbheartú	r.bheartaithe	neartaigh
réamhcheapfaidh	réamhcheapadh	réamhcheaptha	las
réamhchinnfidh	réamhchinneadh	réamhchinnte	roinn + cuir
réamhchinnteoidh	réamhchinntiú	réamhchinntithe	smaoinigh
réamhdhátóidh	réamhdhátú	réamhdhátaithe	neartaigh
réamhdhéanfaidh	réamhdhéanamh	réamhdhéanta	las
réamhfhíoróidh	réamhfhíorú	réamhfhíoraithe	neartaigh
réamhghabhfaidh	réamhghabháil	réamhghafa	las
r.ghiorróidh	réamhghiorrú	réamhghiorraithe	neartaigh
réamhinseoidh	réamhinsint	réamhinste	inis
réamhíocfaidh	réamhíoc	réamhíoctha	las
réamhleagfaidh	réamhleagan	réamhleagtha	las
réamhordóidh	réamhordú	réamhordaithe	neartaigh
réamhshocróidh	réamhshocrú	réamhshocraithe	neartaigh
réamhtheilgfidh	réamhtheilgean	réamhtheilgthe	roinn
réasúnóidh	réasúnú	réasúnaithe	neartaigh
réchasfaidh	réchasadh	réchasta	las + cas
reicfidh	reic	reicthe	roinn + cuir
réimneoidh	réimniú	réimnithe	smaoinigh
reithfidh	reitheadh	reite	rith

stem/root	English	past tense	present tense
réitigh	*smooth, settle*	réitigh	réitíonn
reoigh	*freeze*	reoigh	reonn
réscaip	*diffuse* (light)	réscaip	réscaipeann
riagh	*rack, torture*	riagh	riaghann
rialaigh	*rule, govern*	rialaigh	rialaíonn
riall	*rend, tear*	riall	riallann
rianaigh	*trace, gauge*	rianaigh	rianaíonn
riar	*administer*	riar	riarann
riastáil	*flog, furrow*	riastáil	riastálann
rib	*snare*	rib	ribeann
rigeáil	*rig*	rigeáil	rigeálann
righ	*stretch, tauten*	righ	ríonn
rígh	*enthrone*	rígh	ríonn
righnigh	*toughen*	righnigh	righníonn
rill	*riddle, sieve*	rill	rilleann
rinc	*dance*	rinc	rinceann
rindreáil	*render*	rindreáil	rindreálann
rinseáil	*rinse*	rinseáil	rinseálann
riochtaigh	*adapt, condition*	riochtaigh	riochtaíonn
ríomh	*count, reckon*	ríomh	ríomhann
ríonaigh	*queen (chess)*	ríonaigh	ríonaíonn
rionn	*carve, engrave*	rionn	rionnann
rith	***run***	**rith**	**ritheann**
robáil	*rob*	robáil	robálann
róbáil	*robe*	róbáil	róbálann
roc	*wrinkle, crease*	roc	rocann
rod	*rot*	rod	rodann
ródáil	*moor, anchor*	ródáil	ródálann
róghearr	*over-cut*	róghearr	róghearrann
roghnaigh	*choose, select*	roghnaigh	roghnaíonn
roinn, rann U	***divide***	**roinn, rann**	**roinneann**
rois	*unravel, tear*	rois	roiseann
roisínigh	*resin*	roisínigh	roisíníonn
roll	*roll*	roll	rollann
rollaigh	*enrol, empanel*	rollaigh	rollaíonn
róluchtaigh	*overload*	róluchtaigh	róluchtaíonn
rómhair	*dig (ground)*	rómhair	rómhraíonn
rop	*thrust, stab*	rop	ropann
róshealbhaigh	*overhold*	róshealbhaigh	róshealbhaíonn
róst	*roast*	róst	róstann
rothaigh	*cycle*	rothaigh	rothaíonn
rothlaigh	*rotate, whirl*	rothlaigh	rothlaíonn
ruadhóigh	*scorch*	ruadhóigh	ruadhónn
ruaig	*chase*	ruaig	ruaigeann
ruaigh	*redden*	ruaigh	ruann
ruaimnigh	*dye red*	ruaimnigh	ruaimníonn

future tense	verbal noun	verbal adjective	verb type
réiteoidh	réiteach	réitithe	smaoinigh
reofaidh	reo	reoite	feoigh
réscaipfidh	réscaipeadh	réscaipthe	roinn
riaghfaidh	riaghadh	riaghtha	las
rialóidh	rialú	rialaithe	neartaigh
riallfaidh	rialladh	riallta	las
rianóidh	rianú	rianaithe	neartaigh
riarfaidh	riar	riartha	las
riastálfaidh	riastáil	riastáilte	stampáil
ribfidh	ribeadh	ribthe	roinn + cuir
rigeálfaidh	rigeáil	rigeáilte	stampáil
rífidh	ríochan	rite	nigh
rífidh	rí	ríthe	cloígh
righneoidh	righniú	righnithe	smaoinigh
rillfidh	rilleadh	rillte	roinn + cuir
rincfidh	rince	rincthe	roinn + cuir
rindreálfaidh	rindreáil	rindreáilte	stampáil
rinseálfaidh	rinseáil	rinseáilte	stampáil
riochtóidh	riochtú	riochtaithe	neartaigh
ríomhfaidh	ríomhadh	ríofa	las
ríonóidh	ríonú	ríonaithe	neartaigh
rionnfaidh	rionnadh	rionnta	las
rithfidh	**rith**	**rite**	**83**
robálfaidh	robáil	robáilte	stampáil
róbálfaidh	róbáil	róbáilte	stampáil
rocfaidh	rocadh	roctha	las
rodfaidh	rodadh	rodta	las
ródálfaidh	ródáil	ródáilte	stampáil
róghearrfaidh	róghearradh	róghearrtha	las
roghnóidh	roghnú	roghnaithe	smaoinigh
roinnfidh	**roinnt**	**roinnte**	**84**
roisfidh	roiseadh	roiste	roinn + cuir
roisíneoidh	roisíniú	roisínithe	smaoinigh
rollfaidh	rolladh	rollta	las
rollóidh	rollú	rollaithe	neartaigh
róluchtóidh	róluchtú	róluchtaithe	neartaigh
rómhróidh	rómhar	rómhartha	codail
ropfaidh	ropadh	roptha	las
róshealbhóidh	róshealbhú	róshealbhaithe	neartaigh
róstfaidh	róstadh	rósta	trácht
rothóidh	rothaíocht	rothaithe	neartaigh
rothlóidh	rothlú	rothlaithe	neartaigh
ruadhófaidh	ruadhó	ruadhóite	dóigh
ruaigfidh	ruaigeadh	ruaigthe	roinn + cuir
ruafaidh	ruachan	ruaite	fuaigh
ruaimneoidh	ruaimniú	ruaimnithe	smaoinigh

gas/fréamh	Béarla	aimsir chaite	aimsir láithreach
rualoisc	*scorch*	rualoisc	rualoisceann
rubaraigh	*rubberize*	rubaraigh	rubaraíonn
rúisc	*bark, strip*	rúisc	rúisceann
ruithnigh	*illuminate*	ruithnigh	ruithníonn
rúnscríobh	*cipher*	rúnscríobh	rúnscríobhann
rútáil	*root*	rútáil	rútálann
sábh	*saw*	shábh	sábhann
sábháil	***save***	**shábháil**	**sábhálann**
sac	*sack, bag, pack*	shac	sacann
sacáil	*sack, dismiss*	shacáil	sacálann
sadhlasaigh	*ensilage*	shadhlasaigh	sadhlasaíonn
sádráil	*solder*	shádráil	sádrálann
saibhrigh	*enrich*	shaibhrigh	saibhríonn
saibhseáil	*test depth*	shaibhseáil	saibhseálann
saigh	*go towards*	shaigh	saigheann
sáigh	*thrust, stab*	sháigh	sánn
saighid	*incite, provoke*	shaighid	saighdeann
saighneáil	*sign*	shaighneáil	saighneálann
saighneáil	*shine*	shaighneáil	saighneálann
saill	*salt, cure*	shaill	sailleann
sáimhrigh	*quieten, smooth*	sháimhrigh	sáimhríonn
sainaithin	*identify*	shainaithin	sainaithníonn
sainigh	*specify, define*	shainigh	sainíonn
sainmhínigh	*define*	shainmhínigh	sainmhíníonn
sáinnigh	*trap, check*	sháinnigh	sáinníonn
sainoidhrigh	*entail*	shainoidhrigh	sainoidhríonn
sáirsingigh	*press, force*	sháirsingigh	sáirsingíonn
sáithigh	*sate, satiate*	sháithigh	sáithíonn
salaigh	*dirty, defile*	shalaigh	salaíonn
sámhaigh	*clam, get sleepy*	shámhaigh	sámhaíonn
samhailchomharthaigh	*symbolize, typify*	shamhailchomharthaigh	samhailchomharthaíonn
samhlaigh	*imagine*	shamhlaigh	samhlaíonn
samhraigh	*(pass) summer*	shamhraigh	samhraíonn
sampláil	*sample*	shampláil	samplálann
sann	*assign*	shann	sannann
santaigh	*covet, desire*	shantaigh	santaíonn
saobh	*slant, twist*	shaobh	saobhann
saoirsigh	*work* stone etc.	shaoirsigh	saoirsíonn
saoirsigh	*cheapen*	shaoirsigh	saoirsíonn
saolaigh	*be born*	shaolaigh	saolaíonn
saor	*free, save*	shaor	saorann
saorghlan	*purge, purify*	shaorghlan	saorghlanann
saothraigh	*earn, toil*	shaothraigh	saothraíonn
sáraigh	*violate, thwart*	sháraigh	sáraíonn
sársháithigh	*supersaturate*	shársháithigh	sársháithíonn

aimsir fháisteanach	_ainm briathartha_	_aidiacht bhr._	_briathar gaolta_
rualoiscfidh	rualoscadh	rualoiscthe	roinn + cuir
rubaróidh	rubarú	rubaraithe	neartaigh
rúiscfidh	rúscadh	rúiscthe	roinn + cuir
ruithneoidh	ruithniú	ruithnithe	smaoinigh
rúnscríobhfaidh	rúnscríobh	rúnscríofa	scríobh
rútálfaidh	rútáil	rútáilte	stampáil
sábhfaidh	sábhadh	sáfa	seas
sábhálfaidh	**sábháil**	**sábháilte**	**85**
sacfaidh	sacadh	sactha	seas
sacálfaidh	sacáil	sacáilte	sábháil
sadhlasóidh	sadhlasú	sadhlasaithe	socraigh
sádrálfaidh	sádráil	sádráilte	sábháil
saibhreoidh	saibhriú	saibhrithe	sínigh
saibhseálfaidh	saibhseáil	saibhseáilte	sábháil
saighfidh	saighe	saighte	bris
sáfaidh	sá / sáthadh	sáite	báigh
saighdfidh	saighdeadh	saighdte	lch 270/3
saighneálfaidh	saighneáil	saighneáilte	sábháil
saighneálfaidh	saighneáil	saighneáilte	sábháil
saillfidh	sailleadh	saillte	sín
sáimhreoidh	sáimhriú	sáimhrithe	sínigh
sainaithneoidh	sainaithint	sainaitheanta	aithin
saineoidh	sainiú	sainithe	sínigh
sainmhíneoidh	sainmhíniú	sainmhínithe	sínigh
sáinneoidh	sáinniú	sáinnithe	sínigh
sainoidhreoidh	sainoidhriú	sainoidhrithe	sínigh
sáirsingeoidh	sáirsingiú	sáirsingithe	sínigh
sáitheoidh	sáithiú	sáithithe	sínigh
salóidh	salú	salaithe	socraigh
sámhóidh	sámhú	sámhaithe	socraigh
samhailchomharthóidh	samhailchomharthú	samhailchomharthaithe	socraigh
samhlóidh	samhlú	samhlaithe	socraigh
samhróidh	samhrú	samhraithe	socraigh
samplálfaidh	sampláil	sampláilte	sábháil
sannfaidh	sannadh	sannta	seas
santóidh	santú	santaithe	socraigh
saobhfaidh	saobhadh	saofa	seas
saoirseoidh	saoirsiú	saoirsithe	sínigh
saoirseoidh	saoirsiú	saoirsithe	sínigh
saolóidh	saolú	saolaithe	socraigh
saorfaidh	saoradh	saortha	seas
saorghlanfaidh	saorghlanadh	saorghlanta	seas
saothróidh	saothrú	saothraithe	socraigh
sáróidh	sárú	sáraithe	socraigh
sársháitheoidh	sársháithiú	sársháithithe	sínigh

stem/root	English	past tense	present tense
sárthadhaill	osculate	shárthadhaill	sárthadhlaíonn
sásaigh	satisfy	shásaigh	sásaíonn
satail	tramp	shatail	satlaíonn
scab U = scaip	scatter	scab U = scaip	scabann
scag	strain, filter	scag	scagann
scagdhealaigh	dialyse	scagdhealaigh	scagdhealaíonn
scáin	crack, split	scáin	scáineann
scaip	scatter	scaip	scaipeann
/ scab U		/ scab U	/ scabann
scaird	squirt, gush	scaird	scairdeann
scairt	call	scairt	scairteann
scal	burst out, flash	scal	scalann
scálaigh	scale	scálaigh	scálaíonn
scall	scald, scold	scall	scallann
scamallaigh	cloud (over)	scamallaigh	scamallaíonn
scamh	peel, scale	scamh	scamhann
scan	scan	scan	scanann
scannalaigh	scandalize	scannalaigh	scannalaíonn
scannánaigh	film	scannánaigh	scannánaíonn
scanraigh	**scare, frighten**	**scanraigh**	**scanraíonn**
scaob	scoop	scaob	scaobann
scaoil	**loose(n), shoot**	**scaoil**	**scaoileann**
scar	part, separate	scar	scarann
scarbháil	crust, harden	scarbháil	scarbhálann
scarshiúntaigh	splice	scarshiúntaigh	scarshiúntaíonn
scátáil	skate	scátáil	scátálann
scáthaigh	shade, screen	scáthaigh	scáthaíonn
scáthcheil	screen	scáthcheil	scáthcheileann
scáthlínigh	shade	scáthlínigh	scáthlíníonn
scead	cut patch in	scead	sceadann
scéalaigh	relate	scéalaigh	scéalaíonn
scealp	splinter, flake	scealp	scealpann
sceamh	yelp, squeal	sceamh	sceamhann
scean	knife, stab	scean	sceanann
sceathraigh	spew, spawn	sceathraigh	sceathraíonn
sceimhligh	terrorize	sceimhligh	sceimhlíonn
sceith	vomit, spawn	sceith	sceitheann
sceitseáil	sketch	sceitseáil	sceitseálann
sceoigh	wither, wilt	sceoigh	sceonn
sciáil	ski	sciáil	sciálann
sciamhaigh	beautify	sciamhaigh	sciamhaíonn
sciath	screen	sciath	sciathann
scil	shell, chatter	scil	scileann
scillig	shell, husk	scillig	scilligeann
scimeáil	skim	scimeáil	scimeálann

future tense	verbal noun	verbal adjective	verb type
sárthadhlóidh	sárthadhall	sárthadhallta	seachain
sásóidh	sásamh	sásta	socraigh
satlóidh	satail	satailte	seachain
scabfaidh	scabadh	scabtha	scríobh
scagfaidh	scagadh	scagtha	scríobh
scagdhealóidh	scagdhealú	scagdhealaithe	scanraigh
scáinfidh	scáineadh	scáinte	scaoil
scaipfidh	scaipeadh	scaipthe	scaoil
/ scabfaidh	/ scabadh	/ scabtha	scríobh
scairdfidh	scairdeadh	scairdte	scaoil
scairtfidh	scairteadh,	scairte	tit
	ag scairtigh *U*		
scalfaidh	scaladh	scalta	scríobh
scálóidh	scálú	scálaithe	scanraigh
scallfaidh	scalladh	scallta	scríobh
scamallóidh	scamallú	scamallaithe	scanraigh
scamhfaidh	scamhadh	scafa	scríobh
scanfaidh	scanadh	scanta	scríobh
scannalóidh	scannalú	scannalaithe	scanraigh
scannánóidh	scannánú	scannánaithe	scanraigh
scanróidh	**scanrú**	**scanraithe**	**86**
scaobfaidh	scaobadh	scaobtha	scríobh
scaoilfidh	**scaoileadh**	**scaoilte**	**87**
scarfaidh	scaradh, -rúint	scartha	scríobh
scarbhálfaidh	scarbháil	scarbháilte	stampáil
scarshiúntóidh	scarshiúntú	scarshiúntaithe	scanraigh
scátálfaidh	scátáil	scátáilte	stampáil
scáthóidh	scáthú	scáthaithe	scanraigh
scáthcheilfidh	scáthcheilt	scáthcheilte	scaoil
scáthlíneoidh	scáthlíniú	scáthlínithe	smaoinigh
sceadfaidh	sceadadh	sceadta	scríobh
scéalóidh	scéalú	scéalaithe	scanraigh
scealpfaidh	scealpadh	scealptha	scríobh
sceamhfaidh	sceamhadh	sceafa	scríobh
sceanfaidh	sceanadh	sceanta	scríobh
sceathróidh	sceathrú	sceathraithe	scanraigh
sceimhleoidh	sceimhliú	sceimhlithe	smaoinigh
sceithfidh	sceitheadh	sceite	stampáil
sceitseálfaidh	sceitseáil	sceitseáilte	rith
sceofaidh	sceo	sceoite	feoigh
sciálfaidh	sciáil	sciáilte	stampáil
sciamhóidh	sciamhú	sciamhaithe	scanraigh
sciathfaidh	sciathadh	sciata	meath
scilfidh	scileadh	scilte	scaoil
scilligfidh	scilligeadh	scilligthe	tuig
scimeálfaidh	scimeáil	scimeáilte	stampáil

gas/fréamh	Béarla	aimsir chaite	aimsir láithreach
scimpeáil	*skimp*	scimpeáil	scimpeálann
scinceáil	*pour off, decant*	scinceáil	scinceálann
scinn	*start, spring*	scinn	scinneann
sciob	*snatch*	sciob	sciobann
scioll	*enucleate, scold*	scioll	sciollann
sciomair	*scour, scrub*	sciomair	sciomraíonn
sciorr	*slip, slide*	sciorr	sciorrann
sciortáil	*skirt*	sciortáil	sciortálann
sciot	*snip, clip, crop*	sciot	sciotann
scipeáil	*skip*	scipeáil	scipeálann
scirmisigh	*skirmish*	scirmisigh	scirmisíonn
/ scirmiseáil		/ scirmiseáil	/ scirmiseálann
scíthigh	*become tired*	scíthigh	scíthíonn
sciúch	*throttle*	sciúch	sciúchann
/ sciúchaigh		/ sciúchaigh	/ sciúchaíonn
sciúr	*scour, lash*	sciúr	sciúrann
sciurd	*rush, dart*	sciurd	sciurdann
sciúrsáil	*scourge, flog*	sciúrsáil	sciúrsálann
sclamh	*snap at, abuse*	sclamh	sclamhann
sclár	*cut up, tear*	sclár	sclárann
sclog	*gulp, gasp*	sclog	sclogann
scobail	*scutch*	scobail	scoblaíonn
scóig	*throttle*	scóig	scóigeann
scoilt	*split*	scoilt	scoilteann
scoir	*unyoke*	scoir	scoireann
scoith	*cut off, wean*	scoith	scoitheann
scol	*call, shout*	scol	scolann
scól	*scald*	scól	scólann
scolbáil	*scallop*	scolbáil	scolbálann
scon	*strip, fleece*	scon	sconann
scor	*slash, slice*	scor	scorann
scoráil	*release*	scoráil	scorálann
scóráil	*score*	scóráil	scórálann
scoth-thriomaigh	*rough-dry clothes*	scoth-thriomaigh	scoth-thriomaíonn
scótráil	*hack, mangle*	scótráil	scótrálann
scrábáil	*scrawl, scratch*	scrábáil	scrábálann
scrabh	*scratch, scrape*	scrabh	scrabhann
scraith	*strip sward*	scraith	scraitheann
scréach	*screech, shriek*	scréach	scréachann
scread	*scream*	scread	screadann
screamhaigh	*encrust, fur*	screamhaigh	screamhaíonn
screamhchruaigh	*case-harden*	screamhchruaigh	screamhchruann
scríob	*scrape*	scríob	scríobann
scríobh	***write***	**scríobh**	**scríobhann**
scrios	*destroy, ruin*	scrios	scriosann
scriúáil	*screw*	scriúáil	scriúálann

aimsir fháisteanach	ainm briathartha	aidiacht bhr.	briathar gaolta
scimpeálfaidh	scimpeáil	scimpeáilte	stampáil
scinceálfaidh	scinceáil	scinceáilte	stampáil
scinnfidh	scinneadh	scinnte	scaoil
sciobfaidh	sciobadh	sciobtha	scríobh
sciollfaidh	sciolladh	sciollta	scríobh
sciomróidh	sciomradh	sciomartha	seachain
sciorrfaidh	sciorradh	sciorrtha	scríobh
sciortálfaidh	sciortáil	sciortáilte	stampáil
sciotfaidh	sciotadh	sciota	trácht
scipeálfaidh	scipeáil	scipeáilte	stampáil
scirmiseoidh	scirmisiú	scirmisithe	smaoinigh
/ scirmiseálfaidh	/ scirmiseáil	/ scirmiseáilte	/stampáil
scítheoidh	scíthiú	scíthithe	smaoinigh
sciúchfaidh	sciúchadh	sciúchta	scríobh
/ sciúchóidh	/ sciúchú	/ sciúchaithe	/ scanraigh
sciúrfaidh	sciúradh	sciúrtha	scríobh
sciurdfaidh	sciurdadh	sciurdta	scríobh
sciúrsálfaidh	sciúrsáil	sciúrsáilte	stampáil
sclamhfaidh	sclamhadh	sclafa	scríobh
sclárfaidh	scláradh	sclártha	scríobh
sclogfaidh	sclogadh	sclogtha	scríobh
scoblóidh	scobladh	scobailte	seachain
scóigfidh	scóigeadh	scóigthe	scaoil
scoiltfidh	scoilteadh	scoilte	tit + scaoil
scoirfidh	scor	scortha	scaoil
scoithfidh	scoitheadh	scoite	caith + scaoil
scolfaidh	scoladh	scolta	scríobh
scólfaidh	scóladh	scólta	scríobh
scolbálfaidh	scolbáil	scolbáilte	stampáil
sconfaidh	sconadh	sconta	scríobh
scorfaidh	scoradh	scortha	scríobh
scorálfaidh	scoráil	scoráilte	stampáil
scórálfaidh	scóráil	scóráilte	stampáil
scoth-thriomóidh	scoth-thriomú	scoth-thriomaithe	scanraigh
scótrálfaidh	scótráil	scótráilte	stampáil
scrábálfaidh	scrábáil	scrábáilte	stampáil
scrabhfaidh	scrabhadh	scrafa	scríobh
scraithfidh	scrathadh	scraite	caith + scaoil
scréachfaidh	scréachach	scréachta	scríobh
screadfaidh	screadach	screadta	scríobh
screamhóidh	screamhú	screamhaithe	scanraigh
screamhchruafaidh	s.chruachan	screamhchruaite	fuaigh
scríobfaidh	scríobadh	scríobtha	scríobh
scríobhfaidh	**scríobh**	**scríofa**	**88**
scriosfaidh	scriosadh	scriosta	scríobh
scriúálfaidh	scriúáil	scriúáilte	stampáil

stem/root	English	past tense	present tense
scrobh	scramble (egg)	scrobh	scrobhann
scrúd	try, torment	scrúd	scrúdann
scrúdaigh	examine	scrúdaigh	scrúdaíonn
scuab	brush	scuab	scuabann
scuch	go, depart	scuch	scuchann
scuitseáil	scutch	scuitseáil	scuitseálann
seachaid	deliver, pass	sheachaid	seachadann
seachain	**avoid, evade**	**sheachain**	**seachnaíonn**
seachránaigh	go astray, err	sheachránaigh	seachránaíonn
seachródaigh	shunt	sheachródaigh	seachródaíonn
seachthreoraigh	by-pass	sheachthreoraigh	seachthreoraíonn
seachtraigh	exteriorize	sheachtraigh	seachtraíonn
sead	blow, wheeze	shead	seadann
seadaigh	settle (down)	sheadaigh	seadaíonn
seadánaigh	parasitize	sheadánaigh	seadánaíonn
séalaigh	seal	shéalaigh	séalaíonn
sealbhaigh	possess, gain	shealbhaigh	sealbhaíonn
seamaigh	rivet	sheamaigh	seamaíonn
séamáil	rabbet, groove	shéamáil	séamálann
seamhraigh	hurry, bustle	sheamhraigh	seamhraíonn
séan	mark with sign	shéan	séanann
séan	deny, refuse	shéan	séanann
seangaigh	slim, grow thin	sheangaigh	seangaíonn
seansáil	chance, risk	sheansáil	seansálann
seapán	Japan(ize)	sheapán	seapánann
searbhaigh	sour, embitter	shearbhaigh	searbhaíonn
searg	waste, wither	shearg	seargann
searn	order, array	shearn	searnann
searr	stretch, extend	shearr	searrann
seas	**stand, last, keep**	**sheas**	**seasann**
seiceáil	check	sheiceáil	seiceálann
séid	blow	shéid	séideann
seiftigh	devise, provide	sheiftigh	seiftíonn
seilg	hunt, chase	sheilg	seilgeann
seiligh	spit	sheiligh	seilíonn
séimhigh	thin, aspirate	shéimhigh	séimhíonn
seinn	play (music)	sheinn	seinneann
seirbheáil	serve	sheirbheáil	seirbheálann
seithigh	skin	sheithigh	seithíonn
seol	sail, send	sheol	seolann
siabhair	bewitch	shiabhair	siabhraíonn
sil	drip, drop	shil	sileann
síl	think, consider	shíl	síleann
sil-leag	deposit (geol.)	shil-leag	sil-leagann
silicigh	silicify	shilicigh	silicíonn
sill	look, glance	shill	silleann

future tense	verbal noun	verbal adjective	verb type
scrobhfaidh	scrobhadh	scrofa	scríobh
scrúdfaidh	scrúdadh	scrúdta	scríobh
scrúdóidh	scrúdú	scrúdaithe	scanraigh
scuabfaidh	scuabadh	scuabtha	scríobh
scuchfaidh	scuchadh	scuchta	scríobh
scuitseálfaidh	scuitseáil	scuitseáilte	stampáil
seachadfaidh	seachadadh	seachadta	siúil
seachnóidh	**seachaint**	**seachanta**	**89**
seachránóidh	seachránú	seachránaithe	socraigh
seachródóidh	seachródú	seachródaithe	socraigh
seachthreoróidh	seachthreorú	seachthreoraithe	socraigh
seachtróidh	seachtrú	seachtraithe	socraigh
seadfaidh	seadadh	seadta	seas
seadóidh	seadú	seadaithe	socraigh
seadánóidh	seadánú	seadánaithe	socraigh
séalóidh	séalú	séalaithe	socraigh
sealbhóidh	sealbhú	sealbhaithe	socraigh
seamóidh	seamú	seamaithe	socraigh
séamálfaidh	séamáil	séamáilte	sábháil
seamhróidh	seamhrú	seamhraithe	socraigh
séanfaidh	séanadh	séanta	seas
séanfaidh	séanadh	séanta	seas
seangóidh	seangú	seangaithe	socraigh
seansálfaidh	seansáil	seansáilte	sábháil
seapánfaidh	seapánadh	seapánta	seas
searbhóidh	searbhú	searbhaithe	socraigh
seargfaidh	seargadh	seargtha	seas
searnfaidh	searnadh	searntha	seas
searrfaidh	searradh	searrtha	seas
seasfaidh	**seasamh**	**seasta**	**90**
seiceálfaidh	seiceáil	seiceáilte	sábháil
séidfidh	séideadh	séidte	sín
seifteoidh	seiftiú	seiftithe	sínigh
seilgfidh	seilg	seilgthe	sín
seileoidh	seiliú	seilithe	sínigh
séimheoidh	séimhiú	séimhithe	sínigh
seinnfidh	seinm	seinnte	sín
seirbheálfaidh	seirbheáil	seirbheáilte	sábháil
seitheoidh	seithiú	seithithe	sínigh
seolfaidh	seoladh	seolta	seas
siabhróidh	siabhradh	siabhartha	seachain
silfidh	sileadh	silte	sín
sílfidh	síleadh, -lstean	sílte	sín
sil-leagfaidh	sil-leagan	sil-leagtha	seas
siliceoidh	siliciú	silicithe	sínigh
sillfidh	silleadh	sillte	sín

gas/fréamh	Béarla	aimsir chaite	aimsir láithreach
simpligh	*simplify*	shimpligh	simplíonn
sín	***stretch***	**shín**	**síneann**
sincigh	*zincify*	shincigh	sincíonn
sindeacáitigh	*syndicate*	shindeacáitigh	sindeacáitíonn
sínigh	***sign***	**shínigh**	**síníonn**
sintéisigh	*synthesize*	shintéisigh	sintéisíonn
síob	*drift, lift*	shíob	síobann
sioc	*freeze*	shioc	siocann
siofón	*siphon*	shiofón	siofónann
síog	*streak, cancel*	shíog	síogann
síogaigh	*fail, fade away*	shíogaigh	síogaíonn
síolaigh	*seed, sow*	shíolaigh	síolaíonn
síolchuir	*sow, propogate*	shíolchuir	síolchuireann
siolp	*suck, milk dry*	shiolp	siolpann
síolraigh	*breed*	shíolraigh	síolraíonn
siombalaigh	*symbolize*	shiombalaigh	siombalaíonn
sioncóipigh	*syncopate*	shioncóipigh	sioncóipíonn
sioncrónaigh	*synchronize*	shioncrónaigh	sioncrónaíonn
sionsaigh	*delay, linger*	shionsaigh	sionsaíonn
síoraigh	*perpetuate*	shíoraigh	síoraíonn
siorc	*jerk*	shiorc	siorcann
siortaigh	*ransack, search*	shiortaigh	siortaíonn
siortáil	*mistreat*	shiortáil	siortálann
sios	*hiss*	shios	siosann
siosc	*cut, clip*	shiosc	sioscann
siosc	*sizzle, whisper*	shiosc	sioscann
siostalaigh	*hackle*	shiostalaigh	siostalaíonn
síothaigh	*pacify*	shíothaigh	síothaíonn
síothlaigh	*strain, settle*	shíothlaigh	síothlaíonn
sir	*transverse, ask*	shir	sireann
siséal	*chisel*	shiséal	siséalann
siúcraigh	*saccharify, sugar*	shiúcraigh	siúcraíonn
siúil	***walk, travel***	**shiúil**	**siúlann**
siúnt	*shunt*	shiúnt	siúntann
siúntaigh	*joint*	shiúntaigh	siúntaíonn
/siúntáil, siundáil		/shiúntáil, shiund-	/ siúntálann
slac	*bat*	shlac	slacann
slachtaigh	*finish, tidy*	shlachtaigh	slachtaíonn
slad	*raid, plunder*	shlad	sladann
slaidh	*smite, slay*	shlaidh	slaidheann
slaiseáil	*slash, lash*	shlaiseáil	slaiseálann
slám	*tease (wool)*	shlám	slámann
slámáil	*pluck, gather*	shlámáil	slámálann
slánaigh	*make whole*	shlánaigh	slánaíonn
slaod	*mow down*	shlaod	slaodann
slaon	*tease (wool)*	shlaon	slaonann

384

aimsir fháisteanach	ainm briathartha	aidiacht bhr.	briathar gaolta
simpleoidh	simpliú	simplithe	sínigh
sínfidh	**síneadh**	**sínte**	**91**
sinceoidh	sinciú	sincithe	sínigh
sindeacáiteoidh	sindeacáitiú	sindeacáitithe	sínigh
síneoidh	**síniú**	**sínithe**	**92**
sintéiseoidh	sintéisiú	sintéisithe	sínigh
síobfaidh	síobadh	síobtha	seas
siocfaidh	sioc	sioctha	seas
siofónfaidh	siofónadh	siofónta	seas
síogfaidh	síogadh	síogtha	seas
síogóidh	síogú	síogaithe	socraigh
síolóidh	síolú	síolaithe	socraigh
síolchuirfidh	síolchur	síolchurtha	cuir
siolpfaidh	siolpadh	siolptha	seas
síolróidh	síolrú	síolraithe	socraigh
siombalóidh	siombalú	siombalaithe	socraigh
sioncóipeoidh	sioncóipiú	sioncóipithe	sínigh
sioncrónóidh	sioncrónú	sioncrónaithe	socraigh
sionsóidh	sionsú	sionsaithe	socraigh
síoróidh	síorú	síoraithe	socraigh
siorcfaidh	siorcadh	siorctha	seas
siortóidh	siortú	siortaithe	socraigh
siortálfaidh	siortáil	siortáilte	sábháil
siosfaidh	siosadh	siosta	seas
sioscfaidh	sioscadh	siosctha	seas
sioscfaidh	sioscadh	siosctha	seas
siostalóidh	siostalú	siostalaithe	socraigh
síothóidh	síothú	síothaithe	socraigh
síothlóidh	síothlú	síothlaithe	socraigh
sirfidh	sireadh	sirthe	sín
siséalfaidh	siséaladh	siséalta	seas
siúcróidh	siúcrú	siúcraithe	socraigh
siúlfaidh	**siúl**	**siúlta**	**93**
siúntfaidh	siúntadh	siúnta	trácht
siúntóidh	siúntú	siúntaithe	socraigh
/ siúntálfaidh	/ siúntáil	/ siúntáilte	/sábháil
slacfaidh	slacadh	slactha	seas
slachtóidh	slachtú	slachtaithe	socraigh
sladfaidh	slad	sladta	seas
slaidhfidh	slaidhe	slaidhte	sín
slaiseálfaidh	slaiseáil	slaiseáilte	sábháil
slámfaidh	slámadh	slámtha	seas
slámálfaidh	slámáil	slámáilte	sábháil
slánóidh	slánú	slánaithe	socraigh
slaodfaidh	slaodadh	slaodta	seas
slaonfaidh	slaonadh	slaonta	seas

stem/root	English	past tense	present tense
slat	beat with rod	shlat	slatann
slatáil	beat with rod	shlatáil	slatálann
sleabhac	droop, fade become limp	shleabhac	sleabhcann
sleacht	cut down, fell	shleacht	sleachtann
sléacht	kneel, genuflect	shléacht	sléachtann
sleáigh	spear	shleáigh	sleánn
sleamhnaigh	slip, slide	shleamhnaigh	sleamhnaíonn
sliacht	sleek, stroke	shliacht	sliachtann
sligh	cut down, fell	shligh	slíonn
slíob	rub, smooth	shlíob	slíobann
slíoc	sleek, smooth	shlíoc	slíocann
sliochtaigh	lick clean	shliochtaigh	sliochtaíonn
slíom	smooth, polish	shlíom	slíomann
sliop	snatch	shliop	sliopann
slis	beetle, beat	shlis	sliseann
slócht	hoarsen	shlócht	slóchtann
slog	swallow	shlog	slogann
slóg	mobilize	shlóg	slógann
sloinn	tell, state name	shloinn	sloinneann
sluaisteáil	shovel, scoop	shluaisteáil	sluaisteálann
sluaistrigh	earth, mould	shluaistrigh	sluaistríonn
smachtaigh	control, restrain	smachtaigh	smachtaíonn
smailc	gobble, puff	smailc	smailceann
smailc	smack	smailc	smailceann
smálaigh	tarnish, stain	smálaigh	smálaíonn
smaoinigh	**think**	**smaoinigh**	**smaoiníonn**
smeach	flip, flick, gasp	smeach	smeachann
smeadráil	smear, daub	smeadráil	smeadrálann
smear	smear, smudge	smear	smearann
sméid	wink, signal	sméid	sméideann
smid	dress, make-up	smid	smideann
smíocht	smite, wallop	smíocht	smíochtann
smiog	pass out, die	smiog	smiogann
smiot	hit, smite	smiot	smiotann
smíst	pound, cudgel	smíst	smísteann
smol	blight	smol	smolann
smúdáil	smooth, iron	smúdáil	smúdálann
smuigleáil	smuggle	smuigleáil	smuigleálann
smúitigh	becloud, darken	smúitigh	smúitíonn
smúr	sniff	smúr	smúrann
smut	truncate	smut	smutann
snaidhm	knot, entwine	shnaidhm	snaidhmeann
snáith	sip	shnáith	snáitheann
snáithigh	grain	shnáithigh	snáithíonn
snamh	peel	shnamh	snamhann

future tense	verbal noun	verbal adjective	verb type
slatfaidh	slatadh	slata	trácht
slatálfaidh	slatáil	slatáilte	sábháil
sleabhcfaidh	sleabhcadh	sleabhctha	lch 270/3
	shleabhcfadh	shleabhcadh	p. 270/3
sleachtfaidh	sleachtadh	sleachta	trácht
sléachtfaidh	sléachtadh	sléachta	trácht
sleáfaidh	sleá	sleáite	báigh
sleamhnóidh	sleamhnú	sleamhnaithe	socraigh
sliachtfaidh	sliachtadh	sliachta	trácht
slífidh	slí	slite	suigh
slíobfaidh	slíobadh	slíobtha	seas
slíocfaidh	slíocadh	slíoctha	seas
sliochtóidh	sliochtú	sliochtaithe	socraigh
slíomfaidh	slíomadh	slíomtha	seas
sliopfaidh	sliopadh	slioptha	seas
slisfidh	sliseadh	sliste	sín
slóchtfaidh	slóchtadh	slóchta	trácht
slogfaidh	slogadh	slogtha	seas
slógfaidh	slógadh	slógtha	seas
sloinnfidh	sloinneadh	sloinnte	sín
sluaisteálfaidh	sluaisteáil	sluaisteáilte	sábháil
sluaistreoidh	sluaistriú	sluaistrithe	sínigh
smachtóidh	smachtú	smachtaithe	scanraigh
smailcfidh	smailceadh	smailcthe	scaoil
smailcfidh	smailceadh	smailcthe	scaoil
smálóidh	smálú	smálaithe	scanraigh
smaoineoidh	**smaoineamh**	**smaoinithe**	**94**
smeachfaidh	smeachadh	smeachta	scríobh
smeadrálfaidh	smeadráil	smeadráilte	stampáil
smearfaidh	smearadh	smeartha	scríobh
sméidfidh	sméideadh	sméidte	scaoil
smidfidh	smideadh	smidte	scaoil
smíochtfaidh	smíochtadh	smíochta	trácht
smiogfaidh	smiogadh	smiogtha	scríobh
smiotfaidh	smiotadh	smiota	trácht
smístfidh	smísteadh	smíste	tit
smolfaidh	smoladh	smolta	scríobh
smúdálfaidh	smúdáil	smúdáilte	stampáil
smuigleálfaidh	smuigleáil	smuigleáilte	stampáil
smúiteoidh	smúitiú	smúitithe	smaoinigh
smúrfaidh	smúradh	smúrtha	scríobh
smutfaidh	smutadh	smuta	trácht
snaidhmfidh	snaidhmeadh	snaidhmthe	sín
snáithfidh	snáthadh	snáite	caith
snáitheoidh	snáithiú	snáithithe	sínigh
snamhfaidh	snamhadh	snafa	seas

gas/fréamh	Béarla	aimsir chaite	aimsir láithreach
snámh	swim, crawl	shnámh	snámhann
snap	snap, snatch	shnap	snapann
snasaigh	polish, gloss	shnasaigh	snasaíonn
snigeáil	snuff out, die	shnigeáil	snigeálann
snigh	pour down	shnigh	sníonn
sniog	milk dry, drain	shniog	sniogann
sníomh	spin, twist	shníomh	sníomhann
snoigh	cut, hew	shnoigh	snoíonn
socht	become silent	shocht	sochtann
socraigh	**settle, arrange**	**shocraigh**	**socraíonn**
soifnigh	snivel, whine	shoifnigh	soifníonn
sóigh	mutate	shóigh	sónn; sófaidh
soiléirigh	clarify	shoiléirigh	soiléiríonn
soilsigh	shine	shoilsigh	soilsíonn
soinnigh	press, force	shoinnigh	soinníonn
sóinseáil	change	shóinseáil	sóinseálann
soiprigh	nestle, snuggle	shoiprigh	soipríonn
soirbhigh	make easy	shoirbhigh	soirbhíonn
soiscéalaigh	preach gospel	shoiscéalaigh	soiscéalaíonn
sóisialaigh	socialize	shóisialaigh	sóisialaíonn
soladaigh	solidify	sholadaigh	soladaíonn
sólásaigh	console, cheer	shólásaigh	sólásaíonn
soláthair	provide	sholáthair	soláthraíonn
sollúnaigh	solemnize	shollúnaigh	sollúnaíonn
soncáil	thrust, nudge	shoncáil	soncálann
sondáil	sound	shondáil	sondálann
sonn	impale, press	shonn	sonnann
sonraigh	specify, notice	shonraigh	sonraíonn
sop	light with straw	shop	sopann
sorchaigh	light, enlighten	shorchaigh	sorchaíonn
sórtáil	sort	shórtáil	sórtálann
spadhar	enrage	spadhar	spadhrann
spágáil	walk clumsily	spágáil	spágálann
spaill	check, rebuke	spaill	spailleann
spairn	fight, spar	spairn	spairneann
spall	scorch, shrivel	spall	spallann
spallaigh	gallet	spallaigh	spallaíonn
spalp	burst forth	spalp	spalpann
spáráil	spare	spáráil	spárálann
sparr	bar, bolt, secure	sparr	sparrann
spásáil	space	spásáil	spásálann
speach	kick, recoil	speach	speachann
speal	mow, scythe	speal	spealann
spear	spear, pierce	spear	spearann
spéiceáil	knock stiff	spéiceáil	spéiceálann
speir	hamstring	speir	speireann

aimsir fháisteanach	ainm briathartha	aidiacht bhr.	briathar gaolta
snámhfaidh	snámh	snáfa	seas
snapfaidh	snapadh	snaptha	seas
snasóidh	snasú	snasaithe	socraigh
snigeálfaidh	snigeáil	snigeáilte	sábháil
sneoidh	sní	snite	suigh
sniogfaidh	sniogadh	sniogtha	seas
sníomhfaidh	sníomh	sníofa	seas
snoífidh	snoí	snoite	suigh
sochtfaidh	sochtadh	sochta	trácht
socróidh	**socrú**	**socraithe**	**95**
soifneoidh	soifniú	soifnithe	sínigh
sófaidh	só	sóite	dóigh
soiléireoidh	soiléiriú	soiléirithe	sínigh
soilseoidh	soilsiú	soilsithe	sínigh
soinneoidh	soinniú	soinnithe	sínigh
sóinseálfaidh	sóinseáil	sóinseáilte	sábháil
soipreoidh	soipriú	soiprithe	sínigh
soirbheoidh	soirbhiú	soirbhithe	sínigh
soiscéalóidh	soiscéalú	soiscéalaithe	socraigh
sóisialóidh	sóisialú	sóisialaithe	socraigh
soladóidh	soladú	soladaithe	socraigh
sólásóidh	sólású	sólásaithe	socraigh
soláthróidh	soláthar	soláthartha	seachain
sollúnóidh	sollúnú	sollúnaithe	socraigh
soncálfaidh	soncáil	soncáilte	sábháil
sondálfaidh	sondáil	sondáilte	sábháil
sonnfaidh	sonnadh	sonnta	seas
sonróidh	sonrú	sonraithe	socraigh
sopfaidh	sopadh	soptha	seas
sorchóidh	sorchú	sorchaithe	socraigh
sórtálfaidh	sórtáil	sórtáilte	sábháil
spadhrfaidh	spadhradh	spadhartha	lch 270/3
spágálfaidh	spágáil	spágáilte	stampáil
spaillfidh	spailleadh	spaillte	scaoil
spairnfidh	spairneadh	spairnthe	scaoil
spallfaidh	spalladh	spallta	scríobh
spallóidh	spallú	spallaithe	scanraigh
spalpfaidh	spalpadh	spalptha	scríobh
spárálfaidh	spáráil	spáráilte	stampáil
sparrfaidh	sparradh	sparrtha	scríobh
spásálfaidh	spásáil	spásáilte	stampáil
speachfaidh	speachadh	speachta	scríobh
spealfaidh	spealadh	spealta	scríobh
spearfaidh	spearadh	speartha	scríobh
spéiceálfaidh	spéiceáil	spéiceáilte	stampáil
speirfidh	speireadh	speirthe	scaoil

stem/root	English	past tense	present tense
spíceáil	spike, nail	spíceáil	spíceálann
spídigh	revile, slander	spídigh	spídíonn
spíon	tease, comb	spíon	spíonann
spionn	animate, enliven	spionn	spionnann
spíosraigh	spice, flavour	spíosraigh	spíosraíonn
spladhsáil	splice	spladhsáil	spladhsálann
splanc	flash, spark	splanc	splancann
spléach	glance	spléach	spléachann
spleantráil	splinter, chip	spleantráil	spleantrálann
spoch	castrate, geld	spoch	spochann
spól	cut into joints	spól	spólann
spor	spur, incite	spor	sporann
spóraigh	sporulate	spóraigh	spóraíonn
spotáil	spot, locate	spotáil	spotálann
spraeáil	spray	spraeáil	spraeálann
spréach	spark	spréach	spréachann
spreachallaigh	spatter, sprinkle	spreachallaigh	spreachallaíonn
spreag	urge, inspire	spreag	spreagann
spréigh	spread	spréigh	spréann
sprioc	mark out, stake	sprioc	spriocann
spriúch	lash out, kick	spriúch	spriúchann
spruigeáil	sprig, embroider	spruigeáil	spruigeálann
sprúill	crumble	sprúill	sprúilleann
spúinseáil	sponge	spúinseáil	spúinseálann
srac	pull, tear	shrac	sracann
sraithrannaigh	ordinate	shraithrannaigh	sraithrannaíonn
sram	discharge, run	shram	sramann
srann	snore, wheeze	shrann	srannann
sraoill	flog, tear apart	shraoill	sraoilleann
sraon	pull, drag	shraon	sraonann
srathaigh	stratify	shrathaigh	srathaíonn
srathnaigh	spread	shrathnaigh	srathnaíonn
srathraigh	harness	shrathraigh	srathraíonn
sreabh	stream, flow	shreabh	sreabhann
sreang	drag, wrench	shreang	sreangann
sreangaigh	wire	shreangaigh	sreangaíonn
sreangtharraing	wire-draw	shreangtharraing	s.tharraingíonn
srian	bridle, curb	shrian	srianann
sroich	reach	shroich	sroicheann
sroighill = sraoill	scourge	shroighill = shraoill	sroighlíonn
sruthaigh	stream, flow	shruthaigh	sruthaíonn
sruthlaigh	rinse, flush	shruthlaigh	sruthlaíonn
stad	stop, halt, stay	stad	stadann
stáirseáil	starch	stáirseáil	stáirseálann
stáitsigh	stage	stáitsigh	stáitsíonn
stálaigh	season, toughen	stálaigh	stálaíonn

future tense	verbal noun	verbal adjective	verb type
spíceálfaidh	spíceáil	spíceáilte	stampáil
spídeoidh	spídiú	spídithe	smaoinigh
spíonfaidh	spíonadh	spíonta	scríobh
spionnfaidh	spionnadh	spionnta	scríobh
spíosróidh	spíosrú	spíosraithe	scanraigh
spladhsálfaidh	spladhsáil	spladhsáilte	stampáil
splancfaidh	splancadh	splanctha	scríobh
spléachfaidh	spléachadh	spléachta	scríobh
spleantrálfaidh	spleantráil	spleantráilte	stampáil
spochfaidh	spochadh	spochta	scríobh
spólfaidh	spóladh	spólta	scríobh
sporfaidh	sporadh	sportha	scríobh
spóróidh	spórú	spóraithe	scanraigh
spotálfaidh	spotáil	spotáilte	stampáil
spraeálfaidh	spraeáil	spraeáilte	stampáil
spréachfaidh	spréachadh	spréachta	scríobh
spreachallóidh	spreachallú	spreachallaithe	scanraigh
spreagfaidh	spreagadh	spreagtha	scríobh
spréifidh	spré / spréadh	spréite	léigh
spriocfaidh	spriocadh	sprioctha	scríobh
spriúchfaidh	spriúchadh	spriúchta	scríobh
spruigeálfaidh	spruigeáil	spruigeáilte	stampáil
sprúillfidh	sprúilleadh	sprúillte	scaoil
spúinseálfaidh	spúinseáil	spúinseáilte	stampáil
sracfaidh	sracadh	sractha	seas
sraithrannóidh	sraithrannú	sraithrannaithe	socraigh
sramfaidh	sramadh	sramtha	seas
srannfaidh	srannadh	srannta	seas
sraoillfidh	sraoilleadh	sraoillte	sín
sraonfaidh	sraonadh	sraonta	seas
srathóidh	srathú	srathaithe	socraigh
srathnóidh	srathnú	srathnaithe	socraigh
srathróidh	srathrú	srathraithe	socraigh
sreabhfaidh	sreabhadh	sreafa	seas
sreangfaidh	sreangadh	sreangtha	seas
sreangóidh	sreangú	sreangaithe	socraigh
s.tharraingeoidh	sreangtharraingt	s.tharraingthe	tarraing
srianfaidh	srianadh	srianta	seas
sroichfidh	sroicheadh	sroichte	sín
sroighleoidh	sroighleadh	sroigheallta	taitin
sruthóidh	sruthú	sruthaithe	socraigh
sruthlóidh	sruthlú	sruthlaithe	socraigh
stadfaidh	stad	stadta	scríobh
stáirseálfaidh	stáirseáil	stáirseáilte	stampáil
stáitseoidh	stáitsiú	stáitsithe	smaoinigh
stálóidh	stálú	stálaithe	scanraigh

gas/fréamh	Béarla	aimsir chaite	aimsir láithreach
stalc	set, harden	stalc	stalcann
stampáil	**stamp**	**stampáil**	**stampálann**
stán	stare	stán	stánann
stánaigh	tin, coat with t.	stánaigh	stánaíonn
stánáil	beat, trounce	stánáil	stánálann
stang	dowel	stang	stangann
stang	bend, sag	stang	stangann
stánphlátáil	tin-plate	stánphlátáil	stánphlátálann
staon	abstain, desist	staon	staonann
stápláil	staple	stápláil	stáplálann
stéagaigh	season (wood)	stéagaigh	stéagaíonn
steall	splash, pour	steall	steallann
steanc	squirt, splash	steanc	steancann
steiriligh	sterilize	steiriligh	steirilíonn
stiall	strip, slice	stiall	stiallann
stíleáil	style	stíleáil	stíleálann
stíligh	stylize	stíligh	stílíonn
stiúg	expire, perish	stiúg	stiúgann
stiúir	direct, steer	stiúir	stiúrann
stobh	stew	stobh	stobhann
stócáil	stoke	stócáil	stócálann
stóinsigh	make staunch	stóinsigh	stóinsíonn
stoith	pull, uproot	stoith	stoitheann
stoithin	tousle (hair)	stoithin	stoithníonn
stoll	tear, rend	stoll	stollann
stolp	become stodgy	stolp	stolpann
stop	stop, halt, stay	stop	stopann
stóráil	store	stóráil	stórálann
straeáil	go astray	straeáil	straeálann
straidhneáil	strain	straidhneáil	straidhneálann
straidhpeáil	stripe	straidhpeáil	straidhpeálann
strapáil	strap	strapáil	strapálann
streachail	pull, struuggle	streachail	streachlaíonn
stríoc	strike, lower	stríoc	stríocann
stróic	stroke, tear	stróic	stróiceann
stroighnigh	cement	stroighnigh	stroighníonn
stromp	stiffen, harden	stromp	strompann
struipeáil	strip	struipeáil	struipeálann
strustuirsigh	fatigue	strustuirsigh	strustuirsíonn
stuáil	stow, pack	stuáil	stuálann
stuamaigh	calm down	stuamaigh	stuamaíonn
stuc	stook (corn)	stuc	stucann
stumpáil	stump	stumpáil	stumpálann
suaimhnigh	quiet, pacify	shuaimhnigh	suaimhníonn
suaith	mix, knead	shuaith	suaitheann
suaithnigh	indicate	shuaithnigh	suaithníonn

aimsir fháisteanach	ainm briathartha	aidiacht bhr.	briathar gaolta
stalcfaidh	stalcadh	stalctha	scríobh
stampálfaidh	**stampáil**	**stampáilte**	**96**
stánfaidh	stánadh	stánta	scríobh
stánóidh	stánú	stánaithe	scanraigh
stánálfaidh	stánáil	stánáilte	stampáil
stangfaidh	stangadh	stangtha	scríobh
stangfaidh	stangadh	stangtha	scríobh
stánphlátálfaidh	stánphlátáil	stánphlátáilte	stampáil
staonfaidh	staonadh	staonta	scríobh
stáplálfaidh	stápláil	stápláilte	stampáil
stéagóidh	stéagú	stéagaithe	scanraigh
steallfaidh	stealladh	steallta	scríobh
steancfaidh	steancadh	steanctha	scríobh
steirileoidh	steiriliú	steirilithe	smaoinigh
stiallfaidh	stialladh	stiallta	scríobh
stíleálfaidh	stíleáil	stíleáilte	stampáil
stíleoidh	stíliú	stílithe	smaoinigh
stiúgfaidh	stiúgadh	stiúgtha	scríobh
stiúrfaidh	stiúradh	stiúrtha	siúil + scríobh
stobhfaidh	stobhadh	stofa	scríobh
stócálfaidh	stócáil	stócáilte	stampáil
stóinseoidh	stóinsiú	stóinsithe	smaoinigh
stoithfidh	stoitheadh	stoite	caith + scaoil
stoithneoidh	stoithneadh	stoithinte	taitin
stollfaidh	stolladh	stollta	scríobh
stolpfaidh	stolpadh	stolptha	scríobh
stopfaidh	stopadh	stoptha	scríobh
stórálfaidh	stóráil	stóráilte	stampáil
straeálfaidh	straeáil	straeáilte	stampáil
straidhneálfaidh	straidhneáil	straidhneáilte	stampáil
straidhpeálfaidh	straidhpeáil	straidhpeáilte	stampáil
strapálfaidh	strapáil	strapáilte	stampáil
streachlóidh	streachailt	streachailte	seachain
stríocfaidh	stríocadh	stríoctha	scríobh
stróicfidh	stróiceadh	stróicthe	scaoil
stroighneoidh	stroighniú	stroighnithe	smaoinigh
strompfaidh	strompadh	stromptha	scríobh
struipeálfaidh	struipeáil	struipeáilte	stampáil
strustuirseoidh	strustuirsiú	strustuirsithe	smaoinigh
stuálfaidh	stuáil	stuáilte	scaoil
stuamóidh	stuamú	stuamaithe	scanraigh
stucfaidh	stucadh	stuctha	scríobh
stumpálfaidh	stumpáil	stumpáilte	stampáil
suaimhneoidh	suaimhniú	suaimhnithe	sínigh
suaithfidh	suaitheadh	suaite	caith + seas
suaithneoidh	suaithniú	suaithnithe	sínigh

stem/root	English	past tense	present tense
suanbhruith	simmer	shuanbhruith	suanbhruitheann
suaraigh	demean	shuaraigh	suaraíonn
subhaigh	rejoice	shubhaigh	subhaíonn
substain	subsist	shubstain	substaineann
súigh	absorb, suck	shúigh	súnn
suigh	**sit**	**shuigh**	**suíonn**
suimeáil	integrate	shuimeáil	suimeálann
suimigh	add (figures)	shuimigh	suimíonn
suimintigh	cement	shuimintigh	suimintíonn
súisteáil	flail, thrash	shúisteáil	súisteálann
suiteáil	instal	shuiteáil	suiteálann
sulfáitigh	sulphate	shulfáitigh	sulfáitíonn
suncáil	sink, invest	shuncáil	suncálann
súraic	suck (down)	shúraic	súraicíonn
tabhaigh	earn, desrve	thabhaigh	tabhaíonn
tabhair	**give**	**thug**	**tugann**
táblaigh	tabulate, table	tháblaigh	táblaíonn
tacaigh	support, back	thacaigh	tacaíonn
tacair	glean, gather	thacair	tacraíonn
tacht	choke, strangle	thacht	tachtann
tácláil	tackle	thácláil	táclálann
tacmhaing	reach, extend	thacmhaing	tacmhaingeann
tadhaill	contact, touch	thadhaill	tadhlaíonn
tafainn	bark	thafainn	taifneann
tagair	**refer, allude**	**thagair**	**tagraíonn**
taibhrigh	dream, show	thaibhrigh	taibhríonn
taibhsigh	loom, appear	thaibhsigh	taibhsíonn
taifead	record	thaifead	taifeadann
taifigh see taithmhigh	analyse	thaifigh see thaithmhigh	taifíonn
taighd	poke, probe	thaighd	taighdeann
táinsigh	reproach	tháinsigh	táinsíonn
táir	demean	tháir	táireann
tairbhigh	benefit, profit	thairbhigh	tairbhíonn
tairg	offer, attempt	thairg	tairgeann
táirg	produce	tháirg	táirgeann
tairis	stop, stay	thairis	tairiseann
tairisnigh	trust, rely on	thairisnigh	tairisníonn
tairneáil	nail	thairneáil	tairneálann
tairngir	foretell, promise	thairngir	tairngríonn
taisc	lay up, store	thaisc	taisceann
taiscéal	explore	thaiscéal	taiscéalann
taisealbh	assign, ascribe	thaisealbh	taisealbhann
taisligh	deliquesce	thaisligh	taislíonn
taispeáin	**show**	**thaispeáin**	**taispeánann**
taisrigh	damp, moisten	thaisrigh	taisríonn

future tense	verbal noun	verbal adjective	verb type
suanbhruithfidh	suanbhruith	suanbhruite	caith + seas
suaróidh	suarú	suaraithe	socraigh
subhóidh	subhú	subhaithe	socraigh
substainfidh	substaineadh	substainte	sín
súfaidh	sú	súite	brúigh
suífidh	**suí**	**suite**	**97**
suimeálfaidh	suimeáil	suimeáilte	sábháil
suimeoidh	suimiú	suimithe	sínigh
suiminteoidh	suimintiú	suimintithe	sínigh
súisteálfaidh	súisteáil	súisteáilte	sábháil
suiteálfaidh	suiteáil	suiteáilte	sábháil
sulfáiteoidh	sulfáitiú	sulfáitithe	sínigh
suncálfaidh	suncáil	suncáilte	sábháil
súraiceoidh	súrac	súraicthe	tarraing p 270/3
tabhóidh	tabhú	tabhaithe	triomaigh
tabharfaidh	**tabhairt**	**tugtha**	**98**
táblóidh	táblú	táblaithe	triomaigh
tacóidh	tacú	tacaithe	triomaigh
tacróidh	tacar	tacartha	tagair
tachtfaidh	tachtadh	tachta	trácht
táclálfaidh	tácláil	tácláilte	pacáil
tacmhaingfidh	tacmhang	tacmhaingthe	tuig
tadhlóidh	tadhall	tadhalta	tagair
taifnfidh	tafann	tafannta	lch 423
tagróidh	**tagairt**	**tagartha**	**99**
taibhreoidh	taibhreamh	taibhrithe	tuirsigh
taibhseoidh	taibhsiú	taibhsithe	tuirsigh
taifeadfaidh	taifeadadh	taifeadta	teann
taifeoidh	taifiú	taifithe	tuirsigh
taighdfidh	taighde	taighdte	tuig
táinseoidh	táinseamh	táinsithe	tuirsigh
táirfidh	táireadh	táirthe	tuig
tairbheoidh	tairbhiú	tairbhigh	tuirsigh
tairgfidh	tairiscint	tairgthe	tuig
táirgfidh	táirgeadh	táirgthe	tuig
tairisfidh	tairiseamh	tairiste	bris
tairisneoidh	tairisniú	tairisnithe	tuirsigh
tairneálfaidh	tairneáil	tairneáilte	pacáil
tairngreoidh	tairngreacht	tairngirthe	taitin
taiscfidh	taisceadh	taiscthe	tuig
taiscéalfaidh	taiscéaladh	taiscéalta	teann
taisealbhfaidh	taisealbhadh	taisealfa	teann
taisleoidh	taisliú	taislithe	tuirsigh
taispeánfaidh	**taispeáint**	**taispeánta**	**100**
taisreoidh	taisriú	taisrithe	tuirsigh

taistil	*travel*	**thaistil**	**taistealaíonn**
taithigh	*frequent*	thaithigh	taithíonn
taithmhigh	*dissolve, annul*	thaithmhigh	taithmhíonn
taitin	*shine*	**thaitin**	**taitníonn**
tál	*yield milk*	thál	tálann
tall	*take away, lop*	thall	tallann
talmhaigh	*dig (oneself) in*	thalmhaigh	talmhaíonn
támáil	*make sluggish*	thámáil	támálann
tamhain	*truncate*	thamhain	tamhnaíonn
tanaigh	*thin, dilute*	thanaigh	tanaíonn
taobhaigh	*approach, trust*	thaobhaigh	taobhaíonn
taobhrian	*offset*	thaobhrian	taobhrianann
taom	*pour off, bail*	thaom	taomann
taosaigh	*paste*	thaosaigh	taosaíonn
taosc	*bail, pump out*	thaosc	taoscann
tapaigh	*quicken, grasp*	thapaigh	tapaíonn
tapáil	*tap*	thapáil	tapálann
tar	*come*	**tháinig**	**tagann (tig)**
tarathraigh	*bore with auger*	tharathraigh	tarathraíonn
tarcaisnigh	*scorn, affront*	tharcaisnigh	tarcaisníonn
tarchéimnigh	*transcend*	tharchéimnigh	tarchéimníonn
tarchuir	*remit, refer*	tharchuir	tarchuireann
tarfhuaigh	*overcast*	tharfhuaigh	tarfhuann
tarlaigh	*happen, occur*	tharlaigh	tarlaíonn
tarlaigh	*haul, garner*	tharlaigh	tarlaíonn
tarráil	*tar*	tharráil	tarrálann
tarraing	*pull, draw*	**tharraing**	**tarraingíonn**
tarramhacadamaigh	*tarmacadam*	tharramhacadamaigh	tarramhacadamaíonn
tarrtháil	*rescue, deliver*	tharrtháil	tarrthálann
tarscaoil	*waive*	tharscaoil	tarscaoileann
tástáil	*taste, sample*	thástáil	tástálann
táthaigh	*weld, unite*	tháthaigh	táthaíonn
tathantaigh	*urge, incite*	thathantaigh	tathantaíonn
tathaoir	*find fault with*	thathaoir	tathaoireann
tatuáil	*tattoo*	thatuáil	tatuálann
teacht	*hold, enjoy*	theacht	teachtann
téacht	*freeze, congeal*	théacht	téachtann
teagasc	*teach, instruct*	theagasc	teagascann
teaglamaigh	*collect, combine*	theaglamaigh	teaglamaíonn
teagmhaigh	*chance, meet*	theagmhaigh	teagmhaíonn
téaltaigh	*creep, slink*	théaltaigh	téaltaíonn
teangaigh	*tongue*	theangaigh	teangaíonn
teanglaigh	*joggle*	theanglaigh	teanglaíonn
teann	*tighten*	**theann**	**teannann**
teanntaigh	*hem in, corner*	theanntaigh	teanntaíonn
tearcaigh	*decrease*	thearcaigh	tearcaíonn

aimsir fháisteanach	ainm briathartha	aidiacht bhr.	briathar gaolta
taistealóidh	**taisteal**	**taistealta**	**101**
taitheoidh	taithiú	taithithe	tuirsigh
taithmheoidh	taithmheach	taithmhithe	tuirsigh
taitneoidh	**taitneamh**	**taitnithe**	**102**
tálfaidh	tál	tálta	teann
tallfaidh	talladh	tallta	teann
talmhóidh	talmhú	talmhaithe	triomaigh
támálfaidh	támáil	támáilte	pacáil
tamhnóidh	tamhnamh	tamhanta	tagair
tanóidh	tanú	tanaithe	triomaigh
taobhóidh	taobhú	taobhaithe	triomaigh
taobhrianfaidh	taobhrianadh	taobhrianta	teann
taomfaidh	taomadh	taomtha	teann
taosóidh	taosú	taosaithe	triomaigh
taoscfaidh	taoscadh	taosctha	teann
tapóidh	tapú	tapaithe	triomaigh
tapálfaidh	tapáil	tapáilte	pacáil
tiocfaidh	**teacht /theacht**	**tagtha**	**103**
tarathróidh	tarathrú	tarathraithe	triomaigh
tarcaisneoidh	tarcaisniú	tarcaisnithe	tuirsigh
tarchéimneoidh	tarchéimniú	tarchéimnithe	tuirsigh
tarchuirfidh	tarchur	tarchurtha	cuir
tarfhuafaidh	tarfhuáil	tarfhuaite	fuaigh
tarlóidh	tarlú	tarlaithe	triomaigh
tarlóidh	tarlú	tarlaithe	triomaigh
tarrálfaidh	tarráil	tarráilte	pacáil
tarraingeoidh	**tarraingt**	**tarraingthe**	**104**
tarramhacadamóidh	tarramhacadamú	tarramhacadamaithe	triomaigh
tarrthálfaidh	tarrtháil	tarrtháilte	pacáil
tarscaoilfidh	tarscaoileadh	tarscaoilte	scaoil
tástálfaidh	tástáil	tástáilte	pacáil
táthóidh	táthú	táthaithe	triomaigh
tathantóidh	tathantú	tathantaithe	triomaigh
tathaoirfidh	tathaoir	tathaoirthe	tuig
tatuálfaidh	tatuáil	tatuáilte	pacáil
teachtfaidh	teachtadh	teachta	trácht
téachtfaidh	téachtadh	téachta	trácht
teagascfaidh	teagasc	teagasctha	teann
teaglamóidh	teaglamú	teaglamaithe	triomaigh
teagmhóidh	teagmháil	teagmhaithe	triomaigh
téaltóidh	téaltú	téaltaithe	triomaigh
teangóidh	teangú	teangaithe	triomaigh
teanglóidh	teanglú	teanglaithe	triomaigh
teannfaidh	**teannadh**	**teannta**	**105**
teanntóidh	teanntú	teanntaithe	triomaigh
tearcóidh	tearcú	tearcaithe	triomaigh

stem/root	English	past tense	present tense
tearmannaigh	*harbour*	thearmannaigh	tearmannaíonn
téarnaigh	*come out of*	théarnaigh	téarnaíonn
teasairg	*save, rescue*	theasairg	teasargann
teasc	*cut off, lop*	theasc	teascann
teasdíon	*insulate*	theasdíon	teasdíonann
teastaigh	*want, need*	theastaigh	teastaíonn
teibigh	*abstract*	theibigh	teibíonn
téigh	**go**	**chuaigh**	**téann**
téigh	*heat, warm*	théigh	téann
teilg	*throw, cast*	theilg	teilgeann
teilifísigh	*televise*	theilifísigh	teilifísíonn
teimhligh	*darken, stain*	theimhligh	teimhlíonn
teinn	*cut, break open*	theinn	teinneann
teip	*fail*	theip	teipeann
teisteáil	*test*	theisteáil	teisteálann
teistigh	*depose*	theistigh	teistíonn
teith	*run away, flee*	theith	teitheann
teorannaigh	*delimit, limit*	theorannaigh	teorannaíonn
tíáil	*tee (golf)*	thíáil	tíálann
tiarnaigh	*rule, dominate*	thiarnaigh	tiarnaíonn
tibh	*touch, laugh*	thibh	tibheann
ticeáil	*tick, tick off*	thiceáil	ticeálann
til	*control, rule*	thil	tileann
timpeallaigh	*go round, belt*	thimpeallaigh	timpeallaíonn
timpeallghearr	*circumcise*	thimpeallghearr	t.ghearrann
tinneasnaigh	*hurry, urge on*	thinneasnaigh	tinneasnaíonn
tinnigh	*make sore*	thinnigh	tinníonn
tíolaic	*bestow, dedicate*	thíolaic	tíolacann
tiomáin	**drive**	**thiomáin**	**tiomáineann**
tiomain	*swear*	thiomain	tiomnann
tiomairg	*bring together*	thiomairg	tiomargann
tiomnaigh	*bequeath*	thiomnaigh	tiomnaíonn
tiompáil	*thump, butt*	thiompáil	tiompálann
tiomsaigh	*accumulate*	thiomsaigh	tiomsaíonn
tionlaic	*accompany*	thionlaic	tionlacann
tionnabhair	*fall asleep*	thionnabhair	tionnabhraíonn
tionóil	*collect, covene*	thionóil	tionólann
tionscain	*begin, initiate*	thionscain	tionscnaíonn
tionsclaigh	*industrialize*	thionsclaigh	tionsclaíonn
tiontaigh	*turn, convert*	thiontaigh	tiontaíonn
tíopáil	*(determine) type*	thíopáil	tíopálann
tíor	*dry up, parch*	thíor	tíorann
tirimghlan	*dry-clean*	thirimghlan	tirimghlanann
tit	**fall**	**thit**	**titeann**
tiubhaigh	*thicken*	thiubhaigh	tiubhaíonn
tiúin	*tune*	thiúin	tiúnann

future tense	verbal noun	verbal adjective	verb type
tearmannóidh	tearmannú	tearmannaithe	triomaigh
téarnóidh	téarnamh	téarnaithe	triomaigh
teasargfaidh	teasargan	teasargtha	siúil
teascfaidh	teascadh	teasctha	teann
teasdíonfaidh	teasdíonadh	teasdíonta	teann
teastóidh	teastáil	teastaithe	triomaigh
teibeoidh	teibiú	teibithe	tuirsigh
rachaidh	**dul (dhul/ghoil)**	**dulta**	**106**
téifidh	téamh	téite	léigh
teilgfidh	teilgean	teilgthe	tuig
teilifíseoidh	teilifísiú	teilifísithe	tuirsigh
teimhleoidh	teimhliú	teimhlithe	tuirsigh
teinnfidh	teinm	teinnte	tuig
teipfidh	teip	teipthe	tuig
teisteálfaidh	teisteáil	teisteáilte	pacáil
teisteoidh	teistiú	teistithe	tuirsigh
teithfidh	teitheadh	teite	caith
teorannóidh	teorannú	teorannaithe	triomaigh
tíálfaidh	tíáil	tíáilte	pacáil
tiarnóidh	tiarnú	tiarnaithe	triomaigh
tibhfidh	tibheadh	tife	tuig
ticeálfaidh	ticeáil	ticeáilte	pacáil
tilfidh	tileadh	tilte	tuig
timpeallóidh	timpeallú	timpeallaithe	triomaigh
t.ghearrfaidh	t.ghearradh	t.ghearrtha	teann
tinneasnóidh	tinneasnú	tinneasnaithe	triomaigh
tinneoidh	tinniú	tinnithe	tuirsigh
tíolacfaidh	tíolacadh	tíolactha	siúil
tiomáinfidh	**tiomáint**	**tiomáinte**	**107**
tiomnfaidh	tiomaint	tiomanta	= tiomnaigh
tiomargfaidh	tiomargadh	tiomargtha	siúil
tiomnóidh	tiomnú	tiomnaithe	triomaigh
tiompálfaidh	tiompáil	tiompáilte	pacáil
tiomsóidh	tiomsú	tiomsaithe	triomaigh, iompaigh
tionlacfaidh	tionlacan	tionlactha	siúil
tionnabhróidh	tionnabhradh	tionnabhartha	tagair
tionólfaidh	tionól	tionólta	siúil
tionscnóidh	tionscnamh	tionscanta	tagair
tionsclóidh	tionsclú	tionsclaithe	triomaigh
tiontóidh	tiontú	tiontaithe	triomaigh
tíopálfaidh	tíopáil	tíopáilte	pacáil
tíorfaidh	tíoradh	tíortha	teann
tirimghlanfaidh	tirimghlanadh	tirimghlanta	teann + glan
titfidh	**titim**	**tite**	**108**
tiubhóidh	tiubhú	tiubhaithe	triomaigh
tiúnfaidh	tiúnadh	tiúnta	siúil

gas/fréamh	Béarla	aimsir chaite	aimsir láithreach
tláthaigh	*allay, appease*	thláthaigh	tláthaíonn
tlúáil	*ripple (flax)*	thlúáil	tlúálann
tnáith	*weary, exhaust*	thnáith	tnáitheann
tnúth	*envy*	thnúth	tnúthann
tóch	*dig, root*	thóch	tóchann
tochail	*dig, excavate*	thochail	tochlaíonn
tochais	*scratch*	thochais	tochasann
tochrais	*wind thread*	thochrais	tochrasann
tochsail	*distrain*	thochsail	tochslaíonn
tóg, tóig *C*	***lift, rear, take***	**thóg**	**tógann**
togair	*desire, choose*	thogair	tograíonn
togh	*choose, select*	thogh	toghann
toghail	*sack, destroy*	thoghail	toghlann
toghair	*summon*	thoghair	toghaireann
toghluais	*move, abort*	thoghluais	toghluaiseann
toibhigh	*levy, collect*	thoibhigh	toibhíonn
toiligh	*agree, consent*	thoiligh	toilíonn
toill	*fit, find room*	thoill	toilleann
toimhdigh	*think, presume*	thoimhdigh	toimhdíonn
toirbhir	*deliver, present*	thoirbhir	toirbhríonn
toirchigh	*make pregnant*	thoirchigh	toirchíonn
toirmisc	*prohibit, forbid*	thoirmisc	toirmisceann
/ toirmeascaigh		/ thoirmeascaigh	/ toirmeascaíonn
toitrigh	*fumigate*	thoitrigh	toitríonn
tolg	*attack, thrust*	tholg	tolgann
toll	*bore, pierce*	tholl	tollann
tomhaidhm	*erupt*	thomhaidhm	tomhadhmann
tomhail	*eat, consume*	thomhail	tomhlaíonn
tomhais	*measure, guess*	thomhais	tomhaiseann
tonach	*wash* (the dead)	thonach	tonachann
tonaigh	*tone*	thonaigh	tonaíonn
tonn	*billow, gush*	thonn	tonnann
tonnchrith	*vibrate, quiver*	thonnchrith	tonnchritheann
tóraigh	*pursue, track*	thóraigh	tóraíonn
torchair	*fall, lay low*	thorchair	torchrann
tornáil	*tack, zig-zag*	thornáil	tornálann
tórraigh	*wake* (dead)	thórraigh	tórraíonn
torthaigh	*fruit, fructify*	thorthaigh	torthaíonn
tosaigh, toisigh *U*	***begin, start***	**thosaigh**	**tosaíonn**
tosáil	*toss*	thosáil	tosálann
tost	*become silent*	thost	tostann
/ tostaigh		/ thostaigh	/ tostaíonn
tóstáil	*toast*	thóstáil	tóstálann
tothlaigh	*desire, crave*	thothlaigh	tothlaíonn
trácht	***mention***	**thrácht**	**tráchtann**
trácht	*journey, travel*	thrácht	tráchtann

aimsir fháisteanach	ainm briathartha	aidiacht bhr.	briathar gaolta
tláthóidh	tláthú	tláthaithe	triomaigh
tlúálfaidh	tlúáil	tlúáilte	pacáil
tnáithfidh	tnáitheadh	tnáite	caith
tnúthfaidh	tnúth	tnúite	trácht
tóchfaidh	tóchadh	tóchta	teann
tochlóidh	tochailt	tochailte	tagair
tochasfaidh	tochas	tochasta	siúil
tochrasfaidh	tochras	tochrasta	siúil
tochslóidh	tochsal	tochsalta	tagair
tógfaidh	**tógáil**	**tógtha**	**109**
togróidh	togradh	togartha	tagair
toghfaidh	toghadh	tofa	teann
toghlfaidh	toghail	toghailte	lch 423
toghairfidh	toghairm	toghairthe	tuig
toghluaisfidh	toghluasacht	toghluaiste	tuig
toibheoidh	tobhach	toibhithe	tuirsigh
toileoidh	toiliú	toilithe	tuirsigh
toillfidh	toilleadh	toillte	tuig
toimhdeoidh	toimhdiú	toimhdithe	tuirsigh
toirbhreoidh	toirbhirt	toirbhearta	taitin
toircheoidh	toirchiú	toirchithe	tuirsigh
toirmiscfidh	toirmeasc	toirmiscthe	tuig
/ toirmeascóidh	/ toirmeascú	/ toirmeascaithe	/ triomaigh
toitreoidh	toitriú	toitrithe	tuirsigh
tolgfaidh	tolgadh	tolgtha	teann
tollfaidh	tolladh	tollta	teann
tomhadhmfaidh	tomhadhmadh	tomhadhmtha	siúil
tomhlóidh	tomhailt	tomhailte	tagair
tomhaisfidh	tomhas	tomhaiste	tuig
tonachfaidh	tonachadh	tonachta	teann
tonóidh	tonú	tonaithe	triomaigh
tonnfaidh	tonnadh	tonnta	teann
tonnchrithfidh	tonnchrith	tonnchrite	caith
tóróidh	tóraíocht	tóraithe	triomaigh
torchrfaidh	torchradh	torchartha	lch 270/3
tornálfaidh	tornáil	tornáilte	pacáil
tórróidh	tórramh	tórraithe	triomaigh
torthóidh	torthú	torthaithe	triomaigh
tosóidh	**tosú (toiseacht)**	**tosaithe**	**110**
tosálfaidh	tosáil	tosáilte	pacáil
tostfaidh	tostadh	tosta	trácht
/ tostóidh	/ tostú	/ tostaithe	/ triomaigh
tóstálfaidh	tóstáil	tóstáilte	pacáil
tothlóidh	tothlú	tothlaithe	triomaigh
tráchtfaidh	**trácht**	**tráchta**	**111**
tráchtfaidh	trácht	tráchta	trácht

stem/root	English	past tense	present tense
traenáil	*train*	thraenáil	traenálann
tráigh	*ebb, subside*	thráigh	tránn
trampáil	*tramp*	thrampáil	trampálann
traoch	*subdue, exhaust*	thraoch	traochann
traoith	*abate, subside*	thraoith	traoitheann
traost	*lay low*	thraost	traostann
trasnaigh	*cross, traverse*	thrasnaigh	trasnaíonn
trasuigh	*transpose*	thrasuigh	trasuíonn
trátháil	*exploit*	thrátháil	tráthálann
treabh	*plough*	threabh	treabhann
treaghd	*pierce, wound*	threaghd	treaghdann
treáigh	*penetrate*	threáigh	treánn
trealmhaigh	*fit out, equip*	threalmhaigh	trealmhaíonn
treamhnaigh	*curdle*	threamhnaigh	treamhnaíonn
treapáin	*trepan*	threapáin	treapánann
treascair	*overthrow*	threascair	treascraíonn
tréaslaigh	*congratulate*	thréaslaigh	tréaslaíonn
trébhliantaigh	*perennate*	thrébhliantaigh	trébhliantaíonn
tréghalaigh	*transpire*	thréghalaigh	tréghalaíonn
tréig	*abandon*	thréig	tréigeann
treisigh	*reinforce*	threisigh	treisíonn
tréithrigh	*characterize*	thréithrigh	tréithríonn
treoraigh	*guide, direct*	threoraigh	treoraíonn
treoráil	*sight* Artill.	threoráil	treorálann
treoshuigh	*orientate*	threoshuigh	treoshuíonn
tréthál	*transude*	thréthál	tréthálann
triail	*try, test*	thriail	triaileann
/ triáil		/ thriáil	/ triálann
triall	*journey, travel*	thriall	triallann
triantánaigh	*triangulate*	thriantánaigh	triantánaíonn
trilsigh	*braid, sparkle*	thrilsigh	trilsíonn
trinseáil	*trench, bury*	thrinseáil	trinseálann
triomaigh	*dry*	**thriomaigh**	**triomaíonn**
triosc	*interrupt*	thriosc	trioscann
tríroinn	*trisect*	thríroinn	tríroinneann
trochlaigh	*decay, profane*	throchlaigh	trochlaíonn
/ trochail		/ throchail	/ trochlaíonn
troid	*fight, quarrel*	throid	troideann
troisc	*fast, abstain*	throisc	troisceann
tromaigh	*become heavier*	thromaigh	tromaíonn
truaigh	*make lean*	thruaigh	truann
truailligh	*corrupt, pollute*	thruailligh	truaillíonn
truaillmheasc	*adulterate*	thruaillmheasc	truaillmheascann
truipeáil	*trip, kick*	thruipeáil	truipeálann
truncáil	*pack, throng*	thruncáil	truncálann
trusáil	*truss, tuck*	thrusáil	trusálann

future tense	verbal noun	verbal adjective	verb type
traenálfaidh	traenáil	traenáilte	pacáil
tráfaidh	trá	tráite	báigh
trampálfaidh	trampáil	trampáilte	pacáil
traochfaidh	traochadh	traochta	teann
traoithfidh	traoitheadh	traoite	caith
traostfaidh	traostadh	traosta	trácht
trasnóidh	trasnú	trasnaithe	triomaigh
trasuífidh	trasuí	trasuite	suigh
tráthálfaidh	trátháil	trátháilte	pacáil
treabhfaidh	treabhadh	treafa	teann
treaghdfaidh	treaghdadh	treaghdta	teann
treáfaidh	treá	treáite	báigh
trealmhóidh	trealmhú	trealmhaithe	triomaigh
treamhnóidh	treamhnú	treamhnaithe	triomaigh
treapánfaidh	treapánadh	treapánta	taispeáin
treascróidh	treascairt	treascartha	tagair
tréaslóidh	tréaslú	tréaslaithe	triomaigh
trébhliantóidh	trébhliantú	trébhliantaithe	triomaigh
tréghalóidh	tréghalú	tréghalaithe	triomaigh
tréigfidh	tréigean, - tréigbheáil	tréigthe	tuig
treiseoidh	treisiú	treisithe	tuirsigh
tréithreoidh	tréithriú	tréithrithe	tuirsigh
treoróidh	treorú	treoraithe	triomaigh
treorálfaidh	treoráil	treoráilte	pacáil
treoshuífidh	treoshuí	treoshuite	suigh
tréthálfaidh	tréthál	tréthálta	teann
triailfidh	triail	triailte	tuig
/ triálfaidh	/ triáil	/ triáilte	/ pacáil
triallfaidh	triall	triallta	teann
triantánóidh	triantánú	triantánaithe	triomaigh
trilseoidh	trilsiú	trilsithe	tuirsigh
trinseálfaidh	trinseáil	trinseáilte	pacáil
triomóidh	**triomú**	**triomaithe**	**112**
trioscfaidh	triosc	trioscta	teann
tríroinnfidh	tríroinnt	tríroinnte	tuig + roinn
trochlóidh	trochlú	trochlaithe	triomaigh
/ trochlóidh	/ trochailt	/ trochailte	/ tagair
troidfidh	troid	troidte	tuig
troiscfidh	troscadh	troiscthe	tuig
tromóidh	tromú	tromaithe	triomaigh
truafaidh	trua	truaite	fuaigh
truailleoidh	truailliú	truaillithe	tuirsigh
truaillmheascfaidh	truaillmheascadh	truaillmheasctha	teann
truipeálfaidh	truipeáil	truipeáilte	pacáil
truncálfaidh	truncáil	truncáilte	pacáil
trusálfaidh	trusáil	trusáilte	pacáil

gas/fréamh	Béarla	aimsir chaite	aimsir láithreach
trust	*trust*	thrust	trustann
tuaigh	*chop (with axe)*	thuaigh	tuann
tuairimigh	*conjecture*	thuairimigh	tuairimíonn
tuairiscigh	*report*	thuairiscigh	tuairiscíonn
tuairteáil	*pound, thump*	thuairteáil	tuairteálann
tuar	*augur, forbode*	thuar	tuarann
tuar	*bleach, whiten*	thuar	tuarann
tuargain	*pound, batter*	thuargain	tuairgníonn
tuaslaig	*solve, dissolve*	thuaslaig	tuaslagann
tuasláitigh	*solvate*	thuasláitigh	tuasláitíonn
tuathaigh	*laicize*	thuathaigh	tuathaíonn
tubh	*touch, accuse*	thubh	tubhann
tuig	***understand***	**thuig**	**tuigeann**
tuil	*flood, flow*	thuil	tuileann
tuil	*fall asleep*	thuil	tuileann
tuill	*earn, deserve*	thuill	tuilleann
tuilsoilsigh	*floodlight*	thuilsoilsigh	tuilsoilsíonn
tuirling	*descend, alight*	thuirling	tuirlingíonn
tuirsigh	***tire, fatigue***	**thuirsigh**	**tuirsíonn**
túisigh	*incense* church	thúisigh	túisíonn
tuisligh	*stumble, trip*	thuisligh	tuislíonn
tuismigh	*beget, engender*	thuismigh	tuismíonn
tum	*dive, immerse*	thum	tumann
túschan	*intone*	thúschan	túschanann
uachtaigh	*will, bequeath*	d'uachtaigh	uachtaíonn
uaim	*join together*	d'uaim	uamann
uaisligh	*ennoble, exalt*	d'uaisligh	uaislíonn
ualaigh	*load, burden*	d'ualaigh	ualaíonn
uamhnaigh	*frighten*	d'uamhnaigh	uamhnaíonn
uaschéimnigh	*step up*	d'uaschéimnigh	uaschéimníonn
uathaigh	*lessen*	d'uathaigh	uathaíonn
uathfhuaimnigh	*cipher* organ	d'uathfhuaimnigh	uathfhuaimníonn
ubhsceith	*ovulate*	d'ubhsceith	ubhsceitheann
úc	*full, tuck*	d'úc	úcann
uchtaigh	*adopt*	d'uchtaigh	uchtaíonn
údaraigh	*authorize*	d'údaraigh	údaraíonn
úim	*harness*	d'úim	úmann
uimhrigh	*number*	d'uimhrigh	uimhríonn
uirísligh	*humble, abase*	d'uirísligh	uiríslíonn
uiscigh	*water, irrigate*	d'uiscigh	uiscíonn
ullmhaigh	***prepare***	**d'ullmhaigh**	**ullmhaíonn**
umhlaigh	*humble, submit*	d'umhlaigh	umhlaíonn
ung	*annoint*	d'ung	ungann
uraigh	*eclipse*	d'uraigh	úraíonn

aimsir fháisteanach	ainm briathartha	aidiacht bhr.	briathar gaolta
trustfaidh	trustadh	trusta	trácht
tuafaidh	tua	tuaite	fuaigh
tuairimeoidh	tuairimiú	tuairimithe	tuirsigh
tuairisceoidh	tuairisciú	tuairiscithe	tuirsigh
tuairteálfaidh	tuairteáil	tuairteáilte	pacáil
tuarfaidh	tuar	tuartha	teann
tuarfaidh	tuar	tuartha	teann
tuairgneoidh	tuargaint	tuargainte	taitin
tuaslagfaidh	tuaslagadh	tuaslagtha	siúil
tuasláiteoidh	tuasláitiú	tuasláitithe	tuirsigh
tuathóidh	tuathú	tuathaithe	triomaigh
tubhfaidh	tubha, tubhadh	tufa	teann
tuigfidh	**tuiscint**	**tuigthe**	**113**
	tuigbheáil *U*		
tuilfidh	tuile, tuileadh	tuilte	tuig
tuilfidh	tuileadh	tuilte	tuig
tuillfidh	tuilleamh	tuillte	tuig
tuilsoilseoidh	tuilsoilsiú	tuilsoilsithe	tuirsigh
tuirlingeoidh	tuirlingt	tuirlingthe	tarraing
tuirseoidh	**tuirsiú**	**tuirsithe**	**114**
túiseoidh	túisiú	túisithe	tuirsigh
tuisleoidh	tuisliú	tuislithe	tuirsigh
tuismeoidh	tuismiú	tuismithe	tuirsigh
tumfaidh	tumadh	tumtha	teann
túschanfaidh	túschanadh	túschanta	teann
uachtóidh	uachtú	uachtaithe	ullmhaigh
uamfaidh	uamadh	uamtha	siúil + ól
uaisleoidh	uaisliú	uaislithe	éirigh
ualóidh	ualú	ualaithe	ullmhaigh
uamhnóidh	uamhnú	uamhnaithe	ullmhaigh
uaschéimneoidh	uaschéimniú	uaschéimnithe	éirigh
uathóidh	uathú	uathaithe	ullmhaigh
uathfhuaimneoidh	uathfhuaimniú	uathfhuaimnithe	éirigh
ubhsceithfidh	ubhsceitheadh	ubhsceite	caith + ól
úcfaidh	úcadh	úctha	ól
uchtóidh	uchtú	uchtaithe	ullmhaigh
údaróidh	údarú	údaraithe	ullmhaigh
úmfaidh	úmadh	úmtha	siúil + ól
uimhreoidh	uimhriú	uimhrithe	éirigh
uirísleoidh	uirísliú	uiríslithe	éirigh
uisceoidh	uisciú	uiscithe	éirigh
ullmhóidh	**ullmhú**	**ullmhaithe**	**115**
umhlóidh	umhlú	umhlaithe	ullmhaigh
ungfaidh	ungadh	ungtha	ól
uróidh	urú	uraithe	ullmhaigh

stem/root	English	past tense	present tense
uraigh	*freshen*	d'uraigh	úraíonn
urbhac	*estop*	d'urbhac	urbhacann
urbhearnaigh	*breach, impair*	d'urbhearnaigh	urbhearnaíonn
/ urbhearn		/ d'urbhearn	/ urbhearnann
urbhruith	*decot*	d'urbhruith	urbhruitheann
urchoill	*inhibit*	d'urchoill	urchoilleann
urchoisc	*bar* jur.	d'urchoisc	urchoisceann
urghabh	*seize*	d'urghabh	urghabhann
urghair	*prohibit*	d'urghair	urghaireann
urghairdigh	*gladden, rejoice*	d'urghairdigh	urghairdíonn
urghráinigh	*loathe, terrify*	d'urghráinigh	urghráiníonn
urlaic	*vomit*	d'urlaic	urlacann
urmhais	*aim at, hit*	d'urmhais	urmhaiseann
/ urmhaisigh		/ d'urmhaisigh	/ urmhaisíonn
urraigh	*go surety for*	d'urraigh	urraíonn
urramaigh	*revere, observe*	d'urramaigh	urramaíonn
urscaoil	*discharge*	d'urscaoil	urscaoileann
urscart	*clean out, clear*	d'urscart	urscartann
úsáid	*use*	d'úsáid	úsáideann
úsc	*ooze, exude*	d'úsc	úscann
vacsaínigh	*vaccinate*	vacsaínigh	vacsaíníonn
válsáil	*waltz*	válsáil	válsálann
vótáil	*vote*	vótáil	vótálann
X-ghathaigh	*X-ray*	X-ghathaigh	X-ghathaíonn

future tense	verbal noun	verbal adjective	verb type
úróidh	urú	úraithe	ullmhaigh
urbhacfaidh	urbhac	urbhactha	ól
urbhearnóidh	urbhearnú	urbhearnaithe	ullmhaigh
/ urbhearnfaidh	/ urbhearnadh	/ urbhearnta	/ ól
urbhruithfidh	urbhruith	urbhruite	caith + ól
urchoillfidh	urchoilleadh	urchoillte	oil
urchoiscfidh	urchosc	urchoiscthe	oil
urghabhfaidh	urghabháil	urghafa	ól
urghairfidh	urghaire	urghairthe	oil
urghairdeoidh	urghairdiú	urghairdithe	éirigh
urghráineoidh	urghráiniú	urghráinithe	éirigh
urlacfaidh	urlacan	urlactha	siúil + ól
urmhaisfidh	urmhaise -sin	urmhaiste	oil
/ urmhaiseoidh	/ urmhaisiú	/ urmhaisithe	/ éirigh
urróidh	urrú	urraithe	ullmhaigh
urramóidh	urramú	urramaithe	ullmhaigh
urscaoilfidh	urscaoileadh	urscaoilte	oil + scaoil
urscartfaidh	urscartadh	urscarta	at
úsáidfidh	úsáid	úsáidte	oil
úscfaidh	úscadh	úsctha	ól
vacsaíneoidh	vacsaíniú	vacsaínithe	smaoinigh
válsálfaidh	válsáil	válsáilte	pacáil
vótálfaidh	vótáil	vótáilte	pacáil
X-ghathóidh	X-ghathú	X-ghathaithe	neartaigh

Achoimre ar an Bhriathar Synopsis of the Verb

An Briathar Rialta: The Regular Verb

The regular verb has, in the main, two conjugations:

1ˢᵗ conjugation i.e. 1 syllable but not ending in *–igh*. If the last vowel is *a*, *o*, *u* then the stem is 'broad'. If the last vowel is *i*, then the stem is 'slender'.

2ⁿᵈ conjugation i.e. 2 syllables or more ending in *–gh*. The ending *-aigh* is broad and the ending *-igh* is slender.

An aimsir chaite: The past tense

1st conj. broad	*1st conj. slender*	*2nd conj. broad*	*2nd conj. slender*
thóg mé	chuir mé	cheannaigh mé	d'éirigh mé
thóg tú	chuir tú	cheannaigh tú	d'éirigh tú
thóg sé/sí	chuir sé/sí	cheannaigh sé/sí	d'éirigh sé/sí
thógamar*	chuireamar*	cheannaíomar*	d'éiríomar
thóg sibh	chuir sibh	cheannaigh sibh	d'éirigh sibh
thóg siad	chuir siad	cheannaigh siad	d'éirigh siad
tógadh	cuireadh	ceannaíodh	éiríodh, *var* héiríodh

* Var thóg muid, chuir/cheannaigh/d'éirigh muid *C, U*

An aimsir láithreach: The present tense

tógaim	cuirim	ceannaím	éirím
tógann tú	cuireann tú	ceannaíonn tú	éiríonn tú
tógann sé/sí	cuireann sé/sí	ceannaíonn sé/sí	éiríonn sé/sí
tógaimid*	cuirimid*	ceannaímid*	éirímid*
tógann sibh	cuireann sibh	ceannaíonn sibh	éiríonn sibh
tógann siad	cuireann siad	ceannaíonn siad	éiríonn siad
tógtar	cuirtear	ceannaítear	éirítear

*Var tógann muid, cuireann/ceannaíonn/éiríonn muid *C, U*

An aimsir fháistineach: The future tense

tógfaidh mé	cuirfidh mé	ceannóidh mé	éireoidh mé
tógfaidh tú	cuirfidh tú	ceannóidh tú	éireoidh tú
tógfaidh sé/sí	cuirfidh sé/sí	cceannóidh sé/sí	éireoidh sé/sí
tógfaimid*	cuirfimid*	ceannóimid*	éireoimid
tógfaidh sibh	cuirfidh sibh	ceannóidh sibh	éireoidh sibh
tógfaidh siad	cuirfidh siad	ceannóidh siad	éireoidh siad
tógfar	cuirfear	ceannófar	éireofar

*Var tógfaidh muid, cuirfidh/ceannóidh/éireoidh muid *C, U*
ceannóidh, éireoidh = ceannóchaidh, éireochaidh *U*

An Modh Coinníollach: The Conditional Mood

thógfainn	chuirfinn	cheannóinn	d'éireoinn
thógfá	chuirfeá	cheannófá	d'éireofá
thógfadh sé/sí	chuirfeadh sé/sí	cheannódh sé/sí	d'éireodh sé/sí
thógfaimis	chuirfimis	cheannóimis	d'éireoimis
thógfadh sibh	chuirfeadh sibh	cheannódh sibh	d'éireodh sibh
thógfaidís*	chuirfidís*	cheannóidís*	d'éireoidís*
thógfaí	chuirfí	cheannófaí	d'éireofaí

Var thógfadh/chuirfeadh/cheannódh/d'éireodh siad etc. *U*
cheannódh.d'éireodh = cheannóchadh, d'éireochadh *U*

An Aimsir Ghnáthchaite: The Imperfect Tense

thógainn	chuirinn	cheannainn	d'éirínn
thógtá	chuirteá	cheannaíteá	d'éiríteá
thógadh sé/sí	chuireadh sé/sí	cheannaíodh sé/sí	d'éiríodh sé/sí
thógaimis	chuirimis	cheannaímis	d'éirímis
thógadh sibh	chuireadh sibh	cheannaíodh sibh	d'éiríodh sibh
thógaidís	chuiridís	cheannaídís	d'éirídís
thógtaí	chuirtí	cheannaítí	d'éirítí

The main preverbal particles for past tense regular		The main preverbal particles for pres., fut., condit. and imperf. regular	
thóg	**d'ól**	**tógann**	**ólfaidh**
níor thóg	**níor** ól	**ní** thógann	**ní** ólfaidh
ar thóg?	**ar** ól?	**an** dtógann?	**an** ólfaidh?
gur thóg	**gur** ól	**go** dtógann	**go** n-ólfaidh
nár thóg	**nár** ól	**nach** dtógann	**nach** n-ólfaidh

Syncopated broad and slender: 2nd conj. endings:

ceangail 'tie', *cheangail, ceanglaíonn, ceanglóidh* etc.
inis 'tell', *d'inis, insíonn, inseoidh, d'inseodh* etc.

léigh, suigh, nigh etc., i.e. 1 syllable ending in *–igh*

léigh 'read', *léigh, léann, léifidh,léifeadh, léadh*
suigh 'sit', *shuigh, suíonn, suífidh, shuífeadh, shuíodh*

An Briathar Mírialta: The Irregular Verb

stem/vn		past	present	future
bí	be	*bhí*	*tá/bíonn*	*beidh*
vn **bheith**		*ní raibh*	*níl/ní bhíonn*	*ní bheidh*
déan	do,	*rinne*	*déanann*	*déanfaidh*
vn **déanamh**	make	*ní dhearna*	*ní dhéanann*	*ní dhéanfaidh*
téigh	go	*chuaigh*	*téann*	*rachaidh*
vn **dul**		*ní dheachaigh*	*ní théann*	*ní rachaidh*
feic	see	*chonaic*	*feiceann*	*feicfidh*
vn **feiceáil** *U* **feiscint** *Std*		*ní fhaca*	*ní fheiceann*	*ní fheicfidh*
tar	come	*tháinig*	*tagann*	*tiocfaidh*
vn **teacht**		*níor tháinig*	*ní thagann*	*ní thiocfaidh*
faigh	get	*fuair*	*faigheann*	*gheobhaidh*
vn **fáil**		*ní bhfuair*	*ní fhaigheann*	*ní bhfaighidh*
tabhair	give	*thug*	*tugann*	*tabharfaidh*
vn **tabhairt**		*níor thug*	*ní thugann*	*ní thabharfaidh*
beir (ar)	bear, (catch)	*rug*	*beireann*	*béarfaidh*
vn **breith**		*níor rug*	*ní bheireann*	*ní bhéarfaidh*
abair	say	*dúirt*	*deir*	*déarfaidh*
vn **rá**		*ní dúirt**	*ní deir*	*ní déarfaidh*
cluin,	= **clois** hear	*chuala*	*cluineann*	*cluinfidh*
vn **cluinstean** **cloisteáil**		*níor chuala*	*ní chluineann*	*ní cluinfidh*
ith	eat	*d'ith*	*itheann*	*íosfaidh*
vn **ithe**		*níor ith*	*ní itheann*	*ní íosfaidh*

* *níor úirt* C,U

Some variant Ulster irregular forms

past:
chuaigh/ní theachaigh, rinn'/ní thearn; tháinig/ní tháinig; thug/ní thug; chuala/ní chuala; dúirt/níor úirt

present:
ghní 'does', *ní theán; tchí* 'sees', *ní fheiceann; tig* 'comes', *ní thig;* var. *gheibh* 'gets', *ní fhaigheann; bheir* 'gives', *ní thugann*

future (same for conditional but *-faidh* > *-fadh*)
gheánfaidh 'will do', *ní theánfaidh; tchífidh* 'will see', *ní fheicfidh; bhéarfaidh* 'will give', *ní thabharfaidh*.

410

Roinnt Réamhfhocal Simplí: Some Simple Prepositions

ar	on	ag	at	le	with	de	of	do	for
orm	on me	agam		liom		díom		dom(h)	
ort	on you *sg*	agat		leat		díot		duit	
air	on him	aige		leis		de		dó	
uirthi	on her	aici		léi		di		di	
orainn	on us	againn		linn		dínn		dúinn	
oraibh	on you *pl*	agaibh		libh		díbh		daoibh	
orthu	on them	acu		leo		díobh		dóibh	

i	in	faoi	under	ó	from	as	out	chuig	towards	roimh	before
ionam		fúm		uaim		asam		chugam		romham	
ionat		fút		uait		asat		chugat		romhat	
ann		faoi		uaidh		as		chuige		roimhe	
inti		fúithi		uaithi		aisti		chuici		roimpi	
ionainn		fúinn		uainn		asainn		chugainn		roimhainn	
ionaibh		fúibh		uaibh		asaibh		chugaibh		romhaibh	
iontu		fúthu		uathu		astu		chucu		rompu	

Ulster froms: *fríd* 'through' = *trí* Std; *fá* about (or *fá dtaobh do/de*) = *faoi*, *mar gheall ar* Std.

Réamhfhocail Chomhshuite: Compound Prepositions

i ndiaidh	os comhair	in éadan	os cionn
after	opposite	against	above
i mo dhiaidh	os mo chomhair	i m'éadan	os mo chionn
i do dhiaidh	os do chomhair	i d'éadan	os do chionn
ina dhiaidh	os a chomhair	ina éadan	os a chionn
ina diaidh	os a comhair	ina héadan	os a cionn
inár ndiaidh	os ár gcomhair	inár n-éadan	os ár gcionn
in bhur ndiaidh	os bhur gcomhair	in bhur n-éadan	os bhur gcionn
ina ndiaidh	os a gcomhair	ina n-éadan	os a gcionn

Others include: *fá choinne* 'for' *ar son* 'for', *ar lorg* 'after, looking for' *in aice* 'beside' *in ainneoin* 'in spite of', *i measc* 'among', *i gcuideachta* 'in the company of'.

Simple prepositions take dative: *leis an fhear* with the man.

Compounds usually take genitive, *i ndiaidh an fhir* after the man, but if compound preposition ends in a simple preposition, then dative follows: *fá dtaobh den fhear* about the man, = *mar gheall ar an fhear*.

411

An tAinmfhocal: The Noun

The noun in Irish is either masculine or feminine and there are four main cases:

Nominative ordinary form of noun (subject & object)
Dative the form used after prepositions
Genitive possession (like English *'s*)
Vocative addressing someone/something directly

An tAlt: The Article

The article is used before the nominative, dative and genitive. All forms (masculine & feminine, singular & plural) are followed by some form of mutation.

(i) **t** before vowel. *Nom.* masc. sg., e.g. **athair** *5m* 'father', **Chonaic mé an t-athair.** 'I saw the father'. Consonants unchanged, e.g. **an balla** *4m* 'the wall'; **an fear** *1m* 'the man'; **an seomra** *4m* 'the room'.

(ii) **asp.art**
The aspirating forms of the article place *h* after the letters *b*, *c*, *f*, *g*, *m* and *p* (as in ordinary aspiration) but *d-* and *t-* are unaffected, while *t* is placed before 'mutable' *s-* (i.e. all forms of *s-* except *sc-*, *sm-*, *sp-* and *st-*). Vowels are not affected.

Nom. fem. sg.
bróg *2f* 'shoe', **an bhróg** 'the shoe'; **farraige** *4f* 'sea', **an fharraige** 'the sea'; **sráid** *2f* **an tsráid** 'the street'; **áit** *2f*, **an áit** 'the place'.

Dat. sg. masc. & fem. – Ulster Irish
leis an athair 'with the father', **san áit** 'in the place'; **leis an bhalla** 'with the wall', **faoin bhróg** 'under the shoe' (older **faoin bhróig**), **ag an fhear** 'at the man', **as an fharraige** 'out of the sea', **sa tseomra** 'in the room', **ar an tsráid** 'on the street'. In other dialects eclipsis can occur, **ag an bhfear**, **leis an mbean** etc.

Gen. sg. masc. (NB gen. sg. given in the dictionary)
barr an bhalla 'the top of the wall', **teach an fhir** 'the man's house', **doras an tseomra** 'the door of the room', **carr an athar** 'the father's car'.

(iii) **h** before vowel
Gen. sg. fem.
muintir na háite 'the people of the place', **doras na hoifige** 'the office door' – consonants are unaffected, **barr na sráide** 'the top of the street'.

Nom. & dat. pl. (masc. & fem.)
(leis) na haithreacha '(with) the fathers', **(s)na hoifigí** '(in) the offices', **(do) na fir** '(for) the men', **(faoi) na sráideanna** '(under) the streets'.

(iv) eclipsis

Gen. pl. m. & f. (NB use *pl* or *gpl* for this form).

n- before vowels: **barúil na n-aithreacha** 'the fathers' opinion', **ag glanadh na n-oifigí** 'cleaning the offices'.

mb, gc, nd, bhf, ng, bp, dt

'ballaí 'walls', **barr na mballaí** 'the top of the walls'; **bróga** 'shoes', **luach na mbróg** 'the price of the shoes'; **cosa** 'feet', **ag ní na gcos** 'washing the feet'; **fir** 'men', **teach na bhfear** 'the men's house'

The Vocative Particle (aasp**)** is placed before all nouns (m., f., *sg.* & *pl.*) when addressing them directly:

a dhochtúir(í) *3m* oh doctor(s) **a bhanaltra(í)** *4f* oh nurse(s)

The only other change is that 1st declension m. nouns make the ending slender in voc. sg. **a fhir** 'oh man', **a mhic** 'oh son'. If noun is m. and gen. pl. = nom sg. then add –a for voc. pl., **a fheara** 'oh men', **a mhaca** 'oh sons'.

Roinnt ainmfhocal samplach: Some sample nouns

bádóir *3m* boatman, *gs* **–óra**, *pl* **~í**

nom	**an bádóir**	**na bádóirí**
dat	**leis an bhádóir***	**leis na bádóirí**
gen	**carr an bhádóra**	**teach na mbádóirí**
voc	**a bhádóir**	**a bhádóirí**

banaltra *4f* nurse, *gs* **~**, *pl* **~í**

nom	**an bhanaltra**	**na banaltraí**
dat	**don bhanaltra**	**do na banaltraí**
gen	**cóta na banaltra**	**teach na mbanaltraí**
voc	**a bhanaltra**	**a bhanaltraí**

aire *4m* (government) minister, *gs* **~**, *pl* **-rí**

nom	**an t-aire**	**na hairí**
dat	**chuig an aire**	**chuig na hairí**
gen	**oifig an aire**	**oifigí na n-airí**
voc	**a aire**	**a airí**

iníon *2f* daughter, *gs* **iníne**, *pl* **~acha**   (NB níon *U*, *gs* níne, *pl* níonacha)

nom	**an iníon**	**na hiníonacha**
dat	**ag an iníon**	**ag na hiníonacha**
gen	**carr na hiníne**	**carr na n-iníonacha**
voc	**a iníon**	**a iníonacha**

sagart *1m* priest, *gs/np* **-airt**, *gpl* **~**

nom	**sagart**	**na sagairt**
dat	**ar an tsagart***	**ar na sagairt**
gen	**hata an tsagairt**	**hataí na sagart**
voc	**a shagairt**	**a shagarta**

seanbhean *irreg.f* old woman *gs/np* **seanmhná**, *gpl* **seanbhan**

nom	**an tseanbhean**	**na seanmhná**
dat	**ón tseanbhean**	**ó na seanmhná**
gen	**teach na seanmhná**	**teach na seanbhan**
voc	**a sheanbhean**	**a sheanmhná**

* *Alt* **leis an mbádóir, ar an sagart.**

An Aidiacht: The Adjective

Most attributive adjectives follow the noun. Nominative fem sg. aspirates – masc. nom. sg. does not change:

cóta *m* **mór** a big coat   **léine** *f* **bhán** a white shirt   **teach** *m* **fada** a long house

The nominative plural forms add –**a** or –**e** (-**úil** > -**úla**) and do not *normally* aspirate. **Fada** 'long' has same sg. and pl.

cótaí móra big coats   **léinte maithe** good shirts   **tithe fada** long houses

Note: only masc. nouns whose nom. pl. end in slender consonant aspirate, e.g. **fir mhóra** 'big men', **cnoic ghlasa** 'green hills' – yet **doctúirí móra** 'big doctors, mná suimiúla** 'interesting women', **páistí cainteacha** 'talkative children'.

The comparative/superlative form makes the adjective slender and adds – **e** (or –**ach** > **aí**; -**úil** > **úla**), **deas** 'nice', **is deise** 'nicest', **níos deise (ná)** 'nicer (than)' – **is/níos óige** 'youngest/younger', **is/níos sine** 'oldest/older' etc.

nom. sg.	nom. pl.	splve/ comp.	
glan clean	**glana**	**is glaine**	cleanest
salach dirty	**salacha**	**níos salaí ná**	dirtier than
suimiúil interesting	**suimiúla**	**is suimiúla**	most interesting
ciallmhar sensible	**ciallmhara**	**níos ciallmhaire ná**	more sensible than

For the regular adjective, the superlative/comparative = fem. gen. sg. Some irregular adjectives have distinct superlative/comparative forms from fem. gen. sg:

nom. sg.	nom. pl.	fem gen sg	splve/ comp
mór big	**móra**	**móire**	**(is) mó**
beag small	**beaga**	**bige**	**(is) lú**
maith good	**maithe**	**maithe**	**(is) fearr**
olc bad	**olca**	**oilce**	**(is) measa**
furasta easy	**furasta**	**furasta**	**(is) fusa**

The equative is formed by placing **c(h)omh** in front of the adjective: **chomh mór le teach** 'as big as a house'. Note that **chomh** (= **comh** *U*) places *h* before a vowel, e.g. **ard** 'high', **chomh hard le crann** 'as high as a tree'.

Some adjectives come before noun, e.g. **sean-** 'old', **droch-** 'bad'. These are same for sg. and pl.: **seanbhalla(í)** 'old walls', **drochsheomra(í)** 'bad rooms'.

Current Publications

Website: www.benmadiganpress.com
Email: bmp@benmadiganpress.com

Six Pack All 6 titles + CDs £99/€115 (£20/€30 SAVING)

Bunchomhrá Gaeilge

A.J. Hughes

Basic Conversational Irish 2002.

92 page book + 2 CDs

17 chapters, 113 dialogues of basic, practical Irish conversations with English translations. Irish-English dictionary plus 2 CDs of native speakers. Ideal for the learner in class, in car, or at home.   ISBN 0-9542834-1-4
Luach/Price £15.00/€20

Leabhar Mór Bhriathra na Gaeilge

The Great Irish Verb Book 2008

A.J. Hughes vii + 486 pp (210mm x 27.5 mm)

A major reference source for the verb in Irish. 112 verbs conjugated in full in the 8 major tenses and moods for Standard, Ulster, Connaught & Munster. 3300 verb index. Fóirsteanach do gach leibhéal.

ISBN 978-0-9542834-2-1
Luach/Price £30.00/€40

Trialacha Tuigbheála A.J. Hughes

Comprehension Tests 2008 (2nd edition)

192 pp (A5, hbk) + 2 CDs

22 texts plus 8 sets of exercises with each text. Irish-English dictionary plus 2 CDs of native speakers. Ideal for intermediate and advanced.

ISBN 978-0-9542834-3-8
Luach/Price £22.00/€30

Do luachanna san Eoraip agus in áit eile ar domhan, féach: www.benmadiganpress.com

Foilseacháin Reatha

Suíomh Idirlín: www.benmadiganpress.com
Ríomhphost: bmp@benmadiganpress.com

An Seisear Simplí/Six Pack All 6 titles + CDs £99/€115 (*£20/€30 SAVING*)

An Ghaeilge ó Lá go Lá 2009

A.J. Hughes
Irish Day by Day

A structured Irish reader based on everyday Irish. 216 pp A5 (softback). 70 short structured illustrated texts, 10 questions and answers with each text. Ideal for beginner as part of a class or independently. 70 English to Irish translation exercises based on each text available free on line:
www.benmadiganpress.com

ISBN 978-0-9542834-6-9
Luach/Price £12.00/€14

Leabhar Laghdaithe Bhriathra na Gaeilge

The Abridged Irish Verb Book 2009
A.J. Hughes

Book 416 pp A5, verb tables in Standard Irish plus dialect notes. Full index 3300 verbs. Ideal reference for schools, colleges and the workplace.
ISBN 978-0-9542834-7-6 (softback) **Luach/Price £14.00/€17**
ISBN 978-0-9542834-4-5 (hardback) **Luach/Price £20.00/€25**

The Big Drum
Seosamh Mac Grianna 2009

At long last, an English translation of the classic Gaelic novel *An Druma Mór* by Donegal author Seosamh Mac Grianna. The novel deals with a feud between two rival factions and marching bands in the Donegal Gaeltacht in the early 20th century and is one of the highlights of Irish writing post-Gaelic League. English translation and commentary by A.J. Hughes.

ISBN 978-0-9542834-8-3 (softback) **Luach/Price £12.00/€15**
ISBN 978-0-9542834-5-2 (hardback) **Luach/Price £20.00/€25**

For prices in Euro zone and elsewhere see website:
www.benmadiganpress.com